やわらかアカデミズム・〈わかる〉シリーズ

よくわかる
国際社会学

第2版

樽本英樹 著

ミネルヴァ書房

はじめに

■よくわかる国際社会学［第2版］

　本書は「国際社会学って何だろう」と思っている人に「国際社会学っておもしろい！」と思っていただけることを目標にしている。国際社会学をわかりやすく解説するために，本書には次のような特徴を持たせた。

- 「わかりやすさ」を追求する。
- 国際社会学のトピックを網羅的に扱う。
- 単一の視点から書き下ろして一貫性を出す。
- 何が国際社会学の問いなのか，どんな研究課題があるのかを明らかにする。
- 国際社会学の道具立てには何があるのかを示す。
- 各トピックは，2ページないしは4ページないし6ページの読み切り型。

　「国際社会学」は強固に確立した学問分野ではない。その標題のもとで行われている講義・授業や研究にはかなりの多様性がある。そのうち本書は，社会学の最も基本的な理解に即し，さらに社会学のディシプリン（理論や研究方法）が最も有効に適用できるようにと考え，「人の国境を越える移動とそれのもたらす帰結」を中心として国際社会学の解説を行う。まず「Ⅰ　国際社会学の問題と基礎概念」で，最も基本的な概念を説明することを通して，国際社会学の全体像を示す。各論の最初にあたる「Ⅱ　国際人口移動の加速化と多様化」では，「人の国境を越える移動」の部分に焦点を絞り，どのような種類の移動がありうるのか，移動の原因は何かを説明する。次に，「Ⅲ　多文化社会への発展と反動」では，「移動のもたらす帰結」に焦点を絞り，国際移民が移動したことでどのような問題が生じ，どのような対処策や解決法がとられているのかが概観される。国境を越えるように見えるのは個人としての人だけではない。人が集まれば集団となる。さらに，人が多く移動すれば人と人を包み込む制度も国境を超える。「Ⅳ　国境を超える集団と制度」では，そのような集団や制度がなぜ国境を超えていったのか，どのような機能を果たしているのかが論じられる。このような「国境を超える動きやそのもたらす帰結」が各国で具体的にどのような現象や政策となって現れているのか。これをいくつかの社会に絞り概観しているのが「Ⅴ　グローバル社会の諸相」である。最終章「Ⅵ　国際社会学の新たな展開へ」では，現段階における国際社会学の学問的課題を筆者の力量の及ぶ限りにおいて展望した。

　読者のみなさんが国際社会学を「おもしろい！」と思い，さらに発展的な学習・研究へと向かわれることに，本書が少しでもお役に立てればと心より願う。

2016年3月

樽本英樹

もくじ

■よくわかる国際社会学［第2版］

はじめに

I 国際社会学の問題と基礎概念

1　国際社会学の誕生 …………… 2
2　人種という疑似科学的概念 …… 6
3　エスニシティの射程 ………… 10
4　国民国家の成立と動揺 ……… 14
5　社会変動としてのグローバル化 … 16
6　トランスナショナルな視角の射程 ……………… 20
7　国際移民とジェンダー ……… 24
8　人種差別の現代的展開 ……… 28
9　移民と開発・発展 …………… 32

II 国際人口移動の加速化と多様化

1　第2次大戦以前の国際人口移動 … 36
2　第2次大戦以後の国際人口移動(1)
　　労働移民 ………………………… 40
3　第2次大戦以後の国際人口移動(2)
　　家族合流と定住 ………………… 44
4　国際人口移動のグローバル化(1)
　　難民 ……………………………… 46
5　国際人口移動のグローバル化(2)
　　非合法移民 ……………………… 50
6　国際人口移動のグローバル化(3)
　　高度技能移民 …………………… 54
7　国際人口移動のグローバル化(4)
　　ディアスポラ …………………… 56
8　なぜ人は移動するのか ……… 60

III 多文化社会への発展と反動

1　社会統合としての同化 ……… 66
2　社会統合としての編入 ……… 70
3　多文化社会と多文化主義 …… 74
4　社会的結合という新たな統合モデル ……………… 82
5　共生という日本的な統合モデル … 86
6　エスニック階層の構造化 …… 88
7　移民と教育 …………………… 94
8　移民と政治 …………………… 98
9　業績主義と属性主義の相互作用 ………………… 102
10　国際移民と市民権 ………… 106
11　ナショナリズムとネーション … 112
12　「人種暴動」と社会秩序 …… 118

IV 国境を超える集団と制度

1 新しい政治アクターとしての国際NGO … 122
2 超国家地域統合と人の移動 … 126
3 国際人権レジーム … 130
4 世界都市のグローバルな展開 … 132
5 エスニック・メディアの広がり … 136
6 メディア文化のグローバル化 … 140

V グローバル社会の諸相

1 日本社会と移民(1) … 146
第2次大戦の終結まで

2 日本社会と移民(2) … 148
1945年から1979年まで

3 日本社会と移民(3) … 150
1979年から1990年まで

4 日本社会と移民(4) … 152
1990年以降

5 韓国社会と移民(1) … 154
第2次大戦以前から1991年まで

6 韓国社会と移民(2) … 156
1991年から2000年まで

7 韓国社会と移民(3) … 158
2000年以降

8 アメリカ合衆国社会と移民(1) … 160
1945年以前

9 アメリカ合衆国社会と移民(2) … 162
1945年から1990年まで

10 アメリカ合衆国社会と移民(3) … 164
1990年以降

11 カナダ社会と移民(1) … 166
第2次大戦以前から1962年まで

12 カナダ社会と移民(2) … 168
1962年から1976年まで

13 カナダ社会と移民(3) … 170
1976年以降

14 オーストラリア社会と移民(1) … 172
第2次大戦以前から1972年まで

15 オーストラリア社会と移民(2) … 174
1972年から1996年まで

16 オーストラリア社会と移民(3) … 176
1996年以降

17 イギリス社会と移民(1) … 178
第2次大戦以前から1965年まで

18 イギリス社会と移民(2) … 180
1965年から1983年まで

19 イギリス社会と移民(3) … 182
1983年以降

20 フランス社会と移民(1) … 184
第2次大戦以前から1973年まで

21 フランス社会と移民(2) … 186
1973年から1990年まで

22 フランス社会と移民(3) … 188
1990年以降

23 ドイツ社会と移民(1) … 190
第2次大戦以前から1973年まで

- 24 ドイツ社会と移民(2) ……………… *192*
  1973年から1990年代半ばまで

- 25 ドイツ社会と移民(3) ……………… *194*
  1990年代半ば以降

- 26 イタリア社会と移民(1) ……………… *196*
  第2次大戦以前から1980年まで

- 27 イタリア社会と移民(2) ……………… *198*
  1980年から2002年まで

- 28 イタリア社会と移民(3) ……………… *200*
  2002年以降

- 29 オランダ社会と移民(1) ……………… *202*
  第2次大戦以前から1973年まで

- 30 オランダ社会と移民(2) ……………… *204*
  1973年から1989年まで

- 31 オランダ社会と移民(3) ……………… *206*
  1989年以降

コラム

- 1 移民と映画(1) ……………… *64*
  難民と非合法移民の長く厳しい旅と人生
- 2 様々な多文化社会 ……………… *80*
- 3 移民と映画(2) ……………… *144*
  多文化社会の生きづらさ
- 4 移民と映画(3) ……………… *208*
  在日コリアンの苦悩と力強さ

VI 国際社会学の新たな展開へ

- 1 人の流れをめぐる問い ……………… *210*
  自由化か，規制か

- 2 格差をめぐる問い ……………… *212*
  競争か，平等か

- 3 統合をめぐる問い ……………… *214*
  多文化か，ナショナルか

- 4 統治をめぐる問い ……………… *216*
  グローバルか，ローカルか，ナショナルか

本書でとりあげた文献 ……………… *218*

さくいん ……………… *232*

やわらかアカデミズム・〈わかる〉シリーズ

よくわかる
国際社会学

第 2 版

I　国際社会学の問題と基礎概念

国際社会学の誕生

日本独特の学問分野である「国際社会学」は，1980年代から90年代にかけて急速に発展してきた。「国際社会・学」「国際・社会学」「地域研究」の3つの視角から，国境を超えるような社会，国境を超えるような社会現象，第三世界など世界の諸地域を積極的に分析していこうとしているもので，従来，国民国家と国民社会を前提として展開してきた社会学に対して大きな影響を与えている。

1　国際社会学のめばえと3つの視角

「国際社会学」は，かつてもときおり使用される名称ではあった。しかし，社会的現実の盛り込まれた学問分野となってきたのは，1970年代半ばあたりからと言われる。さらに，1980年前後になると馬場伸也が「国際社会学」を本格的に提唱し，国際関係学と社会学が遭遇することから分野の構築が始まった（馬場 1980）。そして，先述のようにいまでは国際社会学は「国際社会・学」「国際・社会学」「地域研究」の3つの視角から構成されている（馬場 1993；梶田 2005：4, 9-11）。

2　国際社会・学

「国際社会・学」とは，「国際社会」をひとつの有機的な実体，すなわち「ひとつの社会」と見なして分析を行おうとする学問的な視角である。主権国家の集合体として「国際社会」を捉える考え方は17世紀半ばから存在した。一方で，国際連合などの国際的な機関が存在しても，世界には国家や民族が割拠しており，世界全体を覆うような「国際社会」は想像しがたいという考え方もあった。社会に必要な制度化された価値や規範，主観的な共同性が欠如しているというわけである（小倉 2002：4）。しかし近年では，ヨーロッパ連合（EU），東南アジア諸国連合（ASEAN），北米自由貿易協定（NAFTA）といった超国家地域統合が，「国際社会」と見なせるほど内部に均質性をつくり出している面がある。特にめざましいのはEUである。域内国境は取り払われ，モノ，サービス，資本，人の移動は自由化した。さらに，欧州議会が政治的な中心をつくり出し，「ヨーロッパ市民権」が域内の人々に同質の権利を付与するようになっている。すなわちEUは「国民社会」と並ぶような「ひとつの社会」に近づいてきているのである。

▷1　超国家地域統合については，IV-2を参照。

ところで，そもそも国境が，常に「社会」と「社会」を明確に区切ってるわけではない。国境を超えて文化や言語が共有されていたり，通勤圏ができあがっていたり，さらには連帯感や共属意識があった場合，国境隣接地域は事実上の「国際社会」であると言える。宗教や出自が，地理的な制約を乗り越えて「社会」を形成している場合もある。例えばイスラム共同体や華僑ネットワークは，イシューによっては「国際社会」と見なせる場合があるだろう。また，人々の同質性のような「社会」としてのまとまりが一見ない場合でも，何か問題が生じたときには利害を共有する人々の集まりが「社会」と見えてくる場合もある。例えば，環境問題はある地域や，時には世界全体の人々に一様に被害を与えてしまう。このとき，人々を包含するその地域や世界全体が「社会」と想定されるのである。

以上のように，国境を超えた人々の集まりを積極的に「国際社会」と見なして分析していこうというのが，「国際社会・学」の趣旨である。

3 国際・社会学

一方，「国際・社会学」はあくまでも「社会学」を学問的な基礎とする。社会学の理論や方法を「国際」的現象に応用するというのが，「国際・社会学」の目指すものである。ただしこのときの「国際」は多義的である。「国際」の示す意味を大きく分けると，「インターナショナル」「トランスナショナル」「グローバル」「国家間比較」という4つに分類される（梶田 1996：7-8）。

「インターナショナル」(international) とは，国家を単位としてその関係の分析に社会学的なやり方を持ち込むというものである。典型的には外交関係を分析するときに社会学の理論を用いるといった例がある。

「トランスナショナル」(transnational) とは，国家や国境を超える現象に社会学的な手法を適用するというものである。国際人口移動，メディアの越境，NGOなど集団の活動の分析はこの例となる。

「グローバル」(global) は，環境，難民，開発など地球規模の現象を指す。その含意はそれら個々の現象が初めから国民国家を超えており，国家の枠に固執していては理解も解決も困難であるということである。

最後に「国家間比較」(comparative state perspective) とは，ある現象を理解するとき，別の国で生じている同じ現象と比較することを指す。例えば外国人排斥運動という現象は，その起源，担い手，展開，含意などの点で，国ごとに異なっている。その違いに着目することで，外国人排斥運動の本質を理解しようとするのである。

このように多義的な「国際」的現象に対して社会学の理論や方法を適用する学術的営みが「国際・社会学」なのである。

4 地域研究

　最後に，地域研究も国際社会学の一翼を担う。ただしここでいう地域とは，国民国家レベルか，複数の国民国家を含むレベルを指すことが多い。また，アジア，アフリカ，東欧などの海外の地域社会，特に第三世界や旧植民地の地域社会が研究の対象となることが多い。地域研究は，それらの地域が，先進諸国など国際環境からの影響を受けていることに注目する。例えば，**世界システム論**の中心，半周辺，周辺という視角は，アフリカの諸国がなぜ貧しいのかを理解するためにしばしば利用される。地域研究は，国際関係とその歴史的展開とから地域社会の構造と変動を捉えようとする研究姿勢を強く持つ。この意味で，いわば国際社会学という名称で，関係性を重視するひとつの研究スタイルを提唱しているとも言える（小倉 2002：20）。

　このような地域研究は，日本ではあまり知られていない地域の情報を与えてくれるという意味で有意義である。また，社会構造や文化などが先進諸国と第三世界・旧植民地ではまったく異なることが多いため，先進諸国の分析を批判的に展開することに役立つ。さらには，先進諸国の状況を前提として分析手法を発展させてきた社会学の理論や方法を批判的に考察する機会をも与えてくれる。

5 なぜ制度化が進んだのか

　このような「国際社会学」は日本独特の学問分野である。確かに海外の社会学でも「グローバル・ソシオロジー」などの言い方はある（Cohen and Kennedy 2000＝2003a，2003b）。しかし，日本の「国際社会学」のように分野として確立しているわけではない。日本の「国際社会学」の主要分野である人の移動に関する研究は，海外一般では例えば国際労働力移動論とか移民研究，またイギリスでは「人種関係論」（race relations），アメリカ合衆国では「エスニック研究」（ethnic studies）などと呼ばれ，それぞれが独自の学問分野として成立しているのである。

　それでは，なぜ日本で1980年代から90年代にかけて「国際社会学」が確立し発展してきたのであろうか。2つの背景が考えられる（小倉 2002：5-7）。

　第1に，国際社会学の大学内での位置づけである。第2次大戦後，国際社会学の端緒となった国際関係学が導入されたのは，法学部など既成の学部ではなく，教養学部や学芸学部など，比較的カリキュラムに多様性のある学部であった。そこで，国際関係学は様々な学問領域と接触し，広領域化していった。単に政治学や行政学などの確立した学問領域だけではなく，文化や宗教など比較的新しく柔軟性のある学問領域をも飲み込んでいったのである。国際関係学は，国家でない行為体，例えば国際組織や非政府組織に着目し，さらに移民，

▷2　世界システム論
イマニュエル・ウォーラスティン（Immanuel Wallerstein）らは，16世紀以来形成されてきた資本主義世界経済を単一の世界システムと捉え，その内部の不均等な構造を，中心（core），半周辺（semi-periphery），周辺（periphery）と識別した。

難民などの国際人口移動や「脱国家的・超国境的な」現象を分析対象としていった。その結果、国際関係学は幅広い学問的トピックを包含する「社会学」へといわば「文化変容」していったのである。

第2に、ちょうど1980年代、日本では「国際化」が政府、メディア、大衆により顕著な注目を集めた時期であった。行政は「国際化」を様々な施策を行う旗印として利用した。また、日本企業にとっての「国際化」は、円高の中で海外へと工場を移すことや、外国人労働者を雇用することであった。一般の人々も、外国人や海外情報の増加から「国際化」を身近に感じるようになっていたし、このような「国際化」は、基本的には望ましいことと見なされた。しかし他方で国際化は社会問題だと認識される場合もあった。不法就労する外国人の増加や、日本社会への適応が心配された帰国子女は「国際化」に伴って生じる社会問題の例とされた。これらの結果、「国際化」を進め、また「国際化」によって生じる問題を解決するために、新たな学問分野が必要だという認識が共有されるようになったのである。

6 本書での展開

以上のような経緯で学問分野として確立した「国際社会学」は、これまで国民国家と国民社会を分析の前提としてきた社会学やその周辺分野に対して、大きな反省を促した。◁3

経済に留まらず、政治、社会、文化にまたがる国境を越える様々な動きや、国境を超える現象の頻出といったグローバル化と呼ばれる社会変動過程はどんどん進行しているように見える。◁4 国内問題が国際化し、また国際問題が国内化するといった国際社会と国内社会との相互浸透も、後戻りのできない社会過程である。このような状況は、国際社会学の必要性をますます高めていくことであろう。

本書では、国際社会学を次のような構成で解説していく。Ⅰでは、まず国際社会学の問題と基礎的な概念を見ていく。Ⅱでは、国際人口移動とそれに伴う諸問題に検討を加えていく。Ⅲでは、多くの社会が多文化社会へと発展してきたこと、また多文化化に対して反動が生じていることを見ていく。Ⅳでは、近年急速に増加し、影響力を行使するようになってきた、国境を超えて活動する集団や制度を見ていく。Ⅴでは、具体的な社会をいくつか取り上げて、グローバル社会の諸相を確認していき、最後のⅣでは、国際社会学が将来どのような方向に進んでいくのかについて考察を加えていく。

さあ、国際社会学の旅に出発しよう。

▷3 社会学全体の歩みについては、宇都宮京子編『よくわかる社会学』（宇都宮 2006）が非常にわかりやすい。

▷4 グローバル化については、Ⅰ-5 を参照。

Ⅰ 国際社会学の問題と基礎概念

人種という疑似科学的概念

人種概念が人々を分類し序列化する用語として発達したのは近代以降である。科学的な装いをまとってはいるけれども、人種概念は人々の認識体系に基づいた恣意的な社会的構築物であり、偏見や差別を伴うことがよくある。にもかかわらず、生物学的特徴に基づいて人種集団間の文化的・社会的優劣関係を正当化しようという試みは現在においても繰り返し行われている。

① 近代における人種概念の発達

オックスフォード英語辞典（*the Oxford English Dictionary*）が、「共通の出自や起源によってつながった、人間、動物、または植物の一群」と"race"を定義しているように、「人種」（race）は、元々植物や動物の分類基準であった。遺伝的な形質という観点から自然を集団分類しようとしたのである。ところが人種概念は人間を分類する用語として広く用いられるようになった。人間の分類用語としての人種は、古代から普遍的にあるとも、近代西洋が起源だとも言われる（竹沢 2005a：20-7）。確かに古代エジプトの王墓の壁画や古代中国の人種言説は、普遍説の例証であろう。また、日本においても幕末に人種分類論が紹介される以前に、すでに今日的用法で「人種」が用いられていた（竹沢 2005a：13）。しかし少なくとも人種が人間の分類用語として盛んに用いられ始めたのは、近代以降である。

そのきっかけは、中世末期の2つの出来事にある（関根 1994：22）。第1に、地理上の発見と大航海時代の到来によって、ヨーロッパ人が多様な人々に遭遇し、人々の間の差異への関心を高めたこと。第2に、キリスト教の社会的統合力が弱まり、各地域の文化や言語の多様性が注目され始めたこと。19世紀になると、ジョゼフ・アルチュール・ド・ゴビノー◁1、ヒューストン・スチュワート・チェンバレン◁2、ジョルジュ・ヴァシェ・ド・ラプージュ◁3らの活動が人種主義学説を発達させ、西欧中心主義的価値観を反映した「コーカソイド」「モンゴロイド」「ネグロイド」の3大区分などの用語がつくられた。その営みの中で、諸説間の差異はありながらも、最も上に白人、次に黄色人、そして最も下に黒人を置く序列がつくりあげられたのである。さらに白人の中で最も最高位に置かれたのは、ドイツ系ゲルマン民族、いわゆるアーリア人である（関根 1994：23-8）。このような序列は、「白」に神聖、純粋、美を読み込み、「黒」を悪、死、不浄と見なす西欧の価値観と合致し、広まっていったのである

▷1 ジョゼフ・アルチュール・ド・ゴビノー（Joseph Arthur de Gobineau, 1816-1882）
フランスの著述家。『諸人種の不平等に関する試論』（*Essai sur l'inégalité des races humaines*）を書き、アーリア文化を引き合いに白人の人種的優越性を主張した。

▷2 ヒューストン・スチュワート・チェンバレン（Houston Stuart Chamberlain, 1855-1927）
イギリス出身の著述家。『19世紀の基礎』（*Die Grundlagen des Neunzehnten Jahrhunderts*）の中でアーリア民族至上主義を唱え、20世紀初めの汎ゲルマン主義とナチスの人種差別に政策的根拠を与えた。

▷3 ジョルジュ・ヴァシェ・ド・ラプージュ（Georges Vacher de Lapouge, 1854-1936）
フランスの人類学者。『アーリア人とその社会的役割』（*L'Aryen et son rôle social*）を書くなど優生学を人種理論に結びつけ、人種と社会階級を同一視する議論を展開した。

(Bolaffi et al. 2003：241)。

このようにして19世紀には人類の類型学的分類としての人種が完成した。人種は単なる生物学的な分類ではない。生物学的特徴が，人々の文化的な特徴や心理的な特徴の優劣を決定していると主張するものとなったことに十分留意すべきである。

2 人種主義学説の実践：20世紀の動き

20世紀に入ると，人種主義学説を実践しようという動きが出てくる。19世紀に発展してきた社会進化論が国家の介入や人為的操作のない自然発生的な社会進化が望ましいとした一方，社会主義思想の影響を受け，人為的な介入により社会進化過程を早めることで革命を実現しようという発想が出てきた。その中から，積極的な人種改良こそ社会進化のためには望ましいとする考え方が現れた。ダーウィンの従兄弟フランシス・ゴルトン（Francis Galton）が創始した「優生学」（Eugenics）である。隔離や断種などによって質の悪い遺伝子の継承を阻止し，国民の健康維持と優秀者の保護・育成を目指す。優生学はまずはイギリスで発展し，その後各国へと輸出された。特にドイツでは「民族衛生学」（Rassenhygiene），日本では「国家衛生学」と称され，「科学的見地」から優生学が実践されていったのである（関根 1994：28-34）。このように発展した優生学は，第2次大戦時にはナチス・ドイツにより人種主義的活動を正当化するために用いられ，ユダヤ人大虐殺につながっていった。

また，人種主義学説は移民政策にも影響を与えた。アメリカ合衆国は1924年，出身国別に割り当て数を設け，移民の制限を行ったけれども，この制限の根拠は人種主義学説による人種別序列であった。

第2次大戦後においても人種主義学説は根強く，周期的に顕在化する。例えば知能指数（IQ）研究が登場し，人間の知能が遺伝で決定されているか，それとも環境で決定されているかという問いを立て，論争を繰り広げた。その中から出たベル曲線（Bell curve）論は，黒人が知能的に劣っていることは遺伝子レベルで決定されていると主張するものであり，現代においても繰り返し主張されている。これらの動きは一見科学のような装いを身につけつつ人種主義を唱えるという意味で，「科学的人種主義」と呼ぶことができよう。

3 社会的構築物としての人種概念

人種概念は，皮膚の色（白人，黒人，黄色人など），毛髪の形態や色（金髪，縮れ毛など），身長，頭の形，血液型などの身体的・生物学的特徴によって人々を分類しようとする。こうした人種概念の問題点は，身体的・生物学的特徴という「客観的な指標」によって人々の文化的・心理的特徴が決定されるのだと強固に信じ込ませる点にある。ところが，人種概念は一般の人々によって解釈さ

れ使用される概念（folk concepts）であり，「客観的に」生物学的特徴に基づいていることはありえない。人種概念についての一般の人々が共有する考え方は，生物学的特徴を創造し，維持し，誤認し，変容させているからである。人種概念は，「純粋で」「客観的な」生物学的把握ではなく，人々の認識体系に依存するような社会的構築物なのである（竹沢 1994：15）。

　よく知られた人種概念の定義には次のようなものがある。まず，「人種集団」（racial group）という概念は，「生得的で不変の身体的特徴によって，その集団自体が他の集団と異なると定義したか，他の集団が自分たちとは異なると定義した人間集団である。これらの身体的特徴は，次に道徳的，知的，その他の非身体的属性・能力に本質的に関連していると信じられる」と定義され，そして人種概念は，「身体的基準を基礎として，社会的に定義された集団」となる（van den Berghe 1967：9）。また他にも次のような定義がある。人種は「生物学的概念で，特色のある身体的な遺伝形質を共有する人間集団をいう。」ただし「現在の人種は，歴史的・環境的・社会的な条件によって規定されるアイデンティティに基づいて形成される集団とも言うべき」である（内山 1988）。このようにどちらの定義も，人種概念が人々によって互いに共有された考え方であり社会的に構築されるという側面を明確に示している。

4　人種概念の恣意性と近年の展開

○恣意的な性質

　アメリカ合衆国の公民権運動以後見られた，"Black is beautiful!"のような人種に関する価値観の転換は，抑圧された人種集団の抵抗の拠点をまさに人種によって形成しようという試みであり，いくつかの運動では成功をおさめた。しかし，そのように成功の事例があるにもかかわらず人種概念は恣意的な意味内容になりやすく，弊害も大きい。

　前述のように人種概念は，社会的構築物でありながらも生物学的特徴に基づいていると人々に信じられてきた概念である。そのため人種主義や人種差別のもとになってきた。このように人種概念は，生物学的特徴と一体で理解され，偏見や差別と隣り合ってきた歴史を持つのである。

　例えば，ある身体的差異が社会的差別や偏見の原因となり，別の差異が原因にならないといった問題は，生物学ではまったく明らかにすることができない。皮膚の色が重要視される社会で，髪の色がそれほど重要でないことはしばしばある（Giddens 1993＝1993：259）。すなわち，ある社会で人種の差を決定しているとされる身体的特徴は，客観的な指標であるから選ばれたのではなく，その社会の成員が重要だと社会的に判断して選び出したにすぎないのである。この点が生物学では解明できない理由である。

　さらに言えば，目に見える身体的特徴をいくつか共有する個体を集めて，集

▷4　エスニシティ概念との比較については，Ⅰ-3 を参照。

▷5　人種主義と人種差別については，Ⅰ-8 を参照。

▷6　人種概念の成立を文化的側面に拡張する新人種主義は，まさに人種概念が社会的構築物であることを示している。新人種主義の観点からは，例えば日本人は文化的統一体を仮想し，かつ「日本人の血縁」を想像して両者を組み合わせることで成立しているのである（吉野 1997：144-8）。

図Ⅰ-2-1　白人系の多いイギリスに暮らす非白人系の子どもたち
ⒸHideki Tarumoto 2007

団を区別できるかもしれないとしても，集団内に見られる個体間の遺伝的な相違は，集団間に見られる相違と同じくらい大きい（Giddens 1993＝1993：259）。

例えばアメリカ合衆国における異人種間結婚の禁止法は1967年最終的に撤廃され，1970年に約32万件だった異人種間結婚は，1990年には約150万件に増加している上に，人種を超えた養子も増えており，養子を望む親の多くが白人であるのに対して，養子となる子どもの半数が黒人や，黒人と白人の間に生まれた子だという事実がある（竹沢 2005b：226-7）。つまり，ひとつの純粋な人種集団は存在しないのである。

○人種をめぐる学術的展開

これらの事情から，ほとんどの科学的言説では人種という概念を完全に放棄すべきだと考えるに至り，人種概念への批判的研究がなされるようになった。例えば1990年代初頭から盛んになったホワイトネス研究は，マイノリティから機会や資源を剥奪し，白人系などマジョリティの優位を温存するために人種概念が利用されていることを歴史的視角から指摘している（竹沢 2005b）。他方，イギリスで発達してきた人種関係（race relations）論は，人々の人種に関するイデオロギー的理解やそれに基づく集団間コンフリクトに焦点を当てるため，積極的に人種概念を用いる戦略をとっている（Rex 1983＝1987）。

しかし近年におけるヒトゲノム計画によるDNA構造の解析などの最先端科学の発達は，人種の差を「科学的に」解明しようという方向にも再び向かっている（竹沢 2005a：58-76）。しかしここにも遺伝子決定論と環境決定論のジレンマがある。いくらある人種の何らかの特質を遺伝的に導き出したとしても，その特質が発現するかどうかは環境に依存する。すなわち，遺伝子がすべてを決定するわけではないのである。もし遺伝子決定論を強引に推し進めれば，最先端科学は新たな人種主義を導き出すことであろう。

I 国際社会学の問題と基礎概念

エスニシティの射程

エスニック料理，エスニック雑貨という表現で見られるように，エスニックやエスニシティという言葉は日本語でよく使われるようになっている。国際社会学においてもエスニシティは重要概念である。しかし，意味が曖昧なまま使用されることがあるため，十分注意が必要である。集団間の境界設定という観点から定義をし，当事者たちがどのようにエスニシティを捉えているかという観点で考察を進めるとよい。

1 人種概念への批判

I-2 で触れたように，人種（race）概念は肌の色，毛質，顔，体型といった生物学的特徴による人々の分類であり，こうした人種概念への批判としてエスニシティ（ethnicity）概念は出てきたのである。とはいえ，生物学的特徴も社会的に構築されなければ存立しえないように，人種概念もエスニシティ概念も人々を区分するための社会的構築物には違いない。問題は，概念の持っている歴史である。人種概念は社会的構築物でありながらも，客観的な生物学的特徴に基づいていると信じられてきた概念である。それに対してエスニシティ概念は，ユネスコ（UNESCO）が1953年に「人種」の代わりに「エスニック集団」（ethnic group）を使うよう勧告して以来，人種概念の持つ「生物学的特徴による決めつけ」から離脱しようとして積極的に使用されるようになった。その結果，エスニシティ概念はもうひとつの前提を得た。それは，人種概念においては永続的な要因が人々の間の差異をつくり出すとするのに対して，エスニシティは可変的な要因こそが人々の間の違いを形成するのだと仮定していることである。

2 基本的な理解

オックスフォード英語辞典は，「人種的，文化的，宗教的，言語的特徴に関連していること，またはそれらを共通に持つこと」を総称して「エスニック」（ethnic）と捉えている。しかしこの定義は「人種的特徴」を含めているため，人種概念批判の文脈を無視したものである。この点を考えると，エスニシティの最も広い定義は，「習慣，宗教，言語等の文化に基づいた人々の分類」となろう。しかしこの定義ではあまりにも広く漠然としており，国際社会学における意味合いを十分表しているとは言えない。

社会学で最も初期にエスニシティ概念に言及したマックス・ウェーバー (Max Weber) は,「エスニック集団」を次のように定義した。「目に見える慣習か習慣, またはその両者, 植民地化, 移民の記憶といったものの類似性を基礎にして, 先祖の共通性を主観的に信じ合う人々の集まり……客観的な血縁があろうとなかろうとも。」(Weber 1976：237) ウェーバーのこの定義は, エスニシティのある一面を明らかにしている。つまり, エスニシティは人々が社会的に構築しうるものであり, 構築のための指標は多元的で交換可能である。例えば, 習性, 言語, 宗教, 生活様式, 主観, 政治的経験や過去の闘争。あらゆるものがエスニシティの指標となりうる。ウェーバーによれば, 特に政治的共同体はエスニックな共通性に関する信念を創り上げる傾向にあるという (Weber 1976：234-44)。ウェーバーの定義はエスニシティの基本的な理解を示していると言ってよい。しかしその後, 社会学者や人類学者はその基本的な理解を超えた意味をエスニシティの中に発見していくことになる。

3 エスニシティをめぐる考え方の多様性と3つの対立軸

エスニシティの多義性が特に注目されたのは, 1960年代から70年代にかけて先進諸国が「エスニック・リバイバル」という現象に直面したときである。カナダのケベック, イギリスのスコットランドとウェールズ, スペインのバスク等, 近代化を遂げたはずの先進諸国内部で, 民族意識が高揚したり, 分離独立運動が高まったりしたのだ (Smith 1981)。当時, 社会学の理論的主流を構成していた**構造機能主義**理論と**マルクス主義**理論は, 両者とも社会が近代化すればエスニシティのような属性に基づく「前近代的な」絆は消失していくと考えていた。ところが, このような近代化論的発想は裏切られた。近代化を達成した先進諸社会におけるエスニシティを根拠とした社会運動の頻発を説明できなかったのである。こうした事情が, エスニシティの社会理論的位置づけに反省を迫ることになった。

吉野耕作は, この反省を巡る議論を3つの問いと, それに対する解答からなる二項対立的な視点にまとめている (吉野 1987,1997：19-36)。

第1に, 近代化した社会においてもエスニックな絆が持続するのはなぜだろうか。そこで提出される2つの視点は, 原初主義 (primordialism) と境界主義 (boundary approach) である。エドワード・シルズ (Edward Shils) やクリフォード・ギアーツ (Clifford Geertz) に代表される原初主義によれば, エスニシティの本質はある集合体内部で過去から現在・未来へと持続する原初的な絆や感情だとされる。一方, フレデリック・バルト (Frederik Barth) やサンドラ・ウォールマン (Sandra Wallman) に代表される境界主義は, 自集団と他集団との象徴的な境界形成過程こそがエスニシティの存続の条件であるとする。

第2の問いは, 近代社会の人々にとってエスニシティが魅力を持ち続けるの

▷1 **構造機能主義** (structural-functionalism)
人類学者アルフレッド・ラドクリフ・ブラウン (Alfred Radcliffe-Brown) らの影響を受けつつタルコット・パーソンズ (Talcott Parsons) が始めた社会学の理論的立場のひとつ。社会を相対的に変化しにくい部分(「構造」)と社会全体の維持に貢献する部分(「機能」)に分け, 社会を社会システムとして捉えることを提唱した。社会が近代化して機能的に分化すると, 部族のような属性集団は重要性を失うと主張した。

▷2 **マルクス主義** (Marxism)
カール・マルクス (Karl Marx) とフリードリヒ・エンゲルス (Friedrich Engels) が始めた思想の総称。属性に基づく集団ではなく, 労働者階級が資本家階級から政権を奪取し革命を起こすことで, 望ましい社会が実現するとした。

▷3 民族関係の結合と分離からエスニシティの顕在化と潜在化を考える立場は, 基本的には境界主義的な発想を元にしている (谷 2002a)。

はなぜかである。これには表出主義（expressivism, affectivism）と手段主義（instrumentalism）が対照的な解答を提出する。ミルトン・インガー（Milton Yinger）らの表出主義は，人々が近代社会において失われがちな象徴体系そのものの魅力の経験をエスニシティに求めているのだとする。一方，アブナ・コーエン（Abna Cohen）らの手段主義は利益追求のための政治的手段としてエスニシティが利用されているのだと主張する。

第3に，近代化した社会において「エスニック・リバイバル」と呼ばれるナショナリズム運動が生じたのはなぜだろうか。この問題に対する視点は，歴史主義（perennialism or historicism）と近代主義（modernism）である。エスニー概念を用いたアントニー・スミス（Anthony Smith）に代表される歴史主義は，エスニシティおよびナショナリズムを近代以前から永続的に続く歴史過程の産物だとする。一方，アーネスト・ゲルナー（Arnest Gellner）やベネディクト・アンダーソン（Benedict Anderson）らの近代主義は，エスニシティおよびナショナリズムを近代社会の社会構造に付随した，近代工業社会への構造的変動の帰結であると考えている。

3つの問いに対するこれらの視点は，エスニシティ概念が指示する現象の多様性を示している。エスニシティという現象自体は，上記の諸視点が示す二項対立のいずれかであるといった排他的な性質を持つように見えない。むしろ，状況によっては異なる性質を持ったり，また異なる性質を同時に包含し，矛盾した性格を持つように見える場合がよくある。この意味で，エスニシティとは何かという問いはあまり意味がない問いなのである。したがってまずは，エスニシティに関して基本的な概念規定をしておき，次にエスニシティの多様性を把握することが望ましい方向性である。

❹ 基本的な定義の設定

3つの問いのうち第1の問いへの解答のひとつである境界主義的立場からエスニシティを以下のように定義しておくとよいであろう。

> エスニシティとは，集団の起源を初めとしたいくつかの文化的項目によって内集団と外集団との境界を設定する制度である。

用いられる文化的項目には，領土，歴史，神話，言語，文学，宗教，経済的配慮，象徴的シンボル等様々なものが考えられるであろう。ある社会では，主に宗教が境界設定のために使用され，他の社会では，主に言語によって境界設定がなされるというように，使用される文化的項目は異なりうる。そしてもちろん複数の文化的項目が組み合わされて利用されることもある。

この定義を用いると，上記の3つの二項対立的解答の多様性を理解すること

▷4　エスニー（ethnie）近代以降の産物であるネーション（nation）に対比して，歴史的記憶や文化を共有しネーションのもとになったような近代以前の共同体のことを言う。

▷5　そうした状況の最も顕著なもののひとつは，その社会における人種エスニック編成である。例えば「日系アメリカ人」は，アメリカ合衆国における人種的な序列構造において「アメリカ市民」と「日本民族」という矛盾した2つの要請の上に成立してきた（南川 2007）。

ができる。まず，第2の問いであるエスニシティの魅力の持続に関しては，表出主義的か手段主義的かという理論的な対立があった。上記の定義においては，境界設定のために選ばれた文化的項目によって表出主義的性質を帯びたり，手段主義的性質を帯びたりするのである。例えば「古来からの神話」が選ばれると表出主義的に見え，「就いている職業」といった経済的配慮で境界が設定されると手段主義的に見えるといったように。さらにそれらの項目を選択する人々の動機が表出的か手段的かによって，エスニシティの魅力の持続の理由が異なって見えてくる。

次に第3の問いであるナショナリズム運動が生じた理由について，上記の定義からは次のように考えられる。文化的項目の性質として，「古来より続く象徴的シンボル」が強調され，項目の選択過程が近代以前に遂行されていれば，歴史主義的と判断される。一方で，経済的配慮等，諸利益を示す項目が選択されている場合は，近代主義となる。また，「古来より続く象徴的シンボル」が項目として選択されていても，それが近代以後に選択されたのだとすれば，近代主義の考え方に近くなる。近代以後「古来より続く象徴的シンボル」が選択されるという事態は，エリック・ホブズボーム（Eric Hobsbawm）が「伝統の創造」と呼んできたことに近い。

最後に，第1の問いに戻ろう。エスニックな絆の持続の理由である。上記の定義は境界主義的な立場をとっている。しかし，原初主義的な説明を排除するものではない。原初主義的説明は，共通の親族・祖先に対する信仰といった集団の歴史的起源に関する事柄や，宗教，言語，習俗等の「自然に備わった」文化的な項目を重視する。したがって上の定義では，そのような項目が集団間の境界設定のために選択されたとき，エスニシティは原初主義的に見えるのである。▷6 ただし原初主義者が強調したように，「エスニック集団の起源」はエスニシティに欠くべからざる要素と捉えてよいであろう。しかし同時に注意しなければならないは，どのような集団でもある種の「正統化」を図るときには自己の「起源」について言及しようとするものだという点である。「私たちは初めは～から始まったのだ」と言及し，集団の結束を高めたり，集団外に対してその存在を誇示したりするのである。この点に関しては，宗教集団であろうと村落共同体であろうと，また企業のような機能集団であろうとかわりはない。したがって，エスニシティだけに「集団の起源」に関する文化的項目が入っていると断じることは危険である。

以上のような基本的定義に基づき，研究対象となる社会や集団がエスニシティをどのように捉えているのかを探究することが，エスニシティ概念を有意義に取り扱うコツである。

▷6 このような集団の歴史的起源の信仰や文化項目を「継承」するのに，様々な儀式が欠かせない。例えば在日韓国・朝鮮人では「祭祀」（チェサ）が有効に機能している（谷 2002b）。また，家庭内の伝統だけでなく，民族団体への参加や学歴達成によってもエスニシティは「獲得」される場合があるという（福岡・金 1997）。

Ⅰ 国際社会学の問題と基礎概念

国民国家の成立と動揺

　国家が存在しない時代から国王や皇帝など君主が治める時代を経て，近代以降，国民国家が基本的な政治組織となり，世界中に広まっていった。国民国家の特徴は，確固とした境界とその内部における人々の均質性である。国家は境界内で物理的暴力を独占するなど主権を持つ。人々は文化を共有し，統治に参加すべき「国民」となる。近年，グローバル化の影響で国民国家は動揺していると，よく議論されている。

1 国民国家以前

　今日では当たり前の国家も，人間の歴史上ほとんどの期間で存在しなかった。狩猟・採集社会や小規模な農耕社会には，家族・親族集団などのインフォーマルな統治機構を通して共同体を左右する意思決定がなされた。社会の規模が大きくなると，次第に中央集権的要素が見られるようになり，国家が立ち現れてくる。戦士や司祭を兼ねた男性首長が，側近などの助けを得て統治を行った時期を経て，さらに文明社会になると首長は国王や皇帝となり，宮廷や王室，軍隊，法廷，官僚などを組織化して，権力を行使していった（Giddens 1993＝1993：310）。

　このように国家は，支配を行うための組織，例えば王室，議会，行政官僚に支えられて成立する。そして成文法の下，物理的強制力を行使する正統性を持つようになる。

2 国民国家の成立

　近代以降になると「国民国家」（nation-state）が地球上を覆い尽くしていった。国民国家は，それ以前の国家とは異なる政治組織化原理である。領域性という観点から考えていこう。

　宗教的側面から言うと，国民国家は1648年の**ウエストファリア条約**に端を発するとされる政治社会的装置であるとよく言われる。中世の西ヨーロッパでは，キリスト教の中でもローマ教皇を頂点としたカトリックが勢力を占めていた。そこに，宗教改革によってプロテスタントが登場し，宗教的権力と政治的権力の分離が始まる。宗教改革を巡る宗教と政治の対立や宗教戦争も，君主の権力とその政府のイニシアティブの強化につながった。ドイツでは，領邦君主という地方の統治者の権力が強力になり，各領邦がひとつの主権国家としての位置を確

▷1　ウエストファリア条約（Westfälischer Friede）カトリックとプロテスタント間の三十年戦争の終結のため1648年に調印され，近代国際法の端緒となった。条約締結国は相互の領土を尊重し内政干渉しないことが取り決められ，神聖ローマ帝国にかわって国民国家体制が新たな国際秩序の基礎となったとよく論じられている一方，異論もある（クラズナー　2001）。

保した。カトリックが優勢であったフランスにおいてさえも，教会はローマ教皇の絶対権を拒否して，フランス王国内で独立した姿勢を保持しようとした（福井 1996：91-2）。このように宗教と政治が分離することによって，「信仰の領域化」が生じ，国民国家の基礎が形成されたのである。

封建社会から近代社会へという社会変動も領域性を形成する方向へと向かった。封建社会における政治的・社会的空間は，ヒエラルキー的で求心的なものである。王権神授説に見られるように，君主が神によって祝福された聖なる中心となる。中心となった君主は，属人的な絆によって人々との間に支配従属関係を形成する。ここでは個人的な絆が基盤となっているがゆえに，社会の境界は穴だらけで確定されていない。それに対して国民国家は，確立した境界を持ち，内部が水平的になることが目指される。領土が確定され，領土内のメンバーは区別なく同質的になる。領土と人々は結びつけられ，この結びつきは変更不可能とされることで神聖化されたのである（Jacobson 1996：127）。封建社会の持つ君主を中心とした求心性が崩れることで，境界で囲まれ均質な人々で社会が構成されるという領域性が出現したのである。

このようにして，国民国家（nation-state）には二重の観念が備わった。国家（state）としては，暴力を正統に独占し，最高権力をふるう領域的組織となった。すなわち国家主権（state sovereignty）を持つようになったのである。

他方，国民（nation）としては，同じ文化を共有し，統治参加資格を持ったメンバーによる結社の様相を示すようになった。領土内の人々は，一方的に統治されるだけではなく，逆に「国民」であると自覚し，共通の権利と義務で構成される市民権を持つようになる。

▷2 市民権については，Ⅲ-10 を参照。

これら国家と国民の2つの要素が1789年フランス革命を典型的なメルクマールとして融合し，近代世界の普遍的な組織化原理となったのである。

③ 国民国家のゆらぎ

近年，国民国家は動揺していると言われる。その理由の一部は，国家過剰負担や正統性の危機という議論に見られる。これらは基本的には国内的事情からの動揺を言う。しかし近年ますます強調されているのは，グローバル化の拡大と加速化による国民国家の動揺である。モノ，金，ヒト，文化・情報の国境を越える動きは，国民国家の制御能力を超えていると。しかし一方で，まだまだ国民国家の力は強いとか，さらに強化されているという議論もある。国民国家という政治組織および政治組織化原理がどのようになるのか，21世紀における国際社会学が探究すべき重要な問いのひとつである。

▷3 国家過剰負担論は，福祉支給や公益事業など政府が能力以上の任務を背負ってしまったと，有権者が政治に対して懐疑的になっていること。
正統性の危機論は，経済を安定させるため国家が経済生活への介入と福祉資源の供給をしなければならないにもかかわらず，国民や企業は必要とされる税金の徴収を嫌うという矛盾を強調する議論（Giddens 1993＝1993：322-4）。

I 国際社会学の問題と基礎概念

 ## 5 社会変動としてのグローバル化

▷1 マーシャル・マクルーハン
(Marshall Herbert McLuhan, 1911-1980)
カナダの英文学者，文明批評家。『グーテンベルクの銀河系』(1962)，『メディアの読解』(1964) などの著作を通じて，メディアはメッセージであり人間の心的・身体的拡張であると主張した。また，社会や人間の感覚を変えるメディアの可能性を強調し，メディア業界などに大きな影響を与えた。

▷2 大航海時代以降の西欧の世界進出によってグローバル化が始まったとする論者は非常に多い。一方，経済史家ケビン・オルークとジェフリー・ウィリアムソンは1820年代に商品価格が平準化し始めたことをもってグローバル化が始まったとする (O'Rourke and Williamson 2002a, 2002b)。このようなグローバル化の起源に関する検討は，フリンとヒラルデスが行っている (Flynn and Giraldez 2006)。ちなみにフリンとヒラルデスは1571年にグローバル化が始まったと主張している。

▷3 例えば，ウルリッヒ・ベック (Beck 1997=2005：26, 29) は，グローバリズムを「世界市場が政治的行為を排除する，あるいは政治的行為が世界市場に置き

1 グローバル化とは

グローバリゼーション (globalization) (日本語ではグローバル化とも言う) という言葉は，1968年の**マーシャル・マクルーハン**による『グローバルヴィレッジにおける戦争と平和』(*War and Peace in the Global Village*) で初めて登場したと言われる (Bolaffi at al. 2003：129)。だが，長期的な視点をとる人々は，グローバル化が15世紀の大航海時代，西欧人の世界進出から始まった現象であると主張する。また，非西欧世界を考慮すると，15世紀以前から存在した現象だという考え方もある。グローバル化がより明確になったのは，資本主義が本格的に展開した近代以降のことだと考えてよいだろう。そして，国民国家の相対化や国家主権の衰退に関係づけられてグローバル化が加速したと論じられるようになったのは，第2次大戦以後である。さらに，1980年代終わりに冷戦が終結し，共産主義の崩壊と資本主義の「勝利」が決定的になると，急速にグローバル化は関心を集めるようになった (関根 2000：8)。

したがって，グローバル化という言葉に込められる意味は，論者によって様々である。しかし，おおよそ次のような共通了解がある。グローバル化とは，「世界各地を結ぶ情報通信・運輸交通手段が急速に発展することで，資本，商品，サービス，人，情報・文化が国境を越えて活発に移動し，世界各地・各国の相互関係が強まっていく社会変動過程」である。この緩やかな共通了解の下，具体的な内容や帰結，および評価に関して様々な事柄が論じられている。

2 グローバル化という現象

グローバル化の具体的な現象の中で最も進展していると言われるのは，経済的領域である。資本主義の世界的伝播に伴って資本投資の自由化が進み，多国籍企業が生産拠点を発展途上国に移転させるなど様々な国へと活動地域を積極的に広げている。同時に，労働力の国際移動がかつてないほど頻繁になる。その結果，国際分業体制が変化し，産業は再編され，「越境的な労働市場」ができあがるのである。「グローバルな資本」は，金融資本，軍需産業，娯楽産業など新しい多様な形態をとるようになる。もちろん外国製品も入手しやすくなり，海外の銀行への預金もずっと容易になる。一方，「大競争の時代」となり，人と人の間や国と国の間に「排除」や「格差」が生み出されるともされる (伊

豫谷 2002)。多国籍企業が経済管理の中枢機能を置き，金融取引のセンターができて移民労働者が集住する都市空間は「世界都市」となる。◁4

　人に関するグローバル化はまた，労働者の国際移動だけを意味しない。労働者の家族・親族や，難民などの移動も活発化・多様化する。その結果，国内には多様なエスニック・コミュニティが形成される。伝統的行事が開催され，エスニック・スクールが開校され，商店やレストランなどのエスニック・ビジネスが広がっていく。すなわち，ホスト社会は多文化社会へと変容するのである。◁5

　人に関するグローバル化は，「市民とは誰か」という問いを顕在化させる。◁6 すなわち移動してきた移民たちにどのような義務を課すのか，どのような権利を与えるのか，どのような条件や能力，集合的アイデンティティを期待するべきかといった問題が浮上するのである。また同時に，受益者となる移民たちにどのような福祉政策を施せばよいのかも問題となる。この過程で，送り出し国政府と受け入れ国政府との間で年金などに関する協定が結ばれるなど，「コスモポリタニズムの社会政策」が模索されていく（武川 2002）。

　ホスト社会に移動し定着した移民は，従来は，出自社会の文化・情報を手放し，ホスト社会の文化や情報へと同化していくことが期待された。しかし，国境を越える情報や文化のやりとりが非常に容易になることで，移動した後も出自社会の文化・情報を享受できるようになった。それを可能にしたのは，通信衛星を介して発信するマスメディアや，デジタル化による多チャンネル放送である。また，インターネットや国際電話網を介した双方向コミュニケーションでも手軽に情報が世界を駆けめぐる（河村他 2002）。こうして，情報技術を身につけることで中層への階層上昇を果たす「インフォミドル」と呼ばれる人々が登場する（川崎 1994）。情報・文化のグローバル化は，同化することなくホスト社会で生活していくことを著しく容易にしたのである。◁7

　ナショナルな領域に閉じこもってきた政治も，グローバル化の傾向を見せる。国際連合，IMF，世界銀行，WTO などの国際組織や，それらを取り巻く国際NGO は，ナショナルな領域を越えて活動しているし（Held and McGrew 2002＝2003），ヨーロッパ連合（EU），北米自由貿易協定（NAFTA），アジア太平洋経済協力会議（APEC）などの地域共同体の形成と機能強化が，政治のグローバル化を示すとも解釈可能であろう。グローバル化に伴う諸問題に取り組もうとする NGO などによる社会運動も活発となり，政治のグローバル化の一側面を構成している。◁8

③ グローバル化による同質性と異質性

　このようなグローバル化の動きは，アメリカ化や西欧化だと見なされることも多い。すなわち，資本主義と消費文化が各地域や各国の人々のライフスタイルを同質化し，自由主義，民主主義，基本的人権といった価値観やイデオロ

換えられるという見解」とする一方，グローバル化は「……その帰結として，トランスナショナルなアクター，そのアクターが権力を握るチャンス，彼らの行為の方向性，そして彼らのアイデンティティやネットワークによって，国民国家とその主権が裏をかかれ弱められていく過程」と定義している。

▷4　世界都市については，Ⅳ-4 を参照。

▷5　企業の海外進出に伴い駐在員とローカル職員との相互理解の必要性が生じることも，特殊事例として挙げられるであろう（園田 2001）。

▷6　市民権については，Ⅲ-10 を参照。

▷7　遠距離ナショナリズムも促進される。Ⅲ-11 を参照。

▷8　グローバル化を推進する政治的実践のイデオロギーを「グローバリズム」と呼ぶならば，グローバリズムを批判する運動は「反グローバリズム」のイデオロギーを具体化していると言えよう（伊豫谷 2002：34）。

ギーが普及していく。これらは西欧やアメリカ合衆国発祥のものであり，マクドナルドやコカコーラの進出に象徴されるのは「文化帝国主義」だという考え方である（Tomlinson 1991＝1993, 1999＝2000）。

グローバル化をアメリカ化や西欧化と見なす人々は，対抗のために自らのエスニシティやナショナリズムに基づいた運動や原理主義的宗教運動を起こしたりする。彼ら／彼女らは，グローバル化を自らのローカルな文化，生活，存在を脅かすものであるとして反発するのである。

しかし一方で，グローバル化はアメリカ化や西欧化のような一方的な同質化や均質化という社会変動過程以外の側面も含んでいる。例えば，国際移民の活発化はホスト社会の中に異質性や多様性を創り上げている。移民の出発地と目的地や，移動の方向も多様になってきている。また，単にアメリカ合衆国や西欧が自らの文化・情報を発信しているだけではなく，非アメリカ・非西欧の諸国やメディア企業も通信衛星を用いて自らの文化・情報を発信している。また，アメリカや西欧のメディアが発信した情報でさえ，受け手は自国文化の文脈で独自の解釈を行っている面もある（関根 2000：17-9, 76-8）。すなわちグローバル化は，アメリカ化や西欧化とは異なる面をも合わせ持っているのである。

4 グローバル化と社会的境界

グローバル化のもうひとつの論点は，グローバル化と社会的境界との関係である。グローバル化の動きは，国境など社会的境界を無力化するような社会変動であると見なされがちである。すなわち，グローバル化は「ボーダレス化」と同一視される傾向にある。例えば中国では，グローバル化による経済の開放が農村の余剰労働力を顕在化させて都市への流入を促進し，さらにはその余剰となった都市人口が海外へ渡る移民労働者となっている。ここでは，グローバル化が都市と農村との境界および国の内外を仕切る境界を無力にしているように見える。

しかし実際に生じている現象はより複雑である。例えば原理主義的宗教運動は，グローバル化によって脅かされたローカルな文化の復権を目指しているとも言える。また，EUのような超国家政治体の制度化が，人々に国家を超えた「ヨーロッパ意識」を植え付けると同時に，ローカルな文化や少数言語を復権・維持しようという「地域志向」をも育てる場合がある。フランスの映画産業保護の例は，グローバル化に対してナショナルな文化を守ろうとする動きである。また外国人観光客を誘致するため，伝統文化や遺産を「掘り起こし」，時には「創造」して観光資源に仕立て上げることは，ローカル文化の商品化・資本化である。さらに東西冷戦終結後，社会主義陣営内などで民族紛争が噴出したことは，資本主義と自由主義の流入というグローバル化の帰結と言えよう（関根 2000：62-3, 65）。このように，グローバル化が「地域」や「国」の固有

◁9 エスニック・リバイバルについては，I-3を参照。

◁10 近年ではイスラム原理主義が世界的な問題になっている。アメリカ合衆国の2001年9月11日の同時多発テロやイギリス・ロンドンにおける2005年7月7日の地下鉄・バス爆破事件が引き起こされた。

◁11 ポピュラー音楽の例で言えば，聴衆の需要，音楽家の欲求，レコード会社の戦略のバランスの上で，グローバル化へ向かう時期と民族性を強める時期を繰り返すのである（岩村・西村 2002）。

◁12 フランスは，1948年に映画保護法を制定するなどハリウッド映画の進出によるフランス映画の空洞化を防ごうとしてきた。近年でも文化大臣が「ヨーロッパ映画週間」の創設を提唱し，ハリウッド映画に対抗して文化の多様性を守ろうと主張している。

性を際だたせる面もある。すなわち，グローバル化がナショナルな境界やローカルな境界を顕在化させる場合も多々あるのである。

グローバル化と，ナショナル化・ローカル化は相互媒介的な社会変動過程となりうる。なおグローバル化とローカル化（ナショナル化）が同時進行することを，「グローカル化」と呼ぶこともある。

5 グローバル化と国際化

この相互媒介的な性質のため，多くのグローバル化現象は「国際化」として現れる。ここでいう国際化とは，国民社会の境界を前提とし，国際環境による影響が境界内部で起こす現象のことである（山田 2005）。例えば国際移民は，国境を越えるという意味でグローバル化を示す一方，国境内に定住すると，再生産の問題が生じる。すなわち，結婚，子どもの教育，エスニックな文化継承，エスニック・ビジネスといった問題が国境の内部で対処されるべき問題として現れてくるのである。国際結婚の事例では，家庭内での文化変容が一定程度進展しても，日本とフィリピンの社会的な優劣関係が夫婦関係に反映してしまう。また，教育現場で日本語が使用されることによって外国人であることが「個人的な問題」と見なされ学業不振に陥り，結果として外国人の下層化が進む。また職業階層の問題も生じる。ニューカマー労働者のうち合法的な日系人とそれ以外のアジア・アフリカ系移民の間で緩やかな格差が形成されていく。

これらの国際化の事例は，グローバル化がもたらす「ボーダレス化」のイメージとはほど遠い。逆に，グローバル化が「国境」を際だたせる事例だと言える。すなわちグローバル化は，国境内部の人々を区切る境界としての「国境」をつくり出しているのである。

6 グローバル化の評価

それでは，グローバル化をどのように評価できるのであろうか。経済エリートが主張するように望ましい現象なのだろうか。それとも反対運動を展開している活動家の言うように厳しく規制すべき現象なのだろうか。

上で見たように，グローバル化は複雑な社会変動過程である。特にナショナル化やローカル化と同時進行しうる過程である。したがって一律の規範的評価は適切ではない。むしろ，グローバル化という社会変動を管理しつつ，個々の領域において生起する問題を最小限に抑える努力をすること。その上で個別の問題に即した規範的評価をすることが望まれるのである。

▷13 日本社会の国際化が日常生活レベルで実感されるようになったのは，「ニューカマー」が流入してきた1980年代半ばからであろう（山田 2005：500）。

I 国際社会学の問題と基礎概念

トランスナショナルな視角の射程

従来，社会学はナショナルな視角を前提として現象を観察し分析してきた。しかしグローバル化している社会の分析には，トランスナショナルな視角が必要だと近年では主張されることが多い。移民研究に焦点を絞ると，国境を越える頻繁な往来，経済活動の越境化，滞在国からの母国政治への関与など，確かにトランスナショナルを呼びたくなる現象は増加している。ナショナルな視角と関連させつつ，トランスナショナルな視角を発展させていくべきである。

1 トランスナショナルな視角とは何か

多国籍企業による経済活動の越境化，インターネットなどの情報網の国際化，国連やヨーロッパ連合といった国家を超える政治制度の形成と強化。これらの現象は政府や多国籍企業などのエリートを主導とした「上からのグローバル化」とイメージされる。それに対して草の根レベルの社会関係が越境化し，ナショナルな枠に収まらない社会空間を創りだしているのではないか。このような「下からのグローバル化」を捉えるため，トランスナショナルな視角が必要だと主張されるようになってきた。

移民研究においては，1970年代までは経済合理的な個人を前提としたプッシュ＝プル理論が主流であった。これに対して，世界システム論や従属理論を基礎とした歴史構造論は，資本主義の世界的な発展過程で不平等構造が形成され，移民現象が生じているのだとした。1980年代になると，エスニック・エンクレイヴ論や移民システム論といったアプローチが，移民たち自身の形成する中間的な社会組織やネットワークを強調した。つまり1970年代までのミクロレベルとマクロレベルの説明に対して，メゾレベルの説明が登場したのである。トランスナショナルな視角はこのうちメゾレベルへの着目を発展させようとしている（小井土 2005b：381-2）。

2 トランスナショナルな視角の系譜

トランスナショナルな視角は，北米大陸を中心とした3つの研究系譜から生まれてきたという（小井土 2005b：383-4）。

第1に，メキシコからアメリカ合衆国への移動が恒常化したことを説明する移民システム（migration system）の研究である。ダグラス・マッシー（Douglas Massey）らは，アメリカ合衆国に滞在するメキシコ系移民と彼らの出身コミュ

▷1 プッシュ＝プル理論については，II-8 を参照。

▷2 歴史構造論については，II-8 を参照。

▷3 エスニック・エンクレイヴ論については，III-6 を参照。

▷4 移民システム論については，II-8 を参照。

▷5 メゾレベル
個人の選好や行為をミクロレベル，社会構造をマクロレベルとしたとき，その中間に位置づけられる人々の組織やネットワークのこと。

ニティとの間に国境を越えた経済的，社会的，政治的な絆が形成されており，その絆が恒常的で双方向的な人の流れを可能にしていることを明らかにした（Massey et al. 1987）。

　第2に，カリブ海の小国からの移民・亡命者の研究である。ニナ・グリック・シラー（Nina Glick Schiller），リンダ・G・バシュ（Linda G. Basch）らは，経済的不安定と，アメリカ合衆国の介入や軍政などによる政治的不安定によってニューヨーク周辺に移動してきた移民集団が，強い結束力を持ちながら母国との紐帯を保って，母国の政治過程に影響力を与えている事実は，国民国家の枠組みでは理解できないと主張した（Basch et al. 1994：6）。

　第3に，移民の企業活動の研究である。アレハンドロ・ポルテス（Alejandro Portes）は，移民企業家によるラテンアメリカの母国への投資をきっかけに，多様な経済関係が国境を越えて形成されていることを指摘した（Portes 2003）。また，ルイス・グアルニソ（Luis Guarnizo）は，トランスナショナルな過程にエリート主導ではないこうした草の根的な側面があるとし，これを「下からのトランスナショナリズム」と呼んだ（Guarnizo 2003）。

　しかし，トランスナショナルな視角が何を指すのかは，研究者の間で合意されているわけではない。ポルテスはトランスナショナリズムに関する共通項を5つにまとめている（Portes 2003）。

(1)トランスナショナリズムは新しい視角であり，新しい現象ではない。
(2)トランスナショナリズムは草の根的現象である。
(3)すべての移民がトランスナショナルな人々ではない。
(4)移民トランスナショナリズムは，マクロ社会的帰結である。
(5)トランスナショナルな活動の程度と形態は，本国からの出国とホスト国の受け入れの文脈によって変わってくる。

❸ トランスナショナルな現象の事例

　トランスナショナルな視角の共通点として，移民ネットワークやそれに付随する社会関係資本がもはや受け入れ社会内の活動に限定されず，国境を超えたトランスナショナルな空間に広がっているとの主張がある。ここでトランスナショナルな空間とは，「少なくとも2つの空間にまたがって存在しうる社会的・象徴的絆，ネットワーク内の位置，組織ネットワークの組み合わせである」（Faist 1998：217）。

　それでは，トランスナショナルな視角は具体的にどのような現象を浮きだたせてくるのであろうか。

　経済的現象としては，母国にいる家族への送金，同郷者団体による出身地域の社会的インフラ構築，移民企業家の母国への投資活動が挙げられる。このような越境的な経済活動は，出身国の経済規模がさほど大きくないので，出身国

の財政的安定や発展見通しの主要な柱となっている（Guarnizo 2003）。

政治的現象としては，ラテンアメリカ諸国やカリブ諸国などの民主主義形成に対する移民集団の影響力行使，同郷者団体による地域開発プロジェクトの企画・運営への関与が挙げられる。このように越境的な政治空間が出現し，出身国と滞在国との政治過程を連動させていくのである（小井土 2005b：385-7）。

社会・文化的現象としては，滞在国では満たされない社会的威信や誇りを，出身国への関与や消費行動によって満たしていくことや，第二世代が滞在国では最下層に位置づけられながら親の出自国に戻ると滞在国の文化を身につけているがゆえに独自の集団形成やアイデンティティ形成をすることが挙げられる（小井土 2005b：387）。特に注目されるのが，ホスト社会への移民の編入である。多くの論者は，トランスナショナル・コミュニティや社会空間が移民にとって生き残りや生活向上の手段であるとする。例えばポルテスは，都市部に住む移民の子どもたちが上層移動の機会を得られず，多文化的アンダークラスに入ることが多いとして，トランスナショナル・コミュニティに留まることが，単なる逃避行動ではなく，そこから道徳的・経済的資源を手に入れる合理的な戦略であるとする。さらにより積極的に，これまで移民が経済的に成功したり社会的地位を獲得する道としては受け入れ社会に素早く同化することしかなかったのに対して，国境を超えた社会ネットワークは出身国の文化や言語を保持したままそれらを達成できるような新たな成功の道を提供しているという（Portes 2003：887-8）。しかし一方で，トランスナショナル・コミュニティが移民のホスト社会編入に対して別の長期的影響を与える可能性もあり，今後の研究課題として残されている。

④ 批判と展望

トランスナショナリズムという新しい視角は，これまでの分析枠組みで捉えきれなかった現象を浮き彫りにしてきた（Portes 2003：873-92）。しかし一方で多くの批判を受け，課題を抱えている。小井土はその批判を以下のように3点にまとめている（小井土 2005b：387-95）。

第1に，分析単位の多様性。例えば，メキシコ系移民の研究は各地域コミュニティのトランスナショナルな展開を論じているのに対して，カリブ移民の政治意識は国民を単位とした越境化によって論じられることが多い。このような分析単位の多様性は，分析の一般化の障害になっている。

第2に，**社会関係資本**の効果の楽観視。トランスナショナルな視角は，越境的な社会関係資本が経済社会的な成功を促進すると捉える傾向にある。ところが，出身地の家族やコミュニティへの義務が移民にとってしばしば負担になるように，強い紐帯は移民を拘束することがある。また，同国人だから一様に信頼関係が形成されるとは必ずしも言えない。むしろ地域間やエスニック集団間

▷6　編入（incorporation）については，Ⅲ-2を参照。

▷7　社会関係資本
（social capital）
信頼感や連帯感に基づいて，資源，情報，機会などの便益をもたらすような人と人との絆やネットワークのこと。

には対立関係や相互不信が存在する場合がある。しかも同国人内部のそのような社会的亀裂は，しばしば不平等関係や支配関係に転じる。

　第3に，国家の影響力の軽視。トランスナショナルな視角は移民が国家に制約されることなく活動しているかのように記述しがちである。しかし国家は，一方では規制を強化し移民たちの組織力および政治力を抑制しようとし，他方では同郷者団体の公認や助成など移民の経済力を利用しようとしている。

　ここではさらに次の3つの観点を加えておこう。

　第1に，越境的現象は過去にも同じように存在した。確かに移動やコミュニケーションの技術革新，ポスト工業期における高度技能者の需要，エスニックな多様性やトランスナショナルなつながりを許容する社会的文脈，移民の送金や政治的影響力を利用しようとする出身国政府の政策などは，トランスナショナルな現象を生起・維持させやすくしてはいるであろう（Levitt et al. 2003：569）。しかし，例えば資本主義的な生産様式が広まった19世紀終わりから20世紀初めにかけての大西洋横断移動の波は，まさにトランスナショナルな絆を利用した越境的現象であった。

　次に，トランスナショナルな視角で，多様な研究対象が区別されることなく取り扱われている点である。スミスとグアルニソ（Smith and Guarnizo 1998：3-4）は「トランスナショナリズムは明らかに宙をまっており」，「（トランスナショナリズムという）概念が様々なディシプリンにおいてとても人気があり突出していることは，その概念が意味のない概念的容器（en empty conceptual vessel）となる危険を生み出す」とした。果たして各研究の対象が，政治的な越境活動なのか，経済的なそれなのか，それとも文化的なそれなのか，さらには，それら活動がそれぞれの国でどのように展開しているのかや，宗教，文化運動，専門職・科学者の絆，芸術とスポーツがどのようなトランスナショナルなつながりを創り出しているのかといったことは，まだほとんど解明されていないのである（Portes 2003：888）。これらの研究対象を区別し，その上で，なぜそれらの越境的な現象が出現したのかを説明しなければならない。

　最後に，トランスナショナルな視角を発展させるためには，国民国家や国民社会といったナショナルな枠組みに基づいた分析を充実させることから始めなくてはならない。例えばプッシュ＝プル理論は，複数の国民国家とその間を移動する諸個人といったナショナルな枠に基づく。ナショナルな枠がまずあってこそ，なぜあるタイプの国際移動がトランスナショナルな視角なくしては説明できないのかという問いを立てることが可能となる。トランスナショナルな視角を神格化するべきではない。現象をよりよく分析するという観点からトランスナショナルな視角が必要かどうかを常に吟味しなくてはならない。

I 国際社会学の問題と基礎概念

 国際移民とジェンダー

▷1 家族合流 (family reunion) については、Ⅱ-3 を参照。

1980年代以後、「国際移民の女性化」が生じてきた。家族合流した移民女性たちは複合差別を受け厳しい不利を被ったり、逆に移民男性より優位になったりする。出稼ぎとしてエンターテイナーという名目で性産業に従事したり、家事労働に従事して「矛盾した階級移動」を経験したりする。また国際結婚も増加している。このようにジェンダーという要因は、他の要因と絡まり合い、移民女性の状況を複雑なものにしているのである。

1 国際移民の女性化

▷2 ジェンダー (gender) 生物学的にではなく、文化的に規定された性差のこと。

1970年代終わりまで、国際移民がジェンダーごとに異なる経験をすることは、注目されてこなかった。しかし1980年代以後、世界的に生産過程と再生産過程が変化し、国際移民の女性化 (feminization of international migration) が生じてきた。その具体的な現れは3種類に分けられる。

第1に、家族合流による定住である。1970年代前半、西ヨーロッパ諸国は移民管理を強化し、新たな労働移民の受け入れを事実上停止する中で、ほとんどが男性単身であった労働移民は、妻や子どもなど被扶養者を母国から呼び寄せた。このため多くの女性が国際移動を経験し、ホスト社会に定住していったのである。

▷3 再生産労働 (reproductive labour) 家事労働や育児など、家族の再生産に関わる労働のこと。

第2に、労働目的で国外へ移動した女性は、多国籍企業の工場労働やホスト社会世帯の再生産労働などに従事するようになった。例えばアジア地域では、1970年代後半に約2万人、80年代後半に約27万人、90年代終わりに約80万人の女性が就労のため移動したと言われる。女性移民の代表的な送出国はフィリピン、インドネシア、スリランカであり、彼女たちの多くが出稼ぎである。フィリピンでは、1999年の年間出稼ぎ者23万7260人のうち64％にあたる15万1840人が女性であり（小ヶ谷 2001：121）、その多くは、日本、香港、台湾、シンガポール、マレーシア、ブルネイなどへと移動した。

第3に、国際結婚をするために移動したり、移動してから国際結婚する女性たちがいる。例えば日本の場合、嫁不足に悩む農村にアジア諸国から花嫁を迎えたり、エンターテイナーとして入国したアジア諸国からの女性たちが日本人男性と結婚したりする。

このような国際移動の女性化の結果、様々な社会問題が生じてきている。家族合流、出稼ぎ、国際結婚に分けて見ていくことにしよう。

② 家族合流に伴う移民女性の問題

　家族合流によってホスト社会に定住した移民女性は，複雑な状況に置かれる。その端的な事例は「複合差別」を被ることである。すなわち，「複数の差別が，それを成り立たせる複数の文脈のなかでねじれたり，葛藤したり，ひとつの差別が他の差別を強化したり，補償したり，という複雑な関係」（上野 1996：204）を形成しているのである。

　もちろん，マイノリティ集団出身でかつ女性であれば，労働市場などで厳しい不利を被るであろうことは容易に想像できる。「被扶養者」としての法的地位や，技能・資格が雇用主によって低く見積もられることも，女性たちが社会的に低い職にしかつけなかったり，家族ビジネスで無給労働に従事することにつながる。加えて，育児や介護をすることで家族を維持するよう規範的に要請されもする（Willis and Yeoh 2000：xiii-xiv）。しかし逆の現象もありうる。通常の性差別だけであれば，雇用の場で優遇されるのは男性，冷遇されるのは女性となる。ところが，例えばフランスへ渡ったマグレブ移民の場合，労働市場において女性の方が優遇される。この逆転現象は，性差別が人種差別と絡み合って生じていると考えることができる。どういうことかと言うと，親や男兄弟が移民女性を犯罪や非行のはびこる環境から保護するので女性たちは学業に専心でき，比較的恵まれた職を獲得できる。そして女性たちは，出身社会における自分たちの位置づけと，フランスにおけるフランス人女性の位置づけとを比較して，解放への意欲をかき立てられるのである（伊藤るり 1997：209-211）。しかしこの場合でさえ，移民女性の方が移民男性よりも恵まれているのだと単純に判断することはできない。親から娘への監視や，男兄弟から女姉妹への監視はときに非常に厳しい。**家父長制**の下で移民女性たちを抑圧し，死の制裁を科すといった極端な事例もある。この意味で，移民家族の持つジェンダー規範は，移民女性にとって両刃の剣である（伊藤るり 1997：212-3）。

　さらに，移民女性は移民男性と比べて移民たちのホスト社会への統合の橋渡しをする存在として期待されることがある。すなわち親の通訳などをして公共的な手続きを助けたり，女性が収入を得て家族を支える場合のように。またトランスナショナリズムの観点から移民女性は，出身コミュニティとの社会的ネットワークを形成し，それを強化する重要な役割を担うことがある（Willis and Yeoh 2000：xv）。しかしその一方で，父親や男兄弟がホスト社会で得られたはずの「男としての自尊心」を得られないという問題もある。そこで移民後，家父長制に基づくジェンダー優劣関係が逆転し，家族が不安定になることもある（伊藤るり 1995, 1998, 1999）。

▷4　この性差別はイスラム教に起因するという可能性もあるだろう。

▷5　**家父長制**（patriarchy）年長の男性を頂点とし女性や若年者を従属的な地位に置く権力関係のこと。この権力関係は家族内のみならず社会の様々な場面で見られる。

③ 出稼ぎに伴う移民女性の問題

出稼ぎは，送り出し国と受け入れ国の間を行き来する「循環移動」(circular migration) の一種である。出稼ぎも，移民女性を様々な問題に巻き込む。グローバル化により，製造業はより安価な労働力を求めて生産拠点を経済中核国から周辺国へと移す。そして近隣諸国の農村地域から若年女性労働力を集めるのである。さらに多いのが，エンターテイナー，家事労働，看護，介護といったいわゆる女性職に就く場合である。特にエンターテイナーと家事労働の事例は，移民女性が背負う問題を浮き彫りにする。

1980年代以降エンターテイナーとして日本へ入国してきたのは，興業ビザを取得した主に東南アジア諸国の女性たちである。しかし実際にはダンサーや歌手としては働かず，性産業に従事することがよくある。また，人身売買にも巻き込まれる。そこで，女性たちの人権保護の必要性が叫ばれ，近年日本はこの分野の移民規制に着手した。しかし，伝統的に産業側の力が強く，いまだに問題をはらむ移民カテゴリーであり続けている。

家事労働職は，ホスト社会における女性の労働市場への進出や，育児・介護に対する政府助成の削減，少子化・高齢化などに伴って必要とされた職種である。再生産労働という点では看護職や介護職と共通している。ラセル・サラザール・パレーニャスは，フィリピンからイタリアなどへ家事労働者として出稼ぎに行った女性たちに聞き取りを行い，移住労働に伴う「秩序の崩壊」(dislocation) を，①限定された市民権，②家族別離のつらさ，③矛盾した階層移動，④居場所のなさ，の4点にまとめている (Parreñas 2001)。特に興味深い問題は，海外出稼ぎで生じる「矛盾した階層移動」(contradictory class mobility) である。フィリピン国内では，住みこみの家事労働職は地方から都市へ出てきた低学歴若年女性の典型的な初職であり，その社会的地位は極めて低い。しかし，海外において家事労働に従事し，ホスト社会の雇用主世帯の再生産を担っているのは，出身国で高い学歴と職歴を得たフィリピン女性である。したがって，出身国で働くよりも多くの経済的報酬を得られるにもかかわらず，社会的な地位は下降移動したと見なされてしまう。すなわち「矛盾した階層移動」を経験する（小ヶ谷 2002）。

既婚男性は「世帯の大黒柱である」という規範的な解釈により，出稼ぎをするのは当然だと見なされる。ところが既婚女性の場合，海外出稼ぎすると「勇気がある」「夫を助けるよき妻だ」と見なされる一方，「家庭にいるべき母」という「母親役割」を果たしていないとも言われてしまう。海外出稼ぎをしながら，出身社会に残した子どもたちに気遣いを示し世話を続ける「トランスナショナルな育児」(transnational mothering) をするよう迫られるのである（小ヶ谷 2002：197-9）。

4 国際結婚に伴う移民女性の問題

　国際移動の活発化に伴い，国際結婚が増加の一途をたどっている。日本に着目すると，農村地域への外国人花嫁と日本人男性と結婚した「エンターテイナー」の事例が特に問題をはらんでいる。

　農村では後継者不足が深刻で，結婚が単なる個人的事柄を超えて，イエやムラの存続に関わる社会的関心事となっている。結婚の仲介を行政主導で行ったり，民間業者に委ねたりして，フィリピン，韓国，中国などから外国人花嫁を迎え，問題を解決しようとしてきた。しかし，文化や言語が異なるなどの理由から，外国人妻や国際結婚家族へは様々なケアが必要となる。例えば山形県ではケアの制度が行政主導でつくられているけれども，北海道の十勝地方など他の地域では制度化にはまだまだほど遠い。外国人妻が日本の農村に適応する仕組みをつくると同時に，農村の住民の側も外国人妻を理解できるような機会を与えることが重要な課題となっている（渡辺 2002）。

▷6　イエとは，血縁と地縁に基づいた家連合であり，労働の組織化と生活保障の単位を指す。ムラは複数のイエを地理的に包摂する統一体である。

　一方，フィリピン人など興行ビザで入国し滞在する女性の中には，日本人男性と知り合い結婚する事例が多い。日本に滞在し続けるための「戦略」や経済的打算であったり，男性の側も真剣な結婚でなかったりする場合がある。文化的葛藤や法的地位の不安定さの下で，家庭内暴力を受けるなど不幸せな結婚生活を送りかねず，離婚に至る事例も多い。また，子どもたちが婚外子になったり十分な教育を受けられないといった不利を被る可能性も高い。結婚という個人的な事柄が，国際経済格差，性別役割分業観，法制度といったマクロ社会学的要因から強い制約を受けている典型例である（定松 2002；高畑 2003）。

5 移民のジェンダー的展開

　以上のように，移民女性は家族合流，出稼ぎ，国際結婚といった局面で，移民男性とは異なる移動・滞在経験をする。服装や行動で自らの女性性を再構築することで，女性というジェンダーによって男性よりも優位になる場合もある。しかし女性たちの経験は過酷になりがちである。また，移民女性と一言で言っても，その中身は多様である。エスニシティ，階級，年齢などの要因によっても経験はかわってくる。各国の移民政策や市民権政策も女性に不利なようにつくられていることがある。難民政策において，女性が職業訓練プログラムではなく育児プログラムに入れられ，妻および母としての役割を押しつけられることもある。このように多様な移動経験や定住経験の考察は，今後の課題として残されている。

▷7　例えばマレーシアでは，移動した単身女性の社会経済的地位が上昇している一方，既婚女性の地位は下降しているという（Willis and Yeoh 2000：xix）。

I 国際社会学の問題と基礎概念

8 人種差別の現代的展開

人種概念の発達と共に生じてきた人種差別は，現代において新たな展開を見せている。人々の具体的な意図に基づかず，比較的潜在的に進行する差別は，間接的差別や制度的差別と呼ばれている。また，反人種差別には，普遍主義的価値と差異主義的価値に基づくものがあり，それぞれ同じ根拠に基づきながらも人種差別に転じてしまう可能性がある。さらに人種差別は，生物学的要素から文化的要素へとその基盤を移しつつ，より複雑な現象になってきており，いまだ社会問題となり続けている。

1 古典的人種差別から現代的人種差別へ

▷1 人種概念の発達については，I-2 を参照。

　人種差別は人種概念の発達と共に生じた。人種の観念に基づいて人々が他者に嫌悪や敵対的態度を持つ場合を「偏見」(prejudice) と呼ぶのに対して，「人種差別」はそのような偏見に基づいてある人々が実際に不利益を被る場合を指す。すなわち「人種差別」(racial discrimination) とは，「ある個人や集団が，ある特定の人種集団に属しているという理由から，様々な不利益を被ること」である（関根 1994：184-5）。

▷2 人種差別撤廃条約が1965年の第20回国連総会において採択され，1969年に発効。日本は1995年に加入している。

　古典的人種差別は，肌の色や目鼻立ちなど生物学的要素に基づき，意図的に個人から個人へと直接行われる行為であり，目に見えやすいという意味で顕在的である（表I-8-1）。例えば，ある人がマジョリティとは異なる肌の色をしているがゆえにレストランへの入店を店の従業員に断られるといった事例があてはまり，わかりやすい。

▷3 近年では，人種差別的出来事を指すために，「人種ハラスメント」(racial harassment) という概念も使われるようになっている。

　ところが，人種差別はそのような古典的なものから，現代的な新たな形態へと発展してきたと言われる（Wieviorka 1994）。すなわち，文化的要素に基づき，個人ではなく制度が無意識的かつ間接的にある人々に不利益を与える場合があり，なかなか見えにくいという意味で潜在的だという場合である。このような人種差別の現代的展開の特徴は，間接的および制度的人種差別と概念化できる。

表I-8-1 人種差別の展開

古典的人種差別	生物学的	意図的	個人的	直接的	顕在的
現代的人種差別	文化的	非意図的	制度的	間接的	潜在的

2 間接的人種差別と制度的人種差別

○間接的人種差別

　間接的人種差別の観念の発達がよく表れているのは，イギリスの人種関係法 (Race Relations Act) の変遷である。1965年に成立したこの法律は，ホテル，レストラン，娯楽施設，公共交通のような公共の場における人種差別的な発言や印刷物の配布・出版を違法とした。また，1968年に改正された人種関係法は公共の場だけではなく雇用や住宅などの社会領域における差別も禁止した（樽本 2000：8）。このときに含意されたのは，直接的差別 (direct discrimination) である。例えば雇用の面接を受けても，肌の色が黒いという理由で雇用を断られるといった場合である。

　1976年に改正された人種関係法になると，間接的な差別をも禁止することになった。間接的差別 (indirect discrimination) とは，肌の色，人種，国籍，エスニック・民族的の出自の観点から正当化できないような条件が適用されて，ある集団の人々がその条件に従うことができず，かつ損害を被る場合である (Solomos [1989] 1993：88；樽本 2000：11)。例えばオートバイを運転する際，ヘルメットの着用を義務づけると，頭にターバンを巻くシーク教徒たちが運転できなくなる。このように，明確な差別者や差別行為のないこと，または見えにくいことが，間接的差別の特徴である。

○制度的人種差別

　個人的人種差別が，その個人や個人が属する集団の心理的，文化的傾向に起因して生じる一方，制度的人種差別 (institutional racism) は社会の安定的で持続的な制度に起因した差別である。ここで言う制度には，手続き，ルール，規制だけではなく，習慣や文化，決まり切った行動などが含まれる (Bolaffi et al. 2003：147)。

　イギリスで発表された2つの政府報告書が制度的人種差別の特徴をよく捉えている。1981年ロンドン南部のブリクストンで生じた「人種暴動」に関して発表されたスカーマン報告書 (the Scarman Report) は，警察が人種差別を行っていることを否定した。その根拠は，警察には差別する方針も政策もないので，故意に差別している形跡はないというものだった。しかし，1993年同じくロンドン南部のルイシャムで殺害されたカリブ系青年スティーブン・ローレンスの事件に関するマクファーソン報告書 (the Macpherson Report) は，無意識の偏見，無知，思慮のなさ，人種的ステレオタイプのため，警察が捜査の不手際に陥ったとし，制度的人種差別の存在に言及した。この報告書では，制度的人種差別とは「組織が，人々への適切で専門的なサービスを，その人々の肌の色，文化，エスニックな出自ゆえに，組織として提供できないこと」と定義された (Bolaffi et al. 2003：148-9)。

▷4　「人種暴動」については，Ⅲ-12 を参照。

○現代的な差別の複雑さ

　人種差別の現代的展開の要素をなす意図のなさと潜在性は，間接的人種差別と制度的人種差別の多くの事例で見られる特徴である。ただし，間接的であれ制度的であれ，差別者が意図的に差別する場合はありうる。また，間接的あるいは制度的な差別の場合の方が差別の事例が「見えにくく」潜在的であるとはいえ，顕在的な場合もあろう。例えば南アフリカのアパルトヘイトは，制度的人種差別の事例でありながらも，極めて顕在的である。

　間接的および制度的人種差別の概念は，安易に使用するとすべての事象や制度が差別的だという結論になりかねない。そこで，社会学的に有意義な分析を行うためには，差別と非差別の基準を明確化し，差別の程度を測る尺度にも気を配るなど慎重な運用が必要となる。

③ 普遍性と差異性の転換

　人種差別の現代的展開として，もうひとつ触れておかなければならないことがある。近年，普遍性と差異性に関して，人種差別と反人種差別の関係が複雑になっているのである。

　ピエール - アンドレ・タギエフ（Pierre-André Taguieff）は，人種差別と反人種差別との関係を，「個人 - 普遍主義」と「伝統 - 共同体主義」という規範的価値の違いに従って整理した（笠間 1990；梶田 1992：231-4）。

　同化政策に潜む人種差別は，個人 - 普遍主義の価値観に立っている。マイノリティの文化的特殊性を許容せず，ある社会のマジョリティの文化や習慣に同化せよという態度と行動をとるからだ。ただしここで採用されている普遍性は，支配的な文化を「文明化された」「普遍的なもの」と捉える思考様式であり，自民族中心的な疑似普遍主義にすぎない。この人種差別は「普遍主義的人種差別」と呼べる。西欧列強による植民地支配は普遍主義的人種差別を含む政策を伴っていた。

　一方，ある集団を排除したり隔離しようとするタイプの人種差別は，伝統 - 共同体主義を基礎にしている。普遍性を放棄し，他の集団との混合を嫌う。他集団に対する自集団の優位性を維持しつつ，自集団の純化を追求していくのである。南アフリカのアパルトヘイト政策やナチスの集団虐殺など，歴史上多くの事例がある。この人種差別を「差異主義的人種差別」と名付けることができる。

　これら 2 つのタイプの人種差別を告発し対抗していくためには，それぞれ別々の根拠に依拠する必要がある。同化主義を強制する普遍主義的人種差別に対しては，集団や共同体のアイデンティティや文化を尊重し，集団的な権利を前面に打ち出して戦っていくことが必要になろう。フランスで言われる「相違への権利」という文化多元主義のスローガンは，その典型的な事例である。こ

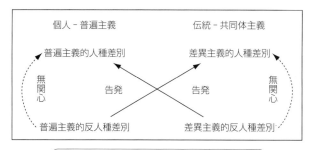

図Ⅰ-8-1　人種差別における普遍性と差異性

出所：Taguieff（1987：403）

のような反人種差別を，差異主義的反人種差別という。

　一方，差異主義的人種差別に対しては，集団や共同体の価値ではなく，差異を超えた普遍的な価値を強調し，人権の擁護や個人の平等を主張することになる。合理的な普遍的価値を根拠に差別と戦い，個人を拘束するような伝統的な共同体主義を批判することになる。このような反人種差別を，普遍主義的反人種差別と呼ぶことができる。

　このように整理すると，人種差別に対抗することの難しさがわかるであろう。普遍主義的な人種差別と反人種差別の差は極めて小さい。差異主義的人種差別に対抗するべく行われている普遍主義的反人種差別の運動は，同じく普遍主義的な人種差別の運動に回収されてしまう可能性が高いのである。同様に，普遍主義的人種差別に対抗している差異主義的反人種差別の運動は，気がつくと差異主義的な人種差別の行動になっているかもしれない。例えば極右が，文化多元主義の根拠である「相違への権利」を用いて，「マジョリティだってマイノリティと同じく，自分たちの文化を保持する権利がある！」と主張しているケースのように。

4　生物学的根拠から文化的根拠へ

　以上のような，古典的人種差別から現代的人種差別への変容の基礎には，差別の根拠の変化がある。古典的人種差別においては生物学的な要因を根拠に，ある集団の劣等性が正当化され，差別が行われた。現代的な差別においては，生物学的要因がそのまま持ち出されることはまれになった。代わって文化的要因が使用されるようになったのである。「彼ら／彼女たちの文化は，われわれの文化よりも劣っているのだ」という文化的劣等性が主張されるだけではない。「彼ら／彼女たちは，われわれとは異なる文化を持っているから，まったく理解しえないのだ」とも主張される。この文化に基づく理解不可能性の主張は，アメリカ合衆国における9.11テロ以降，特にイスラム教徒に対して増長しており，このような主張をいかに打破するかが世界的に重要な課題となっている。

I 国際社会学の問題と基礎概念

9 移民と開発・発展

歴史上これまでになかったほど国境を越える人の移動が盛んになり，移動のもたらす影響もこれまでにないほど大きくなった。影響の中で最も注目されるもののひとつに，「開発」や「発展」がある。国際移民は送り出し国・地域の開発や発展に寄与しているのだろうか。また，受け入れ国・地域には利益をもたらしているのだろうか。さらに移民たちの幸福につながっているのだろうか。

1 開発・発展とは何か

英語でいう 'development' は日本語に訳しにくい言葉である。これまで社会学では，「開発」または「発展」と訳してきた。「発展」は「社会，経済，政治などが高度化すること」と捉えられる。一方「開発」は，「ある全体社会あるいは地域を対象とし，人々の生活福祉の改善・向上を目的として，その経済・社会・文化などの発展を図る計画的・意図的な一連の行為の過程」と定義される（岩城 1993：145）。さらに開発は 2 種類に区別される。ひとつは，一人あたりの所得向上のために，雇用の拡大と消費生活水準の上昇を図る経済開発である。もうひとつは，経済発展の不均等や格差の拡大，特に発展途上国における失業，貧困，疾病，教育，住宅，生活不安などの社会問題に対応すべく 1962 年国連総会の決議などで提唱された社会開発である。◁1

このように開発・発展はある種の社会変動を示している。さらに社会学では近代化◁2を含意することが多い。たとえば，農業が機械化され収穫が増大したり，主要な経済セクターが農業から工業へ移行することが開発・発展の具体的な現象として言及されることがある。そして近代化と同じように，かつては「開発・発展であれば何でも望ましい」というイデオロギー的な前提が存在した。社会開発への着目によってこのイデオロギー的前提はかなり反省されているものの，現在においても開発・発展の望ましさは検討されるべき課題であり続けている。

2 南北問題としての国際移民

このような開発・発展と，国際移民との間にはどのような関係があるのだろうか。頻繁に問われるのは，「国際移民は送り出し国・地域を豊かにするのか」という問いである。そして「国際移民は受け入れ国・地域を豊かにするのか」と問われることもある。前者の問いが成り立つ前提には，国際移民の多くが

▷1 社会開発は，先進諸国においては経済開発のひずみの是正，発展途上国においては経済開発の前提としての住民の生活意欲や教育水準の向上，伝統的社会構造や宗教規範の改革といった社会的条件の改善に力点が置かれている（岩城 1993；園田 1993）。

▷2 近代化
(modernization)
近代化とは，経済的，政治的，社会文化的，知識的領域にまたがった総体的な社会変動のことをいう。具体的な個々の現象としては，工業化，民主主義化，核家族化，都市化，宗教に代わる科学技術の広がりなどを指す。

「南」に属する発展途上国から「北」に属する先進諸国へと移動しているという事実がある。「南」の貧しい国や地域から「北」の豊かな国や地域に移民が移動して単純労働などに従事することによって、「北」は「南」を搾取しているのではないか。移民は送り出し国や地域の利益を損なっているのではないか。このような懸念が強く存在するのである。こうした懸念を、「南」から「北」への移民による問題、すなわち「移民の南北問題」と呼ぼう。◁3

③ 送り出し国・地域へもたらす影響

確かに移民自身は、「北」の先進諸国において単純労働などに従事し、恵まれない生活を送っている可能性がある。しかし、自分の移動元である「南」の国々や地域にはどのような影響を及ぼしているのであろうか。少なくとも次の3つの要因を挙げることができる。

第1に、経済的送金（remittances）である。具体的には、移民たちが出身国や出身地域に送る資金のことを指す。単に「送金」と呼ぶことも多いけれども、ここでは「社会的送金」と区別するために「経済的送金」と呼ぶことにしよう。

2010年に発展途上国へ送られた経済的送金は、3250億米ドル（39兆円）にも及ぶ。また同年に世界全体でやりとりされた経済的送金は4400億ドル（53兆円）である。2014年度における日本の予算が240兆円であることと比較すると、世界全体での経済的送金の額はその4分の1ほどになる（小黒 2014）。

2009年における経済的送金の送金元を見ると、合衆国、サウジアラビア、スイス、ロシア、ドイツが上位5位を占める。また、2010年における送金先の上位5位を見ると、インド、中国、メキシコ、フィリピン、フランスとなっている。5か国の顔ぶれを見ると、経済的送金と発展途上国の開発・発展とはあまり関係がないと思われるかもしれない。そこで、経済的送金が各国の国内総生産（gross domestic product, GDP）の何割に当たるかに着目しよう。20％以上の国には、タジキスタン（48.8％）、キルギス（31.5％）、ネパール（28.8％）、モルドバ（24.9％）、トンガ（24.5％）、ハイチ（21.1％）、アルメニア（21.0％）、ガンビア（20.0％）がある（World Bank 2010）。少なくともこれら小国の経済は、経済的送金に依存しているのである。

第2の要因は社会的送金（social remittances）である。社会的送金は資金の流れである経済的送金とは異なり、「受け入れ国コミュニティから送り出し国コミュニティへと流れるアイデア、行動、アイデンティティ、そして社会関係資本」と定義される（Levitt 1998：927）。ドミニカの村と合衆国ボストンの街との間で発見された社会的送金には3つのタイプがあった。第1に、アイデア、価値、信念を内容とする「規範的構造」（normative structures）である。2つめは、規範的構造で方向付けられた諸行為、「実践のシステム」（systems of practice）である。最後に、**社会関係資本**である。◁4 社会的送金は、移民を送り出した村や

▷3 もちろん、開発・発展に伴って、農村から都市への国内移動も無視することはできない。国内移動はさらに国際移動へと転換しうる。たとえば、ラオスの首都ウィエンチャンはタイの地方都市より小規模であるため、タイにとってはラオス全体が移動元の「農村」に見えてくるのである（鈴木 2006）。

▷4　社会関係資本（social capital）
社会関係資本とは、信頼感や連帯感に基づいて、資源、情報、機会などの便益をもたらすような人と人との絆やネットワークのこと。Ⅰ-6およびⅢ-4も参照のこと。

受け入れた街に積極的な貢献を行っているという。すなわち，移民企業家を育成し，移民たちの政治的な統合を促進する。また，国境を超えるコミュニティや家族の形成にも寄与しているというのである。

第3に，頭脳流出（brain drain）も移民と開発・発展との関係を考える上では欠かせない現象である。初めて頭脳流出が問題になったのは，1950年代のインドにおいてであった。当時，旧植民地インドの大学卒業者は身につけた人的資本に見合った職を得ようと旧宗主国の英国に渡った。これが「頭脳の流出である」と問題視された。1960年代半ばには技術者，医師，科学者，大学教授，教師とそれらの扶養家族たち10万人が合衆国へ移民していった。2000年前後になると，インドの医師5万6000人がOECD諸国へと移住していった。

発展途上国にとっては，頭脳流出は技能を持った人々を失うという意味で大きな社会問題となりうる。一方，受け入れ国の側から見れば高度技能移民の移動は「頭脳流入」（brain gain）であり，多くの場合は望ましいとされる。また，近年では一方向的な頭脳流入や頭脳流出ではなく，送り出し国や受け入れ国の間を循環して移動する「頭脳循環」（brain circulation）が注目を集めている。

❹ 「移民と開発・発展」はよいことか

移民と開発・発展との関係が注目されるひとつの理由は，国境を越える人の移動の善し悪しを考える指標になるからである。すなわち，国際移民が開発や発展を促進するのであれば，国境を越える移動は望ましいことと考えやすくなる。はたして，国際移民は開発や発展をもたらしているのであろうか。

この問いに対する答えは多様である。たとえば，合衆国へ移住したメキシコ移民の研究では，移民たちはナショナルレベルでもコミュニティレベルでもメキシコ経済に肯定的な影響を及ぼしているという。特にコミュニティレベルでは，出身の村の人々は送金を奢侈的に消費するよりも農機具を買うなどして農業の効率化を進めている。このようなメキシコ移民たちの送る経済的送金は「移民ドル」（Migradollar）と呼ばれている（Durand et al. 1996）。

紛争や貧困の観点から，移民は開発・発展に必ずしも寄与しないという見解もある。まず，移民政策の論理は，国境を閉鎖し移民を封じ込めるか，移民を選択しつつ受け入れるか，自由化しトランスナショナリズムの形成を許すしかない。これだけの選択肢しかない中，紛争に対して介入したとしても，移民に関する効果は確かではない。さらに，貧困を減らすための開発援助が母国を離れる出移民を減らすかどうかも疑問である。なぜならば，援助や送金が開発・発展に寄与するかどうかは，送り出し国・地域の治安や所得レベルなどに左右されるからだというのである（Nyberg-Sørenson et al. 2002）。

移民受け入れ国に関しては，移民は開発・発展に寄与するという研究がある。モーリシャス，セーシェル，シンガポール，そしてある程度まではマレーシア

▷5 Ⅱ-6 も参照のこと。

▷6 新古典派経済学
個人が効用を最大化しようとし企業が利潤を最大化しようとすれば，市場の力により効率的な資源配分が達成されるという経済学の考え方を総称したもの。ウィリアム・スタンレー・ジェヴォンズ（William Stanley Jevons），カール・メンガー（Carl Menger），マリ・エスプリ・レオン・ワルラス（Marie Esprit Léon Walras）らによるいわゆる限界革命から登場したと言われる。

の近代化を移民が促進したというのである（Appleyard 1992）。

さらに具体的な事例として，移民の送り出しを国家戦略として採用している国がいくつか存在する。特に，フィリピンは世界各国に家政婦や看護師などを送り出している。このことは，何らかの意味で移民が送り出し国の開発・発展に貢献している可能性を示唆するものである。

しかし，移民と開発・発展との関係に対する評価は，純粋に現象に対する評価ではなく，研究上のディシプリンに引きずられたものである可能性もある（表Ⅰ-9-1）。1973年の石油危機以前の研究は，移民が開発・発展に寄与すると主張するものが多かった。その有力な理由のひとつは，当時の研究視角が**新古典派経済学**◁6に依拠したものであったからである。その後，1990年代あたりまでは**累積的因果関係論**◁7や**従属理論**◁8を用いた研究が盛んとなり，移民と開発・発展は否定的に見られるようになった。1990年代以後**労働移動の新経済学**◁9などの家族の生計戦略に着目する議論が主要な研究視角となったものの，引き続き移民は開発・発展をもたらさないとする見解が多かった。21世紀を迎えたあたりでトランスナショナリズム論による送金や頭脳流出などの研究が増加していくと，移民は開発・発展に対して肯定的な帰結をもたらすと論じられることが増えていった。すなわち，現象それ自体の価値とは別に，研究の視角が現象の評価を決めてしまった面があると言われている。

表Ⅰ-9-1 「移民と開発・発展」研究の展開と評価

－1973	新古典派・開発主義的理論	肯定的
1973-1990	累積的因果関係論，従属理論	否定的
1990-2001	労働移動の新経済学（NELM），家族生計戦略論	否定的
2001-	トランスナショナリズム論	肯定的

出所：De Haas (2010)

5 「移民と開発・発展」の将来

移民と開発・発展の関係は近年重要視されると同時に，いくつかの課題も抱えている。第1に，移民自身の福祉・効用に注目することは比較的少ない。しかし，開発・発展が移民を犠牲にして進められてはならない。送り出し国・地域，受け入れ国・地域，移民たちの三者が利益を得る「トリプル・ウィン状態」を評価の基準として検討すべきであろう。

第2に，2015年あたりからヨーロッパで生じた「難民危機」は送出国の治安と経済的安定の重要性を強く示唆している。そこで，開発・発展は出移民を減らすかという緊要な問いに答えなくてはならない。

最後に，そもそもどのような開発・発展が望ましいのだろうか。近代化過程に伴い多くの地域コミュニティが解体したことから考えると，近代的な意味での開発・発展を望ましい目標に据えることは短絡的である。近代的な意味を超えた開発・発展と移民との関係を今後は模索しなくてはならない。

▷7 **累積的因果関係論**（cumulative causal relation theory）
福祉国家の形成，人種的不平等，発展途上国の不利益などは，因果関係が好循環や悪循環して累積することで生じるというカール・グンナー・ミュルダール（Karl Gunnar Myrdal）による理論のこと。

▷8 **従属理論**（dependency theory）
マルクス主義の発想を国家間の不平等関係の説明に応用した理論。発展途上諸国の低開発は先進諸国による搾取が原因だとする。アンドレ・グンダー・フランク（Andre Gunder Frank）やサミール・アミン（Samir Amin）が著名であり，ラテンアメリカ諸国の従属的地位などを問題にした。

▷9 **労働移動の新経済学**（The New Economics of Labor Migration, NELM）
新古典派経済学への反省から，移動は家族で決定する事柄であり，家族単位での収入の最大化と将来に関するリスクの最小化を狙って行われるとする経済学の考え方。オデッド・スターク（Oded Stark）らによって構築された（厳 2000）。

Ⅱ　国際人口移動の加速化と多様化

第2次大戦以前の国際人口移動

国境を越える移動は，いまに始まったわけではない。現在の意味合いとは異なったものの，古代から国と国との境は存在し，人々はそれを越えて移動した。しかし移動が本格化したのは，労働市場が国際化してからである。第2次大戦以前の国際移動は，奴隷労働，半強制契約労働，入植移民という3つの歴史的展開を経たと考えられる。また，ヨーロッパ内では独自の国際移動が展開した。しかしこれらの国際移動は第1次大戦以後，いったん縮小した。

1　奴隷労働

歴史上，人の国際移動が本格化したのは奴隷貿易（slave trade）からである。1442年にポルトガル人船員が自宅で労働させるためにアフリカから人間を奴隷として運び始め，1551年以降になると**プランテーション農場**◁1の労働力確保のためアフリカから西インド諸島への奴隷船が出帆した（Stalker 1994＝1998：8-9）。こうした奴隷貿易が本格化したのは17世紀後半以降である。奴隷は次のような「三角貿易」の中で運ばれていった。鉄砲や日常品などの工業製品が，ブリストル，リバプール，ボルドー，ルアーブルの港から西アフリカの海岸へと運ばれ，船員が誘拐したり地元の部族長や貿易業者が連行した奴隷が品物と引き替えにカリブ海地域やラテンアメリカなどへと運ばれ，農園の品物がヨーロッパへと運ばれ売られた（Castles and Miller 1993＝1996：52）。

この大西洋横断奴隷貿易によって運ばれた奴隷は950万人とも1500万人とも言われる（小倉[1992] 1996：73）。奴隷労働は，プランテーション農場や鉱山で使用されて，イギリス，フランス，スペイン，ポルトガル，オランダなどの国力の基礎となった。奴隷制度はイギリス植民地では1834年，オランダの植民地では1863年，アメリカ合衆国西海岸諸州では1865年まで残存した（Castles and Miller 1993＝1996：52, 54）。

このような奴隷貿易は，大国による新世界の植民地化と商業資本による世界市場の構築に伴う強制移動（forced migration）◁2である。奴隷労働は，国際的な経済システムに流通する輸出商品の生産のため使用された。その結果，アフリカ社会では産業の発展が妨げられ，軍事化が進むなどの経済的・政治的・社会的損失を被った。さらに奴隷受け入れ社会においては，アメリカ合衆国で典型的に見られるような人種差別の出発点が形成された（小倉[1992] 1996：74-5, 86）。

▷1　プランテーション農場
発展途上国の広大な土地に大量の資本と安価な労働力を投入して，単一作物を大量に生産しようとする農場のこと。砂糖，タバコ，コーヒー，綿花などが栽培されていた。

▷2　強制移動の例として，奴隷の他には難民がある。

2 半強制契約労働

奴隷労働は，徐々に半強制契約労働（indentured labour）に置き換えられていった。とはいえ半強制契約労働の賃金や労働条件も非常に厳しく，強制移動を伴うものもあった。ただしその労働は契約によるので，その契約を破ると厳しく罰せられるものの，拘束される期間は決められていた。奴隷労働とは異なり，契約が終わると自国へ帰ることができたのである（小倉 [1992] 1996：74）。中には，そのまま植民地に留まり，支配階級と大衆とを仲介する商人としての地位を築く者も出た。

クーリー（coolies）とも呼ばれた半強制契約労働者の多くは，中国とインドから宗主国にやってきた（Castles and Miller 1993＝1996：54；Stalker 1994＝1998：8-12）。中国人労働者はまずは華僑の経営するボルネオの鉱山で働き，19世紀半ばあたりからはアメリカ合衆国の金鉱山や，パナマの鉄道建設に従事した。また，東南アジア全域にも何千人もが送られ，オランダ東アジア会社の建設労働者となった。インド人労働者は，イギリス植民地の支配者によってモーリシャス，カリブ海地域の砂糖きびプランテーションや，マラヤや東アフリカの農園，鉱山，鉄道建設へと送られた。契約終了後もそれらの土地に残ったインド人の子孫は，カリブ海地域と東アフリカ地域におけるインド系コミュニティを形成している。

オセアニアや日本も半強制契約労働力の供給源であった（Stalker 1994＝1998：12）。オセアニアでは，1840年から1915年の間に，28万人のメラネシア人とミクロネシア人が太平洋各地の砂糖きびプランテーションへと送られていった。労働者たちは，メラネシア語で「人」を示す「カナカ」（kanakas）と呼ばれた。また，日本人はアメリカ合衆国本土やハワイへと渡り，中国人に代わって鉄道建設に従事し，その後，農業労働者や家事労働者としても雇用された。

このような半強制契約労働者の多くは，植民地内の人々を「分割統治」し，元奴隷など自由な労働力の賃金を低く抑えるために導入され，英領マラヤでは1878年，モーリシャスでは1915年，オランダの植民地では1941年まで続いた（Castles and Miller 1993＝1996：55；Stalker 1994＝1998：12）。その総数は，1200万人以上とも3700万人以上とも言われ，ポスト植民地社会におけるエスニック紛争のもとになった。

3 入植移民

奴隷労働が強制的な移動，半強制契約労働が半強制的な移動だとすると，ヨーロッパから植民地や新大陸へ向かう入植移民はいちおう自発的なものと言える。1846年から1939年までの間にヨーロッパを離れた約5900万人は，アメリカ合衆国（3800万人），カナダ（700万人），アルゼンチン（700万人），ブラジル（460万人），オーストラリア，ニュージーランド，南アフリカ（以上3国で250万

▷3 indentured labour は年期契約労働とも訳される。

▷4 ポスト植民地社会におけるエスニック紛争は，アフリカにおけるアジア系，東南アジアにおける中国系，フィジーにおけるインドに対するマジョリティの敵意からそれぞれ生じているとも言われる（Castles and Miller 1993＝1996：55）。

人）へと移動した（Stalker 1994＝1998：14）。

入植移民が始まった当初は，ヨーロッパの土地不足が入植移民を海外へと押し出し（プッシュ要因），新大陸や植民地の土地の安さが入植移民を引き寄せていた（プル要因）。さらに，農業におけるエンクロージャー（囲い込み）など農法の変化や，相続による土地の分割，断続的な不作などは，人々を大量移動に駆り立てた。国内の都市では産業が十分発達しておらず，農村の人口を十分吸収できなかったのだ。当時は移民規制がなく，安価な航海で渡れた新世界は，広大な土地を安く提供できるので，移民の目的地となった。このような旧世界と新世界の相互補完性は1870年頃に終わった。しかし，植民地での搾取は巨額の資本を産み，西ヨーロッパで産業革命を起こすこととなり，今度は産業化が入植移民を新大陸へと押し出した。多くの入植移民は，ヨーロッパで工業労働者になることを嫌がり，自営農民や自営業者になりたいがために移動した。しかし実際には移住先で鉄道，工業，建設業などに従事することになった（Castles and Miller 1993＝1996：57）。

このような経済的なプッシュ要因およびプル要因に基づく自由な移動は，第1次大戦以後，規制されていくことになる。典型的な例はアメリカ合衆国である。1880年代までは渡航費さえあれば，誰でもアメリカ合衆国に移住することができた。しかし1882年に中国人の移住が禁止され，1910年には日本人労働者の移住も禁止された。1920年代になるとヨーロッパ人とラテンアメリカ人に対しても規制が設けられた。1921年の「移民割当法」と1924年の「移民および国籍法」は，移民許可数を年間約16万2000人に制限し，出身国別の割り当て数を設定した（Stalker 1994＝1998：15）。これによって南ヨーロッパからの移民はラテンアメリカを目指すようになり，イギリス人も自国の植民地へと移動先を変えた。1846年から1924年頃までの産業転換期に，1900年時点でのヨーロッパ全人口の約12％にあたる約4800万人がヨーロッパから離れたと言われる（Stalker 1994＝1998：16）。

4 ヨーロッパ内での移動

ヨーロッパ諸国からの移民は，植民地や新大陸へ向かうだけではなく，同じヨーロッパ内の別の国へも向かった（Castles and Miller 1993＝1996：59-65）。イギリスは大規模な労働移民を吸収した最初の国であった。人口の自然増加では労働力需要に応えられなくなったため，最も近い植民地であるアイルランドから多くの移民がやってきたのである。1851年にはイギリス国内に70万人以上のアイルランド人が居住していたと言われる。次に大きな移民集団は，ロシアからのユダヤ人である。大部分はロンドンのイーストエンドに住み着き，衣服産業に従事した。

ドイツでは，19世紀半ばに発展したルール地方の重工業へと，東部プロシアの大農場でユンカー（大領主）による半封建的抑圧を受けていたポーランド系

▷5 アメリカ合衆国への移民のうち，1900年以前に主に渡った西ヨーロッパおよび北ヨーロッパからの「旧移民」と，1900年以後に主に渡った東ヨーロッパおよび南ヨーロッパからの「新移民」がよく区別される。前者が先進地域からの入植移民であるのに対して，後者は後進地域からの出稼ぎ型の労働者であった。

▷6 不作の典型例は，1845年から1849年にかけてアイルランドで起こったじゃがいも大飢饉（Ⅱ-7▷3）である。

▷7 プッシュ＝プル理論については，Ⅱ-8 を参照。

のプロシア市民が移動してきた。一方，ユンカーたちは，プロシア市民ではないより安価な労働力である「外国籍ポーランド人」やウクライナ人を受け入れた。ポーランド系の定住に脅威を抱いたプロシア政府は外国人労働者を厳格に取り締まるシステムをつくり，「外国籍ポーランド人」は一時的な季節労働者としてのみ雇用されることとなった。こうして，ナチスによる**強制労働制度**や，第2次大戦後西ドイツのゲストワーカー制度の原型ができあがったのである。

フランスでは，農業従事者，商店主，職人らが「マルサス主義者」による産児制限計画に従ったため，1860年あたりから出生率が急激に下がった。そこへ工業化が加わり，低技能しか必要としない工場や建設業では労働力が不足した。そこで，イタリア，ベルギー，ドイツ，スイス，そして後にスペインやポルトガルなどの近隣諸国から移民がやってきた。

5 第1次大戦以後

1891年から1920年にかけて，2700万人もの人々がヨーロッパ，特に南ヨーロッパや東ヨーロッパから流出したが，第1次大戦はこの大規模な人の流れを抑制した（Stalker 1994＝1998：13-4）。確かにいくつかの国では労働力不足を埋めるために外国人労働者を雇う努力も続けられた。ドイツは「外国籍ポーランド人」労働者を国内に引きとめ，占領したロシアやベルギーから労働者を強制的に雇用し，またフランスも北アフリカとインドシナの植民地やスペイン，イタリアから工場労働者や農業労働者を雇用していた。しかし相対的に見れば，この時期，国際移民は減少した。この理由は経済停滞と戦争による危機に加えて，移民に対する敵対心の増大であった（Castles and Miller 1993＝1996：65-9）。

オーストラリアでは，1920年代から南ヨーロッパ系移民に対する不信感が増大し，1930年代には「反イタリア人」暴動が起きた。アメリカ合衆国でも南ヨーロッパや東ヨーロッパからの移民はアメリカ社会に同化しようとせず，社会秩序やアメリカの価値に脅威を与えるとして，出身国別の枠組みを設ける一連の移民規制法案へとつながっていった。フランスは人口減少のために戦時中でも多くの移民を受け入れたものの，非共産主義系労働組合は外国人労働者の権利を制約することを求め，1930年代の恐慌期には，農場での外国人労働者の雇用比率が定められ，失業率の高い地域では外国人労働者の解雇が優先されることになった。ドイツは1930年代初頭までほとんど外国人労働者を必要としていなかったものの，ナチス政権下でポーランドやロシアなどから外国人労働者の強制徴用が始められ，かつての奴隷制度のような極端な手段で移民を搾取するようになった。

以上のように，1850年代から1914年までは，西ヨーロッパやアメリカ合衆国における工業化に伴い，多くの移民が発生した。1914年以降になると，戦争，経済不況，移民への敵対心が移民の減少につながった。しかし第2次大戦後には，歴史上初の大量移民の時代が到来するのである。

▷8 強制労働制度
1930年代終わりからナチス・ドイツは，行政，軍，企業の連携の下に戦時捕虜，強制収容所の収容者，占領地の民間人から労働力を強制的に集め，軍事産業などで働かせた。強制労働をさせるため，アーリア人を最上位に置きユダヤ人を最下位に据える人種差別イデオロギーが利用された。

▷9 ゲストワーカー制度については，Ⅱ-2を参照。

▷10 イギリスの経済学者トマス・ロバート・マルサス（Thomas Robert Malthus）が1798年に発表した『人口論』の中で，「人口は幾何級数的に増加するけれども食料は算術級数的にしか増加しない」という命題を発表した。この考えに影響を受けた人々が産児制限を推進した。

II 国際人口移動の加速化と多様化

2 第2次大戦以後の国際人口移動(1)
労働移民

第2次大戦後の世界平和と経済復興，および交通手段の技術的発達は，歴史上かつてなかった規模の国際移民を引き起こした。まず現れたのは，経済的動機に基づく労働移民である。1970年代初期までに，出身国での経済状況に飽き足らない人々が，よりよい仕事や収入を求めて先進諸国や新大陸などへと移動していった。このような労働移民は，その特徴によって主にゲストワーカー，旧植民地移民，永住移民に分けられる。また，それ以外にも，ヨーロッパ難民，植民地からの帰還者，高度専門職難民が移動した。

1 ゲストワーカー

工業化を果たした西ヨーロッパの国では，戦後の経済復興と高度経済成長を支えるため，短期労働雇用制度を導入した。工業化がそれほど進んでいない国々から，一定期間働いた後，自国へ帰るという想定の下労働者を迎え入れたのである。移民労働者を定住者としてではなく一時的に滞在するだけの「ゲスト」として扱ったという意味で，その移民たちは「ゲストワーカー」と呼ばれる (Castles and Miller 1993＝1996：72-7；小倉 [1992] 1996：76-80；Stalker 1994＝1998：16-8)。

▷1 ドイツ語では，Gastarbeiter である。V-23 を参照。

オランダ，ベルギー，ルクセンブルク，スウェーデンは南ヨーロッパ諸国などからの外国人労働者を雇用していた。フランスは出生率が低かったので，外国人労働者を採用するため1945年に移民局（Office National d'Immigration, ONI）を設立し，1970年までに200万人の労働者を入国させた。その多くが当初は「密入国者」だったが，入国後仕事を得て，合法的な労働者に地位を変更した。スイスも厳しい規制の下，外国人労働者を導入・雇用し，季節労働者や国境地域の越境通勤者を多数雇用した。その結果，1970年代初期には雇用者数の3分の1が外国人労働者になったと言われる。

このように工業化した各国がゲストワーカーを受け入れる中，最も典型的な制度をつくり上げたのが，西ドイツ（ドイツ連邦共和国）である。まずは連邦労働省が地中海諸国に労働力募集事務所を設置し，雇用主の求めに応じて適切な労働者を選んだ。労働条件や社会保障は西ドイツ政府と移民送出国政府との二国間協定で決められていた。協定を結んだ国は，まずイタリアから，ギリシア，モロッコ，ポルトガル，スペイン，チュニジア，トルコ，やがてユーゴスラヴィアまでと次第に増えていった。その結果，外国人労働者数は1973年には

260万人に及んだ。

しかしゲストワーカー制度は矛盾をはらんでいた。移民労働者が一時的にしか滞在しないという想定の下，期限付きの労働許可証および居住許可証によって労働市場を制限し，労働，社会保障，住居などの権利上の制約を厳しくしていた。ところが，1973年の石油危機以後明らかになるように，労働者たちの滞在は次第に長期化したのである。帰国補助金や年金掛金一括払い込みなどの帰国促進策は帰国者を十分増やせなかった。そして，後に見るような家族呼び寄せが始まり，移民たちは永住し，エスニック・コミュニティを形成して定住していくことになる。

② 旧植民地移民

第2次大戦後急増した2つめの移民は，旧植民地からの移民である（Castles and Miller 1993＝1996：77-9）。旧植民地から流出した移民は，旧宗主国であるイギリス，フランス，オランダへと向かった。イギリスの場合，大戦が終結してから1959年までにまずはアイルランドから約35万人の移民が流入し，その後，新英連邦[2]諸国からの移動が始まった。1950年代になると，ジャマイカなどカリブ海諸国からの移民がロンドン交通局などの募集に応じて入国した。1960年代半ばからはインド，パキスタン，バングラデシュなどインド亜大陸の国々の移民が増加した[3]。同時期，東アフリカ諸国でアフリカ民族主義が昂揚し始め，アジア系住民が排斥され始めた。東アフリカ諸国は大英帝国にかつて属し，アジア系住民の多くがイギリスのパスポートを持っていたため，移民たちはイギリスへ流入するようになった。1962年の英連邦移民法を皮切りに次々と移民規制法案がつくられたものの，新英連邦出身者の人口は1971年時点で120万人に達したと言われる。アイルランド移民も新英連邦移民も[4]，イギリス市民権を所持したイギリス市民であった。ただし，諸権利が形式的に与えられてはいたものの，非熟練労働にしか従事できないなど，雇用，住居，教育など社会的場面における様々な不平等や差別が，移民たちの生活を劣悪なものにしていた。

フランスには，1962年の独立以前にはフランス市民であったアルジェリア人を初め，モロッコ人，チュニジア人といった北アフリカの旧植民地からの移民が流入した。また，セネガル，マリ共和国，モーリタニアなど西アフリカ旧植民地や，さらに，カリブ海のグアドループ島やマルティニーク島，インド洋のレユニオン島など海外直轄地からもやってきた[5]。これら移民は，イギリスの新英連邦移民の場合と同じように，単純労働に従事し，劣悪な住居で生活した。このような旧植民地移民の登場は社会に緊張をもたらし，極右による人種差別的活動を引き起こした。

オランダには，まず旧オランダ領東インド，現インドネシアからの「帰還者」が30万人流入した。多くが外国生まれでオランダ人とインドネシア人の混

▷2　**新英連邦**
(the New Commonwealth)
大英帝国から独立した諸国のうち，第2次大戦以後に独立した国々を言う。イギリスへの移民を輩出した国としては，ジャマイカ，インド，パキスタン，バングラデシュが挙げられる。

▷3　ただしバングラデシュのパキスタンからの独立は1972年である。

▷4　パキスタンは，1972年，いったん英連邦から脱退した。また，旧英連邦諸国にはカナダ，オーストラリア，ニュージーランドなどが含まれる。

▷5　一定程度の自治を認められながらも，本土の地方自治体と同じ地位が認められ，本国の法律が適用され通貨も本国と同じものが流通する。フランスの場合，海外県（DOM, departements d'outre-mer）や海外公共団体（collectivite d'outre-mer）が海外直轄地に当たる。

血であったものの、同化がうまく進み、人種差別などにはほとんど発展しなかった。しかし、1965年以降になって流入してきたカリブ海地域のスリナムからの移民は同化が進まず、オランダ社会に緊張をもたらした。1975年のスリナム独立でオランダ市民権を取得できなくなったにもかかわらず、1970年代後半までに16万人がオランダ国内に移住したと言われる。

③ 永住移民

　第2次大戦後の主要な移民の3番目は、永住移民である（Castles and Miller 1993＝1996：79-81；Stalker 1994＝1998：18)。アメリカ合衆国は戦前から引き続き、永住移民の主要な目的地であり続けた。1946年から1963年までに230万人のヨーロッパ系移民と200万人の非ヨーロッパ系移民を受け入れた。1965年に移民法が成立し出身地別の割当制を廃止した結果、さらに多くの非ヨーロッパ系移民の流入を引き起こした。入国許可の基準がアメリカ合衆国市民または住民との血縁関係とされたため、アジアやラテンアメリカからの移民の流入を促進したのである。一方、農業雇用主にとって短期滞在労働者は、合法であれ非合法であれ、永住移民と共に、アメリカ合衆国の欠かすことのできない労働力となった。

　元々イギリス系とフランス系の移民によって建国されたカナダは、第2次大戦直後は難民を受け入れ、その後1952年成立の移民法などにより、イギリス、イタリア、旧西ドイツ、オランダといったヨーロッパ系だけに永住移民としての入国を許可していた。しかし徐々に東ヨーロッパと南ヨーロッパからの移民が主となった。1945年から1964年までに200万人以上を受け入れている。1966年の『移民白書』発表以後、「ポイントシステム」が導入され、非ヨーロッパ諸国からの移民にも門戸を開いた。

　オーストラリアも永住移民の主要な目的地である。「人口増加か、滅亡か」という標語の下での大規模で積極的な移民受け入れ政策は、まずはイギリス移民をターゲットにするものであった。しかし、十分な人数が確保できなくなると、ヨーロッパの難民キャンプからバルト海やスラブ諸国の人々を受け入れ、次に、北ヨーロッパ、南ヨーロッパと枠を広げていった。1960年代後半、南ヨーロッパ移民の数も確保できなくなると、ユーゴスラヴィアやラテンアメリカからの労働者を受け入れるなど、白豪主義が徐々に緩和され、非ヨーロッパ系移民が許容されるようになった。

　他にもいくつかの国が永住移民を受け入れた。ニュージーランドは、主にイギリスとオランダから移民を受け入れた。南アフリカへの移民のうち、半分以上はイギリスの、残りはオランダとドイツの出身者だった。南米諸国のうち、アルゼンチンへはスペインからの、ブラジルへはポルトガルからの移民が渡った。若干特殊な例として、1948年建国のイスラエルは世界中からユダヤ系移民

▷6　『移民白書』
1966年に発表され、カナダの移民政策は長期的な経済発展を目指し、他の政策と整合的でなければならないとしたもので、1967年移民法の制定につながった。Ⅴ-12を参照。

▷7　「ポイントシステム」については、Ⅴ-12を参照。

▷8　白豪主義
（white Australian policy）
第2次大戦後のオーストラリアで、できるだけアジアからの移民を避け、ヨーロッパからの移民のみを受け入れて白人系の国を維持すべきだとした考え方。Ⅴ-14を参照。

を受け入れた。◁9

4 その他の移民とまとめ

　主な労働移民は以上の3種類にまとめられる一方，それ以外のタイプの移民が第2次大戦後すぐ出現した。第1に，大戦終結後のヨーロッパ難民。第2に，植民地独立に伴う本国への帰還者。第3に，多国籍企業や国際行政組織の内部の配置換えによる高度専門職移民の移動，という3つである（Castles and Miller 1993＝1996：72）。また地域別にいうと，第2次大戦で敗戦国となった日本へ渡った中国，朝鮮半島，台湾，東南アジアからの引き揚げ者が多数いた。インドとパキスタンの分離はインドへ向かうヒンドゥー教徒とパキスタンへ向かうイスラム教徒の移動を引き起こしたし，中国から台湾への移動もあった。アフリカでも，アルジェリアの独立に伴う移動や，南アフリカやガーナへ向かう出稼ぎの移動があった。国民国家が独立することで伝統的な部族の分布を無視する形で国境線が引かれ，それまでと同じ移動が「国際移動」となってしまう事例もあった（Stalker 1994＝1998：19）。

　しかし，第2次大戦後から1973年の石油危機までを概観すると，3種類の労働移民に見られるように，この時期の主な移民はより良い職や収入などの経済的動機に基づいて移動していた（Castles and Miller 1993＝1996：81-3）。確かに旧植民地移民の移動には，旧植民地との結びつきを維持し，帝国という政治的枠組みを維持したいという旧宗主国の思惑がある。しかしほとんどの旧植民地移民は経済的動機でもって旧宗主国へと移動したのである。また，ゲストワーカーは受け入れ国での様々な権利から排除されていた一方，旧植民地移民は受け入れ国の市民権を与えられていたという違いもある。しかしその違いは形式的なものであることが多かった。実質的にはどちらも労働，住居，教育などの領域で差別によって社会の周辺へと追いやられていた。したがって，ゲストワーカーと旧植民地移民との違いは形式的な側面で言われるほど大きくない。

　さらに第2次大戦以後の移民の特徴として，それ以前と比べて，その規模も出身地域の多様性も大きくなったことが挙げられる。ヨーロッパからだけではなく，アジア，アフリカ，ラテンアメリカと徐々に範囲が広がってきた。このような特徴を支えた要因として，交通手段とコミュニケーション手段の技術革新が存在する。

　以上の移民のうち，特にゲストワーカーと旧植民地移民の流れは，1973年以降，石油危機に伴う経済不況および各国の移民管理政策の整備によって，縮小した。しかし家族が合流することで新たな局面を迎えることになる。◁10

▷9　イスラエルは，世界各地に散らばったユダヤ系ディアスポラを集めるため建国された点で，永住移民の目的地としては特殊である。

▷10　家族合流については，Ⅱ-3 を参照。

Ⅱ　国際人口移動の加速化と多様化

第2次大戦以後の国際人口移動(2)
家族合流と定住

　第2次大戦後の経済復興と高度経済成長は，1973年の石油危機で終わりを告げた。それに応じて労働移民の移民規制が強化されるようになった。労働移民受け入れ国は，帰国奨励政策を採用するなどしたけれども，労働移民の定住化は進んだ。さらに単身男性が主であった労働移民は，出身国から家族を呼び寄せ，受け入れ国で定住し，エスニック・コミュニティを形成するようになった。

1　労働移民の終焉と移民規制の強化

　第2次大戦後，先進工業国へと流入した労働移民は，基本的には単身男性であった。しかしその当初から妻や子どもなど家族を伴うこともあった（Castles and Miller 1993＝1996：74-5）。例えば，ベルギーに入国したイタリア人移民の多くは，扶養家族を連れてきて永住し，工業地帯におけるエスニックな人口構成を変容させた。フランスも，そもそも人口減少が社会問題になっていたこともあって，移民局（Office National d'Immigration, ONI）を媒介するなどして1970年までに200万人の労働者と69万人の扶養家族を受け入れた。しかし，ゲストワーカー制度を厳格に運用する国々では，当初扶養家族の入国は厳しく制限された。スイスでは，外国人労働者が職を変えたり定住することを禁ずると共に，家族の呼び寄せも禁じた。最も典型的なゲストワーカー制度を運用した西ドイツも，移民の居住許可と労働許可の発給を手段に用いて，扶養家族の入国を極力防ごうとした。ところが，その西ドイツでさえ，移民の定住と家族の呼び寄せを防ぐことは不可能だった。労働力を必要とする他の国との労働力獲得競争の中，移民は雇用主に配偶者を雇用するよう要求できたからだ。こうして1960年後半に各国で扶養家族の入国制限が緩和された。

　扶養家族の入国に決定的だったのは1973年の石油危機である。石油危機とその後おとずれた不況のため，各国政府は外国人労働力の流入を停止し，滞在している移民の帰国を奨励した。しかし移民規制が厳しくなることで再入国が難しくなると判断した移民たちは，出稼ぎ還流型であることをやめ，定住の道を選んだ。そして，出身国にいる家族を次々と呼び寄せ始めたのである。こうして，アメリカ合衆国，カナダ，オーストラリアなど永住移民を多く受け入れてきた社会にとっても，家族合流は移民の主要カテゴリーとなった。

2 家族合流とは

このように，家族合流とは，すでに受け入れ国に滞在している移民，特に単身男性が，配偶者である妻，子ども，および両親といった扶養家族を受け入れ国に呼び寄せることである（Stalker 1994＝1998：117）。労働移民を規制することに比べて，家族合流を規制することは難しい。どんな人も家族と一緒に暮らせるべきだといった要求は，普遍的人権の一部として広く同意され，否定することは容易ではないからだ。フランス政府は家族合流を停止しようとしたけれども，家族合流の権利が二国間労働協定に明記されており，ヨーロッパ社会憲章（European Social Charter）にも記されていることから，停止できなかった。ドイツ政府も1970年代末，家族合流を制限しようとしたけれども，憲法上および法律上の理由で，国内裁判所により否定された。ただし，いくつかの条件を課されることはある。オランダでは，職を持っていて5年以上合法的に居住していないと家族を呼び寄せることはできないとされた。また，ドイツでは住宅を準備しないと家族合流が許可されなかった（Stalker 1994＝1998：165-6）。

家族合流の中で2種類が区別できる。すでに一定期間婚姻関係にある配偶者やその間に生まれた子どもを出身国から呼び寄せる場合と，出身国で結婚をして配偶者になったばかりの者を入国させる場合である。後者を家族形成（family formation）と呼ぶこともある（Stalker 1994＝1998：166）。家族形成は多くの場合お見合い結婚をしたイスラム教徒である。西ヨーロッパ社会では，イスラム教およびお見合い結婚に対する嫌悪があり，家族形成を規制しなければならないという動きは常に見られる。また，入国と居住を目的とした偽装結婚も問題になっており，その取り締まりは移民管理当局の重要な業務となっている。

3 労働力から人間へ

「労働力を入れたつもりが，人間だった」。配偶者がやってきて，第二世代が誕生することで，労働力に対する再生産費用が受け入れ社会の負担となったことを指して言われる言葉である。住宅，教育，健康保険，社会福祉給付などの社会的コストが移民に対してもかかることになり，さらに長期滞在することになると，受け入れ国市民と移民との間での享受できる諸権利の差異も問題になってくる。帰化の条件をどれぐらい緩和すればよいのか。帰化しない外国人移民に対してどの程度の権利を認めたらよいのか。そして人種差別や外国人嫌い（ゼノフォビア）などの社会的緊張にも対処しなければならなくなった。しかし家族合流には望ましい面もあると言われる。人道主義や普遍的人権の考え方に合致しているだけでなく，民主主義において移民の民意が反映されている証拠とも考えられるからだ。また，家族合流が行われることで，移民がより受け入れ社会に統合されるという考えもある。

▷1　家族合流（family reunion）は，家族再結合または家族呼び寄せとも呼ばれる。

II 国際人口移動の加速化と多様化

4 国際人口移動のグローバル化(1)
難 民

1980年代後半に国際移民はグローバル化した。それを象徴するひとつの現象が難民である。人間の歴史が始まって以来，常に難民は存在した。しかし，その規模，多様性，解決の困難さといった点で，近年の難民はそれ以前とは特徴を異にしており，国家的，国際的課題となっている。

1 「難民」の確立

他国の庇護を求めて移動する難民は，人間の歴史と共に存在した。しかし20世紀になって生じた第1次大戦と第2次大戦は，多くの国を巻き込んだ世界規模の戦争であったために，以前には見られなかった規模の難民を生み出した。例えばイギリスは，**ヨーロッパ志願労働者計画**によって難民キャンプからバルト3国やウクライナなどの出身者9万人を受け入れた。西ドイツも，現ポーランドや旧ソ連領に当たる旧帝国東部の国外追放者を800万人以上受け入れた。しかし，難民という存在が国際的に認められるようになったのは，第2次大戦以後しばらくたってからのことである。

国際連合は1951年「難民の地位に関する条約」と1967年「難民の地位に関する議定書」（両者あわせて「難民条約」と呼ばれる）を制定し，難民（refugees）を次のように定義した。「人種，宗教，国籍もしくは特定の社会的集団の構成員であることまたは政治的意見を理由に迫害を受けるおそれがあるという十分に理由のある恐怖を有するために，国籍国の外にいるものであって，その国籍国の保護を受けることができない者またはそのような恐怖を有するためにその国籍国の保護を受けることを望まない者」（UNHCR 1987）。この定義は4つの条件からなる。すなわち，

- 迫害を受けるという十分に理由のある恐怖を持つこと（迫害の恐怖の有無）
- その理由が人種，宗教，国籍，特定の社会集団への所属，政治的意見の5つのうちいずれかであること（迫害の理由）
- 国籍国の外にいること（国籍国外滞在）
- 国籍国の保護を受けることができないか，または受けることを望まない者（国籍国の保護の喪失）

以上の4つの条件を満たしている者が難民と定義されたのである。

▷1 **ヨーロッパ志願労働者（European Volunteer Workers, EVWs）計画**
第2次大戦後，故国に帰れないまたは帰りたくない難民がドイツ領内にいくつかのキャンプをつくっていた。イギリス労働党政権はこの難民たちを労働者として募った。イギリスへ渡ったのは，バルト3国，ウクライナ，ユーゴスラヴィア，チェコスロバキアの各出身者や，ズデーテン地方のドイツ系，アフリカに居住していたポーランド系などである。イギリスにおける位置づけについては，V-17 を参照。

2　冷戦期における難民の自明視

　難民条約は，単に国家間の取り決めであるだけではなく，国連難民高等弁務官事務所（the United Nations High Commissioner for Refugees, UNHCR）という世界中の難民問題を担当する機関でその遵守を促進されることになっている。UNHCR は難民を保護するという極めて限定的な目的しか持たず，執行力も弱い機関ではあるけれども，国家間協調を確実なものとし国際的な庇護システムを創り上げるためには，その設置は望ましい一歩であると考えられた。

　国家は，難民の在留期間，就労許可，拘留の厳格さ，領土内で分散させるか集中させるか，さらには滞在費を現金支給にするかそれとも政府発行の券（バウチャー）で支給するかといった幅広い問題を扱わなくてはならず，その決定の権限を持っている。しかし，難民条約は，国際的な執行機関を伴っているという点で**国家主権**の原則に抵触する。さらに大きな問題は，難民条約がノン・ルフールマン原則を採用したことである。

　ノン・ルフールマン原則（the principle of non-refoulement）とは，出身国において難民らが拷問や死に至る危険性がある場合には，受け入れ国が難民を出身国へ送り返すことを禁じる原則である。難民に受け入れ国への入国の権利があるとまでは言っていないものの，ある状況において国家はその意思にかかわらず，難民の入国を許可する義務を負うと定めているのである。その結果，国家主権の中核，すなわち国家が外国人の出入国の是非を決める権限を持つという点に鋭く対立する結果となった。

　ところが1980年代末以前には，ノン・ルフールマン原則と国家主権との間の矛盾は，それほどはっきりと見えていなかった。例えば，アメリカ合衆国の難民の定義は明確で，共産主義国や共産主義が支配的な地域，または中東から逃れてきた人々であった。実際戦後1980年代半ばまでにアメリカ合衆国へ難民として入国した永住移民200万人のうち，最も多かった2つの集団はキューバとベトナムからの難民だった。またヨーロッパ諸国は，東ヨーロッパ諸国からの難民申請をほとんど受理していた。ハンガリーからは1956年に約20万人，1968年以後は8万人が西ヨーロッパに流入した。1961年のベルリンの壁構築前には，旧東ドイツから約350万人が旧西ドイツへと移動した。このように，国家主権と対立しうるにもかかわらず国家が難民を円滑に受け入れたのは，戦後復興のための労働力不足という事情はあったものの，主には共産主義社会に対する自由主義社会の優位を宣伝するためであった。戦後の冷戦下で，自由主義陣営と社会主義陣営の間の和解しがたいイデオロギー的対立が国家が難民を受け入れる際の矛盾を見えにくくしていたのである（Joly 1996 ; Stalker 1994＝1998 : 158-9）。

▷2　**国家主権**
（state sovereignty）
ある領土内における最終的な権限を主張することであり，人，モノ，資本，文化の国境を越える流れを規制することは，国家主権の中心的な課題である（Krasner 1988 : 86）。

3 ポスト冷戦期における難民の大規模化と多様化

　ところが，1989年ベルリンの壁の崩壊後，難民をめぐる状況は一変した。東側陣営からの難民は「本物」であり，西側陣営は受け入れなければならない，またはその逆であるといったイデオロギー的な基準は消滅した。各国は共産主義に対抗する必要がなくなり，他方では国内の失業率も高いことが多く，難民を受け入れても国際的，国内的な政治的名声を得ることができなくなった。難民認定は，ほとんどの先進諸国において，移民が合法的に入国するための唯一の道ともなった。経済的動機や犯罪目的でやってくる偽装難民や「**庇護あさり**」の問題はますます広まり，さらにコソボ，旧ユーゴスラヴィア，アフリカ諸国における内戦や地域紛争が広まったため，難民の種類と流れは多様化した。「ジェット機時代の庇護希望」(jet-age asylum seeking) と呼ばれるような難民の多様化と増加の中，国家は，非自発的で「本物」の難民申請者と自発的な経済移民や非合法移民を識別しなければならないという重荷を背負った。

　ポスト冷戦期における難民問題のこうした困難さに直面し，近年難民の定義を広げる試みがある。難民条約が定義している難民は「政治難民」と呼ばれる人々である。しかし，出身国における干ばつや不作などによって経済的に困窮して移動した人々を「経済難民」と呼ぶようになり，また，内戦などのため自国の国境内にある難民キャンプに避難しているような国内避難民（internal

▷3　庇護あさり
(asylum shopping)
複数の国で難民申請するなどして，庇護制度を濫用すること (Koslowski 1998：169)。

表Ⅱ-4-1　主要国における庇護希望者数（千人）

	1992	1994	1996	1998	2000
オーストラリア	13.4	8.1	8.1	8.1	11.9
オーストリア	16.2	5.1	7.0	13.8	18.3
ベルギー	17.6	14.7	12.4	22.1	42.7
カナダ	37.7	22.0	26.1	23.8	34.3
デンマーク	13.9	6.7	5.9	5.7	10.1
フィンランド	3.6	0.8	0.7	1.3	3.2
フランス	28.9	26.0	17.4	22.4	38.6
ドイツ	438.2	127.2	116.4	98.6	78.6
ギリシア	2.0	1.3	1.6	2.6	3.1
アイルランド	―	0.4	1.2	4.6	10.9
イタリア	6.0	1.8	0.7	11.1	18.0
日　本[1]	0.8	0.5	0.2	0.1	0.2
オランダ	20.3	52.6	22.9	45.2	43.9
ニュージーランド	0.3	0.5	1.3	2.9	2.2
ノルウェー	5.2	3.4	1.8	8.5	10.8
ポルトガル	0.5	0.6	0.2	0.3	0.2
スペイン	11.7	12.0	4.7	6.8	7.2
スウェーデン	84.0	18.6	5.8	12.5	16.3
スイス	18.0	16.1	18.0	41.3	17.6
イギリス	32.3	42.2	37.0	58.0	97.9
アメリカ合衆国	104.0	146.5	128.2	55.0	52.4

注：1)　条約難民に加え，インドシナ難民も含む。
出所：OECD SOPEMI (2001：280)；Tarumoto (2004a：141)

displaced person, IDP）も「難民」に数えられるようになった。さらに，難民条約に当てはまるいわゆる「条約難民」の他に，国連難民高等弁務官事務所が認定する「**マンデイト難民**」◁4 も「難民」のカテゴリーに加わっている。

逆に，難民の流れに規制をかけることで，難民問題を対処可能にしようという試みもある。とりわけヨーロッパ連合（EU）は，超国家的な難民レジームを発展させた。その内容は，難民申請過程に関する加盟国間の政策協調，最初に到着した加盟国においてのみ難民申請が可能であるとする「第一国家ルール」，EUに近接する国々からの難民を制限する「隣接安全地域ルール」，一時的にのみ庇護を与える「一時的保護」などで構成される（Joly 2002；Koslowski 1998）。しかし，2015年以降シリアやアフガニスタンなどからヨーロッパを目指す大量の庇護希望者は「難民危機」と呼ばれ，さらなる問題となっている。

④ 日本と難民

1970年代終わりまで，日本には難民政策はまったくなかった。第1次大戦直後，ロシアからの難民が日本にやってきて，政治犯不引渡し原則の適用が模索された。1948年の韓国済州島の**四・三事件**◁5 や1950年から1953年の朝鮮戦争から逃れてきた朝鮮人は難民ではなく，密航者と見なされた。彼ら／彼女らの多くは済州島からやってきた者で，庇護を求めるというよりは，むしろ自らの家族との合流を目指していた。1975年4月のベトナム戦争でのサイゴン陥落以来，ベトナムから近隣諸国への難民の脱出も急増した。いわゆる「ボートピープル」である。国際政治圧力に直面し，日本政府は1978年一定数のインドシナ難民の定住を許可する政策を決めた。しかし，国際政治圧力は増大し続けた。1979年6月の日米首脳会談と東京サミット，1979年7月の国連インドシナ難民対策会議を経て，最終的に日本は1981年10月に「難民の地位に関する条約」，そして1982年1月に「難民の地位に関する議定書」を批准した◁6（川上 2002）。

ところが，日本の難民認定数は他の先進諸国と比べてあまりにも少ない。1986年以来一桁台の認定数であった。日本の難民政策は「偽装」難民を許さないという点で「完全主義」に基づいていた。その象徴が，日本入国60日以内に難民申請をしなければならないという「60日ルール」である。これに加えてバブル経済時にやってきた「超過滞在者」の問題が認定数の少なさを正当化した。状況は少々変わりつつある。1998年から法務省は毎年10件以上の難民認定をし始め，人道的理由による在留特別許可の認定も増加している。ミャンマーなど周辺諸国の状況の悪化や，中国瀋陽の日本総領事館に逃げ込んだ北朝鮮からの脱北者たちを中国警察が構内から連れ出した事件（2002年）などを契機として，60日ルールの緩和，難民申請者の法的地位の確保，申請却下に対する異議申し立て制度の改善など難民政策の軟化が促された（石川 2002；Tarumoto 2004a）。しかし，2010年代になっても日本の難民受け入れ数は極めて少ないままである。

▷4　マンデイト難民
（mandate refugee）
1951年難民の地位に関わる条約による定義にあてはまるとして，UNHCRが認定した難民のこと。正式の難民認定は受け入れ国家によってなされる必要がある。

▷5　四・三事件
1948年，現韓国の済州島で起こった虐殺事件。北朝鮮労働党政権の影響を受けた「人民遊撃隊」が選挙を前に蜂起し，朝鮮半島南部の李承晩政権や北部から逃れて来た「西北青年団」などとの闘争に発展。多くの島民が虐殺された。この事件は長く韓国政府などによってタブー視され，近年ようやく解明がなされつつある。

▷6　難民条約の第24条の下，難民に対してだけでなく外国人居住者一般に対しても社会的諸権利を保証しなければならなくなった。社会的諸権利には，国民年金や国民健康保険への加入資格，児童手当の受給などが含まれる。

Ⅱ　国際人口移動の加速化と多様化

国際人口移動のグローバル化(2)
非合法移民

　移民の中には，ホスト社会の法律に反して入国したり滞在したりする，いわゆる「非合法移民」がいる。確かに，法に反しているのに福祉給付を受けたりすることで大衆からの強い反発を受けるという意味では，非合法移民は問題である。しかし一方で，安い賃金で非熟練労働に従事してホスト社会の経済需要を満たすなど，有用な面もある。1990年代以降の国際移民のグローバル化の中で，偽装結婚，偽装難民，密入国斡旋業者の介在などが問題視され，さらに9.11同時多発テロ事件以後は安全保障と関係づけられた問題となっている。

1　生み出される非合法移民

　ある国の法律に反して入国したり滞在したりする移民がいる。このような移民を指す言葉は複数ある。例えば，「非合法移民」(illegal immigrants)，「不法移民」(illegal immigrants)，「非正規移民」(irregular immigrants)，「非公認の移民」(unauthorized immigrants)，「文書を持たない移民」(undocumented immigrants)，「超過滞在者」(visa overstayers) など。いずれの呼び名もそれぞれ固有の含意を持つ。特に否定的なイメージを持つ場合があるけれども，それらを総称して「非合法移民」と呼んでおこう。

　非合法移民は「犯罪者」のイメージで語られることが多い。しかし，通常の意味での犯罪を犯していると思うのは不適切である。むしろ移民管理の法律が非合法移民を生み出しているとも言える。19世紀終わり頃まで，西ヨーロッパや新大陸の大部分の国への入国は自由だった。その意味では非合法移民は存在しなかった。ところが1880年代から，いくつかの国家が人種，国籍，労働技能などを基準に用いて移民制限を行うようになった。この時点から非合法移民が誕生したのである。法律が変わると，今まで非合法だった人々が合法的な移民になり，また合法的な移民が非合法になる。例えば，アメリカ合衆国におけるブラセロ計画▷1は，合法移民からより安価な非合法移民へと労働力の転換を図るため停止された。その結果，それまで合法的にアメリカ合衆国の農業に従事できた移民が非合法移民となった（小井土 1997：41）。

　国境があるから国際移民が生まれるように，いわば，法律があるから非合法移民が生まれるのである。

▷1　ブラセロ計画
(Bracero program)
アメリカ合衆国へ契約労働者を導入するための二国間契約のこと。特に1942年に協定が結ばれたメキシコからの労働者が主となった。この計画は1964年まで続いた。ちなみに「ブラセロ」とはスペイン語で農業労働者のこと。アメリカ合衆国での展開については，Ⅴ-9を参照。

2　非合法移民のパターン

　非合法移民になるには、いくつかのパターンがある（Castles and Miller 1993＝1996：98-9）。例えば、第1に外国人がパスポートやビザの取得など、必要とされる移民手続きを経ないで入国するパターン（不法入国）。第2に合法的に入国したけれども、許可された滞在期間を過ぎても滞在を続けているパターン（超過滞在）。第3に、観光ビザなどしか持たず労働許可を受けずに就労するパターン（資格外活動）（駒井他 1997：38-41）。

　以上のようなパターンは、非合法移民がそれ自体、本質的に存在するのではなく、社会的に構築されるものであることを示している。すなわち、法手続に即して産み出される存在であるということが、ここでもわかるのである。

3　移民グローバル化時代の非合法移民

　国家が移民規制を始めた19世紀から現れた非合法移民は、1973年以降先進諸国が移民規制を強化すると顕著に増加した。そして、1990年半ば以降、国際移民がグローバル化し、大きな政治問題となった。世界中の移民、1億9100万人のうち、非合法移民は15％から20％にあたる3000万人から4000万人と推計されている（United Nations 2003, 2005）。例えばアメリカ合衆国だけでも1150万人ほどの非合法移民がいるとも言われる（Hoefer et al. 2012）。法務省によれば、日本には2014年1月1日現在、非合法移民は5万9061人と推計されている（法務省 2014）。数の多さがまずは驚きをもって受けとめられる。

図Ⅱ-5-1　非合法移民の横断注意の標識
出所：http://www.fotosearch.jp/DGT070/cb029479

　問題の大きさは、単に非合法移民が物理的に国境を越えてきたり、法に反して労働しているという事実によるだけではない。国際移民のグローバル化以後、先進諸国へ正規に入国・滞在する方法が家族合流か難民申請しかなくなったため、「偽装」結婚や「偽装」難民として非合法に流入しようとする事例が多くなったことも問題だ。アメリカ合衆国は北米自由貿易協定（NAFTA）の交渉を行っていたその時期、メキシコとの国境に鋼鉄の壁を構築し始めたため砂漠を越えてメキシコからアメリカ合衆国へ入国しようする者が多数砂漠で命を落とした。またアフリカからヨーロッパを目指した移民が、EUの飛び地であるスペイン領セウタに殺到したため、セウタには鋼鉄のフェンスが張り巡らされた。このような状況の下、アメリカ合衆国への入国を助けるコヨーテや中国を拠点とする蛇頭などの密入国斡旋業者も暗躍し始めた。国家が移民規制を強化したため、密入国を助けることは儲かる商売になったのである。この、移民規制の強化が密入国斡旋をビジネスにするという事態も非合法移民をめぐるひと

▷2　Hoefer, Michael, Nancy Rytina and Bryan Baker 2012 Estimates of the Unanthorized Immigrant Population Residing in the United States：January 2011（http://www. dhs. gov/xlibrary/ assets/ statistics/ publications/ ois_ill_pe_2011. pdf；2015年12月1日閲覧）。

▷3　法務省 2014「本邦における不法残留者について（平成26年1月1日現在）（http://www. moj. go. jp/nyuukokukanri/kouhou/nyuukokukanri 04- 00041. html；2015年12月1日閲覧）。

つのパラドクスである。業者の中には，奴隷制度を彷彿とさせるような人身売買（human trafficking）を行う者もいる。例えば密入国斡旋業者の手引きで，トマト輸送のトラックに乗り，ドーバー海峡を渡ってイギリスを目指した21人の中国人が酸欠死した例がある。このような事件がマスメディアによって報道されるたびに，非合法移民は大きな問題だと大衆に受け止められた。

しかし一方で，非合法移民はホスト社会にとって有用な側面も持つ。受け入れ諸国の経済は非合法移民が供給する安価な労働力を必要としているため，雇用主団体は非合法移民の経済的有用性を十分認識し，政府に国境管理を甘くするようロビー活動をしたりもする。一方非合法移民の側も，自らの経済的有用性を基盤に権利の確保・拡充を主張するようになっている。例えば，2006年春から夏にかけてロサンゼルス，ニューヨーク，ワシントンD.C.，シカゴ，サンディエゴなどアメリカ合衆国全土で，ラティーノ系を中心とした非合法移民たちが議会で審議中の移民法改革に反発して大規模なデモを行った。このときデモの参加者たちはアメリカ国民でないにもかかわらず星条旗を掲げ，自分たちは秩序を乱しているわけではなく，アメリカ経済に貢献していることをアピールしたのだった。このように問題はありながらも有用であるという二面性が，非合法移民の問題をますます解決困難にしている。

④ 受け入れ国の対応

○国境管理と内国管理の強化

受け入れ国は何らかの方策を立てなくてはならない。第1に，法に反して入国したり労働に従事したりした非合法移民本人に対して，罰則を科すことがある。日本の場合，2015年時点では不法入国と不法就労に対して3年以下の懲役または禁錮，または300万円以下の罰金，無許可資格外活動に対しても懲役か禁錮，または罰金が科され，国外退去後一定期間再入国を拒否することになっている。第2に，非合法移民を雇った雇用主や仕事を斡旋した者に対して罰則規定を設けることもある。日本の場合2015年時点では3年以下の懲役または禁錮，または300万円の罰金を科すことになっている。さらに第3として，いくつかの国では，航空会社，船舶会社，陸上運送会社に対してビザをチェックする義務を負わせ，非合法移民を運んだ場合，罰則を科すということもある。例えばイギリスでは，有効な旅券やビザを持たない乗客を運んだ会社には，乗客1人当たり2000ポンド（約40万円）の罰金を科すことになっている。そもそも国が行うべき取り締まりの業務を民間企業に委ねているなどと，大きな批判が起こっている。

ただし，各国政府は単に非合法移民に対する規制を厳しくしているだけではない。時には柔軟な姿勢をも見せている。例えば日本では，1999年9月法務省入国管理局へ**正規化**を求めて出頭した外国人の5家族と単身者2人のうち半数以上が，日本人との家族的つながりがないにもかかわらず，**在留特別許可**を与えられ

▷4 正規化
非合法滞在者に正規の在留資格を与えること。中でも，一定の条件を満たす非合法滞在者を短期間で正規化することを「一般アムネスティ」と呼ぶ。

▷5 在留特別許可
法務大臣が特別に在留を許可すべき事情があると個別ケースごとに判断して与えられる在留資格のこと。

た（渡戸他 2007）。また，2004年に設けられた「出国命令制度」は，一定の条件を満たした非合法移民が自ら入国管理局に出頭すれば，罰則を受けることなく出国することを許している。単に規制するだけでは非合法移民は減少しないというこれまでの経験の表れであり，非合法移民を管理することの難しさを示している。

○**権利享受と社会的緊張**

普遍的人権規範が国際的に一定の効力を持っている中，「非合法移民も無権利状態に置かれてはならない」という要請を国家は無視できない。その結果，公正・良好な条件の下で労働する権利，教育を受ける権利や，緊急医療など健康に対する権利などは非合法移民であっても保障されるべきだという考えが強い（渡戸他 2007：36-42）。ただし非合法移民権利保障の度合いは国によって異なることも事実である。

非合法移民の「非合法」さが通常の犯罪とは異なる扱いをされるひとつの例が，アムネスティ（amnesty）である。これは一定の条件の下，非合法で滞在している多数の移民の法的地位を一度に合法化するものである。アムネスティは，日本ではこれまで実施されたことはないものの，他の様々な国では行われたことがある。典型的かつ大規模なものとして，1986年移民改革統制法によるアメリカ合衆国のアムネスティがあり，約250万人の非合法移民の地位が合法化された（Stalker 1994＝1998：166-7）。

しかし，権利付与やアムネスティといった非合法移民への寛容な政策は，常に大衆からの反移民感情やそれに基づく反移民運動にさらされる。例えば，非合法移民への福祉給付や教育を受ける権利を制限しようとしたカリフォルニア州の**提案187**は，その典型である。経済が不況になったり，扇動する極右政党が登場すると非合法移民への政策がとたんに厳しくなることもある。

○**安全保障問題の登場**

さらに近年，非合法移民に対する取り締まりが厳格化されている。その引き金になったのは，2001年9月11日のアメリカ合衆国同時多発テロ事件である。特にアメリカ合衆国においては，事件直後からイスラム教徒に対する無根拠な検挙や拘束が多数行われ始めた。また，テロリストたちの中には非合法移民がいたため，非合法移民一般に対する検挙が広まり，多くが帰国させられた。アメリカ合衆国以外においても，非合法移民の管理がテロリスト対策とセットで語られるようになり，「移民管理＝安全保障」という方程式の下，移民政策が立案・実施されるようになっている。2015年のヨーロッパ難民危機では，シリアなどからのテロリストの流入が問題となった。

以上のように非合法移民は，法の侵犯，経済的有用性，福祉資源の利用，反移民感情・運動，普遍的人権，安全保障などで構成された力学の下に置かれており，国際移民のグローバル化時代の解決しがたい問題であり続けているのである。

▷6 一定の条件とは次のとおり（法務省 2006b）。すみやかに出国することを希望して，自ら入国管理局に出頭したこと。非合法に残留している場合に限ること。窃盗その他の罪により懲役刑等の判決を受けていないこと。これまでに強制送還されたり，出国命令により出国したことがないこと。すみやかに出国することが確実であること。

▷7 とはいえ，外国人の権利の問題がなくなっているわけではない。例えば医療や健康に関して外国人たちは社会的不平等を被っている面がある（平野 2003）。

▷8 在留特別許可をアムネスティに含めて考えることもある（渡戸他 2007：43）。

▷9 なお，このようなアムネスティを一般アムネスティと呼び，出身国を限定して行われる大量の正規化を選択的アムネスティと呼ぶこともある（渡戸他 2007：43）。

▷10 **提案187**
（Proposition 187）
非合法移民から教育や福祉などの公的サービスの受給資格を取り上げようという内容。事実上，ヒスパニック系移民を対象とする。1994年カリフォルニア州で提案され，住民投票において僅差で可決されたものの，違憲の疑いがあると連邦裁判所に実施を止められた。Ⅴ-10 も参照。

Ⅱ 国際人口移動の加速化と多様化

6 国際人口移動のグローバル化(3)
高度技能移民

高度技能移民は，労働移民の一種ではある。しかし，労働移民の大部分が単純労働に従事するのに対して，高度技能移民は管理職や専門職に位置づけられ，仕事に関する自律性や収入などの面で他の労働移民より恵まれている。先進諸国は1990年代以降，IT産業の発展を背景として高度技能移民を優遇するための移民政策をつくっていった。移民の中では珍しく国家がスポンサーとなり進んで受け入れる移民である。

1 高度技能移民とは

工業社会において特に必要な移民労働力は単純労働に従事する人々であった。しかしポスト工業社会となって，先進諸国が必要な労働力も変わってきた。高度技能を持った労働力がターゲットとなったのである。

まずは多国籍企業が高度技能移民の移動に先鞭をつけた。多国籍企業は発達した交通・コミュニケーション手段を利用して，製造部門，流通部門，金融管理部門を各国へと配置して国際化を図った。その中で，本社から海外支社へ，または本社から別の企業とのジョイント・ベンチャー経営体へと，管理職や専門職が移動していった。このような人々を「専門職流浪人」(professional transients) と呼ぶことがある (Appleyard 1989：32；Castles and Miller 1993＝1996：94)。

また多国籍企業だけではなく，国連などの国際組織も高度技能移民の移動を促進する。国際組織の内部異動という形で専門家が海外へと移動するのである。民間企業の場合，人材斡旋会社が海外の企業へと高度技能移民を紹介することがある。また大学などの高等教育機関が大規模に留学生を受け入れるようになると，その留学生たちは母国での就職よりも受け入れ国での就職を希望することがある。これも高度技能移民の移動の一種である。

そもそも高度技能移民は「頭脳流出」(brain drain) という言葉でまずは注目された。1960年代，技術者や科学者がイギリスからアメリカ合衆国へ「頭脳流出」してしまうことに危機感が高まったのである。しかしその危機感は，現在，発展途上国においてより深刻に受け止められている。発展途上国では，医師，看護師，技術者などの高度技能労働者が先進諸国へと流出してしまうことで，国内の産業が空洞化してしまうことが社会問題となっている。せっかく高度技能労働者が国内で養成されたとしても，その労働者たちが人的資本に見合った仕事口と見返りを求めて国外へと「逃亡」してしまうのである。これはその発

展途上国にとって人的資本の大きな損失である。しかしもうひとつの見方は，高度技能労働者がいったん先進諸国へ移動してから，再び自国に戻ることで，国際的な技術移転が行われるのではないかというものである（Castles and Miller 1993＝1996：95-6）。しかしこの楽観論よりは前者の悲観論の方が声高に叫ばれているし，実情に即しているように見える。

2 スポンサーとしての国家：1990年代以後

　国際移民のグローバル化に伴い現れてきたのは，国家が高度技能移民のスポンサーになるという現象である。この国家のスポンサー化が最も顕著に現れているのはアメリカ合衆国である。アメリカ合衆国は，1990年 H1-B ビザと呼ばれるビザを整備し，短期滞在専門職を3年間を上限として受け入れ，IT 産業やバイオ産業に従事させるプログラムを始めた。IT 産業の急激な成長もあって，業界は国家に圧力をかけ，ビザの割当数はどんどん拡大していった。2000年には年間30万人がこのビザを利用して入国し労働したのである。典型例はインドからやってきてコンピュータ産業に従事する移民たちである（小井土 2003a）。

　しかし，高度技能移民のスポンサーとなった国はアメリカ合衆国だけではない。ドイツは2000年にいわゆる「グリーンカード」を創設し，高度技能移民は5年間滞在することができ，5年後には永住権へと在留資格を切り替えることを可能にした。この制度によって2002年3月までに1万4000人がドイツに入国した（Martin 2004b：241-2）。

　移民受け入れ後進国の日本でさえ，2004年にはドイツと類似した，いわゆる日本版「グリーンカード」を創設した。こちらは「高度専門職」という在留資格によって高度技能移民が3年間国内に居住することを可能にし，期限後は永住権を得る資格を与えるものである。◁1

3 高度技能移民の移動理由

　このような高度技能移民の移動は，まずはプッシュ＝プル理論によって説明◁2 できる。高度技能移民は，自らの人的資本に見合った機会と見返りを合理的に探索し，もし自国でそのような機会や見返りが不十分にしか得られないとすれば，海外へと活躍の場を求めていくことであろう。加えて，社会構造的事情も高度技能移民の移動を左右することであろう。IT 産業に典型的に見られるように，いくつかの産業では，技術革新のサイクルの早さに技術者の養成が間に合わない。その結果，技術者を自国で養成するのでは間に合わず，他国から調達せざるをえないことになる。このような社会構造的な事情も高度技能移民を促進する要因である。

▷1　政策全般の規制緩和と，IT 振興策の採用の中，2000年「第二次出入国管理基本計画」が情報通信分野の人材を海外から積極的に確保することを明言して，高度技能移民受け入れの流れができた（上林 2002b）。

▷2　プッシュ＝プル理論については，Ⅱ-8 を参照。

Ⅱ 国際人口移動の加速化と多様化

7 国際人口移動のグローバル化(4)
ディアスポラ

世界各地に離散しつつも祖国に関心を持ち続けている国際移民を，ディアスポラと呼ぶ。ユダヤ人をモデルとしたディアスポラも，今では被害者ディアスポラ，労働ディアスポラ，帝国ディアスポラ，交易ディアスポラ，文化ディアスポラと多様になっている。ディアスポラは，領域に区切られた文化と受け入れ社会への移民統合を前提とする国民国家システムに疑問を投げかけている。

1 ディアスポラとは

ギリシア語の「散らばる」と「種をまく」に由来する「ディアスポラ」(diaspora) という言葉は，祖国を離れたマイノリティのコミュニティを指し (Bolaffi et al. 2003：73)，次のような特徴を持つとされる。◁1

(1) 離散の歴史
(2) 祖国の神話と記憶
(3) 受け入れ社会での疎外
(4) 最終的な帰還の願望
(5) 祖国の継続的支持
(6) 祖国との関係に基づく集合的アイデンティティ
(7) 精神的外傷（トラウマ）
(8) 労働，商業，植民目的の自発的出国

第1に，「中心」である祖国から少なくとも2か所以上の「周辺」地へ離散した歴史を持つこと。第2に，祖国に関する「記憶，見解，神話」を強く保持していること。第3に，受け入れ社会で現実に受け入れられていないか，受け入れられないと疎外感を持っていること。第4に，最終的には先祖の地へ帰還しようと思っていること。第5に，祖国の維持または再建に継続的に関わっていること。第6に，意識，集合的アイデンティティ，連帯は，祖国との継続的な関係に基づいて成立していること (Safran 1991：83-4)。

ディアスポラの中には，「精神的外傷（トラウマ）を受けて離散した」という特徴を持つケースもある。ユダヤ人の**バビロン捕囚**◁2，アフリカ人の奴隷貿易，アルメニア人のトルコによる集団追放，アイルランド人の**じゃがいも大飢饉**◁3，パレスチナ人にとってのイスラエル建国。これらはどれも大きな精神的外傷を負わせる事件であった (Cohen 1997＝2001：59-61)。

さらに今日では，強制的に出国させられたわけではない集団もディアスポラ

▷1 例として，ユダヤ人，アルメニア人，マグレブ3国人，トルコ人，パレスチナ人，キューバ人，ギリシア人，中国人，シーク教徒が挙げられる。

▷2 バビロン捕囚
紀元前6世紀，古代イスラエルのユダ王国のユダヤ人たちが，バビロニア帝国の首都バビロンへ連れ去られた事件。半世紀に及ぶ捕囚により，ユダヤ人としての民族意識と結束が生まれたと言われる。

▷3 じゃがいも大飢饉
1845年から1849年にかけてヨーロッパでじゃがいもに疫病が発生し，大きな被害が出た。特にアイルランドはその厳しい風土のためじゃがいもを主食としており，100万人近くが死亡し，100万人以上が海外へ移民したと言われる。

と呼ばれることがある。すなわち，仕事や商売，植民地拡大のため，祖国から自発的に出国した者もディアスポラに数えるのである（Cohen 1997＝2001：61-2）。

ただし，ディアスポラの理念型であるユダヤ人でさえ，これら8条件すべてを満たしているわけではない（Clifford 1994）。そこで，ディアスポラはこれらの条件のいくつかを満たす移民であると緩やかに捉えておこう。

2 ディアスポラの多様性

ロビン・コーエン（Cohen 1997＝2001）は，被害者，労働，帝国，交易，文化の観点からディアスポラを論じている。

○被害者ディアスポラ

ディアスポラの理念型であるユダヤ人は，被害者ディアスポラの典型でもある。バビロン捕囚やナチス・ドイツによる虐殺にとどまらず，様々な災難がユダヤ人に襲いかかった。そのためユダヤ人ディアスポラは，忍耐と達成の歴史だけではなく，不安と不信の歴史をも持つ。いくら経済的達成や学問的成功をおさめようとも，また長年受け入れ国で平和に生活しようとも，警戒心を解くことができないのである（Cohen 1997＝2001：19-63）。

さらに，アフリカ人とアルメニア人も被害者ディアスポラの特徴を共有する。アフリカ人にとって奴隷制度は，アフリカから離散させられ精神的外傷を負わされた破壊的な出来事であった。アルメニア人にとっての破壊的な出来事は，1915〜16年のトルコによる大虐殺である。特にアルメニア人は，ノアの箱船がアララト山に上陸したという聖書の記述に依拠しながら，離散後も祖国に対して関わりを続け，連帯感を保っている（Cohen 1997＝2001：65-102）。

○労働ディアスポラ

仕事を求めて自発的に海外へ移住する集団をディアスポラと呼ぶことには，ためらいがあるかもしれない。しかし，長年集団としての絆が存続し，祖国に関する神話や祖国との強いつながりがあり，受け入れ社会で排除されているといった状況があれば，ディアスポラと呼べる（Cohen 1997＝2001：104）。

労働ディアスポラの典型例は，1830年代から1920年代頃まで熱帯プランテーションで働いたインド人半強制契約労働者である。半強制契約労働者は，通常5年から7年の年期の間，賃金を受け取った上に無料で住居をあてがわれ，食料も支給され，帰国費用も全額ないし一部支払われるという労働者である。しかし，許可証なしではプランテーションから外出できず，長時間労働を強いられるなど過酷な状況に置かれた。この結果，インド人ヒンドゥー教徒が教典『ラーマーヤナ』に基づいて連帯するなど，ディアスポラ的性質をつくり出したのである（Cohen 1997＝2001：103-18）。

▷4 オーストラリアのアボリジニやアメリカ合衆国のアメリカン・インディアンなど先住民族もディアスポラに数えられることがある。植民地化によって元々の居住地を追われたからである（Bolaffi et al. 2003：74；Cohen and Kennedy 2000＝2003a：55）。

▷5 インド人以外にも，19世紀末から20世紀初頭にかけてアメリカ合衆国やアルゼンチンに渡ったイタリア人，第2次大戦後ヨーロッパに流入したトルコ人や北アフリカからのマグレブ系が労働ディアスポラとしてよく言及される。

○帝国ディアスポラ

　植民や軍事目的で移住を行ったのが，帝国ディアスポラである。スペイン，ポルトガル，オランダ，ドイツ，フランス，イギリスといったヨーロッパ列強の植民者は世界中に散らばった。中でも，17世紀に始まった大英帝国による植民は長期に渡りかつ最大規模のものであった。個々人の植民の理由は政治的迫害や貧困など様々であったものの，その背景には国家の関与があった。ディアスポラたちは，旅行資金の援助，定住先での土地の譲渡，生産物への大英帝国の特恵待遇や助成金などにより，当座の貧困を免れることができた。植民先である南アフリカの果物や金，ニュージーランドの子羊肉とバター，オーストラリアの羊毛，カナダのメイプルシロップと毛皮などの生産物は，イギリス本土で消費されるようになり，移住先の豊富な鉱物資源も，ディアスポラの生活を潤わせた（Cohen 1997＝2001：118-29）。

　しかし，大英帝国と海外領土との間の親密な関係が崩れ，イギリスの帝国ディアスポラは急速に衰退していく。特に1773年ボストン茶会事件によってイギリスがアメリカ植民地を失ったことは大事件であった。最近では，イギリスが1973年にヨーロッパ経済共同体（EEC）に加入したり，カナダが1991年に北米自由貿易協定（NAFTA）に調印したことは，帝国の解体を強く印象づけ，ディアスポラ・コミュニティと「本国」との自然で無意識的な親近感を決定的に弱めたのである（Cohen 1997＝2001：129-40）。

○交易ディアスポラ

　帝国ディアスポラと異なり，交易ディアスポラは政府の奨励や支援がなくとも，商売のため移住していく。中国人，特に福建商人は1570年以降マニラへ，1600年以降長崎へと移住していき，ヨーロッパ列強は中国人を自らの植民地に受け入れた。一時的滞在者を示す「華僑」と呼ばれた中国人のすばらしい適応性を示すのは，シンガポールの例である。19世紀スタンフォード・ラッフルズ卿が呼び寄せて以来，中国人はヨーロッパの法律，貿易習慣，英語を習得し，シンガポールを繁栄させた。1911年の辛亥革命以降，中国人ディアスポラは一時滞在の道を選びにくくなった。例えばマラヤ連邦ではマレー人との共存を目指したものの1965年に暴動が起き，中国人をマジョリティとするシンガポールが独立した。また，当初ディアスポラたちが生活を守るためつくった各地のチャイナタウンは，今では中国人以外の多くの人を集めると同時に，中国人に定住を促した（Cohen 1997＝2001：144-57）。

　またレバノン人は17世紀から19世紀に中東とヨーロッパ間の貿易網をつくりあげた。首都ベイルートは金融の中心地となり，各種産業も栄えたものの，オスマン帝国のキリスト教徒に対する無理解や雇用の停滞により，常に出移民が生じた。19世紀前半には，多くが祖国と海外を往来する循環移民となり，「蝶は再び芋虫になる」と言われた。ソロモン王の神殿建設に使われたレバノン杉，

◁6　フランスはフランス領インドシナやモーリシャス島，レユニオン島に，ポルトガルはマカオに，オランダはバタビアに中国人移民を導入した。

ミントの薫り，桑の実やワインの味が，祖国への帰還を促すというレバノン人のディアスポラ意識は，1970年代以降の内戦，イスラエル軍による侵略と空爆，シリアによる侵略といった中東政治によって活性化した（Cohen 1997＝2001：158-68）。

○文化ディアスポラ

植民地化の経験，**ポストコロニアル時代**[7]の移住を経て，文化ディアスポラが登場した。このディアスポラたちは，コスモポリタニズムの下，混合文化をつくり出し，**ハイブリッド化**[8]した文化的アイデンティティを持つようになった人々である。

典型的事例は，カリブ海諸国出身のアフリカ系移民であると言われる。カリブ人はカリブの先住民ではなく，西アフリカからの奴隷，インドからの半強制契約労働者，ヨーロッパからの白人定住者からなる。他のタイプのディアスポラとの違いは，カリブ系のアイデンティティである。単にアフリカ人としてのアイデンティティを新世界に移しただけではない。奴隷制度の廃止と他の民族との混合によって，ハイブリッドであり多様性と差異に満ちたアイデンティティを持つようになった。文化ディアスポラ体験の本質は，他のディアスポラのように他の民族を追放してまでも故国に戻ろうとすることではない。異質のものが混交し多様となったアイデンティティを持つことなのである（Cohen 1997＝2001：223-33）。

カリブ海諸国出身者の文化ディアスポラは6つの要素を備えている。すなわち①アフリカ人の外見。②人種主義の意識。③アフリカ人アイデンティティの肯定と維持。④アフリカ「帰還」への関心。⑤アフリカ，カリブ海諸国，移住先との関係から生まれる文化表現。⑥一般のカリブ人による文化ディアスポラに見合った行動（Cohen 1997＝2001：233-44）。

3　グローバル化とディアスポラ

グローバル化という社会変動は，ディアスポラをさらに増大させるのであろうか。交通・通信手段が発達していく中，アイデンティティや文化が領域に拘束されなくなり，トランスナショナルな「想像の共同体」が形成され，祖国への関わりをより容易に維持できるかもしれない。この見方からは，ディアスポラは減少しないことになる。しかし一方で，グローバル化に伴う人々の流動性は，祖国という感覚を弱め，移動先へのコミットメントを増大させていくかもしれない。いずれにしても，祖国と受け入れ社会への二重の忠誠心を持ちうる存在であるディアスポラが，領域性を集団文化の源泉とし，受け入れ社会への移民統合を軸とした国民国家システムに疑問を投げかけ続けることは間違いない。

▷7　**ポストコロニアル時代**（postcolonial era）
文字通りには植民地が宗主国からの独立を勝ち取った後の時期のこと。西洋の知による支配の継続が問題視され，その支配からの脱出と，土着文化を積極的に評価しようという思想的運動が生じた。

▷8　**ハイブリッド化**（hybridity）
音楽，文学，映画などの文化が様々な文化的源泉からの要素で構成されるようになり，人々の新たなアイデンティティの基礎となること（Bolaffi et al. 2003：141-2）。

II 国際人口移動の加速化と多様化

8 なぜ人は移動するのか

なぜ人は国境を越えて移動するのであろうか。この単純な問いに答えることは意外にも難しい。ミクロな個人的要因を重視する「プッシュ＝プル理論」とマクロな社会構造を重視する「歴史構造論」が対立する中，近年，ミクロとマクロの間のメゾレベルに焦点を合わせる移住システム論が注目されている。しかし，どのような要因を持ち出してきて何を主張すれば人の移動を説明することになるのか，という根本的な問題に関してはいまだ混乱が見られる。

1 プッシュ＝プル理論

人々が国境を越えて移動するのはなぜだろうか。この単純かつ重要な問いに答えようとまずつくられたのは，「プッシュ＝プル理論」（push＝pull theory）である。経済的に合理的な個人が想定され，経済資本が最も見返りが大きく得られるよう自らの投資先を探すのと同じように，個人は自分の持っている**人的資本**の投資先を探す。もし出身国で十分な見返りが得られないと判断すると，別の国へと移動して十分な見返りを得ようとする。

その際，個人は2つの種類の要因から影響を受ける。第1に，諸個人を移動へと押し出す「プッシュ要因」である。貧困，失業，高技能職の少なさ，低賃金といった経済的要因はプッシュ要因として働きうる。発展途上国などでの人口の急激な増加や内戦，開発による環境破壊なども，農村に滞留する人口を国内の都市や海外へと向かわせるし，蒸気船，鉄道，飛行機といった交通手段の発達は移動のコストを下げ，移民の国際移動を促進する。

もうひとつの要因は，諸個人を移動先へと引き付ける「プル要因」である。受け入れ国の多くでは工場労働者など単純労働力が不足している。いわゆる**3K労働**のようなつらく厳しく昇進もしない職種であったとしても，出身国の何倍も高い賃金は移民にとって魅力的である。また受け入れ国は，送り出し国では容易に得られないような高技能職や専門職の仕事口を持ち，雇用も安定していることがある。民主主義による政治的安定や，送り出し国では得られないような様々な消費文化や教育機会，手厚い社会的サービスにも恵まれている。このような受け入れ国の豊かさは，口コミで伝えられたり，衛星放送やケーブル放送など通信網の発達によって送り出し国のお茶の間のテレビ画面に映し出される。こうして，移民たちは受け入れ国に引き付けられるのである。

このようにプッシュ＝プル理論は，人的資本に対する多くの見返りを得たい

▷1 国際移動と国内移動は一括して説明されなければならない場合もありうる。国内移動については，労働力供給量と，農村・都市間の賃金格差に着目したルイス＝トダロモデル（Lewis＝Todaro model）がある（駒井他 1997：46-7）。

▷2 **人的資本**
（human capital）
教育や職業訓練などによって個人に蓄積されたと見なされる能力のこと。

▷3 **3K労働**
「きつい」「汚い」「危険」と特徴づけられるような単純労働のこと。英語では「3D work」とよく言われる。3Dとは，「Dirty」「Dangerous」「Demanding」を意味する。

諸個人が，プッシュ要因とプル要因に影響されて国際移動を行うことを説明する。

2 歴史構造論

　プッシュ＝プル理論は，送り出し国と受け入れ国それぞれの条件を個人が勘案して，自分が移動するかどうかを決めるという理論であった。しかし人々の移動は，特定の国から特定の国へという流れをつくる場合が多い。さらにある国の人々が一様に移動するのではなく，特定の村や地域から特定の村や地域へと移動したり，特定の階層や特定のエスニック集団の人々ばかりが移動することがある。このように考えると，プッシュ＝プル理論は実際に生じた移動を事後的に説明するだけで，限られた説明力しか持たないのではないか（小井土 2005a：3-4）。これに対し歴史構造論は次のように問いを立て直す。そもそも人々の移動の条件はどのように形成されたのだろうか，と。そして，**従属理論**◁4 や世界システム論◁5 の影響を強く受けつつ，諸社会間の不平等構造に注目する。すなわち，資本主義が世界的に発展していく中で諸社会間に所得と機会の格差が形成され，発展途上諸国が世界資本主義システムの周辺に追いやられて円滑な近代化を妨げられることで，先進諸国との間に人口の不均衡が生じる。また，近代化を目指して発展途上諸国で開発が行われたとしても，少なくともその初期には既存のコミュニティや土地の共有制度などが破壊されてしまう（Stalker 1994＝1998：24-9）。このようにして形成された劣位な社会から優位な社会へと移動が起こるというわけである。

　豊かな先進諸国と貧しい発展途上諸国との間の不平等構造は，かつての宗主国が植民地の富を収奪したことで創出された面が強い。同時に旧宗主国と旧植民地は，第2次大戦後においても移民の送り出し国と受け入れ国とのつながりをつくり出している。例えば，イギリス，フランス，オランダはそれぞれ，インド亜大陸の諸国，アルジェリア，スリナムなどから移民を受け入れてきた。なぜなら世界経済の帝国主義的発展が旧宗主国と旧植民地間の不平等構造や相互のつながりをつくり出したからである。また，パキスタンの特定の地域からイングランド北部の都市へと持続的な移民の流れが存在するのも，帝国主義的な経済発展ゆえである。さらには，西ヨーロッパから新大陸への移動も資本主義の世界的発展で形成された不平等構造の結果と理解することができる。

　とはいえ送り出し国と受け入れ国のつながりは，第2次大戦前の帝国主義的発展だけがつくり出すのではない。発展途上国が輸出加工区などに先進国の企業の工場を誘致すると，そこで働く女性労働者などが先進国の豊かさや文化を知り，また工場で従事する服，靴，電化製品などの生産に携われば先進国でも暮らしていけると思い，移動を目指すということもある（Sassen 1988＝1992）。これも世界的な資本主義的展開の一環である。

▷4　従属理論
（dependency theory）
近代的な技術や文化の伝播によりどんな国も発展できるとする近代化論に対して，先進国の発展は発展途上国を搾取することで成立しているのであり，第三世界の低開発や貧困は固定化すると主張するパラダイムのこと。

▷5　Ⅰ-1 ▷2参照。

すなわち，プッシュ＝プル理論が前提としていた諸社会のプッシュ要因とプル要因の生起を，資本主義の歴史的発展による諸社会間の不平等構造の創出の結果と捉えて，歴史的つながり，地域差，階層差，エスニック集団差などに注目しつつ国際人口移動を説明しようと試みたのが，歴史構造論である。

③ 移民システム論

プッシュ＝プル理論および歴史構造論に対して新たな視点を提供したのが，移民システム論である。1980年代後半あたりから徐々に現れてきたこの議論は，個人のようなミクロレベルではなく，諸社会間の不平等構造のようなマクロレベルでもない，その間のメゾレベルに着目するものである。

移民を行う先駆者は，パスポートやビザの準備などの渡航手続きや，住居や職の確保といった煩雑な作業をほとんど誰の助けもなく行わなければならない。しかし後に続く者は，先駆者の助けを得てより容易に移動することができる。ここに**連鎖移民**◁6が形成される。まとまった数の移民が国境を越えて受け入れ国のある地域に移動し一定程度滞在していくと，しだいに受け入れ国内にコミュニティを形成することがある。家族・親族の紐帯，友人・同郷人の間の親睦と信頼関係，そして自発的な結社は，出身コミュニティと受け入れコミュニティとの間に社会的ネットワークを形成していく。このネットワークが重層性を増すとき，あたかもそれ自体が社会組織であるかのように機能する。このようなネットワークは格安の国際電話や電子メールなどインターネットを介した通信手段の発達で，より容易に維持され，2つのコミュニティ間の情緒的な一体性を保つのに役立つ。移動は隔絶した2つのコミュニティ間の流れではなく，あたかもコミュニティを内部に含んだ組織内の現象と見なされる（小井土 1997：50）。これを「移民システム」（migration system）と呼ぶ。このようなシステム形成には，家族や親族，同郷者だけではなく，人材斡旋業者や労働ブローカーなど経済利益を追求する者も関与する。さらに，移民システムは人の移動だけではなく，送金などの資金や商品の流れも組み込む。

移民システム論は，国民国家を移動の両端と考えるのではなく，国民国家を超えたトランスナショナルな視角から移民現象を分析しようとする◁7。その結果，プッシュ＝プル理論や歴史構造論とは異なり，送り出し国から受け入れ国へ向かう一方向的で後戻りしない流れだけが移民だとは見なさない。例えば，出国と入国を繰り返す循環移動や，受け入れ国の経済不況や移民規制強化にもかかわらず次々と現れる新たな移民は，移民システム論によれば，システムが移動のコストやリスクを減少させて現れる移民システム内の現象なのである。

また，プッシュ＝プル理論が個人の選択として移動を捉えるのに対して，移民システム論は家族や親族の生き残り戦略に着目する。移動は個人的決定でなく家族・親族による集合的決定によることもあるというのだ（小井土 1997）。

▷6　連鎖移民
（chain migration）
先に移動した者が次の移民へとつながるように移動して，鎖のようになる移動形態のこと。

▷7　トランスナショナルな視角については，Ⅰ-6 を参照。

表Ⅱ-8-1 国際人口移動の従属変数と独立変数

独立変数
- 個人の合理的選択
- 社会間の所得・機会の格差
- 社会的ネットワーク
- 家族による集合的決定
- 国家による規制
- 企業によるリクルート活動
- ……

⇒

従属変数
- 量(人数)
- 種類(労働移民,家族合流など)
- 形態(一方向的移動,循環移動など)
- 移民の段階(出発点,中継点,到達点)
- 移動元の場所(村落,国など)
- 移動先の場所(村落,国など)
- ……

4 国際人口移動のよりよい説明を目指して

プッシュ＝プル理論と歴史構造論に対して移民システム論が出てきた最も大きな背景は，国際移民のグローバル化である。グローバル化による移動の多様性と持続性は，移民たちがあたかも移民システム論が示すような社会組織を形成しているかのように見せているのである。ただし移民システム論がプッシュ＝プル理論や歴史構造論より優れているとは一概には言えない。例えば，移民システム論のいう社会的ネットワークが移動を促進したとしても，個々人は，プッシュ＝プル理論が想定しているようにプッシュ要因とプル要因を合理的に計算してもいることであろう。また，社会的ネットワークの中には，歴史構造論が強調するような世界資本主義の歴史的展開がつくり出した旧宗主国と旧植民地とのつながりを前提として形成されているものも多い。すなわち，3つの理論は相互補完的だと考えた方がよいのである。

とすれば，各理論のどれが移動を説明するために優れているのか，という視点ではなく，各理論が強調する要因のどれがどのように移動を促進または阻害しているのかという視点で移動を説明する方がよいであろう（表Ⅱ-8-1）。もちろん，どの要因が適切かは事例に依存する。例えば，メキシコの村からアメリカ合衆国の集落までの移動は社会的ネットワークがより説明力ある変数かもしれないけれども，高度技術専門職の移動は個人の合理的選択の方がより説明力があるかもしれない。

この際，次の2つの点に注意すべきである。第1に，上記の3つの理論は国家と企業の役割を軽視しがちである。国際人口移動は常に国家や企業によって規制されたり，促進されたりする。▷8 第2に，「人はなぜ移動するのか」という単純な問いは，説明すべき様々な従属要因をとりうる。例えば，移動の人数，労働移民か家族合流なのかなどの移動の種類，一方向的移動なのか循環移動なのかなどの移動の形態，移動の出発点，中継点，そして到達点といった移動の段階，移動先や移動以前の場所。このように移動のどの側面を説明しようとしているのかを明確にした上で，独立変数を探究しなければならないのである。

▷8 例えば1980年代からブラジル政府は出移民に対する援助を行ったり，二重国籍を結果として認めたりしている（イシカワ 2003）。

コラム 1

移民と映画 (1)
難民と非合法移民の長く厳しい旅と人生

　国際社会学を学ぶため，みなさんはまず本を読もうとすることだろう。それは正しい。しかし本以外にも，街には役立つ教材がある。例えば，多くの映画が移民を題材にしている。国際社会学の理解を深めるため，映画を利用しない手はない。そこでこのコラムでは，難民や非合法移民を描いた映画を見ていくことにしよう。

難民と非合法移民の過酷な旅

　非合法にホスト社会へ入国しようとしたり，難民申請をしようとする者の旅は過酷だとよく言われる。しかし実際にどのぐらい過酷なのだろう。マイケル・ウィンターボトム監督の『イン・ディス・ワールド』(*In This World*)（2002年）は，パキスタンの難民キャンプからイギリスを目指すアフガン難民2人の苦難の旅を描く。アフガン人少年ジャマールは，工場で日銭を稼いで家計を助けていた。ある日，いとこのエナヤットの父親が密入国斡旋業者に多額の金を支払って，エナヤットを親戚のいるイギリスへ送ろうとする。同行することになったジャマール。しかし6400キロ先のイギリスは遠い。陸路も海路も快適どころではなく，国境管理に見つかる危険でいっぱいだ。途中貨物船の中で酸欠に苦しんだエナヤットはついに目を覚まさなかった。果たして

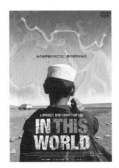

発売元：東芝エンタテインメント株式会社
税込価格：10500円

ジャマールは単身イギリスへたどり着けるのだろうか，そして難民申請は認められるのだろうか。過酷な旅の結末はいかに。

　『13歳の夏に僕は生まれた』(*Quando sei nato, non puoi piu nasconderti*)（2005年）の主人公，13歳のイタリア人少年サンドロは父親とクルージング中，誤って海に落ちてしまったけれども，非合法移民でぎゅうぎゅう詰めの密航船に運良く救われる。しかしイタリア人とわかると海に投げ出されるか，身代金を払うよう要求される。そのとき，「この少年はクルド人だ！」とルーマニアから来た兄妹が嘘をついて助けてくれ，なんとか恐怖と飢えをしのぎイタリアの難民センターに収容される。兄妹は命の恩人だ。サンドロを探して難民センターへ来たサンドロの両親がその兄妹をりっぱな自宅に泊め手厚くもてなし，養子にできないか画策する。しかし蜜月は一瞬だった。兄妹は金品を盗んで消え，イタリア国内で過酷な現実を生きていく。なぜ彼らは姿をくらましてしまったのか。サンドロは，非合法移民との出会いで，急速に大人になっていくのだった。

　過酷で危険に満ちた旅を生き残るには，周りの人々がどのように思おうとも協力と裏切りを巧みに使い分けるタフさが必要なのだろう。

非合法移民のつらい生活

　密入国業者に搾取されながらも過酷な旅を無事生き残ったとしたら，運がよい。しかし次にはつらい労働が待っている。ケン・ローチ監督が撮った『ブレッド

&ローズ』（Bread & Roses）（2000年）はアメリカ合衆国の中南米系非合法移民の話。法的地位が確保されていないため，非合法移民が従事できるのは，よくてビルの清掃や工場の単純労働ぐらい。主人公の女性マヤは先にアメリカ合衆国に住んでいる姉の助けで仕事にありつけただけ幸運だ。しかし，清掃業者は移民たちの足下を見ているため，健康保険に加入させず最低賃金以下でこき使う。そこに現れた労働組合幹部の青年サム。集会を開き，清掃業者と闘うことを提案する。一方清掃業者もアメとムチをちらつかせて従業員の結束を崩そうとする。果たして，非合法移民たちは抗議行動を成功させることができるのだろうか。マヤはアメリカで生き残っていけるのだろうか。

発売・販売元：ジェネオン・ユニバーサル・エンターテイメント
税込価格：3990円

同じくケン・ローチ監督の『この自由な世界で』（It's a Free World...）（2007年）は，日雇い労働に従事せざるをえない移民の世界をマジョリティの側から描いている。アンジーは一人息子ジェイミーを両親に預けて必死で働くシングルマザー。職業斡旋所を首になり，食べていくため新たに自分で移民労働者向けの斡旋所を起業する。仕事をなんとか軌道に乗せたものの，職がなく困っているイラン人家族を見つけると何もしないではいられない。非合法移民にも職を斡旋し始めるなど，ついつい一線を踏み越えてしまう。そして訪れる数々の苦難と恐怖。現実にも，ヨーロッパ連合（EU）の拡大などが刺激となり，イギリスには仕事目的で多くの移民が集まってきている。映画はこの現実を極めてリアルに描き切っている。移民たちが海を渡って来るか来ないか，マジョリティが仕事を与えるか与えないか，決めるのは「自由」だ。しかし「この自由な世界で」生きていくため，移民もマジョリティもみんな必死になっている。あまりにも厳しい生き残りゲーム。この悲痛な現実の責任は，いったい誰にあるのだろうか。

非合法移民は労働条件の面で過酷なだけではなく，犯罪と隣り合わせで生活しがちだという点でも過酷である。世界各地から様々な移民が集まる世界一の多文化都市のひとつ，ロンドンを舞台にするのは『堕天使のパスポート』（Dirty Pretty Things）（2002年）。ナイジェリアから亡命してきた非合法移民オクウェは，本国では医師だったのに，ロンドンでは昼はタクシー運転手，夜はホテルの従業員として働いている。同じホテルで働くトルコ人難民申請者の女性シェナイとは，単なる同居人として狭いアパートをシェアしている。ある日オクウェは，詰まってしまった客室のトイレを直そうとして，人間の心臓を発見する。そして支配人らがホテルで非合法移民から臓器を摘出し売買していることを知ってしまう。犯罪を目の当たりにし事件を解明しようとするオクウェとシェナイ。しかし非合法滞在ゆえに自由には行動できない。そこに降りかかってくる絶体絶命のピンチ。フランス映画『アメリ』でおちゃめな娘を演じたオドレイ・トトゥが，ここでは物静かで芯の強いトルコ女性を好演している。

発売元：東芝エンタテインメント株式会社
税込価格：3990円

これらの映画は，難民や非合法移民と呼ばれる人々がいかに多様な人生を送っているか，そしていかに自分の人生を必死で生きようとしているかを，映像の力をもって訴えかけてくれる。映画を見終わったとき，難民や非合法移民に関してあなたは何を学んだだろうか。そして何を感じただろうか。

Ⅲ 多文化社会への発展と反動

　社会統合としての同化

　移民やマイノリティをホスト社会に統合するため初めて登場した社会科学的観念は，同化である。同化理論として，パークの人間関係循環モデル，ゴードンの同化過程モデル，シブタニ＝クワンの生態学的モデルといった考え方がアメリカ合衆国のシカゴ学派を中心に提出されてきた。1960年代後半以降，強制や差別につながるということで規範的側面が否定されたものの，同化理論の記述的・説明的側面は1990年代から再評価されるようになってきた。

1 同化という考えの背景

　急増する国際移民やエスニック・マイノリティをいかにしてホスト社会に統合するか。この問いは現代においてだけ問われているのではない。人間社会が誕生して以来，問われ続けているのである。20世紀初頭，社会学の一派であるシカゴ学派は，「同化」（assimilation）という考えを定式化した。これが移民・マイノリティの社会統合に関する初めての社会科学的な考えであったと言ってよいであろう。

　このとき同化は次のように定義された。「人々や集団が，他の人々や他の集団の記憶，感情，態度を獲得し，経験や歴史を共有することで共通の文化的生活に組み込まれる，相互浸透と融合の過程。」（Park and Burgess 1969：735）こうして，同化へと至る過程や段階を特定しようとする学問的な営みが始まったのである。

2 パークの人種関係循環モデル

　ロバート・パーク（Robert E. Park）は，都市シカゴに集まってくるヨーロッパ系移民を対象として，次のような人種関係循環モデル（race-relations cycle model）をつくった（Park 1950；関根 1994：62）。

　人々の移住は，それ以前には会ったことのない異文化の人々との「接触」をもたらす。諸集団は，接触すると互いに有利な位置を占め利得を得ようと「競

表Ⅲ-1-1 パークの人種関係循環モデル

出所：Park（1950）より作成。

▷1　統合（integration）も多義的な概念で混乱しがちである。ここでは，国際移民やエスニック・マイノリティを社会に含みこんで社会秩序を実現することと，とりあえず考えておく。

表Ⅲ-1-2　M.ゴードンの同化過程モデル

文化的・行動的同化（cultural, behavioral）	→ 文化変容（acculturation）
構造的同化（structural）	
婚姻的同化（marital）	→ 融合（amalgamation）
アイデンティティ的同化（identificational）	
態度受容的同化（attitude receptional）	
行動受容的同化（behavior receptional）	
市民的同化（civic）	

出所：Gordon（1964＝2000：67）；関根（1994：62-5）より作成。

合」し，衝突や葛藤（conflict）を起こして社会は不安定になる。やがて，集団間の優劣関係が定まり人々が集団の位置づけを認識することで，社会はより安定的になり，「応化」の段階を迎える。しかし，集団の境界を超えた人々の個人的なつながりがそのような集団間の優劣関係を掘り崩し，「同化」の段階がやってくる。

パークは同化までのこの過程を，「明らかに，前へ向かい後戻りはしない過程」と見なしていた。

3　ゴードンの同化過程モデル

しかし同化と一言で言っても，いくつかの次元でそれは生じうる。その様々な次元を区別したのがミルトン・ゴードン（Milton Gordon）の同化過程モデルである（Gordon 1964＝2000：67；関根 1994：62-5）。

同化過程モデルは7つの段階を区別する。第1に，移民がマジョリティと接触しホスト社会の文化パターンを修得しようとする段階は，「文化的・行動的同化」である。マイノリティがホスト社会の言語，服装，感情的表現を身につける段階のため，「文化変容」とも呼ばれる。第2の段階は，マイノリティ集団がホスト社会の教会，クラブ，コミュニティ組織など小集団に加入する段階であり，「構造的同化」と呼ばれる。構造的同化が深まっていくと，エスニック集団外との婚姻も増えてきて，第3の段階である「婚姻的同化」が進行する。婚姻的同化は生物学的同化でもあるということで，「融合」という名前も与えられている。第4の段階では，マイノリティたちはホスト社会の国民であるという感覚を持つようになり，「アイデンティティ的同化」が生じる。さらに第5の段階で偏見や差別意識がなくなる「態度受容的同化」，第6の段階でマイノリティとマジョリティの現実の行動に差がなくなる「行動受容的同化」に達する。そして，最後の第7の段階でエスニック集団間に文化・価値のレベルでも政治的行動のレベルでもコンフリクトがなくなる理想的な状況，「市民的同化」が訪れるのである。

ゴードンの同化過程モデルは，必ずしも同化が必然的に生じる過程であることを前提にしているわけではない。しかし，第1次大戦中およびその後のアメ

リカ合衆国の時代的風潮の中では同化は国民形成原理として当然のことだと思いこまれていた。その影響から，ゴードンのモデルが必然的過程であると解釈されることもあった。

④ シブタニ＝クワンの生態学的モデル

　ゴードンの同化過程モデルは，各段階の移行がなぜ生じるかに関する因果的なメカニズムを特定してはいなかった（Alba and Nee 1997：837）。マイノリティの同化の因果メカニズムまで踏み込んだのがシブタニ＝クワン（Shibutani and Kwan 1965）の生態学的モデル（ecological model）である。シブタニとクワンは，G・H・ミード（G. H. Mead）の**シンボリック相互作用論**▷2に基づき，人々は「実際にどんな人か」ではなく「どのように定義されているか」によって扱われるとする。そして，個々人の感じる他者との主観的な距離を「社会的距離」（social distance）と定義する。社会的距離がある程度遠いときは，人々は共通のアイデンティティや経験の共有を感じる。一方，社会的距離が近くなると，人々は他者を別のカテゴリーに属した人々として扱うようになる。その結果，社会移動が盛んになりマイノリティが上昇移動を果たしたとしても，社会的距離が縮まることによって，エスニック・アイデンティティは変化せず残存するという（Shibutani and Kwan 1965）。つまり，シブタニとクワンに従えば，エスニック諸集団で構成される**エスニック階層**▷3の秩序は強固で変化しにくいということである。

　しかし，そのように安定的なエスニック階層の秩序でさえ，生態学的な要因にさらされることでパークの人種関係循環モデルの示す変動を起こす。この生態学的要因にはいくつかのものが想定される。まず，生産様式などに関する技術革新が挙げられる。例えばアメリカ合衆国で開発された自動綿つむぎ機は，南部へ向かっていたマイノリティ労働者の流れを北部工業地域へ向かわせ，国内のエスニック階層を変動させた。マジョリティとマイノリティの間の人口バランスの変動も，後者の割合が増加したときには，多文化的な政策を促進するなどの効果を持つ。人権の擁護など，既存の文化的価値に対抗する新たなアイデアの登場も，マイノリティ抑圧に反対する社会運動を生じさせるなどして，安定的であるはずのエスニック階層を揺るがすであろう。この考えは，エスニック集団をとり巻く生態学的要因に着目したため，「生態学的モデル」と呼ばれるのである（Alba and Nee 1997：837-41；Shibutani and Kwan 1965）。

　ゴードンの同化過程モデルが因果的な説明に欠き，個人レベルの同化の記述に終始していたのに対して，シブタニ＝クワンの生態学的モデルは，因果的要因を組み入れつつ，集団レベルのエスニック境界の変動までを視野に入れたと言える。

▷2　**シンボリック相互作用論**（Symbolic interactionism）
ジョージ・ハーバート・ミード（George Herbert Mead）の業績を元にハーバート・ジョージ・ブルーマー（Herbert George Blumer）が提唱した社会学・社会心理学の分析視角。人々は意味を介して事物や人と関わることによって行為を遂行していると主張する。

▷3　**エスニック階層**（ethnic stratification）
エスニック集団間関係として構築された社会階層のこと。詳しくは，Ⅲ-6 を参照。

5　同化理論への批判と再評価

　同化理論は，マイノリティの様態を記述・説明するために使われると同時に，「マイノリティは同化すべきだ」という規範的要求のために利用されることが多かった。それゆえ戦後，特に1970年代以降その倫理的側面を強く批判され，公の場で提唱されることは少なくなった。主な批判点は次のようなものである。

　第1に同化はマイノリティのエスニックな出自の徴を消し去ろうとするものであり，強制的である。

　第2に同化理論は少なくとも結果的には同化できないマイノリティを排除したり，不適切な存在であると烙印を押すことになる。

　第3に同化理論はヨーロッパ系など初期の移民を説明することはできるけれども，非ヨーロッパ系など後にやってきた移民を説明できない。

　第4に同化理論は，移民がホスト社会での滞在年数を重ねていくと自然に同化していくという「直線的同化」(straight-line assimilation)(Gans 1992)を前提にしている。

　批判点の1番めと2番めは同化理論の規範モデル的解釈に対するものである。規範的解釈は，**アングロ文化への同一化**や，**「人種のるつぼ」**といった素朴なイメージに基づいているため，批判は現在でも正当だと見なされることが多い。しかし記述・説明モデルの側面に関する第3と第4の批判に関しては，1990年代半ばあたりから見直しが始まり，同化理論は再評価され，マイノリティの社会統合の考察に用いられ始めている。

　同化理論の再評価は，「直線的同化」という仮定をまず疑問視し，「でこぼこ線エスニシティ」(bumpy-line ethnicity)を前提として採用するところから始まる。すなわち同化は，直線的かつ一方向に進行する過程ではなく，停滞する時期を幾度かはさみながら徐々に生じる過程なのであるとするのである（Gans 1992)。

　そして，同化理論を単に移民個人に焦点を合わせたものではなく，移民の性質とホスト社会の制度や構造との相互作用を捉えるものに発展させようとした。例えば，マイノリティの社会経済的地位に着目した「**社会経済的同化**」(socio-economic assimilation)，マイノリティの居住地域の変化に注目する「居住的同化」(residential assimilation)，そして同化がホスト社会の中流文化へ向かうだけではなく，上層や下層など様々な層へと向こうことがあるという分割的同化(segmented assimilation)といった考え方が提出されている。このように同化理論は再評価され，マイノリティのホスト社会への統合を記述・説明するために現在でも拡張され利用されているのである。「マイノリティは同化しなければならない」とか「同化すべきだ」といったイデオロギーを排除しつつ，同化理論を応用すべきである。

▷4　**アングロ文化への同一化**（Anglo conformity）移民の，イギリス的な文化，制度，慣習への適応のことを言う。アメリカ合衆国では特に20世紀初めまで強固な考え方であった（明石他 1984：17-20）。

▷5　**人種のるつぼ**（melting pot）イギリス系ユダヤ人作家イスラエル・ザングウィルの戯曲『るつぼ』に端を発する。あらゆる国から来た人間が融け合い，ひとつの新しい人種になるというイメージを与え，新しいエスニック集団も統合できるという発想を与えた（明石他 1984：20-3）。 V-9 も参照。

▷6　これはエスニック階層論の領域である。Ⅲ-6 を参照。

III 多文化社会への発展と反動

2 社会統合としての編入

移民の社会統合を把握するため，同化理論への批判から出てきた考え方のひとつが編入である。編入は，移民の出国の状態，出身階層，ホスト社会における受け入れの文脈によってホスト社会への移民の統合のあり方が変わってくることを示す。例えば経済的編入は，エスニック集団によって労働市場内で占める位置が異なることを含意する。編入という考え方はエスニック集団間の比較や，ホスト社会間の比較を可能にする枠組みを提供した。

1 同化理論への批判

20世紀初頭アメリカ合衆国の東欧系・南欧系移民を対象として移民の社会統合を説明しようとした同化理論は，その後の「同化しない」マイノリティやエスニック・アイデンティティの復活に直面して，同化を普遍的な過程として描くことができなくなった◁1。そのため後戻りのない「直線的同化」を否定せざるをえなくなり，同化を段階として捉えようとした。特に第2次大戦後に渡ってきた移民たちは，定住と統合の多様な経路を描くようになった。こうして単純な同化理論は捨てられ，より微妙なアプローチが採用されるようになってきたのである。その中のひとつとしてアレハンドロ・ポルテスらは，多様な統合形態を捉えるため「編入」(incorporation)◁2または「編入様式」(modes of incorporation) という考えを導入した (Portes and Böröcz 1989 ; Portes and Rumbaut 1996)。

2 編入の次元

移民の編入様式を決める基本的な次元には3つある。出国の状態，出身階層，ホスト社会の受け入れの文脈である (Portes and Böröcz 1989：615-20)。

○出国の状態

出国時の状態は，移民の編入の様態を決めることがある。例えば，自国で暴力を受けるなどした移民がホスト社会の政府に難民として認められると，定住援助のプログラムを受けることがある。また，経済的適応などに関する政府の援助も長期に渡って受けやすくなる。これらの点が他の移民と異なる。このような意味で，出国の状態は移民の編入のしやすさを決めるのである。ただし難民の場合，難民としての地位を確保すると帰国しにくくなってしまうことに留意しなくてはならない。

▷1　日本においても，在日韓国・朝鮮人の若者は，日本人への同質化を望まない意識，すなわち「異化志向」を持つという（福岡 1993）。

▷2　フランス語の "insertion" を「編入」と訳す場合もある（梶田 1992）。

表Ⅲ-2-1 新規移民受け入れの文脈：アメリカ合衆国の場合

国家政策	労働市場	エスニック・コミュニティ		
		なし	労働者階級	企業家・専門職
消極的	中立または積極的 差別的	アルゼンチン ナイジェリア	イタリア メキシコ	ギリシア ジャマイカ
積極的	中立または積極的 差別的	ルーマニア エチオピア	ポーランド ラオス	キューバ ベトナム

出所：Portes and Rumbaut（1996：89）より作成。

○**出身階層**

移民がどのような階層に属し，どのような人的資本を持っているのかも，ホスト社会における編入の様態を決める。第1に単純労働移民は，合法的または非合法的にホスト社会に入国し労働する。基本的にはホスト社会のマジョリティが避けるような低技能の職に就き，低賃金で働く。雇用主は，景気が良くなると雇い，景気が悪くなると解雇して景気の変動から企業を守る「景気の安全弁」として労働移民を用いる傾向にある。第2に，専門・管理職階層に属する移民であれば，永住をも視野に入れて合法的に入国・労働することが多い。人的資本に見合った職が自国では得られにくいがゆえに渡ってくる移民も多数いる。出自社会にとっては「頭脳流出」であると見なされ，ホスト社会にとっては「利得」であると見なされやすい。第3に，企業家移民が区別できる。近年ホスト社会の政府によって優遇され始めている企業家移民は，ホスト社会で投資し事業を興し拡大することを目的とする。成功するかどうかは所持する能力，資本，そしてホスト社会の文脈による。

○**ホスト社会の受け入れ文脈**

さらに移民の編入様式を決める要因として，ホスト社会における移民受け入れの文脈がある。具体的に受け入れの文脈を構成するのは，受け入れ政府の政策，ホスト労働市場の状態，すでに形成されているエスニック・コミュニティの性質，マジョリティの態度である。

政府の政策は，移民の流入数や階層を規制するなどして，移民の編入に影響を与える。政策は移民受け入れの観点から，排他的，消極的受け入れ，積極的奨励の3種類に分けられる。労働市場の状態としては，ビジネスサイクル，特定の種類の労働需要，地域間賃金格差などが入る。さらに重要なのは，雇用主が優先的に特定の移民集団を雇用するか，それとも雇用せず差別的に扱うかである。すでにエスニック・コミュニティがあれば，新規移民のホスト労働市場とのあつれきは緩和され，雇用の情報など定住のための援助が期待される。特に，エスニック・コミュニティが労働者階級で構成されているか，企業家・専門職中心に構成されるかによって，得られる職や情報が異なってくる（Portes and Rumbaut 1996：84-8）。

例えばこれら3要因でアメリカ合衆国の主な新規移民を分類すると，表Ⅲ-

2-1のようになる。このように，移民の編入様式は，受け入れの文脈によって多様になるのだが，この多様性を簡素化すると，3つの理念型が抽出できる (Portes and Böröcz 1989：618-9)。

第1に，ホスト社会が移民の受け入れに消極的で移民が不利を被る場合。政府は移民の流入を防ごうとし，雇用主は非熟練労働でしか移民を雇用しようとせず，エスニック・マイノリティは新規移民を援助するだけの十分な資源を持っていない。このとき，移民の定住は安定したものとならず，経済的上昇移動の機会は制限される。

▷3 浜松市の日系ブラジル人を例として言われるように，エスニック・ビジネスなどで成功しても，日本人住民とのコミュニケーションが濃密になるわけではなく，結果として排除されるということもありえよう（池上 2002）。

第2に，移民の流入は許可されるのだけれども，積極的に歓迎されるわけではなく，ホスト社会が中立的に振る舞う場合である。移民に対する強い偏見がないことから，移民は個人の人的資本に基づきマジョリティと自由に競争することになる。

第3に，移民が法的にも物質的援助の面でも積極的に受け入れられ，有利になる場合である。政府が援助することから移民は自らの人的資本を活用しやすく，ホスト社会内で優位な位置を占めることができる。

3 編入様式の類型の例

編入および編入様式という考え方の最も大きな利点は，エスニック集団間の比較を可能にする点であろう。例えば，編入を労働市場への統合という経済的観点で考えることができる。編入の次元を出身階層と受け入れの文脈の2つに絞り，さらに出身階層を単純労働，専門・技術職，企業家の3つにまとめる。また受け入れの文脈を，不利，中立，有利という上記の3段階に簡素化する。その結果，エスニック集団の編入様式は9つのパターンにまとめられる（表Ⅲ-2-2）。

移民が単純労働にしか従事しないタイプの場合，受け入れの文脈が不利であれば第2次労働市場にしか編入されないけれども，中立的であれば一部は第1次労働市場にも参入して，移民は第1次，第2次労働市場の両者に編入され混合する。さらに受け入れの文脈が有利であれば，自営業へと上昇移動が可能となる。

専門・技術職の移民は，受け入れの文脈が不利であれば自らのコミュニティで構成されたゲットー内だけを対象にサービス供給を行うだけである。しかし，文脈が中立的であれば第1次労働市場に編入されうるし，有利であれば専門職や政治的リーダーへの道が開けてくる。

▷4 エスニック・エンクレイヴ経済
(ethnic enclave economy) あるエスニック集団による経済領域が，ホスト社会の経済領域から独立し「飛び地」のようになったもの。詳しくは，Ⅲ-6 を参照。

移民企業家は，受け入れの文脈が不利であれば中間者マイノリティにしかなりえない。しかし，中立的であれば主流経済に参入可能だし，有利であれば**エスニック・エンクレイヴ経済**を形成しうる。

例えばこのように各エスニック集団の経済的編入様式を理解することができ

表Ⅲ-2-2 編入様式の類型の例

受け入れの文脈	出 身 階 層		
	単純労働	専門・技術職	企業家
不 利	第2次労働市場編入	ゲットーサービス供給	中間者マイノリティ
中 立	混合労働市場参加	第1次労働市場編入	主流経済で小規模ビジネス
有 利	自営業へ上昇移動	専門職・政治リーダーへ上昇移動	エンクレイヴ経済

出所：Portes and Böröcz（1989：620）より作成。

るのである。◁5

4 編入という考え方の利点

　移民の編入は上のような経済的な編入に限らない。政治的側面や社会的側面にもまたがる。したがって，経済的編入と同じような類型を社会的，政治的編入に関してもつくり，移民の社会結合を深く考察することができる。さらに，経済的，社会的政治的編入の間の関係も興味深い。例えば，政治的編入が社会的，経済的編入を促進するかどうかなどが注目すべき問題となる。その場合特に移民への市民権の付与とその享受が鍵となる◁6（Hollifield 2000）。

　また，トランスナショナル・コミュニティの形成・拡大が移民の生き残りとよりよい生活への戦略を提供しているという議論もある。すなわち，出自社会とホスト社会にまたがるコミュニティから，移民は便益を受けられるというのである。しかし編入への長期的な影響については解明されておらず，注目に値する（Schmitter Heisler 2000：88）。

　以上のように，編入および編入様式という考え方は，移民の社会統合の多様性を捉えるために提出されたもので，同化理論と比べていくつかの利点がある。第1に，同化理論にまとわりついているイデオロギーから自由になっている。第2に，構造的要因をより考慮し，移民の属性との相互作用に注目している。第3に，エスニック集団間の比較研究に応用可能である。第4に，様々な移民を受け入れるホスト社会間の比較研究にも役立つ可能性がある。ただし，編入および編入様式が同化理論を全面的に否定するわけではない。同化理論が到達した「同化の段階的把握」との併用で，さらに研究を推進させることができるであろう。

▷5　このような移民と社会階層との関係はエスニック階層として，Ⅲ-6 で扱う。

▷6　市民権については，Ⅲ-10 を参照。

III 多文化社会への発展と反動

多文化社会と多文化主義

国際人口移動が活発になり，社会が多様なエスニック文化で彩られるようになると，同化主義はもはや有効でなく多文化主義に基づく多文化社会の方が規範的に望ましいとされ，政治プログラム化されるようになってきた。しかし，カナダ，オーストラリア，スウェーデンで定着しているとされる多文化主義には多文化の許容度に関して様々な考え方が並存しており，社会統合を現実にもたらすのかどうかなど，乗り越えなければならないいくつかの問題を内に含んでいる。

1 多文化主義の発達と多様性

　国境を越える人の移動が活発になると，社会は様々な文化を持った人々で構成されるようになる。しかし文化の違いは，エスニック集団間の構造的不平等を容認する口実に使われやすい。では文化的に多様で不平等もある社会をどのように統合したらよいのであろうか。ひとつの考え方は，移民たちが自らの文化や習慣を捨て，ホスト社会の文化や習慣を身につけるというものである。しかしこの同化主義は，国際移動の規模が大きくなり，マイノリティ文化の否定が国際的に受け入れられなくなるにつれて，直接には持ち出されなくなった。代替案として提唱されているのが「多文化主義」(multiculturalism)であり，多文化主義を体現している社会が「多文化社会」(multicultural society)と呼ばれる。

　早くも同化主義が主流であった1920年代から30年代のアメリカ合衆国で，ユダヤ系哲学者ホレス・カレン（Horace Kallen）は1924年に『アメリカ合衆国の文化と民主主義』(Culture and Democracy in the United States)を著し民主主義の下では明確な差異があってもすべての人々は平等で，マイノリティ集団の構成員も国家に貢献しうる価値を持っているという多元論を理論的に主張した（田村 [1992] 1996: 279-80）。第2次大戦でユダヤ人やいわゆるジプシーらが虐げられた反省から，国際連合（United Nations, UN）やその関連団体でも戦後エスニック・マイノリティの文化を保護しようとしてきた。国連憲章は第1章で文化の重要性に触れ，ユネスコ（UNESCO）憲章も「文化の豊かな多様性」に言及している。1948年には世界人権宣言が初めて文化的権利の尊重を打ち出し，1966年「市民的および政治的権利に関する国際規約」（B規約）は第27条で，マイノリティが自らの文化，宗教，言語を享受する権利を持つと定めた（Inglis

▷1　国際人口移動の活発化については，II-4 II-5 II-6 II-7 までを参照。

▷2　同化主義については，III-1 を参照。

▷3　多文化主義をエスニック集団だけでなく，ジェンダーや世代の多様性とも関連づけて使う論者もいる。また，類似の概念である「文化多元主義」で，人口学的-記述的な多文化主義を指す場合もあるし，後に見るリベラル多文化主義を指すこともある。

▷4　その差別的含意から現在では「ロマ」(Roma)と呼ばれることも多い。

1996：12-5)。しかし，多文化社会・多文化主義の議論が本格的になったのは1970年代以後のことである。

○多文化主義の３つの側面

カナダ，オーストラリア，スウェーデンでは定着し，イギリス，オランダでも導入されていると言われる多文化主義ではあるけれども，その内容は混乱しがちである（Cashmore［1984］1996：244-6）。混乱を避けるため，まずは人口学的‐記述的，イデオロギー的‐規範的，プログラム的‐政治的という３つの区別をしなければならない（Inglis 1996：16-7）。ある社会が様々な文化的背景を持つ人々から構成されるようになることを多文化主義と言うときには，人口学的‐記述的概念として使われている。イデオロギー的‐規範的概念として使われるときには，社会に多様な文化が存在することは望ましいし，自らの文化を保持することは人々の権利であるという規範的な考え方が含意される。さらにプログラム的‐政治的意味では，政策や政治的対応がエスニックな多様性を維持・促進する性質を持つことを指す。これら３種類は互いに関連しているけれども，多文化主義の異なる側面を指しており，区別しなくては議論が混乱してしまう。

これら３つの多文化主義のうち，多く議論されるのはイデオロギー的‐規範的なものとプログラム的‐政治的なものである。すなわち，人口学的‐記述的な意味での多文化主義の進行を前提として認めた上で，規範的・イデオロギー的に多文化主義は望ましいのかどうか。望ましいとしたらどのような政治プログラムを導入したらよいのかなどが議論されているのである。

２ 規範としての多文化主義

イデオロギー的‐規範的な多文化主義（規範的多文化主義）は，社会の構成員のエスニックな文化は尊重されなければならないし，尊重されるような社会が望ましいという規範的な主張を内容とする。しかしこのような含意は，すぐさま私たちに様々な文化的背景を持った人々が何の共通性も持たずに乱立する社会という多文化社会のひとつのイメージを与える。文化的に多様な社会において人種差別や構造的不平等をなくし，社会秩序を実現することは可能なのだろうか。そこで次に社会秩序を実現できるような多文化社会を模索する試みが行われる。

○多文化社会の希求

［公的領域／私的領域］と［同質性／多様性］の２つの軸で社会の４つのタイプが区別できる（表Ⅲ-3-1）。第１のタイプは公的領域と私的領域の両者において文化的同質性が追求される「同化社会」（assimilationist society）である。単一文化，単一民族による国家形成という国民国家の理想型と合致する。第２のタイプは公的領域と私的領域の両者で文化的多様性が優位になる「多元社

表Ⅲ-3-1 文化的多様性をめぐる社会のタイプ

公的領域	私的領域	
	同 質 性	多 様 性
同質性	同 化 社 会	多文化社会
多様性	南部アメリカ型社会	多 元 社 会

出所：Rex (1997) より作成。

会」(plural society) である。東南アジアでかつて見いだされたような，市場でのみ複数のエスニック集団が出会う社会はこれに当たる。私的領域において文化や生活習慣が同質的であるにもかかわらず，公的領域において多様な文化や政治参加の格差が見られる社会が第3のタイプであり，「南部アメリカ型社会」('Deep South' society) と呼ばれる。白人系と黒人系が隔離していた公民権運動以前のアメリカ合衆国南部に典型例があるとされるからである。最後の第4のタイプは，私的領域においては文化や生活習慣が多様である一方，公的領域においては市民権や福祉給付を通じて単一の同質的な文化や習慣が現れる社会である。一般にはこれこそが，社会統合が達成可能な「多文化社会」であるといわれる。いわば「複数のコミュニティを包括するコミュニティ」(a community of communities) の創出を目指すのである (Commission on the Future of Multi-Ethnic Britain 2000 ; Rex 1997：207-8)。

○多文化主義のバリエーション

しかし，私的領域において多様性を許容しつつ，公的領域においては同質性を保持するという「私化の戦略」(a strategy of privatization) (Barry 2001) の範囲内でも，多文化主義はいくつかのバリエーションに開かれている。例えば関根政美は多文化主義を6つの種類に分ける[5] (関根 2000：50-9)。

(1) シンボリック多文化主義
(2) リベラル多文化主義
(3) コーポレイト多文化主義
(4) 連邦制多文化主義/地域分権多文化主義
(5) 分断的多文化主義
(6) 分離・独立主義多文化主義

このうち，(5)分断的多文化主義はマイノリティがマジョリティの文化・言語・生活様式を否定し，独自の文化や生活を追求する考え方であり，表Ⅲ-3-1でいうと多元社会を目指すものと言える。また，(6)分離・独立主義多文化主義は，チェコとスロバキアのように，エスニック・マイノリティが現存社会を解体してでも分離・自治を求める考え方を指す。したがってひとつの社会を複数に分け，表Ⅲ-3-1でいう同化社会を新たにつくる試みであり，ひとつの社会内で多文化を許容するのではない。すなわち，(5)と(6)は通常言われる多文化主義とは異なる。

▷5 これら6つの多文化主義には規範的なものと政治プログラム的なものの両者を指している可能性がある。ここでは規範的な側面に限って取り上げておく。

一方，(1)から(4)までは表Ⅲ-3-1でいう多文化社会の実現を志向している。ただし，多様性の許容度および同質性の要求度に関して程度の差がある。(1)シンボリック多文化主義は，エスニック料理店の増加や，伝統芸能を披露する年数回の多文化フェスティバルのような限定的な多様性は許容するけれども，それ以上の多様性は許容しないという考えである。(2)リベラル多文化主義は，私的領域においては文化的多様性を認める一方，市民生活や公的生活ではリベラルな価値観に基づいた市民文化や社会習慣に従うべきだとする。「機会の平等」を確保すれば，エスニック集団間の不平等構造は解消すると想定する点で，いわば多文化社会の「理念型」と言えるであろう。(3)コーポレイト多文化主義は私的領域だけではなく，公的領域における文化的多様性をも一部認める。例えば多言語放送や多文化教育の実施，教育や雇用におけるアファーマティヴ・アクションで「結果の平等」を求めることが望ましいとする考え方である。エスニック集団は法人格を持つ（コーポレートな，corporate）存在として，政府援助の対象となる。最後に，ひとつの社会内でエスニック集団の地域の棲み分けがある場合には(4)連邦制多文化主義／地域分権多文化主義が模索されうる。スイスやベルギーで見られるように，各地域それぞれに政治的，法的制度を設け，各言語の公用語としての使用を平等にしたりする。また，地域分権という形で中央政府の権限を譲渡することで，全体としての社会の統合を維持しようとする。地域ごとの自律性をかなり認めるという点で，最も多文化社会の「理念型」から離れた考えであると言える。

規範的多文化主義の中で，どれが最も望ましいのであろうか。どのタイプが社会統合をもたらすのであろうか。また，どのタイプが社会の構成員により充実した生き方を与えるのであろうか。現在までのところ確固とした解答は得られていない。当該社会の歴史や社会的文脈などによって解答は異なることであろうし，文化ごとに考え方は異なるであろう。そのため多文化社会と多文化主義は論争の的であり続けている。

3 政治プログラムとしての多文化主義

多文化主義を論争の的にしているもうひとつの理由は，規範を政治プログラムに変換することの難しさである。一般に政治プログラムとしての多文化主義は，異文化・異言語の維持と発展，エスニック・マイノリティの社会・政治参加の促進，受け入れ社会のマジョリティへの啓蒙活動という3つで主に構成される。

第1に，異文化・異言語の維持と発展は，文化やアイデンティティに尊厳を与えることでマイノリティの劣等感を消し去り，能動的に社会に関わるきっかけを与えようとしている，いわゆるエンパワーメント（empowerment）が目的である。第2に，社会・政治参加の促進は，参加に関わる様々な障害を取り除

▷6 理念型
ある社会現象の性質を示す純粋な型のこと。マックス・ヴェーバー（Max Weber）の概念。

▷7 アファーマティヴ・アクションについては，Ⅲ-9 ▷4を参照。

▷8 カナダの多文化主義の基本目的は，(1)文化維持への公的援助の推進，(2)各エスニック集団間の相互交流，(3)公用語修得の奨励，(4)機会平等を妨げる文化的障害の打破とされる（田村[1992] 1996：236）。これらは3つの政治プログラムに位置づけて理解されうる。

表Ⅲ-3-2　政治プログラムとしての多文化主義：オーストラリアの例

異文化・異言語維持・促進プログラム
　エスニック・コミュニティへの財政援助（エスニック学校／移民博物館／福祉施設）
　エスニック・メディアへの免許付与・公的援助（テレビ・ラジオ放送）
　エスニック・ビジネスへの援助・奨励，表彰
　非差別的移住政策の実施（聖職者，教師など文化的専門職の移住規制はしない）
社会参加促進プログラム
　ホスト社会の言語・文化の教育サービス
　通訳・翻訳サービスの実施（電話通訳／裁判所，病院，警察など公共施設）
　公共機関における多言語出版物の配布（災害情報など）
　国外の教育・職業資格の認定
　新規移民・難民向け福祉援助
　教育・雇用に関するアファーマティヴ・アクション
　永住者・長期滞在者への選挙権付与
　人種差別禁止法の制定と実施
　人権・平等委員会などの設置
受け入れ社会のマジョリティへの啓蒙活動
　公営多文化放送の実施（テレビ・ラジオ放送）
　学校，企業，公共機関における多文化教育の実施
　多文化フェスティバルなどの実施
　多文化問題研究・広報機関の設置
　多文化主義法の制定

出所：関根（2000：44-6）より作成。

き，マイノリティの持つ人的資本がホスト社会で有効に活用され，マイノリティが社会の一員として充実した生活を送れるように導くことである。第3にマジョリティへの啓蒙活動は，なじみのない文化や言語に接して偏見や差別が生じることを防ぐために，異文化交流などを通して異文化や異言語へのマジョリティの理解を深める目的を持つ。以上の3つの政治プログラムを通じてエスニック集団間関係が良好になることが期待されている。

　こうした政治プログラムとしての多文化主義の施策は，多岐にわたる（表Ⅲ-3-2）。有効性を発揮することも多い一方，有効に働かない場合も多々ある。多文化主義という理念を具体化するため各国は模索を続けているのである。

4　多文化主義の問題点

　多文化社会の実現と発展は以下のような問題に直面している。
　第1に，公的領域と私的領域の区別が曖昧になる場合がある。フランスでは教育現場におけるイスラム教徒のスカーフ着用が，私的領域でのみ許される宗教信仰を公的領域に持ち込むことだとしばしば問題にされる。また，イギリスのアジア系住民の「お見合い結婚」では，結婚という私的領域の行為が公的領域の問題だと見なされ女性の人権侵害に当たると主張されることがある。このように，公的領域と私的領域の境界は曖昧である。
　第2に，多文化的要求は私的領域の不可侵を同時に主張しやすい。ところが私的領域には様々な問題がある。例えば，多文化主義の下でエスニックな文化が擁護されると同時に，その中の女性差別や子どもの権利軽視など家父長制的

な要素は温存されることがある。このように多文化主義が反リベラルな文化を擁護せざるをえないかどうかは，大きな争点となっている◁9 (Kymlicka 1995＝1998：226-58；盛山 2006：268-74)。

第3に，ホスト社会内のすべての文化の多文化的要求に応えることは容易ではない。例えば，多言語教育にわりふることのできるカリキュラム上の時間，教員数，資金は限られている。このとき多文化的要求を認める文化をいくつかに限定しなければならない。ウィル・キムリッカはこの問題に対して，「**社会構成的文化**」◁10 だけに限定すればよいと考えている (Kymlicka 1995＝1998：111-60)。しかし，社会構成的文化の選定基準自体が極めて曖昧であり，どの要求を認めどの要求を認めないかを決めることは難しい。

第4に，多文化主義にはパラドクスがある。マイノリティの文化・言語が維持・発展するほど，さらなる援助が得られることから，マイノリティは自らの文化・言語をことさらに強調し，文化的独自性を絶対視する原理主義的主張を発展させかねない。すると今度は，自らの文化が脅威にさらされているとマジョリティが感じる。多文化教育などはマイノリティの利益になるだけで，社会的コストにすぎない。マジョリティ文化だって文化のひとつだから多文化主義の下で保護されるべきだと。こうしてナショナル・アイデンティティが動揺し，「**人種なき人種主義**」◁11 に基づいた，極右政党の台頭，差別，人種間分離，失業の生起を促してしまう。社会統合のための多文化主義が社会的分裂を引き起こしてしまうのだ。これが「多文化主義のパラドクス」である (Bolaffi 2003：184；関根 2005：334-8)。このパラドクスに直面して，劣位にあるマイノリティを社会に統合するための福祉主義的多文化主義の政策は削減される。代わって，移民政策をくぐり抜けた経済的に有用な高技能労働者のみに対して，その労働者たちの自助努力に基づく限りでの多文化を許容する経済合理主義的多文化主義が台頭する (関根 2005：338-41)。

第5に，上記の問題の背後には文化に関する本質主義と反-本質主義の緊張関係が存在する。文化本質主義によれば，各エスニック集団は確定した文化をひとつだけ持ち，その文化は不変で，そこから抜け出すことは困難で，集団外の人々には身につけられない (馬渕 2002；関根 2000：200-2)。本質主義は文化的差異の絶対視につながり社会的分裂の原因となる。しかし反-本質主義の下では逆に文化による集団の一体性がなくなり，多文化主義は力を失う。ネオリベラリズムの下でエスニック集団は個人化し，人々をナショナリズムに駆り立ててしまう (塩原 2005)。したがって，多文化主義は本質主義と反-本質主義の微妙なバランスの上に成立可能なのである。

多文化社会実現への道は険しい。多文化主義は失敗したとドイツやイギリスの首相が発言した。しかしグローバル化時代にいるわれわれには，同化主義へと後戻りする選択肢は残されてはいないのである。◁12

▷9 キムリッカはこの争点に関して，「対外的防御」と「対内的制約」という概念を提出している。対外的防御とは，マイノリティ集団とマジョリティ集団との平等を達成するため，マイノリティ集団を外部の決定から守ることである。対内的制約とは，マイノリティ集団が内部のコンフリクトで不安定にならないようにすることである (Kymlicka 1995＝1998：50-63；盛山 2006：265-6)。

▷10 **社会構成的文化** (societal culture)
公的，私的領域を含む人間の活動のすべてにわたって，有意味な生き方を人々に与える文化のこと (Kymlicka 1995＝1998：113)。

▷11 **人種なき人種主義**
人種やエスニシティの優劣に基づく伝統的な人種主義ではなく，文化間の両立不可能性や文化間境界の消滅への不安に基づいて主張される人種主義のこと。Ⅰ-8 も参照。

▷12 内容は十分確定していないものの間文化主義 (interculturalism) という考えも提出されている。

コラム2

様々な多文化社会

世界は多文化社会でいっぱい？

世界各国はかなりの数の外国人・移民人口を抱えており，その割合は徐々に大きくなってきている。表はその事情を国単位で示しているけれども，より細かく見ると都市住民のさらに多くの割合を外国人・移民が占めていることがわかる。例えば，ロンドンの行政区の中には外国人・移民人口が半分を超えているところもある。すなわち，人口構成だけを見ると世界は多文化社会でいっぱいなのである。

しかしふつう多文化社会と言われる社会は，人口構成上，移民・外国人がいるだけではない。その社会に移民・外国人の文化を許容するような政策や法体系があって初めて多文化社会と言われることが多いのである。

多文化社会の国ごとの違い

多文化社会と一言で言っても，国ごとに様々な違いがある。例えば最も多文化主義が進んでいるとされるカナダ，オーストラリア，スウェーデンに関してでさえ，進展の仕方や背景は異なる。

カナダは，イギリス系移民とフランス系移民が先住民族の土地に入植することでできあがった国である。したがってまずは英仏二大集団の融和をいかに図るかが課題となり，多文化社会となる基礎が築かれた。特にフランス系住民がマジョリティを占めるケベック州にどれだけの権限を与えるべきかが焦点となった。そして1960年代終わりからアジア系が新規移民として流入したことで多文化法が制定され，英仏以外の集団にも多文化主義の枠組みが広げられていった。後に先住民族もこの多文化主義の枠組みに組み入れられていったのである。

オーストラリアは，イギリス系移民の入植で始まった国であるため，イギリス系住民が圧倒的多数であり，「白人の国オーストラリア」の形成と維持を目指す「白豪主義」を採用した。この過程で先住民族は白人系文化への同化を迫られていった。しかし，イギリス

表　主要 OECD 諸国における外国人人口[1]

	1983	1989	1995	2001	2007	2013
オーストリア	3.9	5.1	9.0	9.1	10.0	12.6
ベルギー	9.0	8.9	9.0	8.2	9.1	10.9
デンマーク	2.0	2.9	4.2	5.0	5.5	7.1
フィンランド	0.3	0.4	1.3	1.9	2.5	3.8
フランス	n.a.	6.3[2]	n.a.	n.a.	6.0	n.a.
ドイツ	7.4	7.7	8.8	8.9	8.2	9.3
アイルランド	2.4	2.3	2.7	n.a.	11.9	n.a.
イタリア	0.7	0.9	1.7	2.5	5.8	8.1
日　本	0.7	0.8	1.1	1.4	1.7	1.6
ルクセンブルク	26.3	27.9	33.4	37.8	42.9	45.8
オランダ	3.8	4.3	5.0	4.3	4.2	4.9
ノルウェー	2.3	3.3	3.7	4.1	5.7	9.5
ポルトガル	n.a.	1.0	1.7	3.5	4.1	3.7
スペイン	0.5	0.6	1.2	4.9	11.6	10.7
スウェーデン	4.8	5.3	5.2	5.3	5.7	7.2
スイス	14.4	15.6	18.9	19.6	20.8	23.3
イギリス	3.1[3]	3.2	3.4	4.4	6.2	7.7

出所：OECD（1995：194；1997：218；2001：282；2011：403-4；2015），OECD 2015 Foreign Population (Indicator) (doi：10.1787/16a914e3-en；Accessed on 15 December 2015)．
注：(1) 全人口に対する割合（％）。帰化した人々および当該国の市民権を持っている者は除外されてる。以上は，人口登録または外国人登録からのデータである。ただし，フランス（センサス）ポルトガル（居住許可），アイルランドとイギリス（労働力調査）を除く。
　　(2) 1990年のデータ。
　　(3) 1985年のデータ。

系移民が減少し，さらに他のヨーロッパ系移民も減少する中で，1960年代終わり頃から徐々にアジア系など非白人系移民を受け入れざるをえなくなった。白豪主義は放棄されざるをえなくなり，多文化的な政策がとられるようになった。この過程で白人系への同化政策が迫られていた先住民族も自らの文化を認められるようになった。ただしオーストラリアは，多文化主義を法制度上公式に認めたわけではない。

スウェーデンは，前二者のような移民国ではない。スウェーデン人という単一の集団と少数の北方民族で構成された非移民国であった。しかし2回にわたる世界大戦と冷戦下における東西対立の経験をふまえて，人権擁護の見地から多くの難民を受け入れた。また，1954年北欧共通労働市場の形成により国内に隣国のフィンランド人が多数居住することになった。その結果，外国人住民に対しても国政選挙を含む政治的権利を与えるといった外国人に対する寛容な政策がはぐくまれた。さらに，文化的権利を認め多文化主義を採用していくことになった（Inglis 1996：41-59）。

以上のような典型例だけが多文化社会なのではない。外国人・移民の同化を望ましいと表明している社会も，多文化的な側面を持つことがある。つまり，表向きは多文化社会を否定しているにもかかわらず，事実上多文化主義的な施策を容認しているということがよくある。例えば移民個人個人が社会と文化へと同化すべきだと強く主張しているフランスにおいてでさえも，移民が独自の文化を守ることを「相違への権利」（le droit à la différence）という名で定式化し，擁護しようという動きがでてきているのである。

多文化社会をめぐる社会の類型

Ⅲ-3 では，多文化社会の本質を示すために，同化社会，南部アメリカ型社会，多元社会とは異なる社会として，多文化社会を提示した。しかし，多文化社会をめぐる社会類型には他にもいろいろなものがある。社会のメンバーである国民や市民を規定する市民権の付与の仕方で分けるやり方もよく使われる。例えば社会を，帝国モデル，エスニックモデル，共和制モデル，多文化モデルに分けるのである。

帝国モデルは，ある統治者の臣民をすべて市民と規定する。

エスニックモデルは，血統や文化で規定されるエスニシティを共有している者を市民と規定する。

共和制モデルは憲法・法律を尊重し，それらに基づく政治共同体のメンバーを市民とし，当該社会のマジョリティ文化の受け入れを要請する。

多文化モデルは，共和制モデルと同じく政治共同体のメンバーを国民としつつ，文化的差異や社会内でのエスニック・コミュニティ形成を許容する社会モデルである（Castles and Miller 1993＝1996：42-3）。

多文化社会をまとめる文化？

どのような類型で多文化社会を捉えようとも，「多文化を許容すると社会の統一が乱される」という批判にさらされてしまう。そこで多文化を許容しかつ社会の統一を達成できるような包括的な文化をつくり出すことは可能なのだろうか。もしそのような包括的文化が可能だとすれば，個々の文化よりも抽象的なものとなるであろう。しかし往々にして包括的文化と見えるものは，ホスト社会の文化的要素から成立している。例えば，イギリスやオーストラリアにおける英語とか，西欧諸国やアメリカ合衆国に見られるキリスト教のように，個々の文化を担っているマイノリティから見ると，そのような包括的文化でさえ，具体的・個別的で自らの文化と相容れない敵対的なものに見えかねない。イスラム教徒から見た西欧的価値がその典型例である。そこで，多文化社会をまとめる文化はどのようなものでありうるのか，この問題が現在問われ続けているのである。

III 多文化社会への発展と反動

社会的結合という新たな統合モデル

ヨーロッパ諸国やカナダで"social cohesion"または"community cohesion"という言葉が近年よく使われている。一種の政策的スローガンであり，グローバル化の下で様々な社会的亀裂を持った多文化社会が，より包括的な政策の実施を迫られ用いるようになったことを示す。イギリスにおいては，白人系コミュニティとエスニック・コミュニティとの融和を図るための政策目標として頻繁に使われている。

1 "cohesion"という語

近年ヨーロッパ諸国とカナダで，"social cohesion"または"community cohesion"という言葉が頻繁に用いられるようになった。この言葉は明らかに，複数の集団が社会統合される様子を示そうとしている。しかし，その正確な意味内容はいまだ定まっているとは言えない。

"cohesion"の動詞形である"cohere"は，*the Concise Oxford Dictionary*では「堅く一緒になり，ひとつになる」こととされ，*the Oxford American Dictionary of Current English*では，「ひとつにくっつき，一体となる」こととされている。また，*the Collins Cobuild English Language Dictionary*は"cohesion"を，「すべての部分や考えが一緒になり，ひとつにつなぎ合わされるような状態のこと」としている（Chan et al. 2006：288-9）。このような意味が人々に対して使われると，"cohesion"は「人々がまとまりひとつになること」を指すと言えるであろう。しかし，この定義もまだ曖昧な部分を残している。

"cohesion"の日本語訳にはまだ定訳がない。「結合」「結束」「結束性」「結束作用」「粘着」「粘着力」「凝集」「凝集性」「抱合」といった訳語が候補になる。どれもこなれた日本語とは言えないけれども，ここでは便宜的に「結合」と訳しておこう。したがって，"social cohesion"は「社会的結合」，"community cohesion"は「コミュニティ結合」と訳す。

2 社会的結合の2つの流れ

○学術的伝統における社会的結合

社会的結合の学問的源泉は，フェルディナンド・テンニース（Ferdinand Tönnies）のゲマインシャフト（Gemeinschaft）とゲゼルシャフト（Gesellschaft），**エミール・デュルケーム**の機械的連帯（solidarité mécanique）と有機的連帯（solidarité orga-

▷1 エミール・デュルケーム（Émile Durkheim, 1858-1917）
フランスの社会学者。社会的事実を「物のように」扱うことを提唱して社会学の方法論の確立に寄与しつつ，自殺，宗教，道徳，教育を通して産業化で危うくなった市民社会の秩序化を模索した。

nique），タルコット・パーソンズ（Talcott Parsons）の規範的統合（normative integration）だと言われる（Vertovec 1999：xii-xiii）。その後，現代においては連帯（solidarity）や信頼（trust）に結びつけられたり，包摂（inclusion），社会関係資本（social capital），貧困（poverty）と関係づけられたりして使われてきた。しかし概念の内容は揺れ動いており，「疑似概念」や「便宜的な概念」にすぎないと言われることもある。

社会学では，例えばマクロレベルの秩序を示す「市民的統合」（civic integration）の対語として，親族やローカルな自発的集団のような第1次集団ネットワークの状態を社会的結合と呼ぶことがあった。この場合，社会的結合概念はシステムレベルの社会統合や安定を問題にしようとしている。一方社会心理学では人々の認知レベルに焦点を合わせて，ある成員と他の成員との集団内での距離や，集団への帰属感，集団のメンバーであることに由来する意欲を，社会的結合概念で問題にしている。それによって社会的結合の程度を測定しようとするのである（Chan et al. 2006：275-7）。

他分野では，例えば政治学においても結合概念は使われることがある。1960年代から70年代，東欧諸国が旧ソビエト陣営に留めおかれる状態を「結合」と呼ぶ研究（Simon 1983）や，1960年代から70年代，旧ユーゴスラビアが国内のコンフリクトに悩まされながら統一を保っていた状態を「結合」と呼んだ研究もある（Burg 1983）。

○政策的要請としての社会的結合

このような学問的混乱にもかかわらず，社会的結合概念が近年急速に広まったのは，政策を推進するために政治家や政策担当者がこれを頻繁に利用したからである。カナダでは連邦政府が1990年代に社会的結合概念を導入し，所得配分，雇用，住宅，医療，教育，政治参加といった広範囲の領域を包含しようとした。社会的結合は多文化主義を推し進めるためのスローガンになったのである。また人の移動が自由となり多様化が進むヨーロッパ連合（EU）は，多文化主義の問題だけではなく，エスニシティや地域を超えた新たな諸問題も社会的結合概念で捉えようとしてきた。失業，貧困，情報社会からの排除，そして民主制における政治的編入へと社会的結合の対象は広がっていった。世界銀行や経済協力開発機構（OECD）など国際組織においても，社会的結合概念は使われるようになった。これら国際組織が関心を持っているのは，社会的結合が生み出す経済的利得であることが多い（Chan et al. 2006：277-8）。

いずれにしても，グローバル化に伴う経済的・政治的再編成が新たな社会的亀裂を産み出し，政治家や政策担当者は人々の信頼，連帯，参加を高めるため包括的な公共政策の枠組みを必要としたのである。その結果社会的結合を政策の枠組みを示す用語として採用した。

3 イギリスにおける結合の展開

イギリスでは，移民流入とエスニックな多様性の増大が社会秩序を脅かしているので社会的結合が必要だと声高に叫ばれている（Cantle 2005）。特に2001年イングランド北部の3都市，ブラッドフォード，バーンリー，オルダムで起きた「人種暴動」以後，コミュニティ結合が政策枠組みのスローガンとして頻繁に登場するようになった。白人系コミュニティとエスニック・コミュニティとの間の融和を図り，「複数コミュニティのコミュニティ」（a community of communities）を形成するという目的の下，政策で目指されている項目は多岐にわたる。例えば，エスニック集団間の相互理解の促進，人種差別の撲滅，文化的多様性の推進，コミュニティ・リーダーシップの養成，ローカルな戦略的パートナーシップの形成，地域再生プログラムの執行，コミュニティ間隔離の防止，若年層の意思決定参加の促進，多文化教育の推進，コミュニティ組織による共通利益の形成，貧困への対処，犯罪の防止，住環境の整備，雇用機会の平等化，メディアとの協力関係形成などである（*Community Cohesion* 2002）。

こうしたコミュニティ結合では，人々が帰属意識を共有することが重要だとされている。帰属意識が共有されるためには，共通目標，中核的な価値，エスニシティ・文化・宗教に関わる差異の尊重，コミュニティメンバーの互酬的な権利と義務の承諾といった要素が必要となる。ところがこれら要素は政府が押しつけるわけにはいかず，コミュニティ自身が獲得しなければならないとされる（Home Office 2001：18）。にもかかわらず，新規移民に対しては，英語やイギリス文化の修得コースの履修が市民権授与の要件になるなど，政府による「上からの」政策が実施されているのである。

さらにこのようにイギリスにおいて盛んに使用されることで，社会的結合概念はヨーロッパ諸国で広く使用されるようになってきている。

4 多文化主義の下での統合モデル

政策の成否は，政策に用いられた言葉が当事者たちに強いメッセージを与えることができるかどうかに左右される面がある。この意味で社会的結合による政策の展開はその語の魅力からかなりの意義を持ってきた。しかし，社会的結合は曖昧な概念であり続けている。その曖昧さを払拭しようと，ジョゼフ・チャンらは次のように社会的結合を定義している（Chan et al. 2006：275-7）。

> 社会的結合は，社会のメンバー間での垂直的・水平的相互行為に関する事柄の状況であり，行動に現れたことだけでなく，信頼，帰属感，参加と手助けへの意欲を含む一連の態度と規範によって特徴づけられる。

▷2 「人種暴動」については，III-12を参照。

Ⅲ-4 社会的結合という新たな統合モデル

またテッド・キャントルは社会的結合とコミュニティ結合を次のように定義している（Cantle 2005：52）。

> 社会的結合は，社会階級や経済的要因に基づく分裂を反映しており，人々の「結びつき」や相互信頼の存在に関連する社会関係資本理論によって補完される。一般に社会階級や経済的位置づけで定義される社会的排除を個々人や集団が経験することによって，社会的結合は損なわれるようである。
> コミュニティ結合は，一般に信仰とエスニシティの違いを元に確立したコミュニティに基づく分裂を反映する。また，コミュニティ間を「つなぐ」社会関係資本理論によって補完される。コミュニティ結合は，確定されたコミュニティ全体によって経験される不利，差別，不満によって損なわれる。

キャントルの定義に現れているように，社会的結合やコミュニティ結合は社会関係資本（social capital）の存在により可能になると，一般に理解されている。[3]

ただし，社会的結合と社会関係資本に関しては次の2点に留意しなくてはならない。第1に，社会関係資本が必ず社会的結合を導き出すと仮定しがちである。しかしむしろ，社会的結合には「良い」資本と「悪い」資本がありうる（Cheong et al. 2007）。第2に，社会関係資本が一集団や一コミュニティ内の「統合」に焦点を当てるのに対して，社会的結合は集団間・コミュニティ間の「統合」を問題にする。この点は，多文化主義と関連している。

多文化主義には社会内の多様な文化を尊重するという意味はあっても，社会を統合する原理を積極的には提示できていなかった。文化的自律性と社会的連帯のバランスをとることが難しいからである。前者が強調されすぎると，分離主義や本質主義に陥りかねない。後者に重点が置かれすぎると，マイノリティにマジョリティ文化への同化を強制しかねない。そこで社会的結合は，コミュニティ結合という概念が明示するように，諸個人間の「結合」というよりは，文化で区切られた集団間やコミュニティ間の「結合」を意味し，かつ帰属感や信頼感などを媒介として後者の「結合」が可能となることを示そうとしている。すなわち社会的結合とは，多文化主義の下でも可能となりうる社会統合モデルの模索である。ただし，帰属感や信頼感などは集団内で醸成される必要があり，より広い集団間の「結合」とは矛盾する面があるなど，社会的結合をめぐるメカニズムについてはより明確にする努力が望まれる。

▷3 チャンらの定義における「信頼」「帰属感」「参加」「手助け」はまさに社会関係資本の中核概念であり，相互行為の協働的なパターンと，集合的な価値の中核的なセットといった社会的結合の持つ含意を示す（Vertovec 1999：xii）。

III 多文化社会への発展と反動

共生という日本的な統合モデル

日本では，外国人・移民の社会統合を示すために共生という概念がしばしば使われる。もともと生物学の用語であった共生は，ロバート・パークやイヴァン・イリッチを経て，文化的に異質な集団がいかに共存するかという課題に用いられるようになった。いくつかの問題を抱えてはいるけれども，日本的な統合モデルにつながる可能性も持つ。

1 共生概念の源泉

移民やエスニック・マイノリティの社会統合を示す概念として，日本では「共生」という言葉が頻繁に使われている。しかし共生概念はいくつかの曖昧さや前提を含んでいる。

もともと共生概念は生物学の用語であった。19世紀後半，植物学者アントン・ド・バリー（Anton de Bary）は2種類の異なった植物種が接近した場所で共存している状況を「共生」（symbiosisi, symbiose）と呼んだ。この共生概念を社会科学に持ち込んだのは，シカゴ学派のロバート・パーク（Robert Park）である。パークにとって共生（symbiosis）はコミュニティの本質的な特徴であり，競争を行う中で諸個人間に相互依存と分業関係ができあがることをいう。こうして複数のコミュニティがひとつの社会内に棲み分けを行う。パークはこのような競争の上に成立する共生社会に対して，コミュニケーションとコンセンサスに基礎を置く社会を文化社会と呼び，人間社会を成立させている2つの様態を明らかにしたのである（小内 1999：125-6 ; 高橋 1993）。

その後，パークとはまったく異なる意味で共生概念を提示したのがイヴァン・イリッチ（Ivan Illich）である。イリッチは産業主義的な生産性を批判し，人間同士および人間と環境間の自立的で創造的で生き生きとした関係性のことを「共生」（conviviality）と呼ぶ。そして，共生を実現するためには諸個人の同意に基づいた自由を保障しなければならないと主張した（小内 1999：126-7 ; 桜井 1993）。

2 移民・外国人と日本人との共生

移民・外国人と日本人との関係に共生概念が用いられる際には，パークやイリッチの含意と重なりつつも異なる意味で使われるように見える。例えば，「ひとつの社会で，複数の異質な文化集団が，相互の生活習慣や下位文化を理解し，お互いに尊重しつつコミュニケーションを持ち，対等な関係を形成して

▷1 外国人との「共生」を言う場合の英訳には，"living together" "coexistence" または "co-living" がよく用いられる。

いる状態」が共生だというように捉えられている（都築 1997：154；1998：91）。共生概念の意味内容は論者によってまちまちであるけれども，この定義が持つ要素のどれかをおおむね含意している。すなわち，異質な文化の理解，文化集団間でのコミュニケーションの遂行，文化集団間の対等な関係の3つである。そして，どうすれば移民・外国人と日本人との間にこうした共生が成立するかという問いが研究の問いに設定されるのである。

しかし，共生という社会統合モデルにはいくつかの批判がある。

第1に，共生という言葉の持つ肯定的なイメージのために，イメージを壊すような移民・外国人の社会的現実が見えなくなる可能性がある。例えば，地域社会において移民・外国人が排除されたり差別されたりしていても，イメージに合う事実のみで研究が組み立てられてしまう傾向にある（梶田他 2005：295-6）。

第2に，「多文化共生」という言葉に顕著なように，共生概念を用いることで，現れている問題が文化や生活習慣の集団間差異からしか検討されず，その問題の背後にある政治・経済・社会的な格差といったより根本的な問題が分析されないままになってしまいがちである（石井 2003；梶田他 2005：296-7）。

第3に，第2点めと関連して，政治・経済・社会的な制度の観点が抜け落ちてしまうがゆえに，共生を創出するメカニズムを人々の「心がけ」に求めてしまう傾向にある（小内 1999：133）。しかし人々の「心がけ」が可能になるにはどうしたらよいか，さらに「心がけ」の「悪い」人々がいたとしても共生が可能になるにはどうしたらよいか。このように探究を進めていくと，共生を可能にする制度の問題に帰着するのである。

3 共生概念に対する2つの態度

それでは，日本的な社会統合モデルとなりうる「共生」に対して，われわれはどのような態度をとればよいのであろうか。

ひとつの態度は，共生概念を捨て，別の概念を用いるというものである（梶田他 2005：297-302）。共生概念が上記の問題を抱えている以上，短期的には正しい研究態度であると言える。

もうひとつは，定義と理論メカニズムを洗練し，共生概念を使い続けるという態度である。例えば共生を，システム共生と生活共生に分け，前者を社会制度面に，後者を労働-生活世界に対応させるという試み（小内 1999）は，共生概念を制度に言及できるようにするため注目に値する。さらには，共生がしばしば"living together"と訳されるように，共生概念は社会秩序維持の日本的作法を外国人・移民と日本人の間に応用しようという面を持つ。このような日本的観点を大事にしつつ，上記の問題をクリアすれば，欧米の術語系の限界を超えた新たな社会統合モデルを創出できる可能性もあり，中長期的には望ましい態度である。

▷2 共生が達成されていない社会状態として，コミュニケーションの欠如した「セグリゲーション」（segregation）と，対等な関係ではない「支配・被支配関係」が挙げられることがある（駒井他 1997：154-7）。

▷3 特に都市社会学からのエスニシティ研究は，労働者から生活者となった外国人個人の生き方，移民独特の経験や適応，移民と地域住民との関係の3つを共通の関心としつつ，共生の可能性を模索してきたという（広田 1997, 2001）。

▷4 例えば群馬県太田・大泉地区の日系ブラジル人は，行政などオープンな社会制度を利用できるものの，労働-生活上は日本人とのセグリゲーションが進んでいるとされる（小内・酒井 2001）。

III 多文化社会への発展と反動

6 エスニック階層の構造化

1 エスニック階層という問題

　資本主義経済は国際移民をホスト社会へと引き寄せ，労働に従事させる。特に移民を柔軟な労働力として利用し，労働市場に二重構造をつくり出そうとする。これをデュアリズムという。しかし，移民はデュアリズムの一方である下層労働を担っていくばかりなのであろうか。また，もし下層労働から抜け出すことができるとすれば，どのような条件においてであろうか。このような問いを追求するのがエスニック階層論である（樽本 1994, 1995；堤 1993）。

2 移民労働力のデュアリズム仮説

　移民として他国へと渡ってきたマイノリティたちに対して抱く基本的なイメージは「貧困」である。移民は，治安のよくないゲットーのようなところに集まって住み，臨時就労や単純作業など，収入が低く昇進の見込みのない職業にしかつかないといった具合に。確かに移民集団の中にはこのイメージに合致してしまう集団もいる。例えば，アメリカ合衆国の家族所得を五分位で考えると，最下層と最上層との平均値には約15倍もの開きがある（2005年時点）。最下層を占める20％の所得を全部足しても，全所得の3.4％にしかならない（U.S. Census Bureau 2008）。そしてその最下層には，メキシコ系，アフリカ系，ヴェトナム系，プエルトリコ系が位置づいてしまっているのである。

　このとき，これら移民集団はデュアリズムの下層を形成している。別の言葉を使うと，エスニック集団ごとに分割労働市場（split labour market）が形成されているのである ◁1 （Bonacich 1976）。

　ではなぜ移民労働者は下層に位置づいてしまうのであろうか。いくつかの説明がなされてきた。第1に，移民は人種的に劣っているからという説明がある。この人種主義説は遺伝子決定論を背景に繰り返し現れるが，人々の思いこみを超えるものではない。第2に，移民は知識や技能などの人的資本を持っていないがゆえに下層に位置づくという説明がある。第3に，ある文化を持つことが移民マイノリティを下層に位置づけるという説明がある。近代化は地域的には不均等にしか進展しない。その結果，中央の中心的文化と地方の周辺的文化には差異が生じる。前者を持つ者が経済活動や政治活動の中心を担っていくのに対して，後者を持つ者は低レベルの諸活動や生活水準に甘んじなくてはならな

▷1　分割労働市場には2つの場合がある。第1に，ホスト社会の主流労働者がつくことのできる職種と，移民たちがつくことのできる職種が区別されている場合である。前者が高技能・高賃金の職であるのに対して，後者は臨時就労や単純作業の職である。また第2に，同一の職種につくことができたとしても，移民労働者はマジョリティ労働者よりも少ない賃金しか得られなかったり，昇進の機会がなかったりする。

い。これを文化的分業と呼ぶ。さらに，文化的分業が一国内で形成されたとき，周辺的文化を持つ地域を国内植民地と呼ぶ（Hechter 1975）。第4に，雇用主の側から見ると，経済的には賃金の安い労働力を利用した方が生産コストを削減できる。しかも，マジョリティ労働者の代わりに従順な移民労働者を雇用することで，スト防止やスト破りができれば，政治的コストも削減できる。第5に，構造的要因に着目した説明もある。政府の政策やマジョリティの差別的な慣行などが移民を下層に追い込む場合である。加えて移民の側においても，例えば，財，機会，影響力などの資源を持たない移民たちは，住居の決定や職の紹介から冠婚葬祭や病気療養に至るまで各種のサービスを同胞で構成されたエスニック・ネットワークに頼る。この結果，属性原理に基づいた互酬性や関係の機能的包括性に絡め取られ，経済的成功から遠のいてしまう場合もある。

しかし，移民たちすべてが下層に滞留しているわけではない。そこから抜け出る者もいる。どこへ抜け出るのか。どのような条件でそれは可能となるのか。

3 自営業への上昇

デュアリズム的な職業階層構造は主に，高技能・高賃金の職種と低技能・低賃金の職種とに二極化している。デュアリズム仮説を移民たちが否定するとするならば，両者の中間的な仕事へとわずかなすき間を見つけるようにして上昇移動することが想定できる。その中間的な仕事とは，自営業である。具体的な職種は，貿易・販売，労働請負，賃料収集，金貸し業など多岐にわたる。これらの仕事が中間的である理由は，次の3つである。第1に収入が下層の仕事よりも多いこと。第2に仕事の内容の面では，雇用主と被雇用主，生産者と消費者を媒介する性格を帯びていること。第3に，近年よく使われる社会階級の区分から見ると，下層の仕事よりも従業員や自己に対する統制力があり，生産手段も所有していること（Wright 1985）。まずは工場などで単純労働に従事し，資金を貯めて自営業を起こすというのが階層上昇の成功パターンだったのである。

では移民たちはいかにして自営業へと上昇移動できるのであろうか。中間者マイノリティ（middleman minority）論は，移民たちのホスト社会における滞在形式と，そこから生みだされる移民たちの欲求・動機・選好といった個人の属性を強調する（Bonacich 1973）。その滞在形式とは「逗留」（sojourning）である。逗留とは，ホスト社会で不利な状況におかれた移民が故国（homeland）または故国と想定される場に対して強いコミットメントを抱いたままホスト社会内で滞在することである。移民たちはこのようなコミットメントを通じて，自らの属するエスニック・ネットワークを「小故国」のように意識して結束することで，ネットワーク内での便益を受けられるようになる。さらに逗留は，移民たちに2つの意味で強い動機を与える。第1に，マジョリティが避けるような，

▷2 周辺的文化を持つ人々が，その文化を持つがゆえに経済的不遇を被り，さらに経済的に不遇であるがゆえにその文化から抜け出せない悪循環に陥っているとき，その周辺的文化を「貧困の文化」と呼ぶことができる（Lewis 1959＝1970）。

▷3 社会階級（social class）と社会階層（social stratification）は区別されることが多い。最も大きな違いは，社会階級が「搾取する人々」（資本家階級）と「搾取される人々」（労働者階級）で社会が構成されるとしている点である。その結果，労働者は階級として同じような集合意識を持ち，労働運動など集合行動を起こすとされる。一方，社会階層は搾取によってではなく，所得の多寡や職業の種類などによって分けられた人々の「層」を意味する。「層」を構成する人々が同じような意識を持ったり集合行動を起こすことを必ずしも前提とはしない。

▷4 例えば，戦後イギリスへ渡った旧植民地からの移民たちの中で，インド亜大陸からの移民たちは，ちょっとした食物や雑貨を扱う街角の店，グローサリーストアを起業することを目指した。

流動性が高く安定性に乏しい中間的な仕事を選択する動機を与える。第2に，「進取の気性」(enterprise) や「勤勉」(industry) と呼ばれる強い経済的動機を与える。故国へ強くコミットメントした移民たちは，ホスト社会でのつらい状況に耐え，喜びを先にのばす目的手段的態度をとることができるという。

しかし，逗留している移民たちは，できるだけ早く帰国するためには素早く資金を貯めなければならない。そのとき，被雇用での仕事をやめ自営業を起こすことを選択するであろうか。自営業を始めることはリスクが高い。経済的動機が強いだけでは，リスクを考えると，雇用されて働き続ける可能性の方が高い。またイギリスでの実証研究によれば，高い賃金の地域なら移民は自営業よりも被雇用を選ぶし (Ward 1987)，南アジア系移民では自営業志向と逗留者志向とは関係がないとされる (Aldrich, et al. 1983)。さらに，アメリカ合衆国の韓国系小売店経営者は，ヒスパニック系や白人系に比べてインフォーマルな社会資源をより得ており，長時間労働に従事し，自営業に成功している。しかし，逗留ではなく永住の傾向を見せている (Waldinger 1989)。

▷5 例えば，ロサンゼルスのダウンタウン南の衣服請負工場，コリアタウンやサウスセントラル地区で食料雑貨店を経営している人々（南川 2002）。

▷6 例えば，アメリカ合衆国カリフォルニア州モントレパーク市でホテル業やコンピューター業に携わる中国系移民は，この例にあたるであろう（南川 2002）。

▷7 そのような文化的性質は，移民前から持っている場合と移民後に身につけた場合がある。

4 エスニック・ビジネス論の展開

そこでエスニック・ビジネス論が登場する。移民は単にホスト社会で不利な状況によって経済的動機が強くなるだけでは自営業へと向かわない。自営業に向かうのは，その中でも特定のエスニック集団である。確かに，中間者マイノリティ論が強調した逗留や社会的結束といった文化的性質は，自営業へと向かう傾向を決定づけているかもしれない。だがより重要なことは，そうした文化的性質が自営業に関する経済目的に使用されることである。これをエスニック・ビジネス論は「資源動員」(resource mobilization) と呼んだ。ただし動員される資源は，出身階級に基づく「階級資源」とエスニックな文化に基づく「エスニック資源」の二通りがある。前者が出自国で中間層に属していたがゆえに身につけた人的資本や資金などを意味するのに対して，後者にはエスニック集団の結束や逗留といった文化的要因が入るとされる (Light 1984)。初期のエスニック・ビジネス論は，文化的性質が資源として動員されることを強調した。しかし，その動員が自営業の起業と経営の成功につながるかどうかは説明できなかった。そこで後期のエスニック・ビジネス論は，自営業が成立する機会を捉えるために機会構造という概念を導入し，逗留などの文化的要因を集団特性と捉える。そして，機会構造と集団特性との相互作用を見ようとする（図Ⅲ-6-1）(Aldrich and Waldinger 1990)。機会構造には2種類が区別される。まず，自営業を成功させるためには商売を行うに足る消費市場が広がっていなければならない。エスニック・ビジネスの場合，同胞たちで構成されたエスニックな消費市場は重要である。しかし自営業を持続させるためにはエスニック集団外部の一般市場にもアピールするような商品・サービスを提供できなければならな

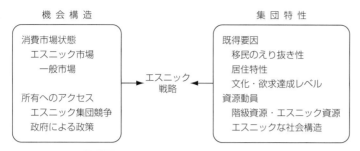

図Ⅲ-6-1 相互作用アプローチの概念構成

出所：Aldrich and Waldinger (1990) より作成。

い。さらに，店舗に用いる不動産など移民たちが生産手段を所有し活用できなければならない。もしエスニック集団間で競争が激しければ，この生産手段の所有や活用は著しく制限されるであろう。さらに，政府や地方自治体が移民たちの所有や活用を事実上制限する場合がある[8]。

これらの機会構造と，動機，欲求，選好，人的資本，社会的結束などの集団特性との相互作用を，「エスニック戦略」(ethnic strategy) と呼ぶ。エスニック戦略の成否が，移民の自営業への上昇を決めるのである[9]。

5 エスニック・エンクレイヴという制度

自営業へ上昇移動するための集団特性を持ち機会構造に恵まれることは，移民にとってたやすいことではない。ましてや専門・管理職のような高技能・高賃金を伴う職への上昇移動は至難の業である。移民たちは主に次のような問題に直面するであろう。第1に，上昇移動のためには，知識・技能など人的資本が必要である。しかし移民は，人的資本取得の動機づけを持っていたとしても，ホスト社会の正規の教育システムを利用しにくい。第2に，人的資本を身につけたり自らの企業を拡大する過程で，資金を初めとしたかなりの物質的資本が必要である。第3に，人的資本を持っていたとしても，それに見合った職につけない場合が多い[10]。特に，ホスト社会の言語の難しさ，ホスト社会における労働経験，職探し，職情報の欠如などがマッチング問題を解決困難なものにする。

これらの問題を緩和する制度として，エスニック・エンクレイヴ (ethnic enclave) がある。エンクレイヴとは「飛び地」を意味し，ある程度空間的に集中し，垂直的かつ水平的に統合した諸企業のネットワークのことで，「飛び地」のような自己閉鎖的な経済領域である。それら諸企業が同一エスニック集団のメンバーたちで経営されているとエスニック・エンクレイヴとなる（Wilson and Martin 1982：135, 138）。垂直的統合とは，商品の供給や販売の促進などを統制するために，諸産業間で生じる統合である。また水平的統合とは，生産と価格戦略の協調関係を獲得するために，一産業内で生じる統合である（Wilson and Martin 1982：137）。エスニック・エンクレイヴの飛び地的な自己閉鎖性の

[8] 例えば，免許制度，徒弟訓練制度，健康基準，最適賃金法などは移民たちの経済活動に制約を課す可能性がある。

[9] このようなエスニック戦略は，社会の中にすでにある資源や機会の格差や不平等の下で繰り広げられ，エスニック集団間の優劣を形成するのである。このような格差や不平等のことを，特にアメリカ合衆国などでは人種的編成（racial formation）と呼ぶことがある。

[10] 例えば1975年から1979年にアメリカ合衆国へ入国した移民の27％が出身国では専門職と管理職についていたと言われる（Portes and Rumbaut 1990：57-8）。この割合の高さは，人的資本と仕事とのマッチング問題の深刻さを示唆する。

理由は，主に資本と労働力調達がエンクレイヴ内部で行われる点に求められる。特に，新たにやってくる移民たちを新たな労働力として雇用し続けることで，諸企業によるエスニックなネットワークが維持され，エンクレイヴは自己閉鎖性を保つのである（Olzak 1992：40；Portes and Bach 1985；Wilson and Portes 1980）。一方，商品・サービスの供給に関しては，エンクレイヴはその外とのつながりを持っている。というのは，エンクレイヴの経済的繁栄は，エンクレイヴ外にどれだけの顧客が確保できるかにかかっているからである（Olzak 1992：40）。

エスニック・エンクレイヴは，移民の上昇移動に関わる先述の問題を緩和してくれる。第1点めの人的資本の蓄積は，エンクレイヴ内の職業訓練システムで容易になる。職業訓練システムは移民たちに職業・技術獲得の情報を入手可能にさせ，雇用主と労働者との技術訓練に関するリスクを減らしてくれる（Bailey and Waldinger 1991）。第2点めの物質的資本に関しても，エンクレイヴ内には金融業も存在し，同一エスニック集団に所属することに由来する信頼関係が，資金調達を促進する可能性がある。第3点めの職と人的資本のマッチング問題に関しては，エスニック・エンクレイヴ内のエスニック企業が移民を差別なく雇用するか，または優先的に雇用することが期待される。

エスニック・エンクレイヴの例として頻繁に言及されるのは，アメリカ合衆国フロリダ州マイアミに居住するキューバ系である[11]。1980年にアメリカ合衆国へ渡ったキューバ系移民は，1986年時点で総数400人のうち44.9％がキューバ系企業に雇用され，28.2％が自営業を営んでいた。また1973年に渡ってきた移民で1979年時点で世帯収入が5万ドルを超えた人々は2.1％いた（Portes and Zhou 1992：505）。1979年の調査によれば，専門職と管理職は18％にのぼる（Jensen and Portes 1992：412）。

エスニック・エンクレイヴの効果に関しては，実証的観点から論争も生じた。例えば，移民を特定地域に居住している住民と考えるべきか，それとも特定地域に仕事場を持つ労働者とすべきか。エンクレイヴは移民にとって生き残りの手段か，それとも階層上昇の手段か。エンクレイヴは移民に利益を与えているのか，それとも搾取しているのか。自営業を始めるにあたり，人的資本の貢献が大きいのか，それとも結婚しているなどの属性が大きな役割を果たしているのか。これらの点については意見が分かれている（Portes and Jensen 1987, 1989, 1992；Jensen and Portes 1992；Sanders and Nee 1987, 1992）。しかし，エスニック・エンクレイヴが，移民労働力のデュアリズム仮説に対抗する論理と事例を与えてくれていることにかわりはない。

6　IT産業の発展と高度技能移民

最後に，移民労働力のデュアリズム仮説をさらに相対化する近年の現象に触れておこう。上で論じたような移民労働力の階層化は，第2次大戦後しばらく

▷11　キューバ系以外には，例えば，イスラエル出身のアラブ系移民もエンクレイヴ効果を享受しているという研究がある。アラブ系は，ユダヤ系コミュニティで働くよりもアラブ系コミュニティで働いた方が差別から守られ有利になるというのである（Semyonov 1988）。

続いた経済構造を前提とし、移民が下層に滞留したり、またはその構造の間隙を縫って上昇移動していくというシナリオを示していた。しかし、1990年代以降、産業構造が急激に転換したことにより移民していきなり上層に位置づくというパターンがありうる。コンピュータなどの情報技術（IT）産業が急速に発展し、新たなタイプの移民が注目されたのだ。典型的なのは、アメリカ合衆国のH1-Bという短期就労ビザである。90年代のアメリカ合衆国経済はその発展をIT産業に依存しており、高度技術労働者をいかに確保するかが緊要な課題となった。H1-Bビザの人数の枠は年々広げられ、インドなどから多くの高度技術者がアメリカ合衆国へと流入した（小井土 2003a）。

▷12　2001～2003年度には19万5000人にも達した。

IT産業の拡大という産業構造の再編はグローバルな現象である。アメリカ合衆国以外にもドイツで2000年に当時のシュレーダー首相がIT技術者受け入れの計画を発表し、移民国アメリカ合衆国の永住権にならって「グリーンカード」の導入だとした（久保山 2003：157）。また日本でも規制改革・民間開放推進3か年計画の枠内で、高度人材に対する永住許可を緩和する措置をとることになった。これもまた「日本版グリーンカード」と呼ばれている（Tarumoto 2005）。その後2012年から日本では、高度人材の受け入れを促進するためポイント制を導入し、2015年には「高度専門職」という在留資格を創設した。

このような各国の試みはグローバルな基準で高く評価される人的資本を持った移民の移動をさらに容易にし、移民労働力のデュアリズム的仮説に疑問符を付ける。移民は下層労働に従事するばかりではない。高度技能移民たちは移動の当初からホスト社会の階層構造の上層に位置するのである。

▷13　高度技能移民については、Ⅱ-6を参照。

7　エスニック階層を規定する諸変数

以上、いくつかの変数に着目することで、エスニック階層の形成と変動の可能性を考えてきた。移民の多くは下層滞留するよう社会的抑圧を受ける。しかし、エスニック・ネットワークなどが供給する資源、強い経済的動機、機会構造などがうまく作用すると中層へと上昇できることもある。また上層への移動は、エスニック・エンクレイヴが資源、訓練システム、雇用の場を提供することで容易になるし、高度技能移民という新たな存在も現れた。しかし、まだ他にも見るべき変数がある。移民の側に着目すると、滞在年数、教育年数、ジェンダーは欠くことができない変数であろう。また制度的には、政府の移民政策や労働市場が選別的か普遍的か、あるいは業務請負業者や派遣業者が介在するかどうかで、移民の階層移動は規定されるである。これらの変数が、移民の経済的動機や、エスニック・ネットワークまたはエスニック・エンクレイヴとどのように関連するか、詳細に見ていく必要がある。

▷14　国際移民とジェンダーとの関係については、Ⅰ-7を参照。

III 多文化社会への発展と反動

移民と教育

マジョリティにとってだけではなく，移民・外国人にとっても教育は重要である。特に移民・外国人が定住するようになれば，その子どもたちに教育を施さなくてはならない。しかし子どもたちは，マジョリティとは異なる文化を持っていたり，ホスト社会の無理解にさらされるなどの理由で，不登校，不就学，学業不達成などの困難に直面しがちである。これらの困難を克服するひとつの試みは，多文化教育の導入と拡充である。

1 不登校と不就学

そもそも労働目的でホスト社会へ渡ってきた移民・外国人であっても，滞在が長期化したり定住したりすると，社会的諸権利を行使せざるをえなくなってくる。その顕著な例のひとつが移民・外国人の子どもに対する教育である（江成 2002：149-52）。しかし，文化・言語の差異やホスト社会の無理解などによって，様々な問題が生じてくる。

まず「不登校」「不就学」と呼ばれる学校へ行かない子どもがいる。特に後者はそもそも学校に籍を置かない子どもであり，移民・外国人の子どもに特有の問題である。不就学は欧米諸国ではあまりないけれども，非欧米諸国，特に日本ではかなり多くの事例があると言われる。なぜそのような事態になるのであろうか。

第1に一般的に言って，欧米諸国では学齢期の子どもは国籍にかかわらず教育の義務を持つという考えが広まっているのに対して，日本ではそのような考え方が希薄だということが言える。◁1

そのため第2に，日本では外国人に就学義務を課していない。その結果，市町村教育委員会は学齢期外国人に日本人に対するような積極的な働きかけをしない。義務ではないため，外国人の公立小中学校への入学は「許可」を必要とする形になる。実際，対応できないという理由で日系人の就学を不許可にした事例もある（宮島・太田 2005：4, 29-30）。しかしいちおう形式上は外国人登録に基づいて，就学案内は送付されている。

ところが第3に，他の地域に転居していたり登録を完了していない移民・外国人も多く，また就学案内に使用されている言語が日本語だけの自治体もある（宮島・太田 2005：27）。したがって，就学案内が届いていなかったり，届いていても活用されていない場合がかなりあるのだ。

▷1 国際人権規約の社会権規約（日本は1979年批准）と子どもの権利条約（日本は1994年批准）は，国籍にかかわらず領土内に居住するすべての子どもに無償の義務教育を施すことを定めている。

第4に，外国人登録証を持っていない非合法滞在者の場合，教育委員会が登録証の提示を求めるかもしれないと思い，手続きをためらうことがよくある。自治体の中には，パスポートや民生委員による居住証明書，母子手帳などで代替することもある。しかし，厳密に外国人登録証を求められると非合法滞在者は就学を拒否されることになる（宮島・太田 2005：29）。

　第5に，いったん公立学校で学び始めても，いくつかの問題に直面する。日本語能力が乏しくても下級の学年でなく実年齢の学年に入れられたり，友人が学校に来なくなると登校しなくなったり，長期欠席への対処が柔軟になされなかったりといったことがある（宮島・太田 2005：30-1）。

　以上のような要因が，移民・外国人の子どもたちを「不登校」や「不就学」へと導くのである。

2　学業不達成

　教育に関して移民・外国人の子どもたちが被ることの多い2つめの問題は，「学業不達成」(underachievement) である。子どもたちすべてが一律に学業をうまく修得できないというわけではなく，エスニック集団ごとに教育達成の度合いが異なる場合がよくある。例えばイギリスの場合，インド系の子どもたちの成績が白人系マジョリティ並みか，またはそれ以上であるのに対して，カリブ系の子どもたちは成績がふるわず，学校も休みがちだという報告がよくある。▷2　もちろんエスニック集団の分け方の検討や，ジェンダーなど他の要因への目配りは必要ではある（Mason 1995：67-8）。しかし，いくつかの集団は「学業不達成」に陥る次のような要因を共有している。

　第1に，家庭環境の問題がある。両親ともに工場などで長時間労働し家を留守にしがちな場合，子どもへの目が届かず子どもに学ぶ動機を持たせにくい。また，親が日本語を十分習得しておらず，子どもは日本語しか話せないといった家族内異文化が形成され，親子のコミュニケーションが十分行われない場合もある。子どもは親の通訳に使われるなどして親への尊敬の念が薄れ，学業への姿勢も揺らぎがちとなる。

　第2に，学校の側の問題もある。日本で行われがちな単一文化に基づいた教育は移民・外国人の子どもたちの学業達成に結びつきにくい。特に，母語教育を伴わない日本語だけによる教育方法は，「同化圧力」となり，学年が上がるにつれて弊害をもたらす。教育における言語の使用方法には2種類ある（Bernstein 1971=1981）。ひとつは特定の集団内や，同じ状況を共有した者にのみ通用する使用法で，これは「限定コード」(restricted code) に基づいている。一方，特定の集団を超え，同じ状況を共有していない人々にも通用する，いわば抽象化された使用法もある。これは「精密コード」(elaborated code) に基づいている。▷3　学校の勉強は，学年が上がるにつれ限定コードに基づくものから精

▷2　イギリスのエスニック・マイノリティの子どもたちをめぐる学業不達成の問題は，1985年に発表されたスワン・レポート (Swann Report) によって定式化され，以後の研究に大きな影響を及ぼした(Swann 1985)。

▷3　バーンスタインは2つのコードを労働者階級出身の子どもと中産階級出身の子どもの「中途退学」「進級不能」の差を説明するために用いた。しかし，同様の差異は，マジョリティの子どもと移民・外国人の子どもの間にも見られるのである。

密コードに基づくものに変わっていく◁4。しかし，移民・外国人の子どもたちが母語をしっかり習得していないと，精密コードの習得もおろそかになってしまう。その結果，進学の道が閉ざされてしまい，不安定な職にしかつけない結果となる。また，アイデンティティや認識能力も不安定になってしまう◁5（小内 2003；太田 2002）。

　第3に，学校や教師が移民・外国人の子どもをステレオタイプに当てはめる場合がある。例えば，イギリスのカリブ系の子どもたちは進学の際，普通科の学校ではなく職業科の学校（vocational school）を勧められることがよくあったという。これは，職業科で学んで工場労働などに従事するというカリブ系のステレオタイプによるところが大きい。また日本においては，親たちが帰国志向を持ちながらもなかなか帰国できないという日系人，安住の地を求めたインドシナ難民，上昇志向を強く持つ韓国系ニューカマーなど様々な外国人に対して，現場の教師たちは「いずれ自分の国へ帰国する子たちだ」という態度を一律に持ちがちなため，「日本の学校での勉強ができなくても仕方がない」と考える場合が多い。このようなステレオタイプは子どもたちを「学業不達成」に導く。

③ 同化教育から多文化教育へ

○教育マイノリティ化と同化教育

　以上の問題は，移民・外国人の子どもたちが「教育マイノリティ」になりかねないことを示している。すなわち，「本人の本源的な能力，知能の問題ではなく，異なる文化環境の下に言語的・知的形成を遂げてきたがために，今・ここに与えられている別種の文化的要求に応えることが困難な者」（宮島 2003：134-5）になってしまう可能性にさらされているのだ。教育マイノリティになると，移民・外国人は職業階層上，下層やアンダークラスを形成し，ホスト社会の中で周辺化される。そして教育マイノリティの地位を脱しない限り，移民・外国人は悪循環に巻き込まれ，周辺的地位に滞留し続けることになる。

　教育マイノリティ化を予防し解決するためには，どのようにしたらよいのだろうか。かつては次のように考えられた。移民・外国人の教育問題は，当人たちがホスト社会の教育システムや言語，習慣になじみがないから起こるのだと。そこで，ホスト社会の文化を身につけること，すなわち同化を目指す教育政策がとられた。例えばイギリスでは，マイノリティの子どもをバスで様々な学校へと通わせ，白人系の子どもたちと共に勉学ができるようにする「分散通学」が実施された。しかしこれは効果を上げられず，マジョリティおよびマイノリティ双方の親からの反対にあい，長続きしなかった。学校における移民・外国人の子どもの割合がイギリスほど大きくなっていない日本においては，単一の日本文化や日本語至上主義を前提とした同化教育が疑われることなく実施されていることが多い。また授業だけでなく，食事，掃除，課外活動など教

▷4　カミンズ（Cummins）のいう「文脈依存言語」（context-embedded language）と「文脈縮減言語」（context-reduced language）の相違は，ほぼ限定コードと精密コードの違いに重なることであろう（太田 2002：101-2）。

▷5　言語習得を助けるため，文部省（現文部科学省）は1992年度からニューカマーの子どもが一定程度以上在籍している学校に，日本語指導のための専任教員を配置し始め（太田 2002：94-7），2017年度からは外国人児童など18人につき教員1人を配置しようとしている。

育プロセスすべてで生徒の行動を律しようとしている。しかも移民・外国人の子どもに必要なケアを「特別扱い」になるとして避け，移民・外国人の問題を個人の問題に帰着させてしまう。これを教育問題の個人化という（志水 2002）。

　この同化教育の中で，移民・外国人たち自身がとりうるひとつの戦略は，外国人学校またはエスニック学校へ入学することである。エスニック学校には土曜日や夏期休暇だけ開かれる補習校もある。日本においては在日コリアンによる民族学校，中国系住民による中華学校，近年大規模になりつつあるブラジル人学校，そしてまだ少数ではあるがムスリム学校がある。イギリスにおいては近年ムスリム学校が広がりを見せている。かなり多くの子どもたちがこれら外国人学校・エスニック学校へと通学する一方，いくつかの問題がある。第1にこれらの学校は授業料が高く，親の経済的負担が大きい。第2に，自宅から遠いところにあることが多く，通学困難な場合がある。第3に，日本においては欧米系のインターナショナルスクールなど一部を除いて，学校教育法第一条の正規の学校（「一条校」）とは認められず，「各種学校」扱いかそれすら認められていないため，上級学校に進学しようとすると不利である（宮島・太田 2005：19-20）。したがって，別途，大学入学資格検定にパスしないと，国立大学などの受験資格が得られないことになる。第4に，エスニック学校が当該エスニック文化とそれに基づく教育だけを提供することで，別種の単一文化教育をつくり出してしまう可能性もある。

○新たな教育へ

　そこで，移民・外国人の子どもたちに力を与える（empowered）ためには，学校がユニバーサル・ラーニング（UL）を提供する必要がある。すなわち，「どのような背景を持っていようと，すべての子どもが『意味のある学習』に参画できること」（宮島・太田 2005：74-5）を保障しなくてはならない。そのためには，社会的差異を背負った移民・外国人の子どもたちの言語や文化に関する授業を一定程度用意すること，そしてその授業をマジョリティの子どもたちもある程度受講できるようにすること。特に，日本においては，ようやく日本語指導や母語による支援者への予算措置が行なわれ始めているけれども，今後はモノリンガル教育でなくバイリンガル教育を目指し，これまでの同化に基づく教育でなく多文化に根ざした包括的（インクルーシヴ）な教育を提供する必要がある（太田 2002；志水 2002；恒吉 2001）。さらには「**制度的差別**」の存在を積極的に認める「反人種差別教育」も取り入れる必要があるかもしれない（佐久間 2002）。こうした多文化教育の実践の中から，移民・外国人の子どもたちは「進路のモデル」を得て自分たちが受け入れ社会で「意味のある存在」であると自覚し（宮島 2002），自分たちの「**文化資本**」を十分活用して，「不就学」の解消と業績達成の向上に向かうことができるであろう。

▷6 ただし，ブラジル人学校を選んだ理由は，日本の学校における「いじめ」や「同化圧力」ではなく，親が帰国後子どもをブラジルで進学させたいためだという研究もある（小内 2003）。

▷7 **制度的差別**
(institutional discrimination)
人々の意図の有無にかかわらず，手続き，ルール，規制，習慣，文化，定型的な行為によって引き起こされる差別のこと。詳しくは，I-8を参照。

▷8 **文化資本**
(capital culturel)
ピエール・ブルデューのつくった概念。親から子どもへと継承する文化的嗜好や実践の総体であり，子どもの社会的地位達成に結びつくもの。具体的には言語・知識，書籍・レコード・芸術作品，家族サポートや行為者モデル，時間感覚や価値優先度などのことを指す（宮島 2002：122-4）。

III　多文化社会への発展と反動

8　移民と政治

　エスニック・マイノリティをめぐる政治は，国民国家形成を目指す領域政治や，国際移民の処遇をめぐる移民政治の形態をとる。移民政治は，利益やコストの分布あるいは国家と市民社会との関係によっていくつかのパターンをとる。この移民政治の展開の中で，移民は選挙，政党，労働組合，外国人諮問会議，社会運動などを通して政治主体化しうるのである。

1　エスニシティをめぐる政治

　エスニシティをめぐる政治的現象は，西ヨーロッパ諸国に典型的に見られたように，まずは「領域政治」(territorial politics) の様相を呈する（伊藤るり [1992] 1996）。領域政治とはある領域にすでに居住している文化的に多様な人々を統一して，ひとつの国民国家をつくろうという政治的な企てである。もちろん西ヨーロッパに限っても，単一国家，同盟国家，機械的連邦制，有機的連邦制といった国家の統一形態しだいで領域政治は様々に展開しうる◁1。しかしいずれの場合も，政治的共同体と文化的共同体のずれをいかに修正し，政治的な中心と周辺との対立と格差をいかに解消するかが課題となる。

　一方，ホスト社会に渡ってきた国際移民は，歴史上専有してきた領域をホスト社会内には持たないマイノリティ集団である。国際移民は，まずは労働力としての経済的側面に注目が集まりがちだけれども，政治的な現象に容易に転化しうる。この移民たちの集団としての権利やホスト社会への統合をめぐる政治は「移民政治」(immigrant politics) または「マイノリティ政治」(minority politics) と呼べる（伊藤るり [1992] 1996）。そこでは法制度，教育，労働市場，住宅市場などにおける次のような移民の周辺化が争点になる。移民たちを政治共同体から排除してしまってよいのだろうか。移民の流入によって生じる文化共同体の異質化をどの程度許容できるのか。どの程度移民の差異を受け入れることができるのか（差異の政治）。移民たちのアイデンティティをどの程度承認すべきか（承認の政治，アイデンティティ政治）。国民国家の原則である政治的共同体と文化的共同体の一致を捨て去ってよいのか。またイスラム教徒の移民が急激に増えている西欧社会では，移民政治は激しさを増す傾向にある。特に，フランス国民戦線◁2，イギリス国民党など極右による反移民活動が活発化している。

　このように，エスニシティに関わる政治は領域政治と移民政治との二側面で構成される。

▷1　単一国家 (unitary state) は，国家機構が集権的で，国民が領域に沿って画定されているフランスのような場合である。同盟国家 (union state) は，国家機構が集権的で複数の文化的集団による盟約で国民を構成するイギリスのような場合である。機械的連邦制 (mechanical federalism) は，国家機構は連邦制で国民は領域に沿っているドイツのような場合である。有機的連邦制 (organic federalism) は国家機構が連邦制で文化的に異なる人々が盟約を通じて国民を構成する場合である（伊藤るり [1992] 1996：95-7；Rokkan and Urwin 1982）。

▷2　2018年，国民戦線は国民連合 (Rassemblement National, RN) に名称を変更した。

2 移民政治の展開

○利益とコストの観点

移民政治の展開にはいくつかのパターンがある。国内政治構造の観点からそのパターンを説明したのは，ゲイリー・フリーマン（Gary Freeman）である（表Ⅲ-8-1）。フリーマンは，移民政治に関する利益とコストについて利益が特定の集団に集中しているか，それとも様々な集団に分散しているか，あるいはコストが特定の集団に集中しているか，それとも様々な集団に分散しているかという点に注目する。そしてこのような利益とコストの分布状況の違いによって，移民政治のタイプが異なってくるという。

第1に，移民に関する利益とコストがどこかの集団に集中しているとき，その集団はコストを埋め合わせるため，ロビー活動などを通して利益を再分配することを政府などに求める。その結果，利益集団政治（interest-group politics）が登場する。

第2に，移民に関する利益が特定の集団に集中していても，コストが社会に広く分散していれば，政治団体や政治家がその集団を自らの「顧客」にし，利益を与えるためしばしば世論と乖離してまで移民に寛容な政策を推し進める。利益を特定の集団に集中的に分配するようなこの政治形態を，顧客政治（client politics）と呼ぶ。

第3に，移民に関する利益が分散しているにもかかわらず，コストがある集団に集中していると，その集団は移民に関する規制を求めるか，または損害を与えている既存の規制の撤廃を求める。労働組合は前者の例，雇用主は後者の例である。これをフリーマンは，企業家的政治（entrepreneurial politics）と呼ぶ。

最後に，利益もコストも社会に広く分散していれば，利益を広く分配するような政策が好まれる。具体例として，観光客や留学生を増やすために観光ビザや学生ビザの取得要件を緩和する政策が挙げられる。この形態の政治を，多数派政治（majoritarian politics）という。

このような利益＝コスト論の最も大きな貢献は，アメリカ合衆国の移民政治が顧客政治であるがゆえに，移民に対して寛容な政策を採用し続けていると示した点である。

表Ⅲ-8-1 移民政治のタイプ

利益	コスト	
	集 中	分 散
集中	利益集団政治（再分配）	顧客政治（集中的分配）
分散	企業家的政治（規制的）	多数派的政治（分散的分配）

出所：Freeman（2002）

表Ⅲ-8-2 移民メンバーシップモデル

政治の正統性	公共空間の組織化	
	集 権 的	分 権 的
市 民 社 会	(A)コーポラティズム型 （スウェーデン，オランダ）	(B)リベラル型 （スイス，イギリス）
国家官僚制	(C)国家主義型 （フランス）	(D)分裂型 （ペルシア湾岸産油国）

出所：Soysal（1994：37）

○**移民メンバーシップモデル**

　移民政治に関するもうひとつの重要な観点は，移民がホスト社会においてどのようなメンバーシップを得られるかというものである。ヤスミン・ソイサル（Yasmin Soysal）は，国ごとの違いを2つの軸で説明する（表Ⅲ-8-2）。第1の軸は，政治の正統性は市民社会に基づくのか，それとも国家官僚制に基礎づけられているのかというもの。第2の軸は，公共空間の組織化が集権的か，それとも分権的かというものである。

　その結果，4つのタイプが区別される。(A)市民社会に政治の正統性の根拠があり，公共空間が集権化されているコーポラティズム型（Corporatist）は，移民を集団として認知して社会統合しようとする。スウェーデンやオランダの例である。(B)市民社会に政治の基礎があり，かつ公共空間が分権化しているタイプはリベラル型（Liberal）である。移民は個人として処遇され，政府よりは地域のボランタリー組織がサービスを提供することが多い。(C)国家官僚制が政治の正統性を供給し公共空間が集権的になっている国家主義型（Statist）は，フランスのように，移民を個人と見なす傾向が強い。ボランタリーな移民支援組織など中間集団が弱いため，移民は政府に直接要求しようと社会運動を行う傾向にある。ちなみに，ドイツは(A)と(C)の中間だとされる。(D)国家官僚制に政治の正統性の基礎が置かれ，分権的な公共空間を持っている分裂型（Fragmental）では，移民の受け入れは労働市場的で部分的なものにすぎず，他の社会的制度からは排除される傾向にある（Soysal 1994：36-41）。

　ソイサルは，この移民メンバーシップモデルが国際人権規範の影響で変容し，移民に「ポストナショナル・メンバーシップ」という新たな市民権を与えるようになっていると主張するが，▷3 移民メンバーシップモデルは，1970年代までに西ヨーロッパに流入したゲストワーカー移民▷4 を念頭に置いており，それ以後の多様なタイプの移民を射程に収めていないという批判もある（小井土 2003a：364-5）。ただ，このモデルの枠組み自体は普遍的であり，ヨーロッパ以外の社会やゲストワーカー以外の移民にも解釈しだいでは十分応用可能であろう。

▷3　市民権については，Ⅲ-10を参照。国際人権規範を支え保障する国際人権レジームについては，Ⅳ-3を参照。

▷4　ゲストワーカー移民については，Ⅱ-2を参照。

③ 移民の政治主体化

　移民は政治の客体となるだけではなく，もちろん政治の主体ともなりうる。

移民を政治主体化させる手段や制度には，選挙，政党加入，労働組合加入，外国人諮問会議，社会運動，出身国への政治参加がある（Miller 1989；宮島 2000）。

選挙に関しては，制度の整っている程度で大きな違いが出る。政治的諸権利をも含めた完全な市民権を移民に与える制度があれば，移民は容易に選挙参加できる。例えばイギリスに居住する新英連邦およびパキスタン系移民は，少なくとも形式的には自由に選挙参加できる。1985年の段階で，約100の下院選挙区で有権者の10％が移民であり，そのうち19の選挙区に至っては25％以上だったという（Anwar 1986：1, 20-1）。政党加入で言えば，イギリス，バーミンガム・スパークブルック地区の労働党地方党員800人のうち，イスラム教を信じるマイノリティは600人にも及んだ（Joly 1988：177-8）。労働組合への加入は政治の場との距離を縮め，移民の政治的意思表示をより容易にする。アメリカ合衆国においても，キューバやメキシコなどヒスパニック系に対して大統領候補がスペイン語で呼びかけを行うなど，移民コミュニティが選挙で大きな影響力を持つようになっている。

地方選挙で外国人の選挙権が認められている社会もある。1960年代という早期にこのモデルが提案されたのは，スウェーデンである。3年間合法的に居住している外国人には地方参政権と国民投票権が与えられることになり，1976年に移民も参加した最初の選挙が行われた（Hammar 1990＝1999：169-77, 196-205）。ただ，総じて移民の投票率は高くないとも言われる。

選挙による政治参加が許されていない場合でも，例えば，川崎市や浜松市など外国人住民を多く抱える地方自治体のいくつかは，「**外国人諮問会議**」を設けている。確かに，選定された委員が外国人住民一般の代表と言えるのかどうかは微妙である。また，首長などは外国人諮問会議での決議を尊重する義務があるとされるものの，同会議自体は公式の意思決定機関ではない（宮島 2000）。しかし外国人の意見が行政に伝わるという点では，重要な制度といえる。

公式の政治制度を利用できない場合でも，社会運動のように非公式なやり方で自らの政治的主張を行うことがある。先進諸国では，外国人による集会や街頭活動，ストライキは容認されていることが多い。社会運動を行う場合，移民自らのエスニック組織が主体となることもあれば，マジョリティの移民支援団体に加わったり支援を受けることもある。

最後に，アルジェリア系やトルコ系のように移民が母国の内政に関与する場合も，移民の政治主体化の一種である。この場合，母国での政治対立がそのままホスト社会で再現されることがある（Castles and Miller 1993＝1996：258-60）。

▷5 イギリスの移民の状況については，V-17 V-18 V-19 を参照。

▷6 **外国人諮問会議**
選挙権などを持たない外国人住民の意見を聴くため地方自治体が設けている会議のこと。外国人住民の代表が意見を行政に伝えることができる一方，行政や議会はその意見に拘束されず，市長が提言を尊重するだけという場合が通常である。

▷7 ある意味では「人種暴動」も政治活動の一種と見なせるであろう。III-12 を参照。

Ⅲ 多文化社会への発展と反動

業績主義と属性主義の相互作用

　移民やエスニック・マイノリティに関わる問題の背後には，業績主義社会になっても残存する属性主義がある。第1に，「業績主義の属性化」がエスニック集団の業績不達成を固定化してしまうことがある。第2に，「属性に支えられた業績主義」は，エスニック集団間の格差を前提とした業績主義的競争を創り出してしまう。移民やマイノリティは，マジョリティとは異なる属性を持つため，より多くのコストをかけないと競争に勝てない。また，エスニシティ，ジェンダー，年齢など複数の属性が複合すると，さらに厳しい周辺化圧力を受ける。

1　移民，エスニック・マイノリティに関わる諸問題

　国際移民やエスニック・マイノリティに関わる問題は，次々に出現し止むところがないように見える。例えば，カナダのケベック州やフランスのブルターニュ地方などの分離独立運動，スペインのバスク地方やスリランカのタミル系などの言語ナショナリズム，北アイルランドのカトリック系住民とプロテスタント住民との宗教的対立，先進諸国における移民労働者による下層階級形成。
　これらの問題は社会が近代化するに従って消えていくと予想されていた。近代化の主要な変化は，地位と資源の配分原理が属性主義から業績主義へと変わっていくことだからである。移民やマイノリティの持つ属性は，地位や資源の格差を創り出さなくなるはずであった。しかし問題はなくならなかった。なぜだろうか。

2　業績主義と属性主義

　社会内の個人や集団へ地位や資源を配分する要因には，業績主義的要因と属性主義的要因がある。通常，業績は「する」こと，属性は「である」ことに対応すると考えられている。例えば，誰かがある仕事を「する」ことができるから職を与える場合は業績主義である。また，仕事ができるできないにかかわらずある有力者の子であるから就職できる場合のように，誰かが誰「である」ことを基準に職が割り当てられる場合は，属性主義となる（丸山 1961）。
　業績主義的要因や属性主義的要因が注目されるときには，地位や資源が「効率よく」配分されているかどうかよりも，「公正に」配分されているかどうかが問題になる。業績に基づいて配分されていれば公正であるけれども，属性に

基づいていたとしたら，その配分は差別的であるというように。

ところが，よく言われる業績主義的要因と属性主義的要因の中には，それぞれ2種類の考えが混在しているのである。

◯パーソンズによる業績主義と属性主義

「である」と「する」の観点から業績主義と属性主義を捉えたのは，社会学者**タルコット・パーソンズ**▷1である。パーソンズにならって，要因そのものの性格に注目し，要因を何らかの営為や成就の側面から評価する場合は，パーソンズ的業績主義（performance）と呼べる。一方，要因を性能の側面で捉える場合はパーソンズ的属性主義（quality）となる（梶田 1988：295；梶田・吉田 1980：51-2）。ある人が「エスニック・マイノリティであること」とその人が「提供する労働」とは，パーソンズ的な意味での属性主義と業績主義である。

◯リントンによる業績主義と属性主義

一方，文化人類学者のラルフ・リントン（Ralph Linton）は要因の由来の観点から業績主義と属性主義を捉えた（梶田・吉田 1980：51）。まず，個人（または集団）に帰属する一定の要因が，その個人（または集団）自らの選択の結果であれば，その要因は業績主義的である。このように，自己成就や自己責任の結果はリントン的業績主義（achievement）と呼べる。

一方，もし自らの選択とは無関係であれば，その要因は属性主義的となる。すなわち，自己成就や自己責任の結果ではないならばリントン的属性主義（ascription）となる。具体的には，肌の色，性別，年齢，先天的障害などの遺伝的・生得的な要因，そして，母語など文化的条件，幼児期の環境，不慮の災難などはリントン的属性主義となる。

◯パーソンズ的視点とリントン的視点の組み合わせ

パーソンズ的な視点とリントン的な視点を組み合わせると，個人や集団への地位や資源の配分を決定する要因は，図Ⅲ-9-1の4つのタイプに分けられる。第Ⅰ象限は純粋な業績主義，第Ⅲ象限は純粋な属性主義である。ほとんどの場合，近代化は地位や資源の配分原理が第Ⅲ象限から第Ⅰ象限へと変わっていく社会変動だと思われてきた。しかし，リントン的な概念規定とパーソンズ的な概念規定とのずれに注目すると，第Ⅱ象限や第Ⅳ象限に当たるような，業績主義と属性主義の重なった部分が存在することに気づかされる。

4タイプは個人や集団への地位・資源配分に関して，どのような効果をもたらすのだろうか。特に移民やマイノリティをめぐる諸問題は，近代化にもかかわらず，配分原理が第Ⅰ象限の純粋な業績主義に完全に移行しきらないため生じていると考えられる。すなわち，第Ⅱ象限や第Ⅳ象限にしか移行しないことが，移民やマイノリティにマイナス効果を引き起こしているのである。

▷1　タルコット・パーソンズ（Talcott Parsons, 1902-1979）
アメリカ合衆国の社会学者。主意主義的行為論，構造-機能主義，社会システム論をつくりあげ，社会科学全般に対して理論的な影響を与えた。主著，主編著に『社会的行為の構造』『行為の総合理論をめざして』『社会体系論』。

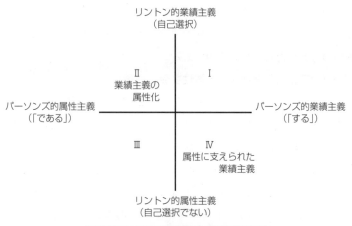

図Ⅲ-9-1　2つの業績主義と属性主義

出所：梶田（1988：296）；梶田・吉田（1980：52）

3　業績主義の属性化

　図Ⅲ-9-1の第Ⅱ象限が示しているのは，「業績主義の属性化」と呼べる現象である。ある分野の業績が固定化され，ある個人や集団の属性となり，現実と乖離してしまうケースである。例えば公務員のノン・キャリア組は，最初に試験でノン・キャリアとして入省すると，仕事をこなして業績を積み上げたとしても，キャリア組がつく上級職に昇進する機会にはほとんど恵まれない。最初の試験における業績が属性化してその後の職業キャリアを決定してしまうのである（梶田・吉田 1980：52）。他にも，「ブランド大学」への入学が卒業後のよい就職に結びつくという「学歴の身分化」も，例として挙げられる。

　移民やマイノリティに関して言えば，ある分野である集団が成功したりしなかったりすることでステレオタイプが形成され，その集団に有利に働いたり不利に働いたりする。例えば，イギリスのアジア系移民は街角のグローサリーショップの経営で成功をおさめた。その結果，グローサリーショップへの参入や経営に関して有利になる傾向にあった。逆にイギリスのカリブ系移民は，自営業には向かないというステレオタイプゆえに，不利な位置に置かれた面がある。

　よく考えてみると，地位や資源の配分を第Ⅰ象限の純粋な業績主義だけで行うことはかなり難しい。常に競争を駆り立てる社会になるなど，望ましくない面もある。そこで，属性化した業績主義が地位・資源配分の基準によく用いられる。しかし，どの業績がどの程度属性として扱われれば「公正」なのだろうか。公正でない部分には再挑戦の機会を与えるなど，属性化した業績を再判定する制度を導入するべきであろう（梶田・吉田 1980：64）。

4　属性に支えられた業績主義

　図Ⅲ-9-1の第Ⅳ象限は「属性に支えられた業績主義」を示す。生得的・遺

伝的素質，ジェンダー，親の社会的地位などがリントン的属性主義的要因であった。これら自己選択できない属性によって，個人や集団の業績は異なってしまう。

教育の例が最もわかりやすい。**ピエール・ブルデュー**の言う文化資本に言及するまでもなく，子どもの進学は第Ⅰ象限の純粋業績主義的な競争ではない。受験競争は横一列からスタートする競争ではなく，家族内文化ごとにすでに序列がついたラインから始まる競争なのである。

移民やマイノリティに関して，属性に支えられた業績主義の例は数限りなくある。教育や階層上昇移動に適合的な属性を持ったユダヤ系や華人などと，逆に適合的でないアフリカ系やいくつかの先住民集団は，スタートラインの段階で差がついたまま，業績獲得の競争を強いられる。また，冒頭に触れた移民労働者による下層階級形成も，特定の言語集団の階層下降移動も，特定の宗教を信仰しているマイノリティの周辺化も，属性に支えられた業績主義の例となる。

公正な業績主義的競争だと思われている現象が，実は属性に支えられた「不公正な」ものだったという「発見」はしばしばなされている。移民やマイノリティは，肌の色，言語，宗教などマジョリティとは異なる属性を持つがゆえに，「不公正な」競争に巻き込まれがちである。そこで，**アファーマティヴ・アクション**のような「ハンディキャップ制」が有効な場合もある（梶田・吉田 1980：64）。

⑤ エスニック・ペナルティと属性の多重効果

社会が業績主義化することで，逆に属性が目立っていく。社会は第Ⅰ象限に行き着かず，第Ⅱ象限や第Ⅳ象限へと移行し，しかも様々な問題はなくならない。さらに，業績主義の属性化と，属性に支えられた業績主義は連鎖し悪循環を形成しうる。「業績主義が属性化し，その属性に支えられて業績主義的競争が展開し，さらにその業績が属性化する……」というように。移民やマイノリティは悪循環に巻き込まれやすく，マジョリティよりも技能や成績などを上乗せしないと業績主義的競争に勝てない。この上乗せを「**エスニック・ペナルティ**」（ethnic penalty）と言う。したがって，単に移民やマイノリティがよりよい地位や資源を持つことだけで「公正だ」と判断してはならない。地位・資源を獲得するために，より多くのコストを支払っている可能性があるからである。

さらに，移民やマイノリティは属性の多重効果にさいなまれることがある。例えば，ある宗教を信仰する，あるエスニック集団の女性は，宗教，エスニシティ，女性という3つの多重属性の効果で，さらなる劣位に置かれる可能性がある。このような属性の多重効果と業績主義の関係も，注視すべきテーマである。

▷2 **ピエール・ブルデュー**（Pierre Bourdieu, 1930-2002）
フランスの社会学者。ハビトゥスや文化資本などの概念を用いて，人々があまり気づかない文化や習慣が階級を再生産していくと主張した。

▷3 Ⅲ-7 ▷8参照。

▷4 **アファーマティヴ・アクション**
（affirmative action）
大学入学者や企業の被雇用者の中に，移民集団やマイノリティ集団ごとの割り当て数（quota）を設けて，不利な集団にハンディを与える差別是正措置。アメリカ合衆国に見られるように，過去の差別に対する贖罪や未来の平等社会の実現のために導入・運営されることが多い。

▷5 イギリスのアジア系ムスリム女性はその典型的な例であろう。Ⅰ-7も参照。

III 多文化社会への発展と反動

10 国際移民と市民権

第2次大戦後,西ヨーロッパ諸国に流入した国際移民たちの市民権が問題となった。国民国家のメンバーシップとしての市民権は,デニズンシップやポストナショナル・メンバーシップといった「新しい市民権」,あるいは集団的権利の主張の高まりによって揺らいでいるとも言われる。新規移民をめぐるジレンマ,二重国籍・市民権,実質的市民権などが市民権をめぐる問題をさらに複雑にしている。

1 マーシャルの市民権概念

社会学に市民権概念を根付かせたのは,イギリスの社会学者トーマス・ハンフリー・マーシャル(T. H. Marshall)である。マーシャルは,イギリスにおける近代化過程において,3つの権利が市民権に順に付け加わったと主張した(Marshall [1950] 1992=1994)。3つの権利とは,公民的権利(civil rights),政治的権利(political rights),社会的権利(social rights)である。公民的権利とは,司法制度などにより確保される国家に対する個人的自由である。政治的権利は,政治参加を通じて獲得される国家を運営する政治的自由を可能とする。社会的権利は,経済的福祉や安全の享受から社会的遺産や文化的生活の享受までの広範な内容を持っている。イギリスでは18世紀に公民的権利が達成され,19世紀には政治的権利が確保され,20世紀には社会的権利が認められるという史実的な展開が見られたという。そしてこのような展開を踏まえてマーシャルは,市民権を「ある共同社会(community)の完全な成員に与えられる法的地位」と定義し,この地位を持っているすべての人々は,その地位身分に付与された権利と義務において平等であるとした(Marshall [1950] 1992=1994:37)。

マーシャルの市民権論は,国際移民を捉えようとしたわけではなかった。第1に,1940年代当時,イギリスはまだ大量の移民流入を経験していなかった。マーシャルの課題は,当時周辺的な存在であった白人系労働者階級をいかにして社会に統合するかであった。公民的権利や政治的権利に基づく経済活動は,階級的な不平等を引き起こしかねない。そこで市民権が福祉的な分野へと拡充することで,階級的な不平等を緩和し,労働者階級を社会統合できるのだと主張したのである。

第2に,公民的権利,政治的権利,社会的権利がこの順序で歴史上拡充されてきたというマーシャルの発展段階説的含意は,国際移民には当てはまらない。

▷1 「市民権」とは英語でいう'citizenship'の訳語である。他にも「市民的資格」「市民性」と訳したり,「シティズンシップ」のようにカタカナ表記することもある。

先進諸国に滞在する移民を念頭に置くと，まず公民的権利が与えられ，次に社会的権利が確保され，最後に政治的権利の付与の是非が議論されるという順序が多い。とはいえ常にこの順序であるとは言い切れない。

　第3の制約は，「近代国民意識」の当然視である。市民権は，まずは義務と権利を伴う法的地位として概念化された。しかしマーシャルは，「法的地位としての市民権」がそれ自体では存立しえないことに気づいており，「市民権は，ある種の絆，共通に所持している文明への忠誠に基づいた共同社会のメンバーシップという直接的な感覚を必要とする」とも述べている（Marshall［1950］1992＝1994：52）。すなわち法的地位としての市民権は，「絆」や「共通に所持している文明への忠誠」に依存しつつ存立していると主張しているのであり，この直接的な感覚とはマーシャルにとっては「近代国民意識」であった。確かに，第2次大戦後までの市民権の発展は，戦争などを契機とした「近代国民意識」の発展に依存していた。また逆に，「近代国民意識」の発展が市民権の拡充によって強化されていた。この意味で，市民権は法的であるのみならず，文化的概念でもある。文化的概念としての市民権は，市民が共同社会を構成・再構成するためのアイデンティティとその実践をも含意してきたのである。しかし，国際移民の登場は「近代国民意識」の当然視に批判の眼を向けさせることになった。

2　国民国家のメンバーシップとしての市民権

　市民権という制度が存立するためには，誰に市民権を付与するかが決定されなければならない。その決定の際，明示的にまたは暗黙に決定の準拠となる共同社会が想定されている。このような市民権付与の準拠となる共同社会のことを「準拠共同社会」という（樽本 1997：275-7）。誰が準拠共同社会のメンバーか，その範囲を定めているのが，「絆」や「忠誠」なのである。

　市民権は，マーシャルの定義からわかるように様々な「絆」と「忠誠」をとりうる。ところが戦後世界において，市民権は国民国家のメンバーシップと同一視された。日本のような非移民国では，市民権と国籍（nationality）は混同される傾向にある。しかし市民権は，国民国家以前からあった理念であり，ギリシア・ローマ時代に遡る。それに対して国籍は「ある国民国家のメンバーシップ」を意味し，国民国家の誕生に伴って生まれた近代的理念である。両者の違いを示す例として，ある種の犯罪者や未成年者は，権利を行使できないがゆえに国籍を持っていても市民権を持っているとは言えない（近藤 1996：137）。しかし，近代以降は国籍を所有していることで市民権を所有・享受できると見なされることが通常となった。市民権の準拠共同社会を「国民国家」とすることが戦後の「世界標準」と見なされるようになったのである。これをナショナル市民権と呼ぶ（樽本 2001：5）。

ブルーベイカー（Brubaker 1989）によれば，国民国家があるということは事実であるだけではなく，政治的・社会的メンバーシップについての理念・理想の現れでもある。その理念・理想は社会契約的原則と情緒的原則で構成される。

社会契約的原則とは，国家と個人の権利義務関係に関する原則のことである。具体的には，メンバーが「平等」「民主性」「単一帰属」「恩恵」に従うことを，国民国家は原則としていた。すなわち，権利・義務に関してメンバーは平等で，二流市民の存在は認められない（平等）。また，メンバーは統治，すなわち社会の意思決定に参加しなくてはならないし，統治はメンバーに開放的でなければならない。領域内の者はすべて，統治のメンバーになることが望ましい（民主性）。さらに，複数の国家に帰属してはならない（単一帰属）。最後に，メンバーシップには福祉給付が受けられるなどの恩恵が伴わなければならない（恩恵）。

ところが国民国家は，「純粋な」社会契約，すなわち権利義務関係のみで成立しているのではない。「ネーションへの帰属」にまつわる情緒的原則によっても構成されているからだ。情緒的原則には，「神聖」「政治と文化の一致」がある。メンバーシップは「侵すべからず」という観念を随伴しており，メンバーシップを容易に変えてはならず，極端な例として，国家のために犠牲になる用意がなければならない（神聖）。また，国家の政治的メンバーと文化的メンバーは一致するべきである（政治体と文化体の一致）。

重要なことは，国民国家が社会契約的原則だけではなく，情緒的原則にも支えられているということである。情緒的原則を別の表現で説明するならば，メンバーが特定の国民国家にアイデンティティを持つということになる。このようにナショナル市民権は，国民国家との社会契約と，国民国家へのアイデンティティとで構成された二重構造体なのである。こうしたナショナル市民権の継承の原理として，**出生地原理**と**血縁原理**▷2のどちらかが採用されることになった。

③ 「新しい市民権」の登場

ところが，国民国家への所属としての市民権，すなわちナショナル市民権は，ホスト社会への国際移民の大量流入によって，反省を促されることになった。2つの「新しい市民権」がナショナル市民権の代替案として現れてきたと主張される。デニズンシップとポストナショナル・メンバーシップである。

ヨーロッパ諸国には，帰化することなく，かなりの権利や特権を享受している長期滞在外国人が多数滞在する。トマス・ハマーはそのような外国人の呼称として「デニズン」（denizen）という言葉をつくった（Hammar 1990＝1999）。そしてデニズンの権利上の地位のことを「デニズンシップ」（denizenship）と呼んだ。従来は「市民」と「外国人」という二項対立で示されていた人々の地位の

▷2　出生地原理と血縁原理

出生地原理（jus soli）は，ある国の領域内で生まれた者すべてにその国の市民権を与える市民権継承の原理である。一方，血縁原理（jus sanguinis）は市民の子どもや孫など血縁のつながりがある者に市民権の継承を許す原理である。

区別が,「市民」「デニズン」「外国人」の三項対立に代わったというのである。ハマーは,デニズンは居住に基づいて諸権利を付与されるという。すなわち,実際上の「居住」と法律上の「居住」を区別し,もし外国人がホスト社会で実際上居住しているのであれば,その事実をもとにして様々な権利が与えられるべきだと主張したのである。デニズンシップの考え方の新しさは,市民権付与の根拠として,血縁原理と出生地原理に基づく「国民であること」の他に,「居住していること」すなわち居住原理 (jus domicili) を示したところにある。

2つめの「新しい市民権」であるポストナショナル・メンバーシップも,デニズンシップと同じような対象に対して使われる。西ヨーロッパ諸国に移民したいわゆるゲストワーカーたちは,帰化しないまま永住許可を獲得し,ホスト社会内に自らの大規模なコミュニティをつくりあげている。さらにヨーロッパ連合市民権は,EU市民がEU内の他国に滞在しても,そこで権利が享受できる方向に発展してきた。ヤスミン・ソイサルによれば,市民権は国籍と切り離され,「人であること」(personhood) を基礎とした普遍的な権利に変化してきた。この「新しい市民権」を「ポストナショナル・メンバーシップ」(postnational membership) と呼ぶ (Soysal 1994)。ナショナル市民権が国民国家への帰属という領土的観念に根をおろしていたのに対して,ポストナショナル・メンバーシップは領土という制約から自由な「人」に基づいている。ポストナショナル・メンバーシップを可能にしているのは,国際的なレジームや言説によって国際的に広まった普遍的人権である。すなわち市民権の「グローバルシステム」は,国民主権と普遍的人権によって規定される「制度的二重性」(institutional duality) になったというのである。デヴィッド・ヤコブソンも同様に,「[北アメリカと西ヨーロッパにおける] 国家正統性の基礎は主権と国民自決の原理から国際人権へと移ってきている」と主張している (Jacobson 1996)。

4 集団的権利の主張

見てきたようにナショナル市民権は,個人と国家との直接的な結びつきを前提とした社会契約の上に成立する。それに対して「新しい市民権」は市民権と国籍とを分離しつつも,個人を基礎とした権利付与を徹底しようとしている。そんな中,国際移民および先住民の処遇という観点で,もうひとつの新しい動きが現れている。権利享受の主体や根拠を個人から集団へとシフトさせようというものである。すなわち,個人ベースの市民権の考え方を修正し,より集団ベースの権利を認める必要があるという主張が現れてきたのである。

マリオン・ヤングは,不利な集団が政治的な意思決定に参加困難であること,そもそも優位な集団の経験に基づいている「普遍性や平等な扱い」が配慮もなく採用されがちなことを問題視し,「差異化した市民権」(differentiated citizenship) という考えを提唱した (Young 1990)。一方ウィル・キムリッカによれば,多

▷3 EUは1991年マーストリヒト条約の中で,次の権利をEU市民に保障している。EU加盟国間の移動の自由と移動先での居住の自由。非EU国滞在中にEU国外交官に保護される権利。EU議会に陳情しEUオンブズマンに控訴する権利。居住している加盟国における地方議会選挙とEU議会での選挙権と被選挙権 (Martiniello 1994:347)。

▷4 厳密に言うと,集合的権利 (collective rights) と集団別権利 (group-differentiated rights) が区別される。前者は「集合体が集合体として持つ権利」であり,集合体を権利主体とする。一方,集団別権利は「エスニック集団的差異を考慮に入れた個人の権利」であり,権利主体はあくまでも個人である (盛山 2006:267-8)。しかし,後者でさえも個人の集団的側面が際だたされるという意味では,純粋に個人を基礎とした権利とは言えない。そこで,両者を包括して「集団的権利」と呼んでおこう。

くの人々にとって，集団間の差異を強調する「差異の政治」はリベラルな民主主義的政治に対する脅威である。しかし民主主義政治でさえ，国境を引き，権力を分配し，学校，法廷，行政の公用言語を選び，公休日を決めるといったナショナルな次元から逃れようもない。その結果，多数派のネイションのメンバーを有利にする。そこで，マイノリティ集団に対する疎外，不利，不正義を防ぐために，「多文化市民権」(multicultural citizenship) が必要となる。すなわち，エスニック文化権 (polyethnic rights)，特別代表権 (representation rights)，ナショナル・マイノリティへの自治権などの付与を検討することが必要となる (Kymlicka 1995＝1998)。

このような集団的権利は，個人ベースの市民権を基礎としたこれまでの社会にどのような影響を与えるだろうか。この問いへの答えは定まってはいない。**ユルゲン・ハーバーマス**◁5は，そもそも市民は政治的諸権利を集団として行使することでしか自律できないので，個人ベースの諸権利でさえも集団アイデンティティとは矛盾しないと主張する。むしろ，諸個人が集団として社会運動や政治闘争をすることで社会的諸権利や文化的諸権利が保証されるようになるのだから，集団的権利を認めた多文化社会において初めて，民主主義政治と立憲国家がうまく結合するのであると (Habermas 1994)。しかし一方チャールズ・テイラーは，多文化主義の出現が普遍主義の政治と差異の政治との矛盾を明らかにしてしまうと主張している。普遍主義の政治は，権利やその享受の平等化によって諸個人に平等な尊厳を与えることを強調する。一方，差異の政治は個人や集団のアイデンティティ，そしてその独自性に重点を置くので，明らかに矛盾であると (Taylor 1994)。

考え方は様々であれ，集団的権利の強調は，国家と個人の間の忠誠の関係を相対化し，その間にある種の属性に基づいた中間的な忠誠の入り込む余地をつくる。「差異化した市民権」や「多文化市民権」は，集団を権利主体として際だたせ不利な集団への救済に道を開く一方，集団間対立を導く恐れもある。

⑤ 新規移民をめぐる市民権のジレンマ

国際移民はナショナル市民権の虚構性をあばいた。「新しい市民権」は国民としてではなく，個人としての権利付与へと理論的・実践的可能性を開いた。集団的権利は，個人を基礎とせず集団を基礎とした市民権の可能性を提示した。これらの動きは基本的には国際移民の権利享受の拡充という方向性を共有する。しかし同時に，新規に流入する移民と緊張関係を形成してもいる。

第1に，マイケル・ウォルツァーが指摘したように，すでに滞在している移民たちの権利の拡充，およびマジョリティとの間の平等の実現には，ある程度の国境の閉鎖性が必要である (Walzer 1983＝1999)。ジョン・ロールズも，自由と平等のリベラルな価値は人々が出生と死亡のみで出入りするような閉鎖的な

▷5　ユルゲン・ハーバーマス (Jürgen Habermas, 1929-)
ドイツの社会学者，哲学者。フランクフルト学派に属し，マルクス主義色の濃い批判理論の立場から，社会分析と望ましい社会の探究を行っている。特に，後期資本主義の諸問題の解明を目指し，道具的合理性に頼らないコミュニケーション合理性に基づいた社会を構想している。

社会内でのみ実現可能だと示唆している（Rawls 1993：12）。すなわち，次から次へと新しい移民が殺到する状態では，すでに滞在している移民たちとの平等は実現しえない。そのため，移民滞在者への市民権拡充は多くの場合，新たに流入しようとする移民たちに対する制限的な移民政策とセットで実施される傾向にある。すなわち，内的に寛容になるためには，外的に厳格にならなくてはならないという移民政策のジレンマがここに現れる。

第2に，すでに滞在している移民に対する諸権利の拡充は，新たな移民志願者に対して，移民後，権利を享受できるという期待を抱かせかねない。ジェームズ・ホリフィールドは，国家が望まない移民を受け入れざるをえないのは人権レジームが国内に定着し移民に対する権利が拡張したためだとし，これをリベラル国家命題（the liberal state thesis）と呼ぶ（Hollifield 1992）。移民たちは「不法に」入国しても，受け入れ社会で権利を享受でき，容易には国外追放されない。このように，市民権の拡充が国際人口移動のプル要因になりかねないこと，これも移民政策のジレンマを強化している。国家はこのような外的な事情のために，内的にむやみに寛容にはなれないのである。

▷6 プッシュ＝プル理論については，Ⅱ-8を参照。

6 二重国籍・市民権，形式的市民権と実質的市民権

以上で見てきたような市民権に関する諸問題は，いくつかの国が移民の二重国籍または二重市民権を許容するようになり，さらに複雑な様相を見せている。特に，ナショナル市民権の情緒的原則である「神聖」はもはや成り立たないのだとするような主張もある。しかし，二重国籍・市民権は戦争のない平和な状況などいくつかの条件の上で初めて成立するのであり，今後も維持・拡大するかどうかは予断を許さない。

▷7 血縁主義による排他的な国籍を持っている日本においても，より柔軟に国籍を認めたらどうかという議論が出ている（柏崎 2002）。

最後に，国際移民の市民権を考える際に，形式的市民権と実質的市民権との区別に敏感になる必要がある。形式的市民権とは，ある準拠共同社会に帰属する成員資格のことである。この概念は，準拠共同社会の成員になれるか否かを問題にしている。一方，実質的市民権とは，政府の管轄事項への何らかの参加を含んだ，一連の市民的，政治的，社会的な諸権利の享受である（Bottomore 1992＝1994：154-5）。前者が権利を享受する資格があるかどうかを問題にしているのに対して，後者は実際に権利を享受できているかどうかに焦点を合わせている。マーシャルは形式的市民権と実質的市民権を同一視する傾向にあった。しかし市民権は，このような形式的市民権と実質的市民権の間の緊張関係の中に成立しているのである。国際移民が形式的市民権を保持しているかどうかだけではなく，それを実質的に享受できているかを見極めつつ，研究を進めなくてならない。

Ⅲ　多文化社会への発展と反動

ナショナリズムとネーション

ナショナリズムは，国民国家建設時や経済成長時には非常に強く現れる集合意識や集合行為・運動である。しかし近代化をとげ成熟した先進諸国においてでさえ，しばしば様々な形態で現れる。この意味でナショナリズムは過去の遺物ではなく，解明を必要とする現代的な課題であり続けている。

1　ナショナリズムとは

史上最初のナショナリズムは18世紀後半から19世紀前半，中央・南アメリカのスペイン領・ポルトガル領で生じた「クレオール・ナショナリズム」だという説がある（Anderson 1991＝1997：91-118）。他方では15世紀末期以降のヨーロッパだという説もある。ヨーロッパでは，国王や王妃たちは国内で何か問題が起こると，他国と戦争を行って国民である「彼ら／彼女ら」に「われわれ」意識を持たせようとした。◁1 また産業革命が起こり封建制が崩壊すると，社会秩序を維持するにはどうしたらよいか，人々の模索が強まった。フランス革命後，政治哲学者たちが出した結論は，国民国家を目指すナショナリズムの発揚であった。人々の意識のエネルギーを「国民建設」（nation-building）へと方向づけるため，そもそも多様であった人々に画一的な教育がなされたのである（Stalker 1994＝1998：65）。しかしその結果として，ナショナリズムの高揚による国民国家間の紛争が頻繁に生じることになり，さらにグローバル化に伴う国際人口移動の活発化は，世界各地で外国人・移民の排斥運動を引き起こした。この運動もマジョリティのナショナリズムに基づいている。最近の日本を巡る状況を思い浮かべても，尖閣諸島の領有権主張，北朝鮮の拉致問題に対する国民感情，閣僚の靖国神社参拝と中国の反日運動などの動きはナショナリズムの事例と言えるであろう。しかし，ナショナリズムとは何だろうか。なぜ生じるのであろうか。

▷1　英西戦争（1588-1604）でイングランド人はスペイン人を，トルステンソン戦争（1643-45）ではスウェーデン人はデンマーク人を憎むようし向けられた。

2　ネーションとは

ナショナリズムを大きく括ると，次のように定義ができる。
- 「われわれ」は他とは異なる独自な「ネーション」であるということを，正統化しようとする集合意識または集合行為

この定義の中にはポイントが2つある。ひとつはネーションとは何かということであり，もうひとつは，「意識または行為」と表現されているように，ナ

ショナリズムは多様性を持つということである。

　まずは，ネーションとは何かを考えていこう。ネーション（nation）の定義づけの難しさは多くの論者によって指摘されている。定義づけの立場は大きく3つに分かれる（佐藤成基 1995：103-7）。第1に客観的定義である。この立場は，領土，文化，言語などの外在的要因によってネーションを定義しようとする。例えば，日本人というネーションは日本語でコミュニケーションする人々で構成されている，というように。しかし客観的定義は，ネーションの内容が歴史的に変化することを説明することができない。そこで第2に，主観的定義が試みられる。この立場によれば，ネーションは個人または集団によって選択されることで成立する。エルネスト・ルナン（Ernest Renan）は「毎日の国民投票」という比喩で，普仏戦争後のフランスからドイツへのアルザス＝ロレーヌ地方の割譲が住民の「意志」に反するとして，不当だと訴えた（佐藤成基 1995：123）。この比喩は，主観的定義の立場を示している。しかし，この主観的定義は，人々がネーションへの帰属にある種の宿命性や自然性を感じることを説明できない。そこでどちらにも与しない第3の立場が模索される。当事者の定義の採用またはその探究である。ネーションはそもそも「不可知」であり，観察者視点からの科学的定義はできない。そこで社会的実践をしている当事者の定義を採用したり，またその定義を解釈したりするしかないのだというのである。

　ネーションが人々の社会的実践によって初めて成立し，常に変化している以上，客観的定義や主観的定義によって厳密に定義づけることは不可能である。その意味では，第3の立場の当事者による定義を採用せざるをえない。しかし，当事者が「われわれはネーションである」と主張しているとき，果たしてそれがネーションかどうかを判断する基準は必要である。そうでないと，「当事者の主張＝ネーション」になってしまい，社会学的な観察が意味をなさなくなってしまう。

○世代間共同体

　判断のための第1の基準は，起源や先祖に基づいた「世代間共同体」と想定されているかどうかである。古い世代から新しい世代へとつらなり，それ自体として自己産出的な集団でないとネーションであるとは認めがたい。この点は，ネーション（nation）のラテン語の語源 *natio* が「生まれたもの」を含意することからも示唆される。例えば，生活文化を共有する女性だけの集団はネーションとは言えない。なぜなら，集団を自己産出する能力がないからである（Joppke 2005：5）。

　ここで「世代間共同体」という基準は，文化的・民族的ネーションと政治的・市民的ネーションというよくある分類に大きな示唆を与える。文化的・民族的ネーションは主に文化的所属や生物学的起源によって定義され確定される

▷2　ネーションが現象として世代間継続的かどうか，共同体かどうかではなく，そのように想定されているかどうかがここでは重要となる。

ネーションである。それに対して政治的・市民的ネーションは，人々が自発的に自己アイデンティティに基づいて形成するネーションであり，国家によって枠づけられることが多いとされる◁3。

ネーションを現象面から見ると，文化的・民族的要素と政治的・市民的要素の両者が観察される。ネーションは直接対面的な相互行為を行う者たちだけでは構成できない。むしろ一度も会ったことがなく対面的な相互行為を行うことのない人々と構成するものである。このことは，ネーションが自発的に結成される結社（association）の側面を持つことを示している。しかし同時に，その人々の間には文化・民族的要素に基づく共属意識が多少なりとも必要である。すなわち，起源・祖先をまったく基礎としない純粋な「市民ネーション」（civic nation）は存立不可能なのである◁4（Joppke 2005：5）。

○政治権力の希求

それでは起源や先祖に言及することでネーションを確定しきることができるだろうか？　ここで特に問題になるのは，同じく起源や先祖に依拠するエスニック集団と，ネーションを区別できるのかという点である。そこで，第2の基準として，政治的主権を希求しているか否かがよく導入される。基本的にエスニック集団は，国民国家の体制内でその体制の枠組みを尊重しつつ，自らの権利や便益，正統性の獲得を目指す傾向にあるとよく言われる。一方ネーションは，政治権力の掌握を希求し自らの国家または自治政府をつくろうという野望を持つ。ネーションにとって，政治権力への言及は不可欠のものである。

当該の社会集団が世代間共同体かどうか，政治主権を希求しているかどうかという2つの基準で，当事者たちの実践的意識・行為の中からネーションを識別するのである。

❸ ナショナリズムの類型

○ナショナリズムの多様性

上で行った定義の「意識または行為」が示すように，ナショナリズムは現象として多様である。よく行われる分類は文化的・民族的ネーションと政治的・市民的ネーションに即したものであり，例えばハンス・コーン（Hans Kohn）の東のナショナリズムと西のナショナリズムという分類がある。いわく，東ヨーロッパ諸国のネーションは文化的，民族的な原理に基づき，ナショナリズムは非合理なものとなるけれども，西ヨーロッパ諸国のネーションは政治的，市民的原理に基づき，ナショナリズムは合理的なものになったと（Kohn [1944] 1967）。またウィル・キムリッカはエスニック・ナショナリズムと文化的ナショナリズムを区別し，前者が血縁によって定義され，外部に対して閉鎖的になるのに対して，後者は言語や歴史によって定義され，外部に対して開放的になるという（Kymlicka 1999：133）。より細かい分類として，カールトン・

▷3　類似の分類には，フリードリッヒ・マイネッケ（Friedrich Meinecke）の国家的ネーションと文化ネーション，ハンス・コーン（Hans Kohn）の市民的ネーションとエスニック・ネーション，アントニー・スミス（Anthony Smith）の領域的ネーションとエスニック・ネーションがある。

▷4　ほとんどの場合，ただひとつのネーションから国民国家が成立しているというのはフィクションにすぎず，実際は多民族で構成されている。これは裸の王様のようなものである。国民国家は，国旗，国家，英雄，民族衣装などのたくさんの服を身にまとっていても，実際にはただひとつのネーションという王様は存在しないのである（Stalker 1994＝1998：65）。

ヘイズ（Carleton Hayes）はナショナリズムを，人道主義的，急進的，伝統的，自由主義的，統合的，経済的の6種類に分けている（Hayes［1931］1955）。

○分類による多様性の把握

ナショナリズムの多様性を把握するため，前に行った定義に則しつつ次のように分類しよう。まず，ナショナリズムを「意識」と「行為」に大きく分ける。意識としてのナショナリズムには，ネーションの正統性を強く志向する能動的な意識から，弱くしか志向しない受動的でルーティン的な意識まで，様々なレベルがある。このように考えると，ナショナリストにも程度の差があることがわかる。例えばルーティン的なネーションへの帰属意識をナショナリズムと呼ぶとすれば，世界中のほとんどすべての人々が「ナショナリスト」となる。

行為としてのナショナリズムについては，例えば行為の目的の観点から，以下のような分類が可能である（佐藤成基 1995：115-6）。

(a) 公定 (official) ナショナリズム：国民国家の指導者が「上から」国民統合を目的に行う。
(b) 強硬派ナショナリズム：自らが帰属する国家の外交・内政に，主に「下から」，特に「ネーション」の観点から批判を加える。
(c) 改革／革命ナショナリズム：既存の国家の枠組みの中で改革・革命を行う。
(d) 同化／排外ナショナリズム：社会内に存在するネーションに帰属すると想定されない人々の同化または排除を主張する。
(e) 失地回復 (irredentist) ナショナリズム：既存の国民国家外にある「固有の」領土の帰属を主張する。
(f) 統合／分離ナショナリズム：自らが帰属する国家の枠組みに対抗して別の国民国家を建設しようとする

このように行為としてのナショナリズムには，国民国家を創設・擁護しようとするものから，逆に国民国家に敵対するものまで様々なバリエーションがある。

4 ナショナリズムと近代化

それではこのようなナショナリズムは，なぜ生じるのであろうか。この問いは近代化との関連の中で大きな論争を巻き起こしてきた。すなわち，ナショナリズムは近代化，工業化，資本主義的発展の必然的結果なのか，それとも前近代からの歴史的連続の結果なのかと（吉野 2005：44-9）。

○近代化説

近代化説と言っても，主張の強調点は様々である。工業化以前の近代化前期に焦点を合わせた議論として，「伝統の創造」論と「想像の共同体」論がある。エリック・ホブズボウム（Eric Hobsbawm）らの「伝統の創造」(the invention of tradition) 論は，「古来からの伝統」が実はごく最近になって人為的に「つくら

れた」場合が多いと主張する。「伝統の創造」論に則せば，近代化という急激な社会変動の中で「伝統」が多数創造され，競合する中から国民文化ができあがっていく過程でナショナリズムが出現するのである (Hobsbawm and Ranger 1984＝1992)。

「伝統の創造」論は「伝統」の人為性と近代性という「意外な事実」を指摘した。しかし，ナショナリズム出現のメカニズムを明確に提示したわけではない。そのメカニズムまで切り込んだのが「想像の共同体」論である。ベネディクト・アンダーソン (Benedict Anderson) は，印刷資本主義が発達して，新聞，小説などの印刷メディアが人々に読まれ，相互行為のない人々の間に共属意識を創り上げたという。すなわち人々は，一度も会ったことがないにもかかわらず，印刷物によって同一の時間と空間を共有している「われわれ」だと感じるようになったのだ。さらに，役人の巡礼が「われわれ」意識の境界を画定するのに役立ったという。例えば絶対主義王制下において，A州出身の役人がB州の行政を担当し，B州出身の役人がA州の行政を行うとすれば，彼らが単に国家の公用語を共有しているだけであったとしても，X州の出身者でもY州の行政を行うのだという互換性を経験する。そこから「われわれ」意識が生まれてくるのだという。このようにして，対面的な相互行為を行わない人々の間で，ネーションという「想像の共同体」(imagined communities) が成立するのである (Anderson 1991＝1997)。

近代化前期に注目した「伝統の創造」論と「想像の共同体」論に対して，より後期の，工業化の段階に着目してナショナリズムの出現を論じたのが，アーネスト・ゲルナー (Ernest Gellner) の「工業化と国民文化」論である。工業化の発達は，同質で流動的な労働者を必要とするため，特に，農漁村などの村落共同体から都市部へ向かって人々が移動する。すると労働者たちは村落共同体の社会規範や慣習から切り離されるので社会秩序が危うくなる。そこで登場した新たなタイプの社会統合がネーションであり，その出現過程がナショナリズムとなる。具体的には，国家が同質化された文化や同一言語による標準化教育を広範囲の領土に広めることによって，ナショナリズムが現れるという (Gellner 1983＝2000)。

○歴史的連続説

以上のような近代化説とは一見異なる歴史的連続説をとっているのが，エスノ・シンボリック・アプローチである。アントニー・スミス (Anthony Smith) は，ネーションのエスニックな起源を強調する。ナショナリズムの基礎は，ネーションが成立する以前から存在する何らかの共同体である。近代以前からのその共同体に存在する，人々の間に連帯をもたらすような社会的要素を，スミスはエスニー (ethnie) と呼ぶ。ネーションの原型をつくりあげたのは，近代化の過程というよりは，近代以前の王国間の競争・戦争である。その後，科

▷5 例えば，スコットランドの民族衣装とされるタータンチェックのキルトやバグパイプは，イングランド，アイルランドなどに対抗して18, 19世紀に「創造された」のであって，それ以前から強固に存在したわけではない (Hobsbawm and Ranger 1984＝1992)。

学の発達と世俗化が宗教に基づく共同体を破壊し，人々は合理性と宗教的共同性とのジレンマに陥る。そのとき世俗的知識人がエスニーに基づくネーションを構成することで，人々はジレンマから脱出できたのである（Smith 1986＝1999）。

○対立から相補的説明へ

これまで近代化説と歴史的連続説に分けて説明してきた。しかし，実は論争の活発さにもかかわらず，両説の対立はそれほど鋭くは見えない。近代化説であっても近代化以前の要素がナショナリズムの出現に一定の機能を果たしていることをほとんど否定しない。また，歴史的連続説も近代化以前の要素を強調しはすれ，その要素が近代化過程で発展したり拡張を加えられたりしたことを否定はしない。ナショナリズムの出現を説明するためには，近代的要素と前近代的要素との絡み合いを追う必要がある。また，国家間対立や知識人の海外滞在経験などの国際的要因にも配慮する必要がある（猿谷 2001）。

5 ナショナリズムの現代的展開

ナショナリズムは近代化をとげ成熟した社会でもいまだ消滅していないように見える。例えば次のような現象が注目される。グローバリゼーションの下で，電話やインターネットなどコミュニケーション手段が急速に発達した結果，はるか遠くから母国のナショナリズム運動に加担することが可能になってきた。例えば，アメリカ合衆国に居住しつつ，北アイルランドの独立運動を支持するといったように。このような動きを遠距離ナショナリズム（long distance nationalism）と呼ぶ（Anderson 1992＝1993）。また，国際的なスポーツイベントで熱狂的に自国チームを応援したり，日の丸，君が代を熱唱するなどの，主に若者の意識や行動を「ぷちナショナリズム」と呼ぶことがある。典型的なナショナリズムの持つ持続性や思想性はなく，激しくて一時的でさめやすい性質を帯びている。ナショナリズムに免疫ができていない若者たちが今後激しいナショナリズムに向かう可能性もある（香山 2002）。最後に，観光などいわゆるツーリズムにナショナリズムを読み込む研究も盛んである。観光施設の中には，ネーションの独自性を国際市場にアピールするためにつくられたものも多い。いくつかは国家に主導されたり援助されたりして，「公定ナショナリズム」の象徴となっている。観光客はもちろん地元民でさえも，後に「創造」された民族の「遺産」と「伝統」を消費して，当該ネーションの確認や高揚を行うのである（吉野 2005：54-6）。

ナショナリズムは，現代においても多様な形態で生き残っているのである。

▷6 "long distance nationalism"は，「遠隔地ナショナリズム」と訳すこともある。一例として，1999年2月クルド労働者党（PKK）の指導者アブドラ・オジャラン議長の逮捕をめぐり，トルコから移住したクルド系移民・難民が世界中で一斉に抗議行動を行ったことが挙げられる（関根 2000：80-1）。

Ⅲ　多文化社会への発展と反動

12 「人種暴動」と社会秩序

エスニック・マイノリティを巻き込んだ街頭での騒ぎを「人種暴動」と呼ぶ。商店，住宅，車が打ち壊され，死傷者が出ることもある。このような物理的損害が出るため，「人種暴動」は防ぐべき社会問題である。さらには，「移民などによる社会の多文化化が社会秩序の崩壊を招く」というイメージを人々に与えるという意味で，「人種暴動」は象徴的な損害も引き起こす。「暴動」の収拾と予防のために政府，地方自治体，コミュニティ，ボランタリー集団などが努力している。しかし，その努力にもかかわらず，エスニック集団間の相互不信はなくならず，時に「暴動」の形で噴出するのである。

1 「人種暴動」とは

ときおり，世界の様々なところで移民やエスニック・マイノリティを巻き込んだ街頭での「騒ぎ」が噴出する。2005年秋，フランスの「郊外」での「騒ぎ」は日本のメディアによっても広く報道された。隣国イギリスにおいても2001年，3都市で「騒ぎ」が起き，20年ぶりの大きな被害が出た。1992年アメリカ合衆国ロサンゼルスでも，アフリカ系住民を手荒に扱った白人警官が無罪になったことが「騒ぎ」のきっかけとなった。2005年オーストラリアのシドニーでは，ビーチでのいざこざがサーファーらによる「騒ぎ」に発展した。

このような「騒ぎ」のことを，「人種暴動」（race riot），「人種騒動」（racial disturbance），「人種無秩序」（racial disorder），「都市動揺」（urban unrest）などと呼ぶ。言葉の是非が問題にされがちな概念であるけれども，ここでは，否定的な意味合いを込めないよう注意しつつ，最も頻繁に使用される用語である「人種暴動」または「暴動」を用いておこう。

2 「人種暴動」の具体的様相

「人種暴動」では，具体的にどのようなことが起こるのであろうか。例えば先述した2001年イギリス・イングランド北部の3都市，ブラッドフォード（Bradford），オルダム（Oldham），バーンリー（Burnley）で4度生じた「暴動」のうち，バーンリーの「暴動」は次のような出来事の連鎖であった（樽本 2002）。

- 2001年5月26日土曜日夜，サッカー・サポーター20人が地元のパブで飲んでいたところ，そのうちのひとりが人種差別的発言で逮捕された。

▷1　詳しくは『現代思想』2006年2月臨時増刊「特集フランス暴動」を参照。フランスにおける「郊外」の位置づけなどは，Ⅴ-21を参照。

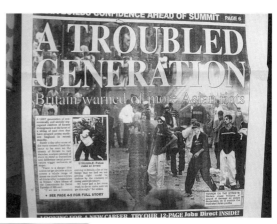

図Ⅲ-12-1　人種暴動を伝える新聞紙面

- アジア系と白人系の若者2人が口論を始めけんかとなり、互いの家族や友人がそこに加わった。周りの住宅の窓は街路のレンガでこわされ、ドアは蹴り飛ばされ、車にも損害が出た。何人かが警察に逮捕された。
- アジア系の若者が集団を形成し、パブを攻撃し始めると、機動隊が導入され、若者たちは機動隊をも標的にした。
- 翌27日、パブと新聞社に火炎ビンが投げ込まれた。
- 休日だった28日、車、住宅などが打ち壊されて、白人系、アジア系の双方にかなりの数の逮捕者が出た。
- 3日後の6月1日、副市長の自宅が火炎ビンで放火された。

　このバーンリーの事例では、ほぼ自然発生的に「暴動」が生じたように見える。パブでのいざこざが次第に広がり多くの人々を巻き込むようになったからだ。一方、「暴動」のきっかけが比較的明確で、極右団体の動きから始まったのは2001年7月のブラッドフォードの事例である。

- 2001年7月7日土曜日、極右団体である国民戦線（National Front）の集会の計画に抗議するため、群衆が集まり、その一部が都市中心部で暴れ始める。
- 機動隊とアジア系・白人系若者が何時間も衝突。警官120人が負傷し、36人が逮捕された。
- BMW自動車販売店から車が盗み出され、販売店は放火される。建物や車が炎上し、商店では略奪が起こった。労働党クラブ、保守党クラブ、三菱自動車販売店、ホテルにも火炎ビンが投げ込まれた。
- 翌8日日曜日、郊外で白人系若者30人がパキスタン系ケバブレストランとガソリンスタンドを打ち壊した。
- アジア系集住地区近くのパブが白人系男性2人に窓を割られ、火炎ビンを2つ投げこまれる。
- 7つの部隊から招集された600人以上の警官は、レンガ、ビン、火炎ビン、花火を立て続けに投げられ、バットやかなづちで襲われた結果、164人が負

傷した。
- 翌9日月曜日，ある地区では機動隊と60人ほどの白人系若者が対峙し，他の地区ではアジア系ギャングが警察と対峙した。投石などが散発し，15人の白人系男性が逮捕された。

③ 「人種暴動」の物理的損害

「人種暴動」はなぜ問題なのだろうか。もちろんひとつの答えは，大きな物理的損害が出るということである。例えば上で紹介したオルダムの「暴動」には500人が関与し，警官2人と一般人3人が負傷した。不動産などの被害を金額に換算すると，140万ポンド（約2億8000万円）だったと言われる。さらにブラッドフォードの「暴動」では，より被害が出ている。関与したのは400人から500人と，オルダムの場合とあまりかわらないけれども，警官326人，一般人14人が負傷した。不動産などの被害額は，750万ポンド（15億円）から1000万ポンド（20億円）だったとも言われる（Home Office 2001：7）。物と人に対して引き起こされる損害はかなり大きい。

これだけの物理的損害を出してしまい，回復に多くの資金と時間がかかるため，「人種暴動」はぜひとも防がなくてはならない社会問題なのである。

④ 「人種暴動」の象徴的損害

ところが，「人種暴動」の損害は物理的なものだけに限らない。当事者にとってより衝動的ないわば象徴的な損害をも出してしまうのである。象徴的損害とは何だろうか（樽本 2002）。

1980年代以後特に国際移民の時代となり，社会秩序に関する2つの規範がせめぎ合うことになった。ひとつの規範は，同じ文化を持った人々で社会を構成するべきであるし，そうでないと社会秩序は保てないという国民国家志向の社会秩序規範である。これをナショナルな規範と呼ぶことができる。それに対してもうひとつの規範は，移民・外国人のもたらす社会の文化的多様性（cultural diversity）は望ましいことであり，多文化の下でも社会秩序の維持は可能であるとする多文化社会志向の社会秩序規範である。これを多文化規範と呼ぶことができる。例えば上で見たオルダムやブラッドフォードを抱えるイギリスや，カナダ，オーストラリアなどの国々では，社会秩序に関してはナショナルな規範よりも多文化規範が望ましく，有効であると強く主張される。

ところが，「人種暴動」は多文化規範に大きな疑問符を付してしまうのである。他の文化を持った人々とはわかりあえないのではないか，一緒に社会をつくっていくことはできないのではないか，社会秩序を維持するためには同じ文化を持った人々とだけ社会をつくるしかないのではないかと。メディアは「暴動」の様子を報道する際にこうした見解をセンセーショナルに報道する。その

Ⅲ-12 「人種暴動」と社会秩序

結果，国民国家を志向するナショナルな規範の信憑性が増してしまう可能性がある。

もちろん「暴動」は，マイノリティの恵まれない地位・境遇をマジョリティに提示するという機能を持つこともある。この場合は，多文化規範を強化することにつながる可能性もある。しかし，多くの「暴動」は極右の活動や言説を勢いづけたり，国家による多文化的政策の封じ込めと国民国家を志向するナショナルな施策の重点化につながることが多い。そして，「暴動」以前の多文化に基づく社会秩序形成・維持の努力を無にするという象徴的損害を起こしてしまいがちなのである。

すなわち「人種暴動」がもたらす象徴的損害は，「社会秩序の崩壊」という感覚と多文化規範の無効という疑いを社会の当事者たちに与えてしまうことである。

5　「人種暴動」後の収拾

「人種暴動」で生じた損害を修復すべく，様々な試みがなされている。「暴動」が生じた地域レベルでは「暴動」に関する報告書が発表され，対応策が推奨されていく。「暴動」の主要因は，白人系コミュニティを含む各エスニック・コミュニティが孤立し，互いに不信感を募らせていることである▷2。そこで，貧困や劣悪な居住環境の改善，分断されたエスニック・コミュニティ間の対話，多文化を尊重する教育の推進といったことを，行政，警察，コミュニティ，NGOやNPOなどの連携の下，実現していこうとする。多文化的規範を推奨しつつ，コミュニティ結合 (community cohesion) を達成しようというのである▷3 (Burnley Task Force 2001 ; Oldham Independent Review 2001)。

一方全国レベルでも報告書などが作成され，白人系コミュニティと移民コミュニティとが二極分化し，それぞれがまったく別個の生活をしていることが「暴動」の原因とされる▷4。市民としてのアイデンティティや，価値の共有がなされていないことが問題とされるのである。そこで，市民としての権利や責任を自覚し，社会への帰属感を持たせ，文化の異なる者に寛容 (tolerance) の精神を持たせようと，「市民権」(citizenship) の制度を改編する動きも出てくるのである▷5 (Home Office 2001)。

6　「人種暴動」の含意

以上のように「人種暴動」は，国際移民の増大および社会の文化的多様性がもたらす社会秩序の崩壊を衝撃を持って最も端的に示す現象となっている。「人種暴動」をなくし，かつ人々の自明世界を再建することは，当事者たちだけがとり組めばよい課題なのではなく，国際社会学が探究すべき最も緊要な課題のひとつである。

▷2　特定地域にエスニック集団が集住し，他の集団と隔絶していることを「セグリゲーション」(segregation) と呼ぶ。

▷3　コミュニティ結合については，Ⅲ-4を参照。

▷4　セグリゲーションの結果，コミュニティ同士がほとんど関わることなく日常生活をおくることを「平行生活」(parallel lives) と呼ぶ。

▷5　市民権テストや市民権取得の際の宣誓の儀式の導入がその例である。

IV 国境を超える集団と制度

1 新しい政治アクターとしての国際NGO

グローバルな問題が噴出し，国家や国際機関だけでは解決しきれなくなっている中，国際NGOが新たな政治アクターとして注目されてきている。特に冷戦終結後，その団体数，活動分野，地理的な広がりや関係性の広がりなどで存在感を増し，途上国累積債務，地球温暖化，対人地雷廃絶，国際刑事裁判所設立などに具体的な成果を上げている。だが一方では，活動の正統性をいかに確保するかという課題も抱えている。

1 国際NGOとは

様々なグローバルな問題が生じてくる中，国家および国際機関による既存の国際システムでは解決の難しい局面が多数出てきている。そこで注目されているのは，非政府組織（NGO）である。NGOの定義には定まったものは存在しない。とりあえず「非営利で活動する政府でない組織」と捉えておこう。さらに，国境を超えた組織・ネットワークを持ち，グローバルな問題に対処するため国境を超えて活動しているNGOを，国際NGOと名付けておこう。今日国際NGOは，政治的に重要なアクターとなったと言われている。しかし，どのような意味で重要なのだろうか。どのような役割を果たしているのであろうか。また，どのような問題点を抱えているのであろうか。

2 国際NGOの発展

国際NGOの起源は，18世紀の宗教団体による奴隷貿易廃止運動にまで行き着く。19世紀には赤十字国際委員会や労働者インターナショナルなどの活動があった（遠藤 2002：153）。しかし国際NGOの活動が活発化したのは，第2次大戦以後である。国際連合（United Nations, UN）は国連憲章71条において，NGOがオブザーバーとして協議に参加することを認めた。中でも**経済社会理事会**[1]は，経済社会問題を活動領域とするNGOに，「協議的地位」（consultative status）などを与え，オブザーバーとしての参加や文書や口頭による意見発表などを認めるようになった（苑原 1996：233-5）。一方，経済社会問題以外の問題を討議する国連総会や安全保障理事会にはNGOは参加を許されなかった。特に安全保障は国家の専有事項だという認識があった（目加田 2003：8-9）。

国際NGOの活動がさらに盛んになったのは，冷戦が終結してからである。1992年リオデジャネイロにおける地球サミット（国連環境開発会議，UNCED）

▷1　経済社会理事会
（Economic and Social Council, ECOSOC）
国際連合の主要機関のひとつとして，国連や専門機関の経済社会分野での活動を調整する。また，人権の尊重を奨励する役割も担う（梶田 1996：346）。

で，NGO が「オブザーバー」から「パートナー」に格上げされたことが，転機になったと言われる。その後，1993年国連人権会議，1995年国連社会開発会議，1995年第4回国連女性会議で NGO の参加が一般化し，国連開発計画 (UNDP)，国連人口基金 (UNFPA)，国連難民高等弁務官事務所 (UNHCR) など国連の専門機関も，NGO との関係を強化していった。ちょうど国際機関が非軍事的課題に取り組む余裕ができ，各国の民主化が進む一方で政府や市場が様々な問題を解決できなくなっていた時期にあたる（目加田 2003：9-10）。

3 国際 NGO の活発化

国際 NGO の活発化はいくつかの側面から確かめられる。例えば，数の増大，地理的な分散，関係性の密度の高さ，活動分野の広がりは，その側面である（遠藤 2005：200-4）。

NGO 一般と同じように，国際 NGO も近年増大していることは，間違いないだろう。ただ客観的データは乏しい。国際組織連合（Union of International Association, UIA）の国際組織年鑑（*Yearbook of International Organizations*）を参照し，1980年代以降国際 NGO が急増していると主張される。

国際 NGO は活動拠点を地理的に広げてきているものの，過去の傾向を引きずり，現在でも先進諸国に事務局を置く組織が多い。特に活動のしやすさから，ブリュッセルやジュネーブを拠点にしている場合が多い。しかし，ラテンアメリカ諸国など第三世界諸国に事務局を置く国際 NGO も増加してきている。この意味で，国際 NGO は国際的な広がりを持ってきたと言える。

国際 NGO が，NGO 間関係や国際組織，政府組織との関係を，近年特に密にしているという意見もあるけれども，裏付けるデータは乏しく，「関係」がそもそも何を指すかという問題もある。しかし例えば，1990年と2000年とを比較すると，ひとつの NGO あたりが他の団体と結ぶ関係は倍になっているという考察もある。

活動分野も広がりを見せている。第2次大戦直後から人権や国際法・国際制度構築の分野で国際 NGO は活動してきた。しかし1980年代以後，平和，女性，開発といった分野が新たに国際 NGO の射程に加わり，さらに近年では環境に関わる国際 NGO が急激に増加している。

以上のように，国際NGOが活発化していることは，否定しがたい事実と言える。

4 国際 NGO の具体的展開

近年の活動を見ると，ネットワーク化した国際 NGO の重要性がさらに認識できる。途上国累積債務問題，気候変動枠組み条約および京都議定書，対人地雷全面禁止条約，国際刑事裁判所設立規定が顕著な例である。

途上国の累積債務問題を解決するため，1970年代末から国際NGOのネットワークが形成され，1990年代半ばにはこの問題とジュビリーという観念が組み合わされた。ジュビリーとは，キリスト教における50年に一度の特別な記念日である。特に記念となる2000年に途上国の債務を帳消しにして，新たな千年紀を始めようという問題設定がなされた。この運動を推進したのが，最終的に69か国の組織と166か国の個人から構成されたネットワーク，ジュビリー2000 (Jubilee2000) である。1998年バーミンガム・サミットで7万人を動員した人間の鎖，1999年ケルン・サミットにおける抗議運動，IMFや世界銀行総裁との直接会談などの5年間の活動によって，債務削減が重要な政策議題であると債権国政府や国際金融機関に受容させた（遠藤 2005：207-12）。

気候変動枠組み条約（1992年署名）および京都議定書（1997年採択）は，二酸化炭素，メタン，一酸化二窒素，ハイドロフロロカーボンといった温室効果ガスによる地球温暖化を防止する試みである。地球温暖化を憂う科学と，経済活動に足かせをはめたくない政治とのせめぎ合いの中で，1997年に73か国，約230のNGOで構成された気候行動ネットワーク（Climate Action Network, CAN）が，条約と議定書の各国間交渉過程に影響を与えた。ロビー活動によってアメリカ合衆国の反対を押し切り，「危険な人為的干渉を及ぼすことのない水準」に温室効果ガス濃度を安定化させることを条約の目的とした。CANの当初のもくろみまでは到達しなかったものの，条約と議定書の両方に温室効果ガスの削減目標や期限を盛り込むことに成功した（目加田 2003：27-66）。

対人地雷全面禁止条約（1997年署名）が対象とした対人地雷は，被害者が起爆させる「受動性」と敷設後も一般人に被害を与え続ける「遅動性」を持ち，過去50年間，国内紛争や内戦などで核兵器と化学兵器よりも死傷者を多く生み出してきた。地雷禁止国際キャンペーン（International Campaign to Ban Landmines, ICBL）は，まず1992年から「特定通常兵器使用禁止・制限条約」（Convention on Conventional Weapons, CCW）の再検討会議の開催を要求した。しかし同会議が地雷全面禁止を実現できないことがわかると，カナダ政府主導のいわゆる**オタワ・プロセス**の出発点となる各国政府の会合を組織した。そして，アメリカ合衆国による修正案を押しとどめ，条約案を全面禁止の原則に近づけた。これが評価されICBLは1997年ノーベル平和賞を受賞している（遠藤 2002：151；目加田 2003：67-113）。

国際刑事裁判所（International Criminal Court）設立規定（1998年採択）は，国家を対象とした国際司法裁判所と異なり，重罪を犯した「個人」を起訴するための常設裁判所の設立を目指したものである。この画期的な試みは，「自国民に対する自国の裁判管轄権」という原則に風穴をあけた。長年，国際的に取り組まれてきたものの，手続きが進んだのは，旧ユーゴ国際刑事裁判所（1993年

▷2　2015年には，気候変動枠組条約第21回締約国会議（COP 21）および京都議定書第11回締約国会議（CMP 11）で，京都議定書に続く，2020年以降の温暖化対策の枠組み，「パリ協定」が採択された。

▷3　オタワ・プロセス（Ottawa Process）
国連において対人地雷の全面禁止がなかなか進展しない中，カナダ政府が国連とは別に国際会議を組織し，各国政府にたった1年ほどで全面禁止の条約に署名するよう迫り実現させた。NGOの代表が政府交渉に参加した点も画期的だった。

設置）およびルワンダ国際刑事裁判所（1994年設置）が設置された頃であった。さらにいくつかの問題を乗り越えるため，国際刑事裁判所を求める NGO 連合（NGO Coalition for the International Criminal Court, CICC）が働きかけを行った。CICC は，まず同裁判所設立のための外交会議開催を後押しした。また，「同裁判所設立のために志を同じくする諸国」間で設立のための主要原則を策定させると共に，同裁判所の安保理からの独立，管轄権，検察官の独立性，検察官と NGO の協力について，同裁判所が実行力のある機関になるよう貢献をした（目加田 2003：115-52）。

5 国際 NGO の課題

国際 NGO の活動と意義を位置づけようと，「グローバル市民社会」(global civil society)，「トランスナショナルな社会運動組織」(transnational social movement organization)，「トランスナショナル・**アドボカシー**・ネットワーク」(transnational advocacy network)，「トランスナショナル市民社会」(transnational civil society)，「グローバル社会運動」(global social movements) といった概念がつくられた（遠藤 2002：155-6）。

しかし同時に，国際 NGO はいくつかの課題も抱えている。

第1に，国際 NGO は重要な政治アクターでありながらも，国際会議でオブザーバーに留まるなど，政府代表のような決定権を持たない。力を発揮できるのは，イシューが国際的に注目されており，国家安全保障などのハイ・ポリティクスではなく，交渉の初期段階から各政府や国際機関の政策担当者と密に接することができる場合に限られる（遠藤 2002：157-8）。

第2に，国際 NGO はいかなる意味で市民社会の代表なのか。政府は基本的には選挙などを通して国内で民主的な支持を受け，国際的な討議に参加する権限を得ている。一方 NGO は，人々の代表性の点で弱い。そこで国際 NGO が活動を正統化するためには，問題に対する情報や技能を政府以上に身につけること，各国の利害を超えた問題解決に向けた普遍的価値に根ざすこと，問題を解決し一定の成果を出すことなどが常に求められるのである。

第3に，普遍的価値の実現を追求する国際 NGO も，第三世界の「市民社会」の社会編成と接触すると，資源の争奪戦や既存の社会的亀裂の増幅などで普遍的価値がゆがめられる可能性もある（遠藤 2002：168-71）。

このように，いくつかの課題を抱えながらも，国際 NGO は国境を超えた「公共性」に関わる問題を解決するための重要な政治アクターとして台頭し，国家を補完する形で国際システムを再編しているのである。

▷4 アドボカシー (advocacy)
新たな理念，規範，言説を持ち込んでイシューの再構成とアジェンダの設定をし，政策提言を行うこと。

IV 国境を超える集団と制度

2 超国家地域統合と人の移動

EU，NAFTA，ASEAN，APEC などの超国家地域統合は，上からのグローバル化の一種である。どれもまずは経済的な統合と発展を目指して進められる。EU に至っては，社会的・政治的な統合が最も進んでおり，域内での人の移動の自由化にまで進展している。しかし，必ずしもすべての地域統合において人の移動の自由化が認められるわけではない。NAFTA に見られるように，経済統合が進められる中，人の移動に関しては国境が再強化される場合もある。

1 超国家地域統合とは

グローバル化には，国家が主導権をにぎって起こす「上からのグローバル化」と，企業の経済活動や個人の移動などから自生的に生じる「下からのグローバル化」という二側面が区別できる。上からのグローバル化の主要な事例に「地域統合」(regional integration) がある。なお「地域」(region) には，複数の小さなコミュニティしか含まない場合から，複数の国民国家を含む場合まで様々ありうるけれども，ここで言う地域統合の「地域」は，後者の超国家的な地域である。

地理的に近接している複数の国民国家間で国境を開放し，モノ，カネ，人，サービスなどの流れを自由にしようというのが，地域統合の発想である。具体例としては，ヨーロッパ連合（EU），北米自由貿易協定（NAFTA），東南アジア諸国連合（ASEAN），アジア太平洋経済協力会議（APEC）がある。

地域統合はまずはモノやカネといった経済的側面でなされる。経済的統合は社会的・政治的統合を伴う場合もある。また逆に社会的・政治的統合を押しとどめようという場合もある。ここでは社会的・政治的側面のうち，特に「人の移動」と地域統合との関連を見ていくことにしよう。

2 ヨーロッパ統合と人の移動

世界で最も壮大な「実験」は，EU によるヨーロッパ統合である。国民国家間の国境を取り除き，地域をひとつの均質な政治空間にまでしようとしている。

○域内国境撤廃への同意形成

ヨーロッパ統合による人の移動自由化の原則が打ち出されたのは，1957年の**ローマ条約**においてである。その後，1986年調印の単一欧州議定書（Single European Act）が，モノ，人，サービスおよび資本に関する域内国境管理を共

▷1　ヨーロッパ統合は，第2次大戦直後の石炭鉄鋼共同体 (ECSC) から始まり，ヨーロッパ共同体 (EC) を経て，1993年マーストリヒト条約でヨーロッパ連合 (EU) へと発展した。

▷2　ローマ条約
(Rome Treaty)
ヨーロッパ経済共同体（EEC）を設立するため，1957年3月25日，ベルギー，オランダ，ルクセンブルク，フランス，西ドイツ，イタリアが調印し，1958年1月1日に発効した。ヨーロッパ原子力共同体を設立するための条約も「ローマ条約」と呼ばれ，同じ日に発効した。

▷3　調印したのは以下の12か国である。ベルギー，オランダ，ルクセンブルク，西ドイツ，フランス，イタリア，イギリス，アイルランド，デンマーク，ギリシア，スペイン，ポルトガル。

同体の権限とすることを決めた。また，域内市場を「モノ，人，サービスおよび資本の自由移動が確保される，域内に境界のない領域」と定義し，人の移動の自由化を方向づけた。当初，自由移動の対象は「労働者」だけであったけれども，1990年には労働者の「家族」，「退職者」，「学生」へと広げられていった（林 2002：61-4；宮島 1991：56-9）。

　1980年代後半になるとヨーロッパ統合は急速に進展し，「人の自由な移動」を達成しようと，移民労働者，難民，長期滞在者への対応を加盟国間で共通にする試みがなされた（Baldwin-Edwards 1991；Bunyan 1991）。熱心に取り組んでいたドイツ，フランス，ベルギー，オランダ，ルクセンブルクといった諸国は，域内入国管理を廃止するために，1985年にシェンゲン協定（Schengen agreement）を締結した。この協定は，締結国以外の外国人と，犯罪者やテロリストに対する域外国境に関する共通政策をも含んでいた。

　一方で，イギリス，アイルランド，デンマークなどは，シェンゲン協定締結国の国境管理に不信感を抱いていた。特にイギリスは，1976年にトレビグループ（Trevi Group）および1986年に「移民に関するアドホックグループ」（Ad Hoc Group on Immigration）の形成に主導権を発揮し，人の移動の管理と安全保障の問題を検討した。

　結果的には，シェンゲン協定締結国だけではなくトレビグループやアドホックグループも国家間協力を進めたため，1993年1月1日に人の移動の域内障壁撤廃は成功したと言える。1992年に調印されたマーストリヒト条約（the Maastricht Treaty）は，域内国境の管理を加盟国の「共通の関心事項」であると規定し，さらに国境管理の一部の事項を共同体の権限へと移行した。

○ヨーロッパ連合市民権と人の自由移動の実現

　さらに同条約は，EU諸国内の「人の移動の自由化」を踏まえて，以下の諸権利で構成された「ヨーロッパ連合市民権」（European Union Citizenship）を定めた（Castles and Davidson 2000：97-8；Martiniello 1994：31）。

- 加盟国の領域内における自由な移動と居住の権利
- EU外の第三国においてすべてのEU国の在外公館によって外交的保護を受ける権利
- ヨーロッパ議会への請願権と，EUオンブズマンに上訴する権利
- 他のEU諸国に滞在中でも行使できる，地方議会選挙と欧州議会選挙における選挙権と被選挙権

　ただし現在のところ，ヨーロッパ連合市民権が実体を十分伴っているとは言いにくく，エリートを除くと，一般労働者で域内を移動する者は少ない。また，域内外国人による欧州議会選挙と地方議会選挙への投票率は高くはない（梶田・小倉 2002：4-5）。一方で，冷戦終了後，東ヨーロッパや第三世界など域外からの人の流れは急激に政治化し，域内各国で国政の問題になっていった。

▷4　ヨーロッパ議会
（European Parliament）
最高意思決定機関である欧州理事会，立法機関である欧州連合理事会，行政執行機関である欧州委員会を統制するために，欧州市民の代表によって構成されているのが欧州議会である。権限は当初ごく限られていたけれども，1979年に直接選挙が実施されて以来，徐々に立法権限などを持つようになってきた。

▷5　EUオンブズマン
（EU ombudsman）
EU市民またはEU内に本拠を置く法人の要請によりEU内機関の不正な職務行為について調査することを任務とする。1993年マーストリヒト条約によって設立された。

1997年に調印され1999年に発効したアムステルダム条約は，域外国境の管理を一定の移行期間後にEUの権限にすると規定し，「自由・安全・正義の領域」の実現を目指し，難民庇護と移民の管理，犯罪の予防・撲滅を確実にして，域内自由移動を可能にしようとした（若松 2003：231）。1999年10月フィンランド・タンペレでの特別首脳会議は，EUとしての具体的な共通政策を策定し，2004年までに移民政策の主要部分をEUの権限に収めようとした。

　1993年のマーストリヒト条約調印前から1999年のアムステルダム条約成立まで，人の自由移動の共通政策化をめぐって，推進派のシェンゲン協定締結国と，イギリス，アイルランド，デンマークの慎重派が牽制し合っていた。しかし，1990年代後半，条件が整った国でまず共通政策を導入するという「先行統合」と「適用除外」（opt out）の考え方が取り入れられ，EUへの権限委譲が進行していった。

　ドイツ・フランス国境のアルザス地方では，フランス側にドイツ住民が増えていることに対するナショナリズム的反応がありながらも，越境通勤者が日常化することで，トランスナショナルな空間ができあがっている（中力 2002）。しかし，人の移動の自由化がこのまま進展するかどうかは予断を許さない。2001年ニース条約の調印後，2004年5月に東欧諸国など10か国が新たにEUに加盟し，2007年1月にはルーマニアとブルガリア，2013年7月にクロアチアも加盟した。[6] その結果，多くの移民がもとからの加盟国に流入し貧困化している。そこで，東欧諸国からの人の自由移動は暫定的に制限されている。さらにトルコのEU加盟は，イスラム教徒がEU内を移動することの懸念とも関連している。また域内国境撤廃は，南欧や東欧に移行した外囲国境を問題化した。北アフリカのモロッコと国境を接するスペインの飛び地セウタとメリラには「鉄の壁」が設けられた（梶田 2005：133）。2015年ヨーロッパ難民危機の際には，ハンガリーなどが有刺鉄線でフェンスを設けた。[7]

3　NAFTAにおける人をめぐる国境の強化

　ヨーロッパ統合の動きは，超国家的な地域統合がまずは経済的側面から始まり，そして政治的，社会的側面に及びうる例を示している。ところが，地域統合すべてが同じ傾向を見せるわけではない。経済統合を進めつつも，一方で人に関する国境管理は強化しようとする場合もある。

　北米自由貿易協定（NAFTA）は，カナダ，アメリカ合衆国，メキシコ間で1994年に発効した。域内の人口3億8000万人，GDPは7兆2000億ドルという世界最大の経済圏が成立したことで，域内での商品と資本の移動が促進された。典型的にはアメリカ合衆国とメキシコの国境近辺で自動車産業が活発化した。移民に対するNAFTAの影響に関しては議論があり，労働組合や環境保護団体は，アメリカ合衆国の企業がメキシコに移転し，環境が破壊され，低賃金な

[6]　EUは2015年現在，7度の拡大を行ってきた。1973年（デンマーク，アイルランド，イギリス），1981年（ギリシア），1986年（ポルトガル，スペイン），1995年（オーストリア，フィンランド，スウェーデン），2004年（チェコ，キプロス，エストニア，ハンガリー，ラトヴィア，リトアニア，マルタ，ポーランド，スロヴァキア，スロヴェニア），2007年（ブルガリア，ルーマニア），2013年（クロアチア）（駐日欧州連合代表部 2014）。

[7]　2016年，国民投票により英国がEU離脱（いわゆるブレクジット）を決めた背景にも，東欧諸国からの人の流入がある。

ど劣悪な労働環境で労働者が働かされることを懸念した。一方NAFTA推進派は，メキシコへの投資がメキシコ国内での雇用を増大させ，アメリカ合衆国へ入国する非合法移民を減少させると主張した（小井土 2002：169-70）。

メキシコ側は，アメリカ合衆国に居住しているメキシコ系移民を政治的・社会的に包摂しようとし，権威主義体制崩壊による政権交代の可能性の中でメキシコの政党は移民たちへの働きかけを試みた。メキシコ議会は1997年，憲法を改正して二重国籍を容認し，アメリカ合衆国在住のメキシコ移民は，選挙当日越境しメキシコ国内の投票所で投票できるようになった。公式的な制度のレベルだけではなく，非公式なレベルでも包摂過程は進んだ。移民たちはメキシコ国内のコミュニティとアメリカ合衆国内のメキシコ人コミュニティを結びつけ，トランスナショナルな空間をつくりあげたのである（小井土 2002：186-90）。

ところが，NAFTA の経済統合が進展する一方，アメリカ合衆国では反移民運動と国境管理強化が展開していた。1986年移民改革統制法によって非合法移民を合法化し，非合法移民を雇用する者への罰則規定を設けたにもかかわらず，非合法移民の数は減少しなかったため，ブッシュ（父）政権はアメリカ合衆国－メキシコ国境に高さ3メートルの鉄板の「壁」をつくりあげた。続くクリントン政権は，国境警備隊の予算と人員を急増させた。この結果，密入国斡旋業者がはびこり，新たな進入路を開拓するなどした。またすでに入国した非合法移民を社会サービスから排除しようと，1994年カリフォルニア州では提案187が提出された。1996年には「福祉改革法」と「非合法移民改革法」が議会を通過し，合法移民から非合法移民までを段階づけて「見えない境界」をつくり，福祉サービスの供給を抑制しようとした。

このように人の移動に関して，メキシコ側の国境無化の動きにもかかわらず，アメリカ合衆国側は国境を強化しようとしており，NAFTA の地域統合は人の移動に関しては開放的にはなっていないのである。

▷8 この時期のアメリカ合衆国の状況については，Ⅴ-9 を参照。

▷9 Ⅱ-5 ▷10参照。

▷10 2017年に就任したドナルド・トランプ米大統領は，メキシコとの国境に壁を増設する公約を実現しようとしている。

4 地域統合と人の移動の解明すべき課題

超国家的地域統合はほとんどの場合，経済的統合から始まるが，次の段階である社会的統合や政治的統合がどのような条件で伴うのかは，解明すべき問いである。特に，人の移動が自由化されたり制約されたりするメカニズムを，地域統合の中に位置づけて考える必要があろう。

また，EU 域内での人の移動が活発化すると，イスラム教など様々な文化や民族が混淆する。そこでいかに共存を達成するかは，課題として残されている。さらに，旧ソ連や旧ユーゴスラヴィアの崩壊，コソボ問題，マケドニアのアルバニア人問題など，EU の周辺で民族の純化や分離が生じている状況（梶田・小倉 2002：11-2）で，地域統合そのものが可能になる条件も解明すべき課題である。

Ⅳ　国境を超える集団と制度

3　国際人権レジーム

多くの移民・外国人が国境を越えて移動していく中，その人々の権利を保障するべく国際人権レジームが発達してきた。世界人権宣言および国際人権規約を中心として構成された国際人権レジームは，他の条約によって補強されつつ発展してきている。今後，国家主権に対抗できるほどの力を持つようになるかどうか，注目に値する。

① 国際人権レジームとは

　移民・外国人の諸権利を保障する主体は，まずは出身国家であった。しかし多くの移民・外国人が他国へと移動し定住するようになると，受け入れ社会などにおける権利の侵害を防ぐため，国際人権法が登場してきた。そしてしだいに発達し，「国際人権レジーム」と呼ばれるようになった。

　一般に国際レジーム（international regime）は，ある国際的なイシューに関して「行為者の期待が収斂する原理，規範，ルール，そして意思決定の手続き」と定義される（Krasner 1982 : 185）。したがって国際人権レジーム（international human rights regime）とは，「人権」という国際イシューに関する国際レジームと定義できる。

▷1　**人権**(human rights)
個人が人間であるがゆえに持つとされる権利の総称。自由権や生存権を中心として，様々な権利を要求する際に用いられる。近代市民社会誕生以後の思想であるけれども，どんな社会のどんな人に対しても保障されるべきだという含意がある。

② 世界人権宣言と国際人権規約

　第2次大戦以前からすでに，外国人の扱いに関してはいくつかの慣習法と規則が存在していた。しかし，国際人権レジームが発展してきたのは第2次大戦後である。このレジームの基本を構成しているのは，世界人権宣言と国際人権規約である。

　発展の第1段階は，1948年に世界人権宣言（Universal Declaration of Human Rights）が国際連合で採択されたことである。だが，当時は国連加盟国間で人権の考え方が一致していなかったことから，同宣言は加盟国に対する法的な拘束力のない「宣言」にすぎなかった。

　発展の第2段階を構成したのは，1966年に国際連合が採択し1976年に発効した国際人権規約である。この規約はA規約とB規約の2つにわかれている。

　A規約は「経済的，社会的及び文化的権利に関する国際規約」（International Covenant on Economic, Social, and Cultural Rights）のことであり，社会権規約とも呼ばれる。またB規約は「市民的及び政治的権利に関する国際規約」（Inter-

表Ⅳ-3-1 国際人権レジームの整備

	採択年/発効年/日本批准年	内容
人種差別撤廃条約	1965/1969/1995	人種,肌の色,家系,民族的出自による差別禁止
女性差別撤廃条約	1979/1981/1985	男女の完全な平等目指す
拷問等禁止条約	1984/1987/1999	残虐で非人道的な取り扱い拷問や刑罰の禁止
子どもの権利条約	1989/1990/1994	貧困,飢餓,紛争,虐待,性的搾取から保護
移民の権利保護条約	1990/2003/未批准[1]	移民の権利の包括的保護

出所:外務省(2007);柄谷(2005)より作成。
注:1) 2009年4月時点。

national Covenant on Civil and Political Rights)のことであり,自由権規約とも呼ばれる。この国際人権規約によって,国際人権レジームは批准国に法的拘束力をもたらすようになった。いったん批准すると,当該国にはこれを遵守する法的な義務が発生する(近藤 2001:148)。

3 国際人権レジームの整備

国際人権規約が採択されたあたりから,国連では他にもいくつかの条約が採択され,国際人権レジームが整備されてきた。国連以外の国際機関も国際人権レジームの形成に関わっている◁2(表Ⅳ-3-1)。

4 日本の対応と「国家主権の衰退」論

国際人権レジームの様態と効果は,世界全体を通して一様ではない。例えばヨーロッパ連合(EU)においては,ヨーロッパ人権条約がつくられ,ヨーロッパ人権裁判所によってその実施を保障するため実効性がある。しかし他の地域では,国連主導の国際人権レジームは「促進レジーム」の段階にあり,「実施」は一部分のみしかなく,「執行」にはほとんど達してない。◁3 すなわち,国際人権レジームがいかにして国内法制度・規範に浸透するのかという問題に直面している段階にある(金 2002)。例えば,日本は1981年に難民条約,1982年に難民議定書に加入したことから,難民だけではなく外国人住民にも社会的諸権利を保障することになった。また,女性差別撤廃条約の批准にあわせて国内法で男女雇用機会均等法をつくり,国籍法を父系血統主義から父母両系主義へと改めた。他にも個別にはブラジル人であることを理由に店から追い出そうとした宝石商の裁判で,国際人権レジームに言及されたことはある(近藤 2001:151)。しかし国際人権レジームに強く影響されているわけではない。

果たして,国際人権レジームは国家主権を衰退させるほどの力を持っていくのであろうか。今後,注視していかなくてはならない(Tarumoto 2004a)。

▷2 例えば国際労働機関(ILO)は,1919年 ILO 憲章前文および1944年フィラデルフィア宣言で移民労働者の保護の重要性に言及し,活動を行っている(駒井他 1997:244-5)。

▷3 レジームの機能としての「促進」とは,国際規範の国内的実施を支援・奨励すること。「実施」とは,監視手続きと政策調整機能により国際規範の実現を進めること。「執行」とは,強力な監視手続きと拘束力ある意思決定手続きで国際規範の実現を迫ることである(阿部 1998:20)。

IV 国境を超える集団と制度

4 世界都市のグローバルな展開

世界都市とは，国際金融センターが存在し，多くの金融業や多国籍企業の管理・行政部門が集積することで，世界経済の中枢として機能している都市のことである。世界都市は，他の世界都市と連携し，国家を超えた役割を果たす。世界都市には高技能・高所得の人々が集住すると同時に，管理・行政部門や金融部門を支えるために低技能・低所得の職も創出されるので，階層の二極分化が生じると言われる。また，多くの国際移民がやってくるため，多様な文化が享受できるようになる一方，人種差別など社会的摩擦も増加し，都市内部に世界システムと相似形の中心-周辺構造が形成される傾向にある。◁1

1 世界都市とは

世界都市（world city, global city）とは，世界資本主義経済システムに組み込まれ，国家レベルを超えて「世界」と直接に結びついているような都市のことである。このような世界都市は，資本主義経済の世界的発達と共に存在したと考えられる。例えばかつてのヴェネツィアやジェノバといったイタリアの都市国家はイングランドやフランスのような近隣王国よりも大きな経済的・政治的権力を持っていた。また19世紀後半から20世紀初めのロンドンは大英帝国の産業革命による工業生産力と帝国主義による植民地支配を背景として初めて数百万人規模の巨大都市となった。20世紀になるとアメリカ合衆国の強大な軍事力と多国籍企業・基軸通貨ドルなどによる経済力は，ニューヨークを世界都市へと押し上げた。しかし，ここで言う世界都市が本格的に顕著となり始めたのは，資本のグローバル化と交通・通信手段，情報処理手段の発達が飛躍的に進展した1980年代になってからのことである。具体的には，ニューヨーク，ロサンゼルス，ロンドン，パリ，東京などの都市が挙げられる。◁2

ジョン・フリードマンは，新しい国際分業を空間的に組織するため，領土を基盤として機能する政治と，グローバルなレベルで機能しつつある経済との矛盾の上に世界都市が生じてきたとし，次のような7つの仮説を立てた（Friedmann 1986）。

(1)ある都市のグローバル経済への統合の度合いと，国際分業上の機能が，その都市内部の構造変動を決定する。
(2)世界の主要都市は，グローバル資本の「拠点」として活用され，その都市

▷1 世界資本主義経済の成立当初，資本の蓄積・貯蔵・分配を行う都市と，武力など強制力の貯蔵・行使を行う国家は，相互に依存していた。しかし，経済の発展や戦争によって，都市は国家に飲み込まれていった。世界都市は，いったん飲み込まれた都市が，世界資本主義経済システムの下で，国家から自立できるかを計る試金石とも考えられる（町村 1996）。

▷2 20世紀初めパトリック・ゲデス（Patrick Geddes）が産業革命後の工業化で世界的に増大した巨大都市を「世界的な都市」（World Cities）と呼んだ。また，1960年代には地理学者ピーター・ホール（Peter Hall）が「世界都市」（world cities）の事例分析を行った。1980年代になると，従属理論や世界システム論の影響で世界都市研究に「グローバル・パラダイム」が持ち込まれた（町村 1992：5-6）。

同士のつながりが主要都市を複雑な空間的ヒエラルキーに組み込む。
(3) 生産セクターと雇用の構造・動態によって，世界都市が果たすグローバルな管理機能が決まる。
(4) 世界都市は国際資本の集中と蓄積の主要な場である。
(5) 世界都市は，国内移民および国際移民の目的地である。
(6) 世界都市の中には，空間的・階級的二極分化が形成されうる。
(7) 世界都市の成長で生じる社会的コストは，国家の財政能力を超える傾向にある。

これらの仮説は，世界都市の対外的展開と内部的展開に分けて考察するとより理解が深まる。

2 世界都市の対外的展開

都市は世界資本主義経済システムの中に統合され，その性質を規定される（仮説1）。1980年代以降生じた急激なグローバル化，すなわち運輸交通手段や情報通信手段の国境を超えためざましい発達は，いくつかの都市を世界経済の結節点にする。すなわち都市が，資本，モノ，情報，人などが国際的に移動し行き交うポイントとなるのである。この媒介性の高さがまずは都市を世界都市の地位へと引き上げる。媒介性は純粋に経済的な力だけから派生する性質ではない。例えば19世紀ロンドンや20世紀以降のニューヨークの場合は，政治的なヘゲモニーを国家が握ったがゆえに，その国家に属する主要な都市がグローバル・レベルにおける影響力を獲得した。同じように，工業化の成功と活発な通商で蓄積された経済資本も，グローバルな影響力の獲得を可能にする。国家のグローバルな影響力，すなわち中心性の獲得は，媒介性を高める。このように，世界都市には媒介性中心のネットワーク依存型のものもあれば，中心性に基礎を置くヘゲモニー依存型のものもある（町村 1996）。

世界都市化した諸都市には，階層的な序列が付けられていく（仮説2）。中心国のいくつかの都市はグローバル・レベルにおける最高位を占めるのに対して，その下には所属地域の中で高い位置を占める別の都市が位置づけられる。特に**NICS**や**NIES**と呼ばれるアジア諸国の主要都市は，このような地域において高い位置についた世界都市であり，アジア地域を世界経済に連接する機能を持つ（図Ⅳ-4-1）。

世界都市化は管理機能化でもある（仮説3）。国際金融センターができてグローバルな金融市場をコントロールし始めると，金融資本が集まってくる。**多国籍企業**の管理部門も集中し始め，他の国の支店に対して経済活動の指示を出す経済的中枢管理拠点となっていくのである。資本は，世界都市において「グローバルな管理能力」を創出していく。

▷3 グローバル化については，Ⅰ-5 を参照。

▷4 NICS・NIES
発展途上国・地域の中で石油危機以後も経済成長を遂げた国・地域のことを指す。特にアジアの韓国，台湾，香港，シンガポールが注目を集めた。1980年前後は NICS（Newly Industrializing Countries，新興工業国）と呼ばれたけれども，台湾と香港の国際的地位の観点から，1980年代終わりからは NIES（Newly Industrializing Economies，新興工業経済地域）と呼ばれるようになった。

▷5 多国籍企業
経済活動の組織的基盤が複数の国にまたがっている巨大な企業のこと（梶田 1996：342-3）。

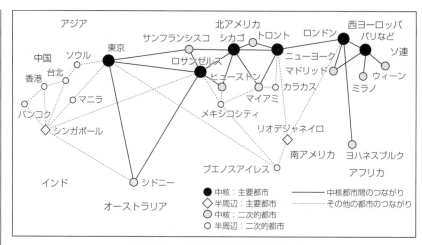

図Ⅳ-4-1　世界都市のヒエラルキー

出所：Friedmann (1986：74)

3　世界都市の対内的展開

　このように，都市が世界資本主義経済システムに埋め込まれ，対外的な変容を被ると，対内的にも構造的な変容が生じていく。

　第1に，経済的変容である。経済的中枢管理の拠点化が進むことで，外国資本を含むより多くの資本が集中し蓄積されていくことになる（仮説4）。そして，さらなる資本を都市内に受け入れるために，都市空間の再編が進んでいく。水平的拡大（新市街地やウォーターフロントの建設）や垂直的拡大（高層化，地下利用），利用形態の更新（再開発）などが進むのである（町村 1992：16-7）。

　さらに，多国籍企業の管理部門，多国籍金融企業，国際金融市場などの経済中枢機能が集中して都市に「グローバルな管理能力」が形成されると，そこで働くため専門職・管理職の労働者や移民たちが国内外から引き寄せられてくる（仮説5）。しかし，高技能・高所得の移民は少数である。その他の大量の移民が，経済中枢機能を下支えするため産出された各種のサービス業へと，周辺部諸国から流入する。特に移民たちは，清掃業などサービス業の末端現業部門，ホテル・レストランなど対個人サービス業，衣服など労働集約的な低賃金製造業などに，低賃金で従事する。同時に，工場移転やハイテク化は，製造業など熟練労働者の職を失わせ，スウェットショップ（劣悪な条件の工場）や家内労働における単純組み立て作業などの低賃金職を増加させる。その結果，階層構造は専門職・管理職と，単純労働職に二極分化する可能性がある（Sassen 1988＝1992；Sassen 1991）。この階層的二極化を伴う経済的再編成は，空間的な二極分化とも連動している。すなわち，ジェントリフィケーション◁6などにより，専門職・管理職が働き居住する「高級空間」と，単純労働者が居住し時に労働する社会インフラが劣悪な「低級空間」が分離するのである（仮説6）。

▷6　**ジェントリフィケーション**（gentrification）
衰退した都市中心部が，商業オフィス，文化施設，レストラン・カフェ，高所得者向け住宅などの建設により再生すること（Cohen and Kennedy 2000 ＝ 2003b：104）。

第2に，文化的にも世界都市化は内部的な構造変動を引き起こす。世界都市は世界各地から様々な文化や情報を受け入れると同時に，それら文化や情報を咀嚼することで独特のメトロポリタン文化を醸成し，各種メディアを通じて世界へ向け情報発信していく。例えば外国人観光客を呼び込もうとする東京・上野での「下町」というローカルな文化シンボルの掘り起こしのように「ローカルな異質化」も試みられる（五十嵐 2005）。また，多数やってくる国際移民は自分たちの文化を世界都市にもたらし，メトロポリタン文化をさらに豊穣なものにする可能性がある。しかし同時に，人種・民族で区切られた世界システムレベルの不平等構造（中心／半周辺／周辺）が世界都市内部で再現されることにより，国際移民がもたらす「異質性」は，人種差別や外国人排斥運動などの形でコンフリクトを引き起こすこともよくある。このコンフリクトが一定レベルを超えると，世界都市の社会的コストは国家の能力を超える可能性がある（仮説7）。

第3に，しかし政治面では，多くの場合そのような社会的コストよりも世界都市化を推進することから得られる政治的または象徴的利得の方が上回っているように見える。東京の事例が明らかに示すように，都市を舞台にした「都市再開発」（都市リストラクチュアリング）と「国際化」は，そもそも互いに関係のない政策課題であった。しかし，「世界都市化」という看板の下，省庁，地方自治体，建設業者，金融業者など多くのアクターが「都市構造再編連合」を構成し，「都市再開発」と「国際化」を同時に追求するようになった。この「再編連合」は，多くのアクター間で利害関係を調整するためのメゾ・コーポラティズム的な政治手法であり，その形成と運営には国家が強いイニシアティブを発揮していた（町村 1994b：103-40）。国家は，コーポラティズム的連携組織を主導し，政治的・象徴的利得を求めて都市開発を推進していく。つまり世界都市化は，「都市再開発」という金のなる木を「国際化」という看板で正当化できる都合のよい象徴的な目標なのである。

4 世界都市化の課題

世界都市化には大きなマイナスもある。再開発に伴い急激な環境破壊が生じる可能性が高い点，また，外国人住民の増加は都市の「異質性」を高め，社会統合の維持という難しい課題を提示する点，さらにより重要なことには，都市住民の利益が尊重されることが少ない点である。世界都市化は，速度を緩めることはできても，完全に止めることはできないだろう。しかし他方では文化が豊かになるなどプラス面もある。そこで，「誰のための世界都市化なのか」と常に問いつつ，都市の構造変動を緩やかにしていく工夫が望まれる。

▷7 都市や都市の中の一地域が，固有に見える文化を見いだすことによって他の都市や他の地域との差異を強調していくこと。

▷8 都市再開発の典型例には例えば，ニューヨークのバッテリーパーク開発，ロンドンのドックランド開発，パリのデファンス地区開発，東京の臨界副都心開発が挙げられる（町村 1996：176）。

▷9 しかし，東京がニューヨークやロンドンのような意味で世界都市かどうかについては議論がある。例えば，職業構成，所得構造，貧困層の観点から見れば東京は二極分化していない（園部 2001：63-85）。

Ⅳ　国境を超える集団と制度

　エスニック・メディアの広がり

移民が多数移動してきた社会には，新聞，雑誌，ラジオ，テレビなどのエスニック・メディアが多数登場する。歴史的にもこれまで，移民メディア，マイノリティ・メディア，越境者メディアのように，新しい役割を持ったエスニック・メディアが登場してきた。現時点において，エスニック・メディアは，集団内的機能，集団間的機能，潜在的機能と3種類の機能を発揮している。その結果，エスニック・メディアはその形態や数を変化させつつも存在し続けているのである。

1　エスニック・メディアとは

　移民・外国人が多数居住するようになると，ホスト社会の中に，新たな新聞，雑誌，ラジオ，テレビなどが登場してくる。このように，エスニック・マイノリティたちが自分たちの言葉を求めてつくり出したメディアを，「エスニック・メディア」と呼ぶ。厳密に言うと，メディアの「作り手・送り手」と「受け手・対象」がエスニック・マイノリティであり，「使用されている言語」がエスニック・マイノリティの言語である場合を狭義のエスニック・メディアと定義できる。しかしここでは，作り手・送り手，受け手・対象，言語のいずれかがエスニックな意味でマイノリティであるようなメディアを，エスニック・メディアとして広く捉えておくことにしよう（町村 1993a：200-2；白水 1998：129）。

　エスニック・メディアは様々な形態をとる（白水 1998：119-22, 130-1）。最も長い歴史を持つのは新聞や雑誌といった印刷メディアとして流布した。日本において明治初期の西洋人居留区で出版された欧米語の新聞や，明治30年代初頭に出された中国語新聞，新大陸へ移動した日系人向けの日系新聞がその例である。

　ラジオやテレビという放送メディアの場合，中波ラジオ局の番組から外国人向け専用FM局，そして衛星放送のエスニック語チャンネルまで幅広く存在する。近年では小出力のコミュニティFMやケーブルテレビでエスニック・メディアの番組がつくられるようになっている。

　さらに近年急激に発展してきたのは，通信メディアである。比較的古くからある電話やファックスに加え，インターネットや電子メールが登場して，エスニック・メディアを容易かつ安価につくり出せるようになってきた。今では多

▷1　エスニシティについては，Ⅰ-3を参照。

くのウェブサイトやメールマガジンにアクセスできる。

2 エスニック・メディアの歴史的展開

アメリカ合衆国は，膨大な数の移民を受け入れて社会を構築してきた。移民国家としての20世紀におけるその経験を振り返ると，エスニック・メディアは歴史的に3段階の展開を見せる（町村 1994a）。

○移民メディア

第1の段階は「移民メディア」である。19世紀終わりから20世紀初頭にかけての急速な工業化の中，アングロサクソン・プロテスタントではない民族的・文化的・言語的特徴を持った「新移民」がやってきた。スラブ系やラテン系，カトリック系やユダヤ教，ギリシア正教の新移民たちはシカゴのような大都市に集住し，自分たちの母語による新聞や雑誌を急増させた。これが移民メディアである。移住先の「言葉の壁」の高さが需要を高め，本国で言論の自由が抑圧されている場合もあり，移民メディアが移住先社会で広まっていった。移民メディアは移民のアメリカ化を阻害するのか，それとも促進するのか。シカゴ学派のロバート・パーク（Robert E. Park）は，隔離的な移民メディアに関わった移民の方がアメリカ合衆国のメインストリーム文化に効率的に同化できるとした。移民メディアは移民たちのアメリカ合衆国における生活を安定させる効果を持ち，移民たちに同化する余裕を与えるためである。これをバーバラ・ラル（Barbara B. Lal）は「エスニシティの逆説」と呼んだ。

▷2 20世紀初め，シカゴ学派は新聞・雑誌などエスニック・メディアのことを「移民プレス」（immigrant press）と呼んだ（白水 1998：117-8）。

○マイノリティ・メディア

第2段階として，白人中産階級の文化や英語への同化を促した移民メディアに対して，文化的同化に対抗し，多元的社会におけるマイノリティ集団の自律性獲得を目指すメディアが現れた。「マイノリティ・メディア」である。第2次大戦前にはアフリカ系アメリカ人のメディアが白人による差別に反抗し，大戦後にはマイノリティ・メディアが本格的に展開した。1965年新移民法が施行されると「新移民」が流入し，政治難民や亡命者も急増した。また，1950年代後半からの公民権運動の高まりは，移民の位置づけを「人種のるつぼ（melting pot）」から「サラダボール」や「シチュー」へと変えた。このような状況においてマイノリティ・メディアはマイノリティの自己主張の手段となり，ローカルな領域でメディアを多元化・相対化し，新聞・雑誌だけでなくテレビ・ラジオへと形態を広げることで音声や映像までが外国語で表現された特異な社会空間が形成された。つまりマイノリティ・メディアは，アメリカ合衆国のエスニックな多様性を象徴する。

○越境者メディア

第3に，移動と通信のテクノロジーの急激な発達，および製作・流通コストの低下は，移動する人々に国境を超えて展開するコミュニティの感覚を生み出

図IV-5-1 日本で出版されているエスニック・印刷メディア
ⓒHideki Tarumoto 2007

した。この感覚の基礎となるのが「越境者メディア」である。越境者の文化的基盤は，空間的な移動性や流動性と時間的な限定性であり，ホスト社会と出身社会の双方に属していながらどちらにも属していないという感覚であり，文化や社会関係における脱国境的性格が日常生活に埋め込まれていることである。亡命者コミュニティが制作した雑誌やCDが別の国の同じエスニックなコミュニティで消費される。また，出身国でつくられたテレビ番組が通信衛星を介してホスト社会でリアルタイムに見られるようになる。これら越境者メディアは，越境体験が日常化するにつれ，ホスト社会からも出身社会からも距離を置くようになる越境者のための，生活や文化の新しい基盤として機能するのである。

このような，移民メディア，マイノリティ・メディア，越境者メディアといったエスニック・メディアの展開は，アメリカ合衆国だけでなく他の移民受け入れ社会でも多かれ少なかれ見られる現象であろう。社会間での違いを比較研究することも興味深い課題である。

3 エスニック・メディアの機能

以上のような歴史的な展開に対して，現時点における状況を考察すると，エスニック・メディアは移民やエスニック・マイノリティにいくつかの機能を果たしていることがわかる。その機能は，集団内的機能，集団間的機能，潜在的機能に分けて論じることができる（イシ 2002：181-90；白水 1998：135-40）。

第1に，エスニック集団内に対する機能にも様々なものがある。まず，エスニック集団のメンバーはエスニック・メディアを通じて遠くに滞在するメンバーと心理的につながり，集団としてのアイデンティティを形成しうる（成員の心理的結合）。またホスト社会で生活するために必要な衣食住や医療，仕事などの情報を得ることもできる（生活情報提供）。メディアに載ったマンガや投書

によって移住先でのつらさを癒すこともでき（娯楽・癒し），子どもの入学やスポーツ大会の入賞などの記事が載ると，自分がコミュニティ内で一定の地位を得たという感覚を得ることもできる（地位付与・励まし）。さらに，エスニック・アイデンティティの覚醒やマジョリティからの差別を問題化する視点を与えられることもある（啓蒙）。

　第2にメディアは，エスニック・マイノリティ集団とマジョリティ集団をつなぎ，マイノリティ集団同士をつなぐ集団間的機能を持ちうる。どちらの場合も，マジョリティの言語か，多民族共通語である英語を用いて，各集団の文化や出来事を伝え，集団間の理解を深めていく。また，マジョリティの機関がマイノリティに対して起こした事件や，マイノリティのホスト社会への貢献といったエスニック・メディアが報じた良いニュースを，さらにマジョリティのメディアが報じて全国ニュースになったりする。

　第3に，集団内的機能および集団間的機能によって潜在的に生じるのは，社会安定機能であると言われる。天災や事故など危機的な場合だけではなく，平常時においても，各集団の文化や考え方が互いに伝わっていれば，無用な対立や抗争が生じる可能性は低くなるであろう。

4　エスニック・メディアの将来

　日本におけるエスニック・メディアを見ても，外国人の増加と共に拡大し越境し続けている（町村 1993b）。2002年の調査では，次のような言語が使用されていたという。中国語，英語，韓国・朝鮮語，ポルトガル語，日本語，多言語，ベトナム語，スペイン語，タガログ語，フランス語，インドネシア語，タイ語。また，1990年代後半から2002年までの間に，少なくとも22の新聞・雑誌が創刊されたという（白水 2003：210-2）。

　このようにエスニック・メディアは，その目的や形態を変容させつつ，エスニック・マイノリティがホスト社会に滞在する上で必要不可欠な情報や便益を供給し続けており，エスニック・メディアがなくなるということはないだろう。しかし，あるエスニック集団の成員が二世から三世，四世へと年を経ると，その集団のエスニック・メディアの機能が変容したり，必要性が薄くなったりする。近年急速に発達したソーシャル・メディアがエスニック・メディアの形態を著しく変えることになるかもしれない。また，記事の不正確さや経営の不安定さなどの問題もある上，エスニック・メディアが移民たちのホスト社会への統合を促進するのかどうかは課題として残されている。エスニック・メディアにコミットメントすることでホスト社会への統合が進むという「エスニックな逆説」が適切なのか，それとも出身社会へのコミットメントを継続させてしまうことでホスト社会への統合を遅らせてしまうのか。今後，考察が必要である。

Ⅳ 国境を超える集団と制度

メディア文化のグローバル化

様々なメディアを介して文化が国境を越えていく社会変動過程を，文化的グローバル化と呼ぶことができる。国家を超えるような文化が形成され，文化帝国主義論，カルチュラル・スタディーズ，ランドスケープ論が分析視角として提唱されてきた。今後注目すべき現象として，電子メディアの発達が従来のマスメディアとどのように関係を形成するのか，グローバル化した文化は人々の社会関係を変えていくのだろうか，国家はどのような役割を果たすようになるのか，などがある。

1 文化的グローバル化

グローバル化は，いくつかの側面が入り交じった複合的な社会変動過程である。例えば，経済的グローバル化，政治的グローバル化，社会的グローバル化，文化的グローバル化のような側面に分けることができる。これら4つのグローバル化のうち，文化的グローバル化は時間的に最後に現れることが多い（川崎 2002：67）。CNN，ディズニー，ソニーなどのグローバルメディアは，文化的グローバル化の典型例であり，情報と文化を世界中に発信している。またテクノロジーの発達に伴い，エスニック・メディア，国際衛星放送，インターネットにより，個人や小規模な集団でさえ，世界に向けた情報発信／世界からの情報受容が可能である。また非西洋メディアが台頭し，近隣諸国を中心としてドラマ，音楽，アニメといったポピュラー文化を広めている。『冬のソナタ』など韓国発のテレビドラマはアジアで「韓流ブーム」を巻き起こし，日本など様々な国で多くの視聴者を獲得した。このように，様々なメディアを介して文化が国境を越えて伝わっていく現象全般を，ここでは文化的グローバル化と呼ぼう。

2 グローバルな文化の出現

文化的グローバル化の結果出現した国家を超える文化として次の2つがよく言及される（川崎 2002：77-83）。

ひとつは，インターナショナル・ミドル・カルチャーである。これは近代社会の誕生以来上流階級が継承してきた文化であり，いわばエスタブリッシュメント文化だと言える。例えば，外交官，多国籍企業，知識人，芸術文化人などが担い手となる社交，ライフスタイル，文化資本の違いが伴った文化である。

▷1 グローバル化全般については，Ⅰ-5を参照。

◁1

図Ⅳ-6-1　中国・北京のスターバックスカフェ
ⓒ Hideki Tarumoto 2007

長らく国際文化交流の主体となってきた。

　もうひとつは，グローバル・ポピュラーカルチャーである。このグローバル・ポピュラーカルチャーは，1960年代にサブカルチャーとして出発しつつも，現在では極めて規模が大きくなり，経済市場において取引されるようになったものである。担い手の文化資本に違いはなく，かつてはアメリカ合衆国発のものが多かったけれども，日本発のアニメ・コミック文化やテレビゲーム文化も，このグローバル文化の例に挙げられるようになってきた。日本のアニメやゲームは世界各国で享受されるようになっているのである。

　この2つの文化的グローバル化は中心的な生産者を共有する傾向にある。新しいメディア文化産業に従事するような，ニューリッチまたはインフォミドルと呼ばれる中産階層である（川崎 2002：80-1）。すなわち文化的グローバル化の発達は，社会階層の構成にも影響を与えているのである。

　しかし国境の制約を超える文化はこれら2つだけではない。例えばホスト社会へ移動した移民たちが架け橋となり，自社会とホスト社会にまたがった文化圏を構成している例が多く報告されている。このような文化は「トランスナショナル文化」と名付けることができる。

▷2　トランスナショナリズムについては，Ⅰ-6を参照。

③　文化帝国主義論

　文化的グローバル化を分析するため1970年代に現れた議論は，文化帝国主義論（cultural imperialism）という考え方である（Tomlinson 1991＝1993, 1999＝2000）。世界システムにおける中心から周辺に向かって一方向的な文化的支配が生じ，世界が一元化され，文化は画一化してしまうことを問題視している。特に，批判の対象はアメリカ合衆国に向かう。アメリカ合衆国の生活様式，消費主義，メディア文化が他の国や地域の文化を破壊し，文化が世界的に均質化してしまうというのだ。

　確かに，アメリカ文化に属するディズニー，ハリウッド映画，マクドナルドは世界を席巻しているように見える。しかし，文化帝国主義論に対する批判は多い（岩渕 2005：158-9）。

第1に，文化帝国主義論は文化の受け手が受動的に中心文化を受け入れていると想定している。しかし実際には，周辺地域にいるローカルな行為者は能動的そして選択的に中心文化を消化しているのではないか。また，その能動性と選択性により，中心文化と周辺文化は絶え間ない文化混成を起こしてもいるのである。

　第2に，文化帝国主義論は西洋の中心文化がどこででも好意的に受容されていると仮定している。しかし，イスラム圏の国々に見られるように，中心文化を拒否したり敵意を感じたりする周辺の国・地域もある。また，アメリカのテレビ番組そのものよりも，アメリカ文化の影響を受けてローカルで制作されたものの方が人気が高いこともある。

　第3に，文化帝国主義論は中心地域，特にアメリカ合衆国が文化の創出と配給の唯一有力なアクターだと仮定している。しかし，特に1990年代以降周辺地域の非西洋アクターによる創出と配給も台頭してきている。また，国境を超えた多国籍企業も文化の創出と配給において活躍するようになっている。このように文化の担い手は多様化しているのである。

4　グローバル文化の新たな分析視角

○カルチュラル・スタディーズ

　メディア文化のグローバル化に対して，文化帝国主義論とは異なる分析視角を提供したのがカルチュラル・スタディーズ（Cultural Studies）である。文化帝国主義論が中心文化の圧倒的な力を強調していたのに対して，カルチュラル・スタディーズは受け手の能動的読解に焦点を合わせる。すなわち人々は，自らのアイデンティティやライフスタイルを表現するために文化商品を取り込んでいくと考え，このような文化実践が分析の中心となる。

　この結果カルチュラル・スタディーズは，グローバル化したメディア文化のテクスト分析と読解の問題に主題を絞ることになった。メディアの文化的テクストの記号論的分析と受け手の解釈を新たな研究視角として付け加えたのである（伊藤守 2007：731-2）。

○ランドスケープ論

　さらに，メディアと受け手の相互関係や，それ自体の変容を対象化しようとしたのが，ランドスケープ論（空間論）である。メディア産業や広告産業によるトランスナショナルな情報の移動・配給システムが拡大・一般化することによって，文化商品は「脱領域化」してグローバル化する。そうすると，ナショナルな枠組みの力は低下していく。一方，新たな形態の，リージョナルまたはローカルなメディア文化が発達する。例えば，エスニシティ，宗教，ライフスタイル別のローカルペーパーが多数発行されたり，ケーブルや衛星を介した多チャンネル放送が情報発信を行う。この結果，ローカルな場に暮らす移民と母

国との絆が強化されたり，移民相互の関係が強化されたり，さらにはローカルな場で独自の文化が創出されたりする（伊藤守 2007：731-3）。

このように，文化はグローバルでもあり，かつローカルでもありうるようになった。そこで文化をその流れと受け手との複雑な関係で捉えようとしたのが「メディア・ランドスケープ」論であり，次の3つを特徴とする（伊藤守 2007：732-3；Morley and Robins 1995）。①文化を構成する情報とイメージの流れを全体的に見通すこと。②ローカル，ナショナル，グローバルが包摂し合い，対立するロジックを明らかにすること。③情報やイメージを消費する集合的主体の歴史的・社会的文脈に注目すること。

つまり，テクスト分析や受け手の解釈に焦点を合わせてきたカルチュラル・スタディーズに対して，ランドスケープ論は国境を超えた文化の動き全体を捉えようとしているのである。

5 メディア文化の展開の可能性

今後，メディア文化の展開はいくつかの可能性に開かれている。

第1に，ソーシャル・メディアなど電子メディアが発達してくると，マスメディアによる「公的な」市民的公共圏に対抗できるような「非公式な」市民的公共圏が発展していく可能性がある。特に，世界中に点在するディアスポラがインターネットカフェのようなローカルな空間を介してつながることで，「ディアスポラ公共圏」（diasporic public spheres）が形成される可能性がある（Appadurai 1996＝2004；伊藤守 2007：735-6）。また，何万キロも離れた対立や抗争が一瞬のうちに伝播し，空間を超えて再現されるような事態が想定されるため，遠距離ナショナリズムを促進する可能性も高い。

第2に，電子メディアが社会関係を開放的にするか，それとも閉鎖的にするかが問題となる。電子メディアが家族，職場，サークルなどの社会関係を超えた関係をつくり出す可能性を持つ一方，実は電子メディアはそれら既存の社会関係の中の結束を高めはすれ，社会関係を外へは広げないかもしれない。

第3に，メディア文化の発達は，その文化を享受するための高度技術を使いこなせる人々と使いこなせない人々を分別する。その結果，インナーシティへの排除やゲットー化といった新たな差別と隔離が生ずる可能性がある。

第4に，文化がグローバル化していくと，国家の役割は減少するのかという問いがある。確かに国境を超えたメディア文化を国家はなかなか規制できなくなってきている。しかし，逆に国家は，自らのナショナル・アイデンティティを強化するために，ある種の文化の発達を促進することもある。したがって，国家とグローバル文化の緊張関係は今後も注視するに値するテーマである。

▷3 ディアスポラについては，Ⅱ-7を参照。

▷4 ナショナリズム一般については，Ⅲ-11を参照。

コラム 3

移民と映画(2)
多文化社会の生きづらさ

多文化社会でエスニック・マイノリティとして生きていくのはたいへんだ。単にマジョリティと折り合いをつけなくてはならないだけではない。自分の家族など私的な人間関係の中にさえ文化や考え方の違いが出てきて、いろんな衝突に巻き込まれてしまうからである。いくつかの映画はそんな生きづらさを示してくれる。

家族の中の多文化社会

『ぼくの国, パパの国』（*East Is East*）(1999年)は、1970年代初頭のイギリス・マンチェスターの話。パキスタン系の父と白人系の母には、6人の息子と1人の娘がいる。父は頑固にイスラム教の教えとパキスタンの文化を守り、息子2人に親の決めた人とお見合い結婚させようとするけれども、息子たちは親のいいなりにはなりたくない。好みでない女性とその家族の傲慢さに嫌気がする。結局、息子のことを思い、母親がその縁談をぶちこわしてしまう。しかし、父親が縁談を進めようとしたのは、息子たちと家族の幸せを願ってのことだった。アジア系イスラム教徒のエスニック文化とイギリス文化がここに衝突する。物語の途中、反移民の政治的風潮を扇動した政治家イノック・パウエルの演説がテレビに映ったり、ちょっと右翼のご近所さんの家の窓に反移民の演説のポスターが貼ってあったり、また、突然父親が帰宅したので、イスラム教徒が食べてはいけないベーコンのにおいを消そうと息子が必死で消臭スプレーをまくシーンなど、ユーモアも随所にちりばめられている。

結婚の問題に加えて、女性の自由もマイノリティ家族に衝突をもたらす多文化的なイシューである。『ベッカムに恋して』（*Bend It Like Beckham*）(2002年)の主人公はロンドン・ヒースロー空港近くに住むジェスという女の子。インド系シーク教徒の家族に生まれた。ジェスはサッカーが大好き。毎日男の子に混ざってサッカーをする。でもインド文化やシーク教の教えを守ろうとする父母はよい顔をしない。「インドの女の子らしくしなさい!」と。しかし白人系の友人に誘われて、ジェスは地元女子サッカーチームに加入する。親の目をごまかしてでも試合に出ようとするジェスのあこがれはデヴィッド・ベッカム。単にかっこいいからだけじゃない。ベッカムみたいにカーブをかけてシュートを決めたい。姉がインドやシークの伝統を無視してイギリス文化が許す自由恋愛に励む一方、ジェスは同じく伝統に背いてスポーツに打ち込むのである。

現在廃番

発売・販売元：アルバトロス
税込価格：4935円

スポーツと多文化社会

　スポーツはエスニック集団の伝統に反することもあるけれども，逆にエスニック集団間の結束をもたらすこともある。『ダン・ダーナ・ダン・ゴール』(Dhan Dhana Dhan Goal)（2007年）はインド映画でありながら，『ベッカムに恋して』の舞台にほど近い，イギリス・ロンドンのサウスホールが舞台。南アジア系移民が集住する地区である。地元の弱小サッカーチームは1985年に決勝戦に進出して以来勝ち星に恵まれない。とうとう自治体からグラウンドを取り上げられそうになる。グラウンド存続のために突きつけられた条件が優勝。1985年当時の選手をコーチとして迎え入れ，プライドが高くて嫌われているストライカーを他チームから引き抜き，なんとか勝利しようとする。やる気のなかったストライカーは，父とコーチが人種差別事件に巻き込まれたことがあると知り，奮起するのだった。インド系，パキスタン系，バングラデシュ系で構成されたチームが徐々に結束していく姿は，笑いを誘いつつ感動もの。

恋と多文化社会

　ひとつのエスニック集団から飛び出して，集団間の恋にまつわる問題に焦点を当てたのが『やさしくキスをして』(Ae Fond Kiss)（2004年）。白人系女性ロシーンはスコットランド・グラスゴーに暮らす非常勤の高校教師。彼女は教え子の兄であるパキスタン系移民2世のカシムと出会い，恋に落ちる。カシムはクラブでDJとして働きながら自分のクラブを経営する夢を持っている。そんな現代的な若者であるカシムに対して，伝統的な父親はいとこを結婚相手に選び縁談を進めようとする。お見合い結婚というパキスタン系イスラム教徒の伝統と，自由恋愛のイギリス文化の間で揺れ動くカシム。しかしこの恋愛は単に個人の恋愛感情や家族の問題だけにとどまらない複雑さを持っていた。ロシーンは白人系の中でもアイルランド系。つまり，イギリス内のマイノリティ同士の恋愛だったのだ。しかもロシーンの勤務先はカトリックの学校。キリスト教徒ではないイスラム教徒との恋愛は仕事上の問題へと発展してしまう。

発売元：アミューズソフトエンタテインメント
税込価格：3990円

憎しみと多文化社会

　最後に，多文化社会が抱える深刻な問題を見ておこう。2005年秋フランスで起こった「人種暴動」はわれわれに痛烈な印象を与えた。2005年以前のある「暴動」の明くる日を取り上げ，「暴動」の背景を鮮明に描いたフランス映画が，『憎しみ』(La Haine)（1995年）である。低家賃の高層住宅（HLM）の立ち並ぶ「郊外」が主な舞台。ユダヤ系，アラブ系，アフリカ系の若者男性3人は，日々貧しい暮らしを強いられ，仕事もなく，やるせなさやいらだちを隠せない。人生の目標を持てず周囲からは「ごろつき」と呼ばれる。できれば「郊外」から脱出したい。しかし脱出は底辺に暮らす彼らにとって極めて難しい。そんなとき「暴動」で警官隊が落とした拳銃をたまたま拾う。それが悲劇の始まりだった。警官との衝突，ひょんなきっかけで起こったスキンヘッドの若者とのいざこざ。社会構造が憎しみをつくり出し，ほんのちょっとのボタンの掛け違えで憎しみが「暴動」や暴力に発展する。果たして「暴動」や暴力の責任は誰にあるのか。マイノリティの若者を責めることができるだろうか。

発売元：ジェネオン・ユニバーサル・エンタテイメント
税込価格：2079円

V　グローバル社会の諸相

1 日本社会と移民(1)
第2次大戦の終結まで

日本は移民のやってこない単一民族国家であるという「神話」があった。しかし第2次大戦以前の帝国主義体制は，朝鮮半島，台湾および中国大陸からオールドカマーの移住を促した。また，1980年前後インドシナ半島からの「ボートピープル」の流入を経て，1980年代後半以降は世界各国からニューカマーを受け入れている。「神話」はあばかれ，事実上の多文化社会が登場しつつある(Tarumoto 2003)。

1 第2次大戦以前

徳川時代（1603～1867）に約200年間続いた鎖国政策の後，日本は1858年，アメリカ合衆国，オランダ，ロシア，イギリス，フランスと通商条約を結び，貿易のため港を開放し，外国人居留地を設けた。この1858年から1945年の第2次大戦に至るまでの日本社会と移民の関わりは，3つの時期に分けられる(Yamawaki 2000)。

第1の時期は，外国人が外国人居留地に居住を制限された1858年から1899年である。友好通商条約により，1871年に中国人，1876年に朝鮮人が外国人居留地での居住を許された。1894年の列強との不平等条約の改正の際，外国人に対する司法権を獲得する代わりに，外国人が日本全土で居住し労働することを認め，1899年に勅令第352号が施行された。この間1895年には「台湾併合」がなされ，中国人は1917年頃まで最多の外国人居住者集団であった。

第2の時期は，1899年から1939年である。居住と労働の自由化にもかかわらず，中国人の居住は規制を受け続けた。また「韓国併合」後の1918年，外国人の入国に関する近代日本史上初の法的規制，内務省令第一号「外国人入国ニ関スル件」が実施され，貧困者など入国を阻止すべき外国人が示された。

第3期は，1939年から1945年までである。日本政府は朝鮮半島や日本国内に居住する朝鮮人を大規模に労働力として調達することを企業に許可した。こうして戦時動員強制労働は始まった。1941年以降は中国東北部から中

表V-1-1　日本における外国人人口数（千人）

	1985	1990	1995	2000	2005	2014
中国（台湾）[(1)]	74.9	150.3	223.0	335.6	502.0	654.8
韓国・朝鮮	683.3	687.9	666.4	635.3	586.4	501.2
フィリピン	12.3	49.1	74.3	144.9	163.9	217.6
ブラジル	2.0	56.4	176.4	254.4	298.4	175.4
ベトナム	4.1	6.2	9.1	16.9	28.0	99.9
合衆国	29.0	38.4	43.2	44.9	48.4	51.3
ペルー	0.5	10.3	36.3	46.2	52.2	48.0
タイ	2.6	6.7	16.0	29.3	29.6	43.1
ネパール	—	—	—	—	—	42.3
台湾[(1)]	*	*	*	*	*	40.2
その他	18.5	70.0	117.7	179.1	192.6	248.1
合計	827.2	1,075.3	1,362.4	1,686.4	1,906.7	2,121.8

注：(1)　台湾は2011年まで中国と同一カテゴリー。
出所：OECD SOPEMI (2003：333), 法務省HP。

表V-1-2 日本社会と移民

1858	列強と通商条約結ぶ
1867	明治維新
1871	中国人に外国人居留地での居住許可
1876	朝鮮人に外国人居留地での居住許可
1880年代	「内地雑居」
1894	不平等条約改正
1895	「台湾併合」
1899	勅令第352号施行
1910	「日韓併合」
1918	内務省令第一号「外国人入国ニ関スル件」
1937	日中戦争勃発
1939年以降	朝鮮人,中国人の戦時動員
1945	第2次大戦終結
1950	国籍法
1951	サンフランシスコ平和条約,出入国管理令
1952	外国人登録法
1965	日韓条約
1973	石油危機
1976	「ボートピープル」の出国開始
1978	一部難民の定住許可
1979	難民の定住受け入れ開始
1980年代以降	ニューカマー流入
1982	難民条約および難民議定書の発効,出入国管理および難民認定法の制定
1984	国籍法改正
1980年代後半	バブル経済の始まり,非合法移民の急増
1990	出入国管理および難民認定法の改正
1990年代初頭	バブル経済の終わり
1999	超過滞在者,入国管理局出頭
2000	連立政権の一部による外国人地方参政権法案提出,石原都知事による「三国人」発言
2002	在瀋陽総領事館への脱北者駆け込み事件
2006	難民認定手続きの改正
2009	インドネシア,フィリピンから外国人看護師・介護福祉士候補の受け入れ開始
2009年以降	ヘイトスピーチ事件の生起

国人労働者も徴集されていった。

2 オールドカマーと「帝国」

　第2次大戦以前に日本に定住した中国人および朝鮮人,そしてその子孫は「オールドカマー」と呼ばれる。戦前の日本は,オールドカマーを含み込んだ「帝国」であった。人々は天皇と絆を結んだ「臣民」と見なされ,特に朝鮮人は,1880年代の「**内地雑居**」の対象とはならず,勅令第352号の制定以前も以後も日本国内で自由に生活し労働できた。しかも1910年「韓国併合」後は外国人と見なされなくなった。しかし一方,「内地人」とは異なる「外地人」という法的格差は残された。この「帝国」の市民権は血縁原理に従って付与されたのである (Kashiwazaki 1998)。

　しかしこのような日本の体制は,第2次大戦を経ると急激に変化を遂げることになる。

▷1 「旧来外国人」と呼ばれることもある。

▷2 内地雑居
これまでの制限を撤廃し,外国人の外国人居留地外での居住,旅行,営業などを認めること。

▷3 血縁原理など市民権継承の原理については,Ⅲ-10を参照。

Ⅴ　グローバル社会の諸相

日本社会と移民(2)
1945年から1979年まで

国民国家への急転換：1952年体制

　第2次大戦での敗戦により，日本は「帝国」から「国民国家」へと急激に移行した。国籍法，出入国管理令，外国人登録法という3つの法制定は移民に対する「1952年体制」を創り出したと言われる (Komai 2000：313；大沼 1993：326-33)。

　1950年の国籍法は，明治民法典と戸籍制の影響の下，父系による血縁原理を採用した。オールドカマーの地位は，日本国籍をすでに持っていたがゆえに，国籍法の中では言及されなかった。

　サンフランシスコ平和条約で独立を回復した1951年，日本は出入国管理令を制定した。本来ならば，出入国管理令は出入国する人々のみを対象とすべきであった。しかし法務省民事局長は通達（民事甲438号）によって平和条約により朝鮮および台湾は日本国の領土から分離することになるので，「朝鮮人及び台湾人は，内地に在住している者を含めてすべて日本の国籍を喪失する」と宣言した。つまり日本国籍を持っていたはずのオールドカマーは外国人と見なされ，出入国管理令の対象となったのである。出入国管理令とオールドカマーの定住という現実との溝を埋めるため，政府は法律126号を政令として制定し，在留許可のないオールドカマーが日本に在留できるようにした。一時的な措置であるはずだったこの法は，その後30年間オールドカマーの居住に関して効力を持ち続けた（大沼 1993：152-4）。

　1952年になると外国人登録法が制定され，日本に1年以上滞在しようとする外国人は外国人登録証を携帯し，必要なときにはそれを提示する義務を負うことになった。外国人登録証には，職業，氏名，住所，職場，指紋などの情報が記載され，14歳以上の者は登録時に指紋押捺を強要され，登録を3年ごとに更新しなければならなかった。更新に応じなかった場合には，1年以内の懲役または20万円以下の罰金が科された（Komai 2000：313；大沼 1993：279）のみならず，指紋押捺を拒否した場合の制裁として，再入国の拒否がしばしば用いられた。

　この1952年体制は，外国人の諸権利を犠牲にすることで，日本を帝国から国民国家へと急速に変化させた。オールドカマーたちは，第2次大戦終結からわずか7年で，日本国内に定住しているのにもかかわらず「臣民権」(subjectship)

▷1　別名を「ポツダム宣言の受諾に伴い発する命令に関する件に基く外務省関係諸命令の措置に関する法律」という。

を剥奪された存在となった。しかも1952年体制は，オールドカマーに対する厳格な同化政策を伴った。

1965年に日本と韓国の間で日韓条約が締結されると，韓国籍の第一世代および第二世代の居住者に対して，より安定した法的地位である「協定永住」が与えられることになった。しかしながら，外国人登録証に象徴される厳格な在留管理は残存し，北朝鮮や台湾，中国など韓国籍以外の居住者は「協定永住」の申請資格を与えられなかった（大沼 1993：154, 266-7）。

② 国際移民の少ない希有な事例としての日本

1950年代から70年代初頭，欧米の先進諸国は移民労働者の大量流入を経験していた。しかし日本は，高度経済成長を遂げていたにもかかわらず，最小限の移民受け入れしかしなかった。このことは研究者の中で学問的な謎として取り扱われてきた。日本に移民が少なかったことは，いくつかの要因から説明できるであろう（Bartram 2000；Weiner 2000：58-9）。

第1に，労働力需要の急速な伸びは，新卒者，農業従事者，自営業者が工業セクターとサービスセクターへ移動し，地方から都市への国内移動が生じることで，大半が国内の労働力予備軍によって満たされた。この背景には，単純労働にスティグマが貼られておらず若年労働者が就職に抵抗を感じなかったこと，オートメーション化やロボット化が労働不足を緩和していたことがあった。第2に，ヨーロッパでの移民定着の実態と，オールドカマーの定住経験から，官僚や雇用主は外国人労働力の受け入れは先行きの見通せない，コストのかかる結果をもたらすと理解した。また，単に経済コストの観点だけではなくイデオロギー的にも外国人労働力の導入を嫌う傾向があった。第3に，日本は移民労働者にとって魅力的な移動先ではなかった。**プラザ合意**以前，日本で得られる賃金は外貨に換算すると高くない上に渡航費用も高かった。第4に，日本は潜在的な移民送り出し国との間にネットワークや結びつきを持っていなかった。特に，第2次大戦とそこでの敗戦で，日本は他国とのネットワークを失うことになった。第5に，ゲストワーカーの定住を許したドイツの経験を踏まえた出入国管理政策および国籍付与政策は，外国人の入国や居住を厳しく規制し，非熟練労働力の流入に対する障壁として働いた（広渡 2002）。これらの理由が「移民の来ない先進国」という謎への解答となっている。

このように，国籍法，出入国管理令，外国人登録法に基づいた1952年体制は，1970年代終わりまで日本への外国人流入を効果的に阻止したように思われる。ところが国際移民の転換点がまもなくやってくる。

▷2 プラザ合意
(Plaza Accord)
1985年9月，アメリカ合衆国，イギリス，西ドイツ，フランス，日本で構成された先進5か国蔵相・中央銀行総裁会議（G5）において，為替レートをドル安にするよう協調介入することで合意した。これにより一気に円高が進み，日本が国際移民にとって魅力的な移動先となった。

▷3 ドイツにおけるゲストワーカーについては，V-23を参照。

Ⅴ　グローバル社会の諸相

日本社会と移民(3)
1979年から1990年まで

1　国際移民の転換点

○「ボートピープル」と1982年体制

1970年代終わりから1980年代初めにかけて、日本は国際移民に関する転換点を迎えた。転換点を構成したひとつめの出来事は、「ボートピープル」である。1976年7月に北ベトナムが南ベトナムと合併したとき、インドシナ難民が大量に出国を始め、ボートに乗って母国を脱出する「ボートピープル」となった。当初日本政府は、難民を一時的な滞在者として受け入れるだけだった。しかしながら、1978年に一部の難民たちの定住を認め、1979年には毎年500人の難民を定住者として受け入れる決定をした（中野 1992：71-2）。同年、インドシナ難民の処遇に関する国際会議が開催された。◁1

アメリカ合衆国など国際社会からの圧力で、日本政府は1981年から82年にかけてようやく国連の「難民の地位に関する条約」(the 1951 Convention Relating to the Status of Refugees) と「難民の地位に関する議定書」(the 1967 Protocol Relating to the Status of Refugees) に加入した（Komai 2000：314）。また出入国管理令を改正して1982年に「出入国管理および難民認定法」を制定し、移民に対する1982年体制が始まった。

難民条約の調印によって公式には日本は国際人権レジームに参加した。しかし実践的にはレジームの受け入れに抵抗した。1975年から1987年にかけて旧西ドイツは7万1348人（人口855人あたり難民1人）、先進諸国の中で受け入れ数の少ないスペインでさえ3万571人（人口1276人あたり難民1人）の難民を定住者として受け入れたけれども、日本は6424人（人口1万8913人あたり難民1人）である（中野 1992：73）。

一方、国際人権レジーム加入は意図せざる結果をもたらした。難民条約は社会的諸権利に関する内外人平等の規定を含んでいたため、政府は公営住宅、住宅金融公庫、国民年金、児童手当や家族手当などに関する外国人の受給資格制限を撤廃したのである。◁3 その結果、職場で健康保険が適用されない外国人に対しては、居住する地方自治体の国民健康保険に加入することが認められた。◁4

1982年体制の下、オールドカマーには「一般永住」という法的地位が与えられ、在留期間を更新する必要はなくなった（大沼 1993：155-6, 270）。外国人登録法は1980年代に何度か改正され、指紋押捺の年齢は14歳以上から16歳以上に

▷1　難民については、Ⅱ-4 を参照。

▷2　国際人権レジームについては、Ⅳ-3 を参照。

▷3　国民年金に関してはまだ問題が残っている。外国人は、1981年の国民年金法改正の時点で35歳以上である場合、保険料を十分納める年限を満たさないため、年金を受け取ることができないのである（Kondo 2001：17）。

▷4　公民的権利として、1982年国立大学と公立大学の教授職が外国人にも開かれた。

引き上げられ，外国人登録証の更新は3年ごとから5年ごとに延ばされた（大沼 1993：270）。

1982年体制になって，1984年には国籍法が改正された。母系血縁主義も採用され，外国人の父親と日本人の母親の間の子どもも日本国籍を取得できるようになった（大沼 1993：271）。しかしこの国籍法改正後も，帰化の際には「日本人の名前に限る」という文言が行政指導に残され，改名を迫る実質的強制は続いた。

○ニューカマー

第2の転換点は「ニューカマー」の流入であった。石油危機による不況からまだ回復していなかった70年代終わりから，4つのタイプのニューカマーがやってきた（Komai 2000：314）。第1のグループは，前述した「ボートピープル」，すなわちベトナムなどからやって来たインドシナ難民である。2つめは，興業ビザで入国し風俗産業などで働く女性たちである。フィリピン人が最多の人数であり，韓国，台湾，そしてタイからの女性が続いた。性風俗業従事者を示す「じゃぱゆきさん」とよく呼ばれた。第3のグループは「**中国帰国者**」である。1972年に中国との国交回復が実現し，徐々にいわゆる残留孤児と残留婦人が日本への帰国を果たすことができるようになってきた。第4のグループは，欧米諸国からのビジネスマンである。経済のグローバル化の中で多国籍企業の支社が日本に進出し，欧米にある本社が社員を日本へ送り始めたことなどの事情がある。

○非合法労働者

さらに第3の転換点を構成したのは，非合法労働者の増加であった。1980年代終わりから1990年代初頭の「バブル経済」の下，単純労働力の需要が急増した結果，多くの外国人が観光ビザで入国し超過滞在して不法に働いた。バングラデシュ，パキスタン，イランなどからやって来た非合法労働者の数は，1991年時点でおよそ30万人に達したと言われる。東京の代々木公園や上野公園に多数が集まっていることをメディアが報じることで，社会問題として大きく扱われるようになった（Komai 2000：315）。

2 「移民のいない国」という神話の崩壊

インドシナ難民の到着と1982年体制の確立，ニューカマーの到着，非合法移民の入国と就業は，高度経済成長を経験したにもかかわらず「移民のいない国」だという日本にまつわる神話に疑問符を付けた。他の先進諸国に比べればまだ数は少ないものの，日本も他の先進諸国と同じように外国人・移民を抱えていることが明らかになったのである。このことは日本における移民の存在について，新たにやって来たニューカマーだけに光を当てるだけではなく，戦前から居住するオールドカマーの存在にも注目をさせることになったのである。

▷5 「新来外国人」ということもある

▷6 特に「フィリピーナ」（フィリピン女性）は「じゃぱゆきさん」と同じ意味を持っていた（笠間 2002）。

▷7 中国帰国者
第2次大戦の混乱で日本の旧植民地，特に満州に取り残された日本人のうち，家族からはぐれた13歳未満の子どもである残留孤児，および13歳以上で中国人と結婚などして帰国の機会を逸した女性である残留婦人を指すことが多い（蘭 2000）。

▷8 非合法移民一般については，Ⅱ-5を参照。

▷9 この時期，東京の代々木公園や上野公園に集まる外国人だけでなく，山手線西側，豊島区・新宿区の木賃アパート地帯に中国系などアジア系移民が集住していることも注目された（奥田・田嶋 1991, 1993）。

V グローバル社会の諸相

4 日本社会と移民(4)
1990年以降

▷1 在留資格
外交，公用，教授，芸術，宗教，報道，高度専門職，経営・管理，法律・会計業務，医療，研究，教育，技術・人文知識・国際業務，企業内転勤，介護，興行，技能，技能実習，文化活動，短期滞在，留学，研修，家族滞在，特定活動，永住者，日本人の配偶者等，永住者の配偶者等，定住者（2018年8月時点）。

▷2 1990年改正法は，アメリカ合衆国の1986年移民改革統制法と類似しながら，多数の非合法移民を一度に合法化するアムネスティの条項がないという大きな違いを持つ（小井土 2000）。アムネスティについては，II-5を参照。

▷3 日系二世には「日本人の配偶者等」，日系三世には「定住者」という法的地位が与えられた（イシカワ 2003：262-3）。2018年7月からは日系四世の受け入れも始まっている。また同じ日系人移民の中で，多数を占めるブラジル人が正規手続きに則る一方，ペルー人には偽造書類が多いとされる。他に少数ではあるが日系フィリピン人もいる。

▷4 1990年改正法案作成時，担当官僚たちは，非熟練労働力不足よりも，日本と韓国との二国間協議の下，

1 移民管理政策の転換点：1990年

1970年代終わりから80年代にかけて日本が経験した移民の転換点は，政府に出入国管理および難民認定法の改正を促した。1990年の改正は主に3つの内容を持つ（Komai 2000：315-6, Yamanaka 1993：75-6）。第1に，専門職を中心に10種類の新しい**在留資格**が付け加えられた。第2に，ビザの申請手続きが簡素化された。その結果，外国人入国者数をより把握でき，バングラデシュ，パキスタン，イランといった主要な非合法労働者送出国により厳しくビザを要求できるようになった。第3に，非合法労働者を雇用した者および雇用を仲介したブローカーに対して，刑罰の規定を定め，雇用主には3年以下の懲役または200万円以下の罰金が科せられることになった。◁2

このように規制強化が模索されたにもかかわらず，非熟練労働力確保のため「バックドア」と「サイドドア」が設けられた。「バックドア」とは非合法労働者の流入を意味する。1990年改正法に基づき罰せられたのは，1991年から1992年で約700人の雇用主だけで，非合法雇用主の氷山の一角にすぎない。

「サイドドア」からは，3つのタイプの非熟練労働者が入ってきた。まず「研修生」制度は，研修プログラムを通して技能や技術を国際間で移転することを目的とするものだけれども，実際にはそのほとんどが単純労働に従事している（上林 2002a：86-94：佐野 2002）。2010年入管法改正で「技能実習生」制度へと一本化されたものの，単純労働従事の問題は残存している。「就学生」は，主に日本語学校で学ぶという名目で入国した。しかし，1日4時間の就労が認められていて，多くがそれ以上の時間，単純労働に従事していた。2010年より在留資格「就学」は「留学」に一本化された。最後がブラジルやペルーなどラテンアメリカ諸国からの「日系人」である。日系人は，3年間を上限として，◁3専門職から単純労働まですべての技能水準への就労を合法的に認められ，滞在の延長も可能である。ただし，日系人の特権的地位が非熟練労働力需要を満たす目的で与えられたかどうかに関しては議論がある。◁4

2 多文化社会への移行と反発：1991年以降

1990年改正法施行のわずか1年後，「バブル経済」が崩壊した。そして長期にわたる不景気，「失われた10年」が到来した。この時期，改正法施行と労働

市場の縮小にもかかわらず，ニューカマーの数はわずかに減少しただけで，日本の多文化社会化は着実に進行した。外国人登録証の指紋押捺は長年の反対運動もあり署名に代わり，非合法滞在者の国外追放の数は減少した。そして「特別永住」という法的地位がすべての世代のオールドカマーに与えられた。▷5 国家による統合政策がまったく実施されない中，進歩的な地方自治体やNGOは，外国人へ様々な便益を与え始めた。特に地方自治体は，外国人住民に対して雇用の扉を開き始めた。帰化する者も毎年8000人強から1万5000人ほどおり，▷6 国際結婚も増加しつつある（定松 2002；佐々木 2006；渡辺 2002）。

外国人地方参政権法案も多文化社会化への動きを示す。自民党と共に連立政権を組んでいた新公明党と自由党は，2000年1月の通常国会初日に同法案を共同で提出した。2001年6月，外国人集住地域での選挙結果への影響を懸念する声が自民党内からあがり，法案は先送りにされ，議案は通過しなかった。しかし，与党が初めて外国人地方参政権法案を提出したことは画期的だった。

一方で，心を世界に開く「内なる国際化」（初瀬 [1985] 1988）が十分進展したとは言えない。石原慎太郎東京都知事は，2000年4月9日陸上自衛隊の式典で「『三国人』や日本に不法入国した外国人が極悪な犯罪を繰り返している。大災害時には暴動を起こすであろう」という趣旨の発言をした。「三国人」とは，戦争遂行のため強制労働させられた旧植民地の人々を指す侮蔑的な言葉である。さらに，お互い関係のない「三国人」，不法入国，犯罪が結びつけられたこの「三国人発言」は日本のメディアや台湾など近隣諸国によって強く批判された（*Japan Times*, April 17 2000, May 30 2000）。にもかかわらず，2003年4月の都知事選で石原は得票率70.2%，得票数308万票という圧勝で再選を果たした（北海道新聞 2003年4月14日 朝刊）。日本社会に埋め込まれたナショナリズムのひとつの現れとして，2009年あたりから京都市の京都朝鮮第一初級学校，東京都新宿区新大久保地区，大阪市生野区鶴橋などで在日コリアンを標的としたヘイトスピーチ事件が右翼団体によって起こされている。▷7

国民国家への執着を示すもうひとつの事例が，超過滞在者の入国管理局出頭に対する対応である。1999年9月1日，バングラデシュ，イラン，ミャンマー出身の21人が東京入国管理局を訪れ，在留特別許可か，できればアムネスティを求めた。▷8 超過滞在のままで法的地位を持たないと，子どもたちが高等教育を受け，安定した職を得られない可能性がある。しかし入国管理局は，訪問者たちの事例を個別に取り扱い，アムネスティを認めなかった。翌2000年に日本の学校に通う子どもを持つ家族にのみ在留特別許可を与えた（駒井・渡戸・山脇編 2000）。

以上のような多文化社会化，国民国家の維持・強化に加え，看護師・介護福祉士候補を導入し，高度技能移民を優遇し，さらに単純労働力の導入も始まり，▷9 日本と国際移民の関係は近い将来大きく変容する可能性が高い。

▷5　意識の面では，例えば韓国系の若者は，民族的劣等感を抱きつつも「日本」への愛着感を持っている（福岡・金 1997）。

▷6　帰化許可数は2005年に1万5251人，2010年に1万3072人，2014年に9277人である（法務省 n.d.「帰化許可申請者数等の推移」（http:// www. moj. go. jp/ MINJI/ toukei_t_minj 03. html；2015年12月1日閲覧）。

在日韓国人三世の法的地位を考慮し，それに応じて日系人の法的地位を引き上げたと主張する（梶田 1999：144-53）。

▷7　「本邦外出身者に対する不当な差別的言動の解消に向けた取組の推進に関する法律」（ヘイトスピーチ対策法）が2016年6月3日に施行された。

▷8　在留特別許可とアムネスティについては，Ⅱ-5 を参照。

▷9　出入国管理および難民認定法が改正され，2019年4月「特定技能」という在留資格が設けられた。

Ⅴ　グローバル社会の諸相

5　韓国社会と移民(1)
第2次大戦以前から1991年まで

　韓国は長らく移民送り出し国であった。しかし国内の高度経済成長に伴い，1980年代後半から移民受け入れ国へと転換した。主に中小企業が被っている単純労働力不足を解消すべく，これまで外国人産業研修生制度を拡大してきたものの，事実上は非合法移民がその不足を埋めてきた。この問題に対処すべく，2004年から外国人雇用許可制度を創設したことが要因である。さらに朝鮮族の優遇と国際結婚の増大に伴い，統合政策を視野に置かざるをえなくなった。

1　第2次大戦以前

　第2次大戦前，韓国は移民送り出し国であった。19世紀後半の朝鮮王朝衰退から20世紀初めの日本による植民地支配の時期に，250万の人口が中国や中央アジアへ移動したと言われる。中でも，中国に移動した人々を「朝鮮族」，ロシアに移動した人々を「高麗人」と呼ぶ。また1910年から1938年までの日本による韓国併合期には約40万人が日本へ移住し，第2次大戦中には約50万人が日本へと強制徴用され，軍事施設などで強制労働に従事させられた（Seol and Skrentny 2004：482）。

2　出移民の継続：1945年から1987年

　第2次大戦後も，韓国からの出移民は続いた。戦後復興中の旧西ドイツへは，1960年から1976年までに約1万人の看護師と約6500人の炭鉱労働者が移住した。当時アメリカ合衆国との戦争のまっただ中にあったベトナムへは，1966年から1973年までの間に約2万人がサービス労働や建設業に従事するため移動した。また，中東の石油産出国もかつては主要な移動先であった。1974年から1995年の間に中東で建設業に従事するため約110万人が移動し，1982年に移動のピークがやって来たけれども石油価格の下落に伴う建設業の冷え込みと1990年の湾岸戦争は，中東への出移民を減少させた。単純労働者の他に，高学歴者や高技能者も韓国を離れていった。1965年以降2000年までに，約200万人がアメリカ合衆国へ，約14万人がカナダへ渡ったと言われる。しかしその数は次第に減少しており，1978年から79年には約3万人，1999年から2001年になると約1万2000人となった（Seol and Skrentny 2004：482-3）。

▷1　当時の朝鮮半島の総人口を把握することは容易ではないけれども，1910年時点において約1547万人という推計がなされている（石 1972：86-104）。

Ⅴ-5 韓国社会と移民(1)

表Ⅴ-5-1 韓国社会と移民

1948	大韓民国成立
1950-53	朝鮮戦争
1986	アジア競技大会
1987	出移民国から入移民国への転換：6.29 民主化宣言
1988	ソウルオリンピック
1991	産業技術研修生制度
1993	産業研修生制度：中小製造業対象
1994-1996	研修受け入れのセクターを拡大
1994	裁判所命令：非合法労働者を労働災害保険と労働基本法の保護下に
1995/1	ネパール人研修生13人の座り込み
1995	裁判所判断：一部研修生も労働基本法の保護下に
	「外国人産業技術研修生の保護及び管理に関する指針」
1997	建設業の研修生受け入れ
	アジア通貨危機
2001	雇用管理プログラム
2002	研修生制度の拡張：受入数の増加，滞在期間の延長
2004/8	外国人雇用許可制度
2006/5/29	「外国人政策会議」
2007/1	外国人産業研修生制度，受け入れ中止。在韓外国人処遇基本法

3 出移民国から入移民国へ：1987年から1991年

1980年代に韓国は出移民国から入移民国へと変わった。▷2 全斗煥（チョンドファン）政権末期の1987年，盧泰愚（ノテウ）与党民政党代表の「**6.29民主化宣言**」▷3 に端を発した政治的民主化が，中小製造業の労働力不足と朝鮮族の「Uターン」のきっかけとなった。高度経済成長が進み，1960年に67米ドルだった1人当たりの国民総生産（GNP）は，1980年に1567米ドル，2000年に9628米ドルと急上昇した▷4 （Seol and Skrentny 2004：489-90）。この成長で中小製造業では，1987年に約10万人，1991年には22万人以上の単純労働者が不足した。加えて，1986年アジア競技大会および1988年ソウルオリンピックのために観光ビザの要件が緩和されたことも入移民の「プル」要因となった。

1980年代末まで韓国は，外国人労働者を管理する法を持たず，出入国管理法の施行令と規則で代用することで外国人労働者の管理を行っていた。その結果，大学教授や技術指導者など専門知識職や高技能・高技術職にのみ就労ビザを与えることになり，単純労働者は受け入れなかったため，代わりに非合法移民が単純労働力不足を埋めていた。1991年には4万1877人が非合法に就労し，その3割が中国からの朝鮮族と推測される（呉 2007：104；Seol and Skrentny 2004：484）。

このように，入移民国となった韓国は単純労働力不足をいかに解消するか，事実上単純労働に従事している非合法移民をいかに減らすかを移民政策上模索していくことになる。

▷2 1987年時点で国内に居住する入移民は約6500人で，ほとんどが非合法滞在だった。

▷3 **6.29民主化宣言**
学生や中間層などによる反政府運動が広まり，1年後のソウルオリンピック開催まで危ぶまれる中，1987年6月29日，盧泰愚与党民政党代表が大統領直接選挙制の導入と金大中（キムデジュン）の赦免および政治的復権などを内容とした宣言を発表した。この宣言を受けて同年，大統領直接選挙が行われ，韓国は民主化の道を歩むことになる。

▷4 近隣諸国の1人当たりのGNPは2000年時点でタイ（2045米ドル），フィリピン（1046米ドル），中国（805米ドル），インドネシア（728米ドル），ベトナム（400米ドル）の順。ちなみに，日本はGNPとほぼ同一の概念のGNIの1人当たりの額は，3万4620米ドル。

Ⅴ　グローバル社会の諸相

6 韓国社会と移民(2)
1991年から2000年まで

1 外国人研修生制度の展開

◯外国人研修生の活用

　非合法移民を減らし，単純労働力不足を解消するための工夫が外国人研修生制度である。

　政府は表向きは海外への技術移転を目的として1991年に外国人産業研修生制度を導入した。この制度は韓国の海外投資企業が海外の子会社で採用した労働者を韓国の本社で研修し，再び海外の子会社に配属するという趣旨であった。ところが，外国人研修生が事実上韓国で就労できるという制度であり，大企業や中堅企業によって受け入れられた（国際経済交流財団　2005：141）。

　しかしより労働力不足に悩まされていたのは，中小企業である。1992年の非合法就労者1万人の国外強制退去が，労働力不足に拍車をかけた。このため中小企業協同組合中央会（KFSB）の要求で1993年外国人産業研修生制度が導入され，海外投資を行わない中小企業も研修生の受け入れを許可された。同時に研修期間が2年に延長され，韓国国際研修協力機構（KITCO）が設立され，日本の外国人研修生制度をまねた単純労働力の事実上の受け入れ口がつくられた。

　以後，外国人産業研修生制度は拡大していく。1994年には靴製造業が約1万人を受け入れ，1996年には沿海漁業が約1000人を受け入れた。1996年には研修生は3万人増加し，研修期間は3年に延長され，1997年には建設業の研修生受け入れが認められた。

◯外国人研修生をめぐる問題

　このような拡大に伴って，様々な問題が顕在化した。例えば研修生たちはほとんど研修を受けないまま単純労働に従事し，非合法移民の6割の賃金しか受け取っていなかった（Seol and Skrentny 2004：495）。裁判所が非合法移民も労働災害保険と労働基準法で保護されるべきだと判断したものの研修生は含まれていなかった。1995年1月，ネパール人研修生13人が労働運動や民主化運動で有名なソウルの明洞聖堂で座り込み「殴るな。賃金払え。パスポート返せ。

▷1　「外国人産業技術研修査証発給等に関する業務処理指針」は，(1)「外国為替管理法」により海外に直接または合弁で投資した企業，(2)「技術開発促進法」により外国に技術を提供する企業，(3)「対外貿易法」により外国に設備を輸出する企業を対象とした。

▷2　日本の制度との相違点は以下の点である。人数割当制であること。「日系人」「就学生」など他のサイドドアがなく単純労働力調達の主手段であること。朝鮮族のようなエスニック移民も対象となっていたこと（呉　2007：107）。

表Ⅴ-6-1　韓国における外国人人口数（千人）

	1987	1991	1996	2001	2006	2012
中　　国	—	0.2	26.7	73.6	311.8	474.8
ベトナム	—	—	10.3	16.0	52.2	114.2
フィリピン	0.3	0.6	10.8	16.4	40.3	33.2
インドネシア	—	0.1	9.6	15.6	23.7	29.8
ウズベキスタン	—	—	1.0	4.0	11.6	28.0
アメリカ合衆国	9.4	14.9	26.4	22.0	46.0	23.4
カンボジア	—	—	—	—	3.3	23.4
日　　本	3.5	5.7	12.4	14.7	18.0	22.6
タ　イ	—	0.1	1.2	3.6	30.2	21.4
台　湾	24.5	23.5	23.3	22.8	22.1	21.2
スリランカ	—	—	2.9	2.5	11.1	21.0
モンゴル	—	—	—	2.1	19.2	19.8
ネパール	—	—	1.0	2.1	5.0	17.8
バングラデシュ	—	—	6.3	9.1	8.6	10.8
ミャンマー	—	—	—	—	3.4	8.3
その他	5.0	6.0	16.9	27.3	54.2	63.3
合　　計	42.8	51.0	148.7	229.6	660.6	933.0

出所：OECD SOPEMI（2004：346）；OECD SOPEMI（2015：390）

私たちは動物ではない。」と主張した。同年裁判所は，研修生が報酬を受け取る目的で雇用主に労働を提供したならば，研修生も労働基準法によって保護されるべきであるとした。労働部は，「外国人産業技術研修生の保護及び管理に関する指針」を作成し，研修生は労災補償保険と医療保険の適用を受けると共に，労働基準法上の強制労働禁止，暴行禁止，金品清算，労働時間遵守といった法的保護も一部受けられるようになった。また1995年7月には研修手当の基準が最低賃金を超えるよう設定された（国際経済交流財団 2005：147）。

▷3 韓国の「労働部」は，日本でいう「労働省」にあたる。

しかし，「労働者」でないため法的保護は不徹底で，待遇も改善されず，多くの研修生が非合法労働者となった。また KITCO の職員が贈収賄で逮捕されるなど研修生制度のひずみがあらわになった。1997年末，アジア通貨危機で韓国通貨ウォンが暴落すると，韓国政府は IMF からの緊急援助に頼らざるをえなくなり，援助を受けるために労働分野の改革に着手した。特に国内失業者の急増に対応するため，強制送還者に科される罰金を免除して，非合法移民全体の3分の1，およそ8万7000人の帰国を促した。しかし翌年には早くも通貨危機前の人数に戻ってしまった。単純労働力需要，少子高齢化の進行，移民ネットワークと貿易・投資関係，そして労働ブローカーが，移民の流入阻止を困難にしていたためである。こうして研修生は労働力化され，1998年には研修プログラム後の技能テストに合格すれば3年間合法的に労働できるようになった。

▷4 金大中政権が経済危機脱出のため海外からの投資を誘致しようとしたことも理由のひとつである。これは外国人の土地所有・取引を可能とする1998年「外国人土地法」や1999年「在外同胞法」の制定につながった（呉 2007：108）。

2 外国人研修生制度の肥大化

2000年になると研修生制度はさらに拡大した。まず研修生の労働者化が進み，4月から研修就業プログラムが導入された。企業で2年間研修した研修生には，「従業員」として1年間就労する資格が与えられたのである。さらに2002年には研修期間が1年間に短縮され，逆に研修後の就労期間は2年間に延長された（柳 2004：50）。

次に，研修生を受け入れる業種が拡大した。以前は中小製造業，建設業，農業および畜産業だけだった。しかし，サービス業に大きな労働需要があったため2001年11月に雇用管理プログラムが導入され，韓国系外国人が，飲食業，ビジネスサポート，社会福祉，清掃，看護，家事労働の6種類のサービス業に従事できることになった（柳 2004：50）。この雇用管理プログラムは，サービス業ですでに多くの韓国系外国人が非合法に働いている実態を追認したという性格が強い。こうした対策にもかかわらず2002年には全外国人労働者数の80％が非合法移民となった。中国の密入国斡旋業者が2002年だけで1万人以上を密入国させたと言われる。

▷5 対象となるのは，40歳以上で，韓国内に3親等以内の親族がいるか，義理の従兄弟またはそれより近い親族がいる者，ないし韓国に戸籍があるか，韓国に戸籍のある韓国国民の直系の子孫である者。

Ⅴ　グローバル社会の諸相

7 韓国社会と移民(3)
2000年以降

1 移民問題の多様化

○ゲストワーカーシステムの導入

　外国人産業研修生制度には疑問の声があがった。①受け入れ数が少なく，多くの業種で人手不足が解消できない。②研修生は，不十分な法的保護，劣悪な労働条件，ブローカーに支払った法外な手数料のため，許可されていない転職をして非合法移民となってしまう。③非合法移民化を防ごうとパスポート押収や外出禁止など監視・監督を強化すると，人権侵害となる。また，賃金未払い，長時間労働，災害申告忌避などの労働搾取にも陥りやすい（労働政策研究・研修機構 2000）。こうして2000年には，民間主導だった外国人産業研修生制度を廃止し，新たに政府主導の「外国人労働者雇用許可制度」を導入する方針が政府与党間で確定された。◁1

　「外国人労働者の雇用許可等に関する法律」に基づき，2004年8月17日から外国人雇用許可制度が施行された。政府が送り出し国と覚書をかわし，民間の◁2 ブローカーを介さずに製造業，建設業，農畜産業，近海水産業，サービス業で単純労働者を受け入れるものである。ただし中小企業側の意向を尊重し，2007年までは研修生制度も並存することになった（労働政策研究・研修機構 2005）。

　台湾の制度をまねた外国人労働者雇用許可制度は，1950～60年代に西欧諸国で移民の定住を招いたゲストワーカーシステムと類似している。社会保障に関しては外国人産業研修生制度よりも改善された。研修制度が受け入れ団体や送り出し機関の韓国支部に労働者の管理を委ねたのに対して，雇用許可制度では地域の「外国人労働者支援センター」が労働相談，韓国語教育，外国人労働者のコミュニティ支援などを行った。しかし，職場移動や4年10か月を超える在留は基本的に禁止されている。さらに，選抜過程でブローカーへの費用が発生する点では，研修制度と変わりがない（呉 2007：113-4）。◁3

○朝鮮族の処遇の変化

　1980年代後半盧泰愚政権が社会主義国との経済関係を改善すると，朝鮮族が韓国へUターン移動を始めた。単純労働者は「研修生」に限定されていたため，朝鮮族は親族訪問や観光などの名目で入国し，韓国語を活かして建設業やサービス業で非合法労働者となった。1992年の中国との国交正常化によって入国が制限されると，ビザ詐称問題や偽装結婚が増加した（呉 2007：107）。◁4

▷1　法務部はこの方針を支持していたのに対して，労働部と中小企業協同組合中央会（KFSB）は雇用許可制度に強く反対した。

▷2　了解覚書を結んだのは，フィリピン，タイ，モンゴル，中国，カザフスタン，スリランカ，ベトナム，インドネシアの8か国である。特にベトナムが第1位の送り出し国となりつつある。

▷3　なお，2006年からはIT産業などの専門・技能職労働者や企業投資家へのビザ延長や「永住」ビザ付与など選別的な移民政策も始まっている。

▷4　偽装結婚は就労を目的としており，1995年から96年の国際結婚急増をもたらしたと言われる。

1999年9月に施行された「在外同胞の出入国と法的地位に関する法律」（在外同胞法）は，投資を期待して韓国系外国人の国内での経済活動を容易にした。しかし1948年の韓国政府樹立前に移住した朝鮮族を排除したため，朝鮮族二世の異議申し立てや，一部朝鮮族の中国国籍の放棄および韓国国籍回復運動が生じた。韓国政府は中国との摩擦を避けるため，親族訪問者にも就労機会を与える就労管理制度を導入し，在外同胞法を2004年3月改正した（呉 2007：108-9）。

さらに韓国内に親族のいない人でも5年間有効なビザを発給し，最長3年滞在でき就労ができる「訪問就労制度」が2007年から導入された（呉 2007：114）。

○**国際結婚の増大**

国際結婚が農村部などで急増している。2005年の総結婚件数のうち13.6%を占め，特に農村地域では韓国男性の35.9%に及ぶ。花嫁の国籍は，2004年までは韓国語が話せる朝鮮族の多い中国が最多だったけれども，2005年にはベトナム（1535人），中国（984人），フィリピン（198人）の順となった（朝鮮日報 2006）。

1997年11月，国籍法が改正され父母両系血縁主義が導入された。同時に，偽装結婚防止のため国籍取得には結婚2年以上経過の後，帰化が求められた。その結果，2000年以降，結婚した移民者の帰化が増加した（呉 2007：105）。しかし，結婚斡旋業者を通した国際結婚は外国人女性の人権を無視するため，韓国社会への適応を難しくすると批判された。政府は，2005年9月に居住ビザで2年以上滞在した結婚移民者に永住資格を付与し，就労に必要な手続きも廃止した。また，2004年に保険福祉部による実態調査が行われ，2005年12月の国民基礎生活保障法改正によって女性結婚移民者を緊急福祉支援法の対象とした。さらには家庭内暴力のホット・ラインやシェルター，韓国語教育の充実，自治体の「結婚移民者家族支援センター」の充実が試みられている（呉 2007：112）。

2 統合政策の模索

外国人・移民の多様化と滞在長期化のため，社会統合が問題になった。華僑が居住ビザの更新期間を超えて海外に長期滞在した場合，再入国できなかったという例を受け，2002年4月の出入国管理法改正によって永住ビザが新設された。居住ビザ保持者のうち，5年以上の合法滞在者とその未成年の子どもにビザが付与された。また，2005年8月の公職選挙法改正では永住ビザ取得後3年経過した19歳以上の外国人に地方参政権が付与された（呉 2007：105）。

盧武鉉（ノムヒョン）政権は大統領訓令で「外国人政策会議」をつくり，2006年5月26日の第1回会合で，外国人の人権尊重と社会統合，そして優秀な人材の誘致によって「外国人と共に生きる開かれた社会の実現」を目指すと宣言した（呉 2007：109）。2007年在韓外国人処遇基本法は外国人基本政策を策定するよう定めた。しかし，少なからぬ課題がまだ残されている。これまで少数だった難民が，北朝鮮の状況次第では殺到する可能性もあるだろう。

▷5　在外同胞には，在外国民（韓国国籍を保持している者）と外国籍同胞（外国国籍であるけれども，韓国と血縁的関係を持つ者）の両者を含む。2年間滞在のビザが付与され，再入国許可なく自由に出入国でき，就労と不動産の取得・保全処分や国内金融機関の利用もでき，90日以上滞在の場合には医療保険が適用される（呉 2007：117）。

▷6　台湾の中小資本がベトナムに流入して台湾男性とベトナム女性の結婚が増加したのを知った韓国の結婚斡旋業者がベトナムに進出したことが要因と見られる（呉 2007：117）。

▷7　父親か母親の一方が韓国籍を持てば，子どもも韓国籍を持つことができるという国籍継承のやり方のこと。

▷8　重国籍も部分的に容認されるようになった。

▷9　2006年5月31日の地方選挙では，台湾（6511人），日本（51人），アメリカ合衆国（8人），中国（5人）などの外国出身者6579人に選挙権が付与された（呉 2007：117）。

▷10　非合法移民に関しても，取り締まりにおける人権保護，子どもの教育と医療への配慮が検討された。

▷11　2018年，イエメンからの難民申請者が済州島に殺到した。

Ⅴ　グローバル社会の諸相

アメリカ合衆国社会と移民(1)
1945年以前

　先住民の土地へ白人が入植して以来，アメリカ合衆国は移民でつくられたという建国神話で彩られている。アフリカ系を搾取した奴隷制度を経て，戦後はラテンアメリカやアジアなど世界各地から移民を受け入れ続けている。公民権運動の伝統から移民の人権を守ろうとする動きがある一方，福祉給付を制限して移民を安価な労働力として利用し続けようとする動きもある。2001年9月11日の同時多発テロ事件は，反移民的な風潮と移民管理の厳格化の引き金となった。

「移民国」の形成と発展

　アメリカ合衆国は，先住民の居住する土地に白人系が入植して1776年に建国された。当初，白人系の多くはアングロ・サクソン系プロテスタントであった。その後アフリカ大陸などから強制移民を連行する奴隷制度がつくられた。1865年の奴隷制度廃止後もアフリカ系住民は周辺化され様々な差別的扱いを受けてきた。

　1880年から1924年までは移民の大量受け入れ期であった。中西部と南西部の開発，および東部や五大湖沿岸での工業の勃興は，ヨーロッパからの膨大な移民を引き付けたため，19世紀半ばまではイングランド，アイルランド，ドイツ，スカンディナビアなど北西ヨーロッパからの移民が主であった。しかし19世紀末には，ハンガリー，ポーランド，イタリアなど東欧や南欧からの移民に替わっていった。またハワイなど太平洋地域の開発には，中国系や日系などアジア系移民が従事した。すなわち，この時期白人系プロテスタントとは異なる，カトリック，ギリシア正教，ユダヤ教，アジア系といった様々な背景を持つ「新移民」が入国していったのである（小井土 2003a：33-4；Martin 2004a：62-3）。

表Ⅴ-8-1　アメリカ合衆国社会と移民

1924	「移民および国籍法」
1942	ブラセロ計画開始
1952	マッカラン=ウォルター移民国籍法
1964	公民権法
1965	（改革）移民法
	ブラセロ計画廃止
1980	難民法
1986	移民改革統制法
1990	合法移民改革
1992	「ロサンゼルス暴動」
1993	グリーンカード交換プログラム
1994	カリフォルニア州の提案187
1996	非合法移民改革責任法
	個人責任と雇用機会の和解法
	クリントン政権の下，経済成長始まる
	メキシコの二重国籍容認
2001	9.11同時多発テロ事件
	国境警備強化・ビザ入国改正法
2002	本土安全保障法
2003	移民政策の担当官庁の再編
2012	DACAプログラム開始

表V-8-2 アメリカ合衆国における外国生まれ人口数（出生地別，千人）

	1970	1980	1990	1995	2000	2005	2010	2013
メキシコ	759.7	2,199.2	4,298.0	6,960.9	8,072.3	10,993.9	11,746.5	11,585.0
インド	51.0	206.1	450.4	422.2	1,010.1	1,410.7	1,796.5	2,034.7
フィリピン	184.8	501.4	912.7	1,084.4	1,313.8	1,594.8	1,766.5	1,844.0
中国	172.2	286.1	529.8	523.9	898.0	1,202.9	1,604.4	1,805.0
ベトナム	—	231.1	543.3	475.9	872.7	1,072.9	1,243.8	1,281.0
エルサルバドル	—	—	—	715.0	787.7	988.0	1,207.1	1,252.1
キューバ	439.0	607.8	737.0	819.8	957.3	902.4	1,112.1	1,144.0
韓国	88.7	289.9	568.4	560.8	801.8	993.9	1,086.9	1,070.3
ドミニカ共和国	—	169.1	347.9	510.3	699.2	708.5	879.9	991.0
グアテマラ	—	—	—	—	—	644.7	797.3	902.3
カナダ	812.4	842.9	744.8	870.4	879.3	830.3	785.6	840.2
ジャマイカ	—	196.8	334.1	523.8	422.5	579.2	650.8	714.7
イギリス	708.2	669.1	640.1	734.5	758.2	676.6	676.6	695.5
コロンビア	—	—	—	—	—	554.8	648.3	677.2
ハイチ	—	—	—	302.1	384.7	483.7	596.4	594.0
ドイツ	833.0	849.4	711.9	1,169.5	1,147.4	—	—	—
ロシア(1)	463.5	406.0	398.9	480.3	370.5	—	—	—
イタリア	1,008.7	831.9	580.6	—	—	—	—	—
ポーランド	548.1	418.1	388.3	—	—	—	—	—
その他	3,550.0	5,375.0	7,581.1	7,211.8	10,113.5	12,132.2	13,318.2	13,916.9
合　計	9,619.3	14,079.9	19,767.3	23,365.5	29,489.0	35,769.6	39,916.9	41,347.9

注：(1) 1989年以前のロシアはソビエト連邦のデータ。
出所：OECD（2003：328）；OECD（2006：272）；OECD（2015：329）より作成。

2　移民の規制と国民国家への変容

　工業の大量生産システムは，大量の移民で都市を急激に膨張させ，社会に緊張を生み出した。第1次大戦時には，ヨーロッパでの革命やナショナリズムが移民たちに影響を与えるのではないかという懸念から，新規移民に対する**ネイティヴィズム**も生じた。そのため1924年に「移民および国籍法」が制定され，同法により東半球と西半球それぞれからの移民数に上限が設けられた。東半球に関しては，大西洋側では1890年段階の人口構成比に基づいた出身国割り当て上限が設定され，太平洋側に対しては，フィリピンなどの例外を除いて移民受け入れを全面的に禁止した。西半球に関しては上限は設定されず，メキシコなどからの移民は可能となった。この結果，国外からの人の流れが規制され，国内移動体制ができあがり，南部のアフリカ系住民やアパラチア山脈周辺の人々が北部の工業セクターへと移動し，都市部ではシカゴ学派が考察したように移民の社会統合が問題化したのである。やがて1930年代の大恐慌時代には出移民が入移民の数を超えた。

　このようにアメリカ合衆国は，ニューディール体制から第2次大戦後の好況の時期に国際移民に対して閉鎖的になることで，住民の最小限の社会的権利を確保する国民国家型の社会へと変貌していった（小井土 2003a：33-5；Martin 2004a：63）。しかし国民は平等ではなく，アフリカ系住民などをめぐる不平等を抱えこんでいたのである。

▷1　ネイティヴィズム（nativism）
ホスト社会の先住者による新規移民に対する排斥的な感情や運動のこと（小井土 2003a：51）。

▷2　シカゴ学派と社会統合については，Ⅲ-1を参照。

Ⅴ　グローバル社会の諸相

アメリカ合衆国社会と移民(2)
1945年から1990年まで

1　リベラル国家への変貌と矛盾の蓄積：1965年前後の変化

　第2次大戦後，アメリカ合衆国はリベラル国家を標榜するようになる。奴隷制度以来国内に存続していた人種差別の構造を廃止しようと，1950年代には公民権運動がわき起こり，1964年に公民権法（the Civil Rights Act）が成立した。この時期アフリカ系住民は法的地位を確保し政治活動を活発に行うなど中間層的な役割を際だたせたため，貧困にあえぐ存在というマスメディアのステレオタイプを変えたけれども，多くのアフリカ系住民がゲットー化した街に暮らし，収入，失業，教育などの面で劣位のままだった（Castles and Miller 1993＝1996：217）。「人種のるつぼ」という社会統合イメージは，『人種のるつぼを超えて』（Glazer and Moynihan 1963＝1986）が出版されたあたりから「サラダボール」というイメージへと変わっていった。

　この時期のリベラルな動きは移民管理へも波及した。1924年の移民および国籍法は出身国割り当て制をとっていたため，第2次大戦中にはファシズムと闘い，冷戦下では社会主義陣営と対抗する自由主義陣営のリーダー・アメリカにとっては差別的で不適切と考えられた。そこで1952年にマッカラン＝ウォルター移民国籍法（the McCarran-Walter Immigration and Nationality Act）がすべてのエスニック集団が帰化できると定めたけれども，出身国割り当て制はまだ継続した。ようやく1965年（改革）移民法（the Immigration and Nationality Act）が出身国割り当て制を廃止し，西半球と東半球という大きなカテゴリーのみを設定した。また移民受け入れの基準は，人道主義や人権に基づく家族合流と，労働力需要に対応するための業績主義に基づく雇用という2つになった。この1965年移民法の結果，移民の構成はヨーロッパ系中心からアジア系とラテンアメリカ系中心に変化し，1970年代を通じて後二者が増加し，全人口の75％を占めることになった。ただし，ラテンアメリカ系が非熟練労働に集中したのに比べ，アジア系は，「モデルマイノリティ」と呼ばれるような高いレベルの教育を受け，高いレベルの職に就くことも多く，社会経済的特徴は対照的であり，合法移民の二極分化が進んでいた（Castles and Miller 1993＝1996：217）。

　移民に関するもうひとつの変化は，非合法移民の増大である。1942年以来メキシコからの労働者をアメリカ合衆国西南部の農業に供給してきたブラセロ計画が，1965年廃止された。リベラル国家は，国内労働者を救うために合法的な

▷1　「人種のるつぼ」（melting pot）は，多様な人種を同化で均質なアメリカ市民にし，「サラダボール」（salad bowl）は，集団文化を保持したまま人々が混ざるイメージを示す（Bolaffi et al. 2003：175-6）。

▷2　モデルマイノリティ（model minority）マジョリティ並みに学業面や経済面で成功し犯罪率や離婚率も低いため，他のエスニック集団のお手本と見なされるようなエスニック集団のこと。アメリカ合衆国におけるアジア系が例としてよく言及される。

▷3　Ⅱ-5　▷1参照。

外国人労働者の締め出しを行ったのである。すると，当初ブラセロ計画の廃止に反対していた雇用主も，非合法移民が「非合法」であるがゆえに従順で安価であることに気づき，その移民たちを活用し始めた。こうしてリベラル国家アメリカは，国内マイノリティの権利拡充を進めると同時に，非合法外国人労働者の無権利化を推し進めた。

❷ 非合法および合法移民の抑制の失敗：1986年から1990年

アメリカ合衆国は1980年の難民法（the Refugee Act）制定にもかかわらず，1980年代にはエルサルバドルからの難民申請を拒否し続けた（Tichenor 2004：93）。また1980年代には非合法移民の検挙数は100万人を超え，次第に政治問題化してきた。1982年，上院のシンプソン議員とマゾーニ議員が移民法案を提出すると激しい議論を呼びながらいったんは否決されたものの，シンプソン議員とロディーノ議員が改めて提出した法案が1986年に成立した。この移民改革統制法（the Immigration Reform and Control Act）は，主に4つの要素から成る（小井土 2003a：41-44）。第1に，非合法移民を摘発し，メキシコとの国境線の管理を強化する入国規制強化。第2に，非合法移民と知った上で雇用した者への処罰。第3に，5年以上滞在したことを証明した非合法移民を合法化するアムネスティ条項。第4に，農業労働者の合法的導入プログラム（the Special Agricultural Workers Program, SAW）。

このような多様な内容を持つ移民改革統制法は，次のような多元的・分裂的構造ゆえに実行力を発揮することができなかった（Tichenor 2004：93）。第1に，「非合法移民と知った上で」雇用した場合という文面が入ったことで雇用主への処罰は骨抜きになった。第2に，国境地帯での移民管理よりも効力のある労働現場への査察はあまり実施されなかった。第3に，農業労働者の合法化は極めて条件が緩く，西部の農業への労働力供給の意味合いが強かった。

こうして非合法移民による安価な労働力供給は続くことになった。一方，移民は多すぎるという世論も根強く，1990年移民法（Immigration Act）による合法移民改革では規制が試みられた。ところが合法移民の受け入れ数の上限は新しい法案が提出されるたびに引き上げられ，1990年法では年間67万5000人となり，さらに1992年から94年までは暫定的に70万人とされ，1980年代の平均的水準にまで達してしまった。1990年移民法には3つの受け入れ基準があり，そのうち家族合流については，国内エスニック集団の圧力で総枠が拡大された。雇用基準に関しては，経済界の要請に応えるため，専門技能を持つ者や投資家を優遇し，総枠は3倍となった。最後の基準である「多様化プログラム」は，アイルランド系など規模が大きいにもかかわらず受け入れ数が少なかった集団の要請が働き，総枠は拡大された。このような受け入れ数の拡大は，湾岸戦争に議会が注意を払っているうちに，実現してしまったのである（小井土 2003a：44-7）。

▷4 多様化プログラム
比較的移民の少なかった国から抽選で移民を受け入れようとするプログラムのこと。

V　グローバル社会の諸相

10　アメリカ合衆国社会と移民(3)
1990年以降

　移民への反発と高度技能移民の優遇：1990年から2000年

　1980年代の移民の増大は，ナショナル・アイデンティティ喪失の懸念を引き起こした。1990年代初めに増大した非合法移民を阻止するため，ジョージ・ブッシュ（父）政権はメキシコ国境に人工的な「壁」を建設し始めた。またこの時期にはクーデターが起きたハイチから難民も殺到した。冷戦の終焉と湾岸戦争に端を発した経済不況が長期化する中で，レーガン政権およびブッシュ（父）政権は，機会の平等と貧困に対する政策的関与を弱めたため，地域社会において移民排斥の緊張が高まった（Castles and Miller 1993＝1996：217, 247）。

　重い不況を被っていたカリフォルニア州で激しい反移民感情・運動が生じ，2つの事件が起こった。ひとつは1992年の「ロサンゼルス暴動」である。アフリカ系住民ロドニー・キング（Rodney King）が白人系警官から暴行を受け，その報道を見て怒りを爆発させたアフリカ系の一部が暴徒化し韓国系などの経営する商店を略奪し放火したのだった（Castles and Miller 1993＝1996：1）。

　もうひとつは，1994年にカリフォルニア州で成立した提案187（Proposition 187）である。中産層を中心とする草の根の反移民団体が，「新規移民は社会サービスや福祉を狙っている」と主張し，先に定住した移民の多くも賛同した。非合法移民に対する教育，医療，公的扶助を制限し，救急医療を除いて医療費扶助や公立病院での治療を禁止することが盛り込まれた。提案187は連邦裁判所によって大部分が執行を停止され，1999年に最終的に無効になったけれども，移民排斥を全国に広げる役割を担った（小井土 2003a：50-2, 77）。

　議会は反移民の運動と世論に対応すべく，2つの法案を可決した。ひとつは，1996年非合法移民改革責任法（the Illegal Immigration Reform and Immigrant Responsibility Act, IIRIRA）である。同法により，国境警備を物的・人的に強化する「国境の軍事化」が進められ，偽造身分証明書を雇用主がチェックする電子システムが試験運用された。しかし，効果が期待できる労働現場の査察は，依然として盛り込まれなかった（Hanson 2004：87-8）。もうひとつは1996年個人責任と雇用機会の和解法（the Personal Responsibility and Work Opportunity Reconciliation Act, PRWORA），いわゆる「福祉改革法」である。この法律は法的地位に基づいて，多段階的に福祉給付へのアクセスを制限した。また，移民やその家族が移住して福祉給付を受ける際には身元引受人が給付額を返還する義務を負うこととし

▷1　「アメリカ英語運動」が起き，スペイン語を話すヒスパニック系住民を標的にし，英語を公用語にするための憲法改正を主張した。

▷2　Ⅱ-5 ▷10参照。

▷3　その後，市民でなくても一定の福祉給付が受けられるよう徐々に修正がなされた（Martin 2004a：79）。

た。さらに決定的であったのは，これまで権利上の格差がさほどなかった市民と永住外国人との間に明確に差を付けた点である。同法の影響に加え，1993年の**グリーンカード交換プログラム**および1997年のメキシコとの二重国籍容認により，永住合法移民たちの帰化申請が急増した。すなわち移民政治は生産領域を巡るものから，再生産領域を巡るものへと変化していったのである（小井土2003a：52-6；Martin 2004a：66-7, 72-4, 77-8）。

1996年クリントン政権の誕生あたりからアメリカ合衆国は大きな経済成長を経験していく。すると反移民感情・運動は後景に退き，代わりに経済界と人権・移民団体の移民擁護体制ができあがった。高技能労働者不足が叫ばれ，1990年移民法で整備された短期就労用のH-1Bビザが活用された。このビザは情報技術（IT）の労働者を募るために利用され，1992, 93年の移民受け入れ上限は6万5000人に設定された。さらに1998年に競争力および労働力向上法（American Competitiveness and Workforce Improvement Act）が成立すると，移民受け入れは1999, 2000年度には10万7500人，2001～2003年度には19万5000人とほぼ倍増された。IT技術者たちは永住権を獲得可能である一方，解雇されたら30日以内に別の雇用主を見つける必要があるともされた（小井土 2003a：67）。

❷ テロに伴う規制強化：2001年以後

2000年に，ラティーノ系住民がアフリカ系住民を抜いて最大のマイノリティ集団となり，就任したてのジョージ・ブッシュ（子）（George Bush）アメリカ合衆国大統領とベセンテ・フォックス（Vicente Fox）メキシコ大統領がラティーノ系住民の権利拡充に合意した。2001年の**アメリカ合衆国同時多発テロ事件**は移民管理に衝撃を与えた。テロ後に成立した国境警備強化・ビザ入国改正法（the Enhanced Border Security and Visa Entry Reform Act）により国境管理が厳格化される中，中東系移民や学生が管理の標的となった（Martin 2004a：55-6, 59, 67, 83）。同年愛国法が制定され，逮捕拘留が容易になった。

2002年11月の本土安全保障法（the Homeland Security Act）を受けて，2003年3月に移民政策の担当官庁が再編された。法務省の移民帰化局（the Immigration and Naturalization Service, INS）に代わって，移民や帰化申請は，本土安全保障省（the Department of Homeland Security, DHS）内の市民権・移民局（the Bureau of Citizenship and Immigration Service, BCIS）が受け持つことになり，国境規制や移民取り締まりは同省内の移民取締・関税執行局（the Bureau of Immigration and Custom Enforcement, BICE）が受け継いだ（小井土 2003a：76）。オバマ政権は非合法移民を救うため包括的移民法改正やドリーム法案制定を目論むものの，若年非合法移民向け在留合法化（DACA）プログラムなどによる部分的実現にとどまっている。経済需要，福祉給付，人権，安全保障といった相矛盾しうる力の中，移民と「移民国」アメリカ合衆国との関係は複雑な様相を呈している。

▷4 **グリーンカード交換プログラム**（Green Card Replacement Program）偽装の難しいカードに交換するために75米ドルを合法移民に要求する移民帰化局（the Immigration and Naturalization Service, INS）のプログラム。20米ドルを追加で支払うとアメリカ合衆国市民に帰化できるとも定めていた（Martin 2004a：73）。

▷5 メキシコ国民は他国の国民となっても，メキシコパスポートを保持しメキシコ市民としての諸権利を享受し続けることができることになった（Martin 2004a：73）。

▷6 資本主義経済は，市場に商品を供給する「生産労働」と，生産労働を支えるために生命や生活の維持を行う「再生産労働」で構成される（小井土 2003a：59）。Ⅰ-7 ▷3も参照。

▷7 **アメリカ合衆国同時多発テロ事件**
2001年9月11日にイスラム過激派が4機の大型ジェット旅客機をハイジャックし，ニューヨーク世界貿易センターとアメリカ国防総省（ペンタゴン）本庁舎めがけて激突し，2992人もの死者を出した事件。アフガニスタン攻撃，イラク戦争への前段となった。

▷8 2017年に就任したトランプ大統領はメキシコとの国境の壁増設やDACAプログラムの停止など反移民的施策を目論んでいる。

V　グローバル社会の諸相

カナダ社会と移民(1)
第2次大戦以前から1962年まで

　先住民に続いてフランス系とイギリス系の白人が入植して建国されたカナダは，イギリス系よりも政治・経済・社会的に劣位になったフランス系への配慮から，多文化主義を公式政策として掲げた。移民受け入れを業績主義的なポイントシステムで行った結果，アジア系などヴィジブル・マイノリティが増加し，多文化的状況は深まっていった。移民政策の優等生と評価されつつ，情報産業への高技能労働者の受け入れと，テロに対する国境警備の強化が課題となっている。

1　第2次大戦以前

　先住民は約1万2000年前に現在のカナダの地に移住したと言われる。16世紀半ばからビーヴァー毛皮を求めるフランス系移民がケベックシティを建設し，17世紀半ばにはイギリス系移民が毛皮貿易のために移住を開始すると，フレンチ・インディアン戦争を経て1763年のパリ条約で政治経済的な支配を確立した。しかし，1774年のケベック法（Quebec Act）では，カトリック信仰やフランス語といったフランス文化は生き残り，二言語二文化主義の礎となった。アメリカ南北戦争を契機として，1867年にカナダは連邦を結成した。このときカナダ憲章（旧英領北アメリカ法）が設けられ，第95条で移民の入国管理の基本原則が定められた（村井 2001；村井 2002：11-2；田村［1992］1996：271-4）。

　連邦結成以来，移民受け入れがカナダの国造りの中核である。1896年，内務大臣クリフォード・シフトン卿（Clifford Shifton）が西部開拓のため移民誘致政策を開始して以降，イギリス系中心の移民構成が変わっていった。農業労働者として，まずはドイツ系，オランダ系，北欧系が渡り，その後ウクライナ系，ポーランド系，ハンガリー系へと広がっていった。第1次大戦勃発までの20年間に約300万人の移民が流入し，そのうち約80万人が非英仏系であった（田村［1992］1996：275）。

　しかし世界恐慌から第2次大戦までの時期には，移民が激減する。1931年から1945年の移民総数は，1914年から1930年の約10分の1になった。この時期，非英仏系移民は自分たちの言語や文化を教会，コミュニティ，家族などを通じて保持する一方，公立学校の同化教育によって英語も用いるようになった（田村［1992］1996：275）。

▷1　先住民のうち約6割が認定インディアン（1871年以降締結されていったインディアン条約によって，法的にインディアンと認定された先住民）である。約2割が非認定インディアン，同じく約2割がメティス（白人とインディアンとの混血），残りが極北部に住むイヌイットである（田村［1992］1996：272）。

表V-11-1 カナダ社会と移民

1950	市民権移民省発足
1952	移民法
1962	移民法
1967	移民法：ポイントシステムの導入
1969	二言語二文化主義王立委員会報告書。公用語法制定
1971	公定多文化主義政策導入
1972	連邦多文化主義担当大臣の任命，国務省内に多文化主義局設置
1974	『カナダの移民と人口に関する研究報告書』発表
1976	移民法改正
1979	ケベック州独自の移民法導入
1981	多文化主義局の中に人種関係局設置
1982	カナダ憲章：先住民の権利，多文化主義的伝統
1983	下院特別委員会のヴィジブル・マイノリティ調査，報告書『今，平等を！』
1986	雇用均等法制定
1988	多文化主義法制定
1990	オカ事件
1991	ケベック州の移民受け入れ権限の確認
1993	移民法改正（移民数増加に対応）
1995	第2回目の国民投票でケベック独立は1％の僅差で棄却
1997	憲法改正：宗派別教育制度を廃止し，言語別に再編
2001	ポイントシステムの改正
2002	移民難民保護法制定
2008	ポイントシステムに事前スクリーニング導入。「カナダ経験クラス」導入

❷ 経済成長と移民政策の整備：1945年から1962年

　第2次大戦が終結すると，労働力需要が高まり，東欧から再び多くの労働移民が流入した。また，すでにカナダに定住している移民たちは家族や親族を呼び寄せた。1947年5月，マッケンジー・キング（W. L. Mackenzie King）首相は連邦議会下院において，移民政策の目標は人口増加と経済発展であるという声明を出した。すでに1946年には**カナダ市民権法**が議会を通過し，1950年には市民権・移民省（Department of Citizenship and Immigration）が発足して，移民に関わる行政制度が整備されていった。特に市民権・移民省が鉱山資源省に代わって設置されたことで，移民は天然資源ではなく人的資源として扱われることになった（村井 2002：4）。

　キング首相の声明を具体化したのが，1952年の移民法（the Immigration Act）である。同法は，市民権・移民省長官にほぼ無制限の権限を与え，ヨーロッパからの移民を優先的に受け入れる原因となったため，連邦議会下院で論争が生じ，法曹界から批判が投げかけられた（村井 2002：4-5）。ただしヨーロッパ系といっても，英仏系の移民は少なくなり，代わってイタリア，ポルトガル，ギリシアといった南欧からの移民が急増した。1960年代に入ると，この南欧系移民たちは，トロントやモントリオールなど東部大都市に集住しだした（田村 [1992] 1996：276）。

▷2　カナダ市民権法
（Canada Citizenship Act）カナダ市民は，それまでのイギリス臣民としてではなく，「カナダ人としての共通の目的と利益」を共有し「カナダ人としての誇り」を基盤としてカナダ社会をつくるべきだと宣言した。この法律によって，カナダは大英帝国から離れ国民国家としての道を歩むことになった。

Ⅴ グローバル社会の諸相

 ## カナダ社会と移民(2)
1962年から1976年まで

 ### ポイントシステムと公定多文化主義の採用

1960年代から70年代にかけて，カナダは2つの画期的な出来事を経験した。ひとつは移民受け入れに関する**ポイントシステム**◁1の導入，もうひとつはケベック独立運動に端を発した公定多文化主義の採用である。

○ポイントシステムの導入

国際世論が1952年の移民法を人種差別的だと批判したため，カナダは1962年に新しい移民法を制定した。国内に熟練労働者が不足していたので，同法は「技能」を受け入れ基準の中心に据えた。ただし，「保証人付きの移民」としてヨーロッパ系により広い範囲の親族の呼び寄せを許した（村井 2002:6-7）。

1966年になると，『移民白書』が連邦議会に提出された。移民政策は長期的な経済発展の達成のため，国内の経済政策，労働政策，社会政策と整合的でなければならず，特にほとんどが非熟練労働者であった「保証人付き移民」を減らすべきだと主張された。『移民白書』は各界で大きな議論を巻き起こし，1967年の移民法改正へとつながる。この改正では，受け入れに関して人種，民族，国籍による差別をなくし，いくつかの項目を点数化して経済移民の受け入れを決めるポイントシステムを導入した（村井 2002:7-8）。

1967年移民法は，ヨーロッパからの移民を減少させ，アジア，アフリカ，中東，西インド諸島からの移民を増加させた。特に，1951年から60年には2％にすぎなかったアジアからの移民の割合は，1967年から73年には14％と7倍にも増えた。中でも香港，インド，フィリピンからの移民が増えている（村井 2002:9-10）。

○公定多文化主義の導入

カナダが経験した第2の出来事は，公定多文化主義の導入である。1960年代になって第2次大戦後の好況が産業化の遅れていたケベックにも波及し，アメリカ合衆国の公民権運動も影響して，ケベックの社会経済的・言語文化的な立ち遅れが問題化した結果，ケベックの分離独立運動，「静かなる革命」が生じた（田村 [1992] 1996:284）。

これを受けて1963年に二言語二文化主義王立委員会（the Royal Commission on Bilingualism and Biculturalism）がつくられた。当初はフランス系の劣位を調査することを目的とし，英仏二言語の公的使用に関するいくつかの勧告を行った。そして同時に，フランス系以外のマイノリティの状況をも包括的に調査し，1969

▷1 **ポイントシステム**
(points system)
1967年に導入。2003年9月18日時点で，教育25点満点，英仏語能力24点満点，労働経験21点満点，年齢10点満点，カナダ国内での職確保10点満点，カナダ社会への適応性10点満点のうち，合わせて67点以上を取得することが，技能労働者の移住の条件である。点数の項目間配分や最低得点ラインは何度か改定されている（CIC 2007）。

年に報告書を発表した。その第4巻「その他のエスニック集団の文化的貢献」(Cultural Contribution of the Other Ethnic Groups) は，非英仏系マイノリティの存在とカナダ社会に対する貢献を初めて公式に認めた文書である（田村 [1992] 1996：285）。

王立委員会の勧告に基づき，1969年に公用語法 (Official Languages Act) が制定され，連邦政府にフランス系市民を登用すること，および連邦政府内で二言語を公用語として使用することを定めた。これには，ケベックを連邦から離脱させたくないトルドー (Pierre Eliott Trudeau) 首相の思惑が働いていた。また，先述の報告書や政策がフランス系の優遇だというウクライナ系など非英仏系集団からの批判を受けて，トルドー首相は1971年に多文化主義を公式な政策にすると宣言した。エスニック・アイデンティティの維持を保証することは，エスニック集団の成員たちに自信と安心感を与え，社会から偏見をなくし，国民統合をもたらすと理由づけされた（田村 [1992] 1996：284-6）。また，「人種のるつぼ」であるアメリカ合衆国とは異なる，「**モザイク社会**」カナダという独自のナショナル・アイデンティティをつくり出すことも目的のひとつだった (Reitz 2004：124)。つまり公定多文化主義は，実践的なプログラムというよりもまずはシンボルとして重要だったのである (Troper 2004：138-9)。

2 多文化主義への制度整備

1972年10月の選挙で西部地域において大敗したトルドーは，同年11月連邦多文化主義担当大臣を新設し，国務省内には多文化主義局を設置，また1973年にはエスニック集団の代表から成る多文化主義諮問評議会をつくった。このような制度的整備の一方，エスニック関係の出版，民族舞踊，音楽，演劇，伝統工芸などの活動に対しては補助金が交付されるようになった。1970年代後半に入ると，ウクライナ系やドイツ系が，エスニック言語教育への援助を求めて連邦政府にロビー活動を行った結果，1974年にアルバータ州がエスニック言語と英語の二言語教育を導入するなど，一定の成果を上げた。連邦政府は，1977年から**文化発展計画**を始め，公立学校制度の枠内ではなく枠外においてエスニック言語教育の援助を行う計画を立てた（田村 [1992] 1996：286-7）。

表V-12-1 カナダにおける出生国別移民人口の蓄積（千人）

	1986	1991	1996	2006	2011
インド	130.1	173.7	235.9	443.7	547.9
中国	119.2	157.4	231.1	466.9	545.5
イギリス	793.1	717.8	655.5	579.6	537.0
フィリピン	82.2	123.3	184.6	303.2	454.3
アメリカ合衆国	282.0	249.1	244.7	250.5	263.5
イタリア	366.8	351.6	332.1	296.9	256.8
香港（中国）	77.4	152.5	241.1	215.4	205.4
ベトナム	82.8	113.6	139.3	160.2	165.1
パキスタン	—	—	—	133.3	156.9
ドイツ	189.6	180.5	181.7	171.4	152.3
ポーランド	156.8	184.7	193.4	170.5	152.3
ポルトガル	139.6	161.2	158.8	150.4	138.5
スリランカ	—	—	—	105.7	132.1
ジャマイカ	87.6	102.4	115.8	123.4	126.0
イラン	—	—	—	92.1	120.7
オランダ	134.2	129.6	124.5	—	—
旧ユーゴスラビア	87.8	88.8	122.0	—	—
旧ソビエト連邦	109.4	99.4	108.4	—	—
その他の国・地域	1,069.6	1,357.4	1,702.2	2,523.8	2,821.2
合計	3,908.2	4,342.9	4,971.1	6,187.0	6,775.8
全人口に占める割合（％）	15.6	16.1	17.4	19.0	19.8

出所：OECD SOPEMI（2003：324）；OECD SOPEMI（2014：365），IMF（2015）

▷2 **モザイク社会**
「人種のるつぼ」のように同化し溶け合うというイメージではなく，出身地域の文化やアイデンティティを保持したままモザイクの一片一片のように組み合わさって社会を構成するという考え方。

▷3 公定多文化主義の具体的な目標は，文化維持への公的援助，エスニック集団間の相互交流，公用語習得の奨励，機会平等を妨げる文化的障害の打破という4つであった。

▷4 **文化発展計画**（Cultural Enrichment Program）連邦政府が1976年に発表した『非公用語研究（Non-Official Languages Study）』で，エスニック言語の教育を重視するエスニック集団が多いことがわかり，連邦政府は公立学校以外の学校，いわゆる補習校における非公用語教育への資金援助を始めた。

V　グローバル社会の諸相

カナダ社会と移民(3)
1976年以降

1　多文化的問題の深化と対処：1976年から1991年

　1970年代後半から1980年代にかけて，カナダの英仏二元体制はさらに崩れ，多文化的状況はさらに深まっていった。1974年，**グリーン・ペーパー**▷1『カナダの移民と人口に関する研究報告書』(A Report of the Canadian Immigration and Population Study) が内閣に提出された。そこでは，トロント，モントリオール，バンクーバーといった大都市への移民集中が環境悪化をもたらしており，アジアや中東からの移民の急増が人種間の緊張を引き起こしているため，労働市場の需要に応じた受け入れが必要であると主張された。同報告書を受けて，1976年に移民法が改定された。この移民法は，移民受け入れ数の決定の権限を議会に，移民受け入れ数の目標設定の権限を政府に与えた (Reitz 2004：102)。また，移民担当大臣が移民受け入れについて各州政府と事前協議を行うことを定めた▷2。1976年移民法はビジネス移民プログラムも導入し，経済効果を得るため，「企業家」「自営業」カテゴリーで移民を受け入れた▷3 (村井 2002：10-4)。

　経済効果を重視する姿勢は，1991年に開始された第1次「移民受け入れに関する5か年計画」においても保持された。この計画では各州政府と民間部門が事前協議で労働力不足の職種リストをつくり，それに従うため，連邦政府は国内経済が後退期であっても，移民受け入れ数を増やすよう方向づけられた（村井 2002：13）。結果的に1990年代には，毎年20万人から25万人程度の移民を受け入れることになった (Reitz 2004：101)。

　ポイントシステムとビジネス移民プログラムは，業績的基準に基づいているがゆえに**ヴィジブル・マイノリティ**▷4の流入を招き，移民のエスニック構成を多様なものにした。多文化的問題も複雑になり，さらなる対処が必要となった。

　ヴィジブル・マイノリティをめぐる差別や社会的摩擦に対処するため，1977年にカナダ人権法が人種，出自，宗教に基づく差別を禁止し，1981年には多文化主義局の中に人種関係局が設置された。1982年のカナダ憲章に先住民の権利と多文化主義的伝統の増進，および英仏二言語の使用の規定が盛り込まれた。1983年には下院特別委員会がヴィジブル・マイノリティの状況を調査し，報告書『今，平等を！』(Equality Now!) を発表した。1986年に雇用均等法 (Employment Equity Act) が，雇用面での平等推進のために制定された（田村 [1992] 1996：287）。1988年には「すべてのカナダ人の平等達成に努力する」ため多文化

▷1　グリーン・ペーパー　議会審議用の政府試案の文書。

▷2　独立を主張するケベック党 (PQ) が1976年に議会多数派となったケベック州は，連邦政府と1978年に合意し，ケベック州の言語的・文化的独立性を保持するため，ケベックに関する知識やフランス語能力に高い得点を与えるポイントシステムを1979年独自に導入した。

▷3　1986年になると「投資家」カテゴリーも付け加えられた（村井 2002：10-4)。

▷4　ヴィジブル・マイノリティ (visible minorities) 肌や目の色，服装，習慣など目に見える要因でマジョリティと容易に区別されるマイノリティのこと。発展途上国から欧米先進諸国へ渡った移民を指すことが多い。

主義法が制定され，公用語法も再度制定された▷5（加藤 2005：248）。

このように多文化主義政策の照準は，マイノリティの文化やアイデンティティから社会経済的不平等や差別へと移ってきたのである。

❷ 多元的統治の模索：1991年以後

1990年代にカナダの多元性はさらに進行していった。1991年にケベック州と連邦政府の間で移民受け入れに関する州政府の役割と権限が確認されると，ブリティッシュ・コロンビア州とマニトバ州もこれに続いた（加藤 2005：251）。この3州では，州の優先順位に合わせて移民を選定するプログラム（Provincial Nominees Program）も開始された。

1993年の連邦総選挙で，白人系移民の支持者が多い進歩保守党が敗北し，多元性を重んじる自由党が勝利すると，カナダの多文化主義はいっそう進んだ。1971年に1％だった非英仏系移民は，1996年には10％になっていたので，まず1993年に移民数増加に対応するため移民法が改正された▷6。また1995年には雇用機会均等法が改正され，雇用主への査察が可能となった。1995年のオンタリオ州総選挙では，初めて人種が争点となった（Reitz 2004：125-6）▷7。1997年には憲法を改正し宗派別の教育制度が言語別に再編され，民族遺産省（Canadian Heritage）が連邦政府の多文化プログラムを再編成した。

先住民に関しては，**オカ事件**▷8後の1993年以降10を超える自治政府協定が結ばれた▷9。1999年ノースウェスト準州の東半分がヌナブット準州となり，事実上の自治政府となった。また同年，連邦最高裁判所は**マーシャル判決**▷10で，先住民がカナダ東部・沿海部において魚などの資源を捕獲する権利を認めた（加藤 2005：242, 247）。新規移民に関しては，移民受け入れを担当する市民権・移民省（Citizenship and Immigration Canada, CIC）が，人材開発省（Human Resources Development Canada, HRDC）と協力することで，効果的な移民管理で毎年総人口の1％弱の移民を受け入れることを目標にしている。また，家族移民を減らしたり，定住にかかる行政コストを削減しようともしている（Reitz 2004：101, 108-9）。

NAFTAによる自由貿易体制が情報技術者などのカナダ国外への移動を促進する中，2001年にはポイントシステムの必要ポイント数が引き下げられ，2002年移民難民保護法（the Immigration and Refugee Protection Act）が技能移民に加え投資家，企業家，自営業者もポイントシステムの対象とした。同時に同法は，犯罪容疑者を迅速に国外追放するため難民申請を厳格にした。同時多発テロ後，カナダはアメリカ合衆国から国境の警備強化を強く求められているためである（DeVoretz 2004；Reitz 2004：128-30；Troper 2004：137）。さらに2008年からはポイントシステムに事前スクリーニングを導入し，カナダでの就学・就労経験のある一時就労者と留学生に，ポイントシステムとは別に永住許可を出す「カナダ経験クラス」を導入し，移民選別政策を推進している（大岡 2012）。

▷5 新公用語法の中には，非公用語教育プログラムなどを連邦政府が支援することが明文化された。

▷6 1989年にも移民法は改正されており，そのときは難民認定の手続きが改善された。

▷7 ただし，フランス系に関する多元性は弱まった。1995年，ケベック州独立を問う第2回めの国民投票で，1％の僅差で独立が棄却され，ケベック・ナショナリズムは退潮した。第1回めの国民投票は1980年に行われたけれども，このときもケベック州独立は否決された。

▷8 **オカ事件**（The Oka Crisis）1990年モントリオール郊外で先住民と警察が武力対立した事件。

▷9 先住民の権利認定が進む中，先住民が自治政府を持つことを連邦政府と取り決めた。1993年に政権復帰した自由党が積極的に推進した。

▷10 **マーシャル判決**（Marshall Decision）先住民族のひとつ，ミックマック・インディアン（Mic Mac Indian）に属するD・マーシャルがウナギを不法に捕獲し販売したと警察に逮捕された事件に対して，連邦最高裁判所は商業流通を目的とした漁業を先住民族に認めた。法律的な根拠はノバスコシア州でイギリスとミックマック・インディアンが交わした1760年の条約にさかのぼる。

V グローバル社会の諸相

14 オーストラリア社会と移民(1)
第2次大戦以前から1972年まで

アボリジニなど先住民の地であった土地を1788年にイギリス系移民が流刑地とし、金の発見などが移民を引き付ける中で1901年にイギリスから独立しオーストラリアが建国された。1970年代初めまでは白人系移民を優遇する白豪主義をとっていたものの、アジア系移民の増加などにより多文化主義を採用するようになった。しかし、1990年代半ばから多文化主義に対する強い反発が起こっている。

1 第2次大戦以前

アボリジニやトレス海峡諸島人の土地であったオーストラリアにイギリス系移民が入植したのは、1788年である。当初、オーストラリアは流刑地として利用され、入植者たちは、先住民への略奪行為や殺戮行為を繰り返した。その結果1788年に約50万人だった先住民は、19世紀終わりにはたった5万人まで減ったと言われる（Castles and Vasta 2004：142）。1850年代に大陸東南部で金が発見されると、多くの移民がやってくるようになった。1901年に連邦が結成されると移民制限法（the Immigration Restriction Act）が制定され、白人系だけで社会を構成しようという白豪主義政策（the White Australia Policy）が採用された。1942年には**ウェストミンスター憲章**◁1を批准し、イギリスに対して対等な立場を確保した。

2 白豪主義政策の展開：1945年から1972年まで

20世紀に入ると、経済不況のために移民の流入は低調になった。しかし第2次大戦が、より多くの人口とより発達した製造業が国家の維持のために必要であることを示したため、1945年に**移民省**◁2（the Department of Immigration）が設けられ、移民政策を整備し受け入れ後のサービスを提供することになった。移民受け入れの拡大に反対している人々に対しては、「人口を増やすか、それとも滅びるか」（"Populate or perish"）という標語が突きつけられた。こうして1947年に移民を定住者として受け入れる移民プログラムが開始されたのである。ただし、アジアからの「黄色人種がもたらす禍」を防ぐため、白人系イギリス人だけを受け入れ同質的な社会にすることを目指した。1948年の国籍・市民権法（the Nationality and Citizenship Act）は、オーストラリア人をイギリス臣民と定義し、帰化の認定には5年間の居住、イギリス君主への忠誠の宣誓、文化的同化

▷1 **ウェストミンスター憲章**（The Statute of Westminster）
1931年にイギリス議会で成立した。それ以前はイギリス政府の下に大英帝国内の各自治領が存在するという形式だったけれども、この憲章以後各自治領はイギリス国王の下に直属することになった。すなわち、自治領はイギリス本国と対等な立場を認められ、独自の国籍制度などを持つことができるようになった。

▷2 移民省は、移民・エスニック問題省（Department of Immigration and Ethnic Affairs）、移民・地方自治体・エスニック問題省（Department of Immigration, Local Government, and Ethnic Affairs, DILGEA）、移民・多文化問題省（Department of Immigration and Multicultural Affairs, DIMA）、移民・多文化・先住民問題省（Department of Immigration, Multicultural and Indigenous Affairs, DIMIA）と名称を変えている。

表Ⅴ-14-1　オーストラリア社会と移民

1945	移民局設立
1947	移民プログラム開始
1958	移民法施行
1972	ポイントシステム導入，白豪主義政策消滅
1973	移民担当相が多文化主義採用を議会で演説
1975	インドシナ難民受け入れ決定
1978	『ガルバリ報告』
	ポイントシステム改正
1984	市民権法
	第1回アジア移民制限論争（ブレイニー論争）
1988	第2回アジア移民制限論争（ハワード論争）
1989	『多文化主義オーストラリアのためのナショナル・アジェンダ』
1992	マボ判決
1994	先住権原法施行
1995	連邦人種差別禁止法に人種的中傷（憎悪）禁止が付け加わる
1996	ポーリン・ハンソン連邦下院初演説，第3回アジア移民論争
1997	ワン・ネーション党結成（4月）
	各地で先住民記念大会（5月）
	先住権原法修正案（10月）
1998	総選挙でハンソン議員落選（10月3日）
1999	『新世紀のためのオーストラリアの多文化主義——包摂に向けて』発表
2000	タンパ事件，シドニーオリンピック
2002	オーストラリア人の二重市民権容認
2005	シドニーで中東系への無差別襲撃
2008	密航船の急増
2014	シドニーで人質立てこもり事件

を要件とした（Castles and Vasta 2004：142, 158）。アボリジニなど先住民に対しては，白人文化を強制し白人社会への同化を強引に推し進める政策が繰り広げられていた。このように白豪主義は戦前と同様政策の強固なイデオロギー的基盤であり続けたのである。

　しかし，製造業，建設業，サービス業の非熟練労働者をイギリス系移民だけで補うことは不可能であったため，移民省はヨーロッパの難民キャンプから移民希望者をリクルートし始め，この移民獲得の試みは，イタリア，ギリシア，マルタへと拡大した。イギリス系移民のみでは白豪主義政策は持続不可能になったのである。1958年にはオーストラリアの移民政策の基本である移民法（the Migration Act）が制定され，入国には事前にビザを取得することが義務づけられた。1950, 60年代には多くのヨーロッパ系移民が流入したけれど，その多くが，メルボルン，シドニー，アデレードなど大都市の製造業に集中し，分割労働市場と居住隔離が形成された。エスニック・コミュニティが出現し，社会的緊張が高まっていった。政府は，移民への社会・教育政策を実施する必要性を悟り，移民省を移民・エスニック問題省（DIEA）に改組した。イギリス文化を持たない移民たちの文化や習慣に配慮しなくては社会秩序が保てなくなってきた。こうして白豪主義政策は，徐々に衰退していったのである。

V グローバル社会の諸相

15 オーストラリア社会と移民(2)
1972年から1996年まで

▷1 ただし、ニュージーランド人は1973年タスマン横断旅行協定（Trans-Tasman Travel Agreement, TTTA）により、オーストラリアへの入国と滞在は自由となった。

▷2 多文化主義政策におけるオーストラリア的な特徴としては、多文化を尊重するとしつつも、白人系イギリス文化がオーストラリアのアイデンティティの核とされていること、政府が移民の行政サービスへのアクセスと平等を確保する義務を持つとされていることがある（Castles and Vasta 2004：163）。

▷3 ガルバリ報告 (Galbally Report)
フランク・ガルバリ（Frank Galbally）を委員長とする「移民の定住プログラムとサービスの再検討を行う委員会」（Committee of the Review of Post-arrival Programs and Services for Migrants）による報告書。正式名称を「移民のサービスとプログラム」（*Migrant Services and Programs*）と言い、フレーザー内閣はこの報告書に基づいて移民に対する多文化主義的政策を向上させた。

▷4 ブレイニー論争を受けて、1988年6月「フィッツジェラルド報告」は移民政策で経済的効率を追求することを提案した。

1 多文化主義への転換

1970年代になると経済は不況に転じ、非熟練労働者の需要は著しく減少した。ウィットラム（Gough Whitlam）労働党政権は移民数を削減し、受け入れは技能労働者中心にしようとした。1972年、カナダをまねた移民選別のポイントシステムが導入され、イギリス系移民の特権的地位も廃止された。白豪主義政策は終焉を迎えたのだ。1973年には移民担当相が新しい社会統合モデルとして多文化主義の導入を議会で宣言した。新たに制定したオーストラリア市民権法（the Australian Citizenship Act）は、2年間の滞在で帰化申請ができるようにし、英語能力のレベルを緩和し、二重国籍を認め、忠誠の対象をオーストラリア国家と国民にするなど市民権取得の要件を緩和した（Castles and Vasta 2004：158）。また人種差別禁止法も1975年に導入された。1970年代半ばに初めての大規模なアジア系移民の流入であるインドシナ半島からの「ボートピープル」がオーストラリア北岸に漂着すると、難民の定住プログラムが導入された（竹田 1991）。

1970年代半ばから90年代初めにかけては、非差別的な移民政策と多文化主義政策を並行して行うという政治的な合意が成立していたと言える。移民受け入れ数はかなり多く、中でも家族合流がかなりの割合を占めた。1978年にはポイントシステムの審査項目が増設され、要因別数量評価方式（Numerical Multi-factor Assessment System, NUMAS）が導入された。また同年『**ガルバリ報告**』によりエスニック・コミュニティ向けの特別放送局（the Special Broadcasting Service）が設立され、移住後のサービスが改善された（関根 1989：386-91）。1979年からはオーストラリア・エスニック・コミュニティ評議会連合（Federation of Ethnic Communities' Councils in Australia, FECCA）がエスニック・コミュニティの組織化を援助するようになった。

2 多文化主義の擁護と批判

しかし、多文化主義が手放しで歓迎されていたわけではない。1984年、歴史学者ジェフリー・ブレイニー（Geoffrey Blainey）が「オーストラリアのアジア化」への憂慮を表明し、第1回アジア移民論争（ブレイニー論争）が起こった。1987年には、シドニー西部郊外のアジア人集住地区カブラマッタ地区でアジア人犯罪組織一掃を進めていたスラブ系の州労働党議員が、アジア系2人組によ

表V-15-1 オーストラリアにおける外国生まれ人口数（千人）

	1986	1991	1995	2000	2005	2010	2013
イギリス	1,083.1	1,122.4	1,220.9	1,134.0	1,119.6	1,188.0	1,222.6
ニュージーランド	211.7	276.1	304.2	369.5	423.6	517.8	608.8
中 国(1)	37.5	78.8	107.2	148.2	227.6	371.6	427.6
インド	47.8	61.6	80.0	95.8	149.0	329.5	369.7
ベトナム	83.0	122.3	157.8	169.8	174.4	203.8	215.5
フィリピン	33.7	73.7	98.3	110.2	134.6	183.8	210.8
イタリア	261.9	254.8	261.6	243.0	220.6	204.7	199.1
南アフリカ	—	—	58.8	80.8	114.2	155.9	173.8
マレーシア	47.8	72.6	82.8	85.4	101.4	129.9	148.8
ドイツ	114.8	114.9	120.1	118.3	123.0	126.3	127.7
ギリシア	137.6	136.3	142.3	134.7	129.0	122.5	120.0
スリランカ	—	—	—	—	70.6	96.5	106.3
アメリカ合衆国	—	—	—	—	70.6	85.3	104.9
アイルランド	—	—	—	—	55.7	71.0	95.8
韓 国	—	—	—	—	51.2	84.2	93.3
オランダ	95.1	95.8	96.1	92.1	—	—	—
レバノン	56.3	69.0	77.1	79.2	—	—	—
香 港	28.3	59.0	76.6	76.7	—	—	—
セルビア・モンテネグロ(2)	150.0	161.1	—	64.0	—	—	—
ポーランド	67.7	68.9	—	—	—	—	—
その他	791.0	986.0	1,280.3	1,415.8	1,694.8	1,991.3	2,167.4
合 計	3,247.4	3,753.3	4,164.1	4,417.5	4,859.8	5,862.1	6,391.8

注：(1) 1986年，1991年のデータは，台湾を除く。
　　(2) 1986年，1991年のデータは，旧ユーゴスラビア。
出所：OECD (2000：333)；OECD (2006：263)；OECD (2015：313) より作成。

り射殺され，翌1988年には当時の野党自由党党首ジョン・ハワード（John Howard）がアジア系移民の削減を要求し，第2回アジア移民論争（ハワード論争）が起きた。また，移民が引き起こす失業問題と環境破壊を憂う声も広がった。従来，市民と永住移民の間に権利の差はあまりなかったけれども，1993年には労働党政権は失業保険と疾病保険の給付を入国後半年禁止し，浮いた予算を成人移民向け英語講座の費用にまわした。また，保証人は移民してきた親族が失業したときなどに扶養の義務を負わされた（Castles and Vasta 2004：156）。

しかしまだ多文化主義を擁護する声は根強かった。1987年には首相・内閣省に多文化問題局（the Office of Multicultural Affairs）が置かれた。また1986年の『ジャップ報告』を踏まえて，移民政策と受け入れ後のサービス供給は移民・地方自治体・エスニック問題省（DILGEA）が担当し続けた。1989年には『多文化主義オーストラリアのためのナショナル・アジェンダ』（the National Agenda for a Multicultural Australia）が発表され，文化的アイデンティティの尊重，社会正義の達成，経済効率の追求が目標とされた。同年，『多文化社会オーストラリアへの連邦全国政策』が政府から発表された。1995年には人種差別禁止法が修正され，人種的中傷（憎悪）禁止が付け加えられた。同時期，先住民を多文化主義の枠に入れる動きも起こり，連邦最高裁の1992年6月**マボ判決**を受けて，1994年には先住権原法が施行された。

▷5　ハワードは野党連合のリーダーと自由党党首を辞めざるをえなかった。

▷6　マボ判決
（Mabo decision）
先住民エディ・マボがクイーンズランド州の小島の返還を州政府に求めた訴訟。連邦最高裁は，1992年6月オーストラリア大陸の土地に対する先住民の先住権原（土地利用権）を認め，非先住民に衝撃を与えた（関根 2000：131）。

Ⅴ　グローバル社会の諸相

16　オーストラリア社会と移民(3)
1996年以降

1　移民パニック：1996年から1998年

　1996年3月ハワード自由党党首を首相とする国民党との連立政権が誕生すると，オーストラリアの移民政策は転換した。「普通のオーストラリア人」（ordinary Australians）が強調され，多文化主義は後景に退き，家族合流は削減され，難民政策は厳格になった。州政府も軒並みエスニック問題担当部署を廃止・縮小した（Castles and Vasta 2004：155）。この結果，保守系連立政権とのパイプを持たないエスニック集団は影響力を発揮できなくなった。一方，憲法に権利章典がないなど移民の権利を守る体制になっていない法制度や政治制度では，大衆の反移民感情を抑えられなかった（Freeman 2004）。

　第3回アジア移民論争（ハンソン論争）が起きた。選挙戦でアボリジニ政策を批判し当選したポーリン・ハンソン（Pauline Hanson）下院議員が，1996年9月10日連邦下院での初演説で，先住民アボリジニは優遇されすぎており，オーストラリアを「飲み込んでしまう」アジア系の流入も制限すべきであり，社会の分裂を防ぐため多文化主義を廃止すべきだと演説した。発言を容認するようなハワード首相の態度により，東南アジアのメディアが批判を展開した。同年10月30日連邦上下両院で反人種差別決議が採択され，クリントン・アメリカ合衆国大統領がシドニーで多文化主義を賞賛する演説をし，12月末にはハンソン論争はいったん小休止した（Castles and Vasta 2004：165-6；関根 2000：130-7）。

　ところが1997年4月，ハンソンがワン・ネーション党（One Nation Party）を結成し，アボリジニに対する誹謗中傷が書かれた著者不明の『真理，ハンソン』（*Pauline Hanson The Truth*）が出版されると，第2次ハンソン論争が開始された。するとハワード政権の移民受け入れ数削減策はワン・ネーション党の旗揚げの影響だとメディアが騒ぎ始めた。また，党大会のたびに乱闘が生じたため，政府がハンソン議員とワン・ネーション党を批判し始めた。翌5月，先住民の国勢調査の対象化・参政権獲得30周年記念大会で，強制的里子政策の全国調査報告が発表された。ハワード首相はこの「盗まれた子どもたち」（Stolen Children）問題に対する謝罪を拒否し，その拒否をハンソンが支持したことからさらに論争は広がった。6月13日クイーンズランド州議会総選挙で，ワン・ネーション党は下院99議席中11議席を占め，9議席の自由党を上回って躍進した。しかし，党組織拡大と選挙準備のため，**ウィク論争**の最中にもかかわらず

▷1　新規移民のビザと必修英語講座の料金が引き上げられ（Castles and Vasta 2004：158），多文化局（OMA）は廃止され，移民・多文化問題省（DIMA）が多文化主義政策の担当となった。移民・多文化・人口研究所（Bureau of Immigration, Multicultural and Population Research, BIMPR）はDIMAに吸収された。

▷2　ポール・シーハン（Paul Sheehan）の1998年の著作『野蛮人に囲まれて——分裂するオーストラリア』（*Among the Barbarians: The Dividing of Australia*）も多文化主義批判で話題となった（飯笹 2001：103）。

▷3　20世紀初めから1970年頃まで，政府は白人社会への同化を目的とし先住民の乳幼児を親から引き離し，白人家庭や施設で養育させた。10万人もの子どもたちが対象となり，「盗まれた世代」とも言われる。

▷4　ウィク論争
　先住民ウィク（Wik）族が訴訟を起こし，1996年12月連邦最高裁が借地権設定だけでは先住民の先住権原は消滅していないとし，牧畜業者や鉱山業者は，先住権

176

ハンソンは沈黙を保った（関根 2000：142-3, 138-42）。すると，党内の内紛もあり，10月3日連邦上下両院同時早期総選挙でワン・ネーション党は惨敗し，ハンソン議員も落選したのである（関根 2000：142-4）。

❷ 多文化主義の退潮と再編：1999年以降

　幾度かにわたる多文化主義論争によって大衆が移民の社会的コストに敏感になり，政策の均衡が崩れた◁5（Money 2004）。1999年5月，全国多文化諮問評議会によって『新世紀のためのオーストラリアの多文化主義──包摂に向けて』（*Australian Multiculturalism for a New Century: Towards Inclusiveness*）が発表され，「オーストラリアの多文化主義」の基礎を「市民の義務」および「市民権」に求めた◁6。この報告を踏まえて，移民・多文化問題省にオーストラリア・シティズンシップ諮問評議会が設置され，同年12月から「多文化オーストラリアのための新しいアジェンダ」（New Agenda for Multicultural Australia）が開始されることで，ヨーロッパ的なアイデンティティと，国家に対する義務が強調されるようになった。この多文化主義の新バージョンは，移民政策を1950年代の同化主義に基づく排他的なものへと回帰させた（Castles and Vasta 2004：64）。

　近年では移民政策は人口増加よりも経済効果を狙っている。一時居住プログラム（the Temporary Residence Program）で管理職やIT技術者を優遇している。1990年代半ばからは密入国斡旋業者が暗躍し始め，中国，中東，東南アジアから「ボートピープル」がやってくるようになった。これに対するメディアや大衆の反感を受け，ラドック（Philip Ruddock）移民担当相は厳しい難民政策を打ち出した。1999年の三年一時保護ビザ（the Three-Year Temporary Protection Visa, TPV）では難民の永住と家族合流の権利を否定し，送還や，隔絶した収容所への隔離を実施した。2001年の**タンパ事件**◁7はこの傾向を加速させた。2002年3月国境管理を強化する法案が議会を通過し，安全な国からの不法入国者の永住や家族合流は拒否され，身分証明書を破棄した難民の庇護申請は却下され，密入国業者の刑罰は強化された（Castles and Vasta 2004：166-7）。密航船は2008年から再び急増し，政府は一部の庇護申請者を収容施設から出し地域社会へ仮放免することでコストを削減しようとしている。

　もちろん多文化主義を擁護する動きも残っている。2000年シドニーオリンピックの標語は，「環境にやさしい多文化社会オーストラリア」であり，教会，人権団体，労働党の一部，労働組合は，移民不寛容への抗議運動を始めている。2002年市民権法改正で，国外居住のオーストラリア人が他国の市民権取得後もオーストラリア市民権を保持できるとしたことは，多文化主義の影響である（Castles and Vasta 2004：158）。しかし，シドニーにおける2005年12月の中東系への無差別襲撃◁8や2014年12月のイラン系イスラム教徒による人質立てこもり事件に象徴されるように，多文化主義への反発も広まっている。

▷　原法消滅か手続きの厳格化を求めた。すると政府は先住権原法を修正し先住民の権利を制限しようとしたため，その是非について白人系マジョリティと先住民との間で論争が生じた。

▷5　1997年12月，全国多文化諮問評議会が『課題ペーパー 多文化オーストラリア──その前進』（*The Issue Paper Multicultural Australia: The Way Forward*）を発表していた。

▷6　2001年11月和解とアボリジニー・トレス海峡諸島人問題省（the Department of Reconciliation and Aboriginal and Torres Straight Islander Affairs）が移民・多文化・先住民問題省（DIMIA）に吸収されたことは，多文化主義制度の縮小を表している。

▷7　**タンパ事件**（the Tampa Affair）
2001年8月，アフガン人・イラク人の庇護希望者400人以上を乗せたボートをノルウェー籍貨物船がオーストラリア北岸沖で発見し，救助した。オーストラリア政府は難民の上陸を拒否し，クリスマス島へ立ち退かせた。世論の批判がわき起こる中，政府は庇護申請者をナウルやニューギニアなどの近隣諸国へ送ろうとした。

▷8　2005年12月，シドニー南部のクロヌラ・ビーチにおいてレバノン系の若者らがライフガードを襲撃し，これに反発した白人系サーファーらが暴動を起こした（朝日新聞 2005年12月13日；労働政策研究・研修機構 2006b）。

Ⅴ　グローバル社会の諸相

イギリス社会と移民(1)
第2次大戦以前から1965年まで

▷1　以下，イギリスについての記述は，樽本(1997)に基づく。

▷2　**英連邦**
(the Commonwealth)
旧大英帝国を引き継ぐ政治的集合体。旧英連邦と新連邦の2つに分かれる。旧英連邦 (the Old Commonwealth) は，カナダ，オーストラリア，ニュージーランドなど第2次大戦以前に独立した国々を指す。一方，第2次大戦以後に独立した国々は新英連邦 (the New Commonwealth) と呼ばれ，ジャマイカ，インド，パキスタン，バングラデシュな

イギリスは元々出移民の国であったけれども，1950年代以降，大英帝国の解体過程で旧植民地から移民が流入した。その多くは，カリブ諸国，インド，パキスタン，バングラデシュなどの新英連邦・パキスタン系移民であった。このためイギリスは徐々に移民管理を厳しくし，政治と文化の一致した国民国家を目指したけれども，大英帝国の歴史はイギリスを多文化社会へといざない，移民統合政策を不可欠なものとした。1980年代以降になると，世界各地からの難民や非合法移民に対処している。◁1

1　出移民の歴史と帝国の時代

　イギリスはかつて，新大陸等へ移民が流出する国であったため，19世紀前半，アイルランド系移民が国内に居住していたものの，移民政策は皆無に等しかった。イギリスが移民政策を本格的に意識したのは，1881年アレクサンドル2世の虐殺から逃れてきたユダヤ系ロシア人アシュケナージの受け入れからである。1905年の外国人法（Aliens Act）を初めとして，1914年外国人制限法（Aliens Restriction Act），1919年外国人制限（改正）法（Aliens Restriction（Amendment）Act），1920年外国人規定（the Aliens Order）が制定された。これらの法は，移民の入国制限，国外退去，居住地域制限を行う権限を移民審査官，内務省，警察などに与えた。移民は，自らで生計維持ができない場合など，権限に服さなくてはならなかった。

　これらの法における「外国人」（alien）とは**英連邦**◁2の外部の人々を指すので，戦後流入してくる新英連邦・パキスタン系移民は「外国人」ではなかった。大英帝国という政治枠組みが残存していたためである。

　ただし，第2次大戦終結前後，例外的に入国した移民がいた。**ポーランド人再定住法**◁3によってイギリス軍に所属して戦争に参加したポーランド系元兵士とその家族である。また，

表Ⅴ-17-1　イギリス社会と移民

1948	イギリス国籍法
1950年代前半	カリブ系移民の流入始まる
1962	英連邦移民法
1960年代前半	インド亜大陸からの南アジア系流入始まる
1965	人種関係法
1960年代半ば	東アフリカ諸国から南アジア系住民の流入
1968	英連邦移民法
	イノック・パウエルによる「血の河」演説
	人種関係法
1971	移民法
1973	ヨーロッパ共同体に加盟
1976	人種関係法
1981	イギリス国籍法
	ロンドン・ブリクストンなどで「人種暴動」
1983	この頃，新英連邦・パキスタン系移民の移動終了
1987	移民（旅客輸送会社責任）法
1988	移民法
1993	庇護移民上訴法
1996	庇護・移民法
1999	移民・庇護法
2000	人種関係（改正）法
2001	イングランド北部の3都市で「人種暴動」
2002	国籍・移民および庇護法
2005	ロンドン同時多発テロ事件
2008	ポイントシステム導入
2009	国境・市民権・移民法

178

表V-17-2 イギリス国籍法（1948）と入国規制による人々の法的地位

イギリス臣民 (British subjects)	イギリスおよび英領植民地市民 (Citizens of the United Kingdom and Colonies, CUKCs) 英連邦独立諸国市民 (Citizens of independent Commonwealth countries) 市民権のないイギリス臣民 (British subjects without citizenship)
イギリス保護領民 (British Protected Persons)	
アイルランド共和国市民 (Irish citizens)	
外国人 (Aliens)	

ドイツ敗戦後，故国に帰れない難民を救済するため，ヨーロッパ志願労働者（European Volunteer Workers, EVWs）計画が導入され，バルト三国，ウクライナ，ユーゴスラヴィア，チェコスロバキアの出身者や，ズデーテン地方のドイツ系，アフリカ在住のポーランド系がイギリスにやってきた。

② 帝国の解体：1945年から1965年

第2次大戦後，大英帝国は解体し始め，イギリスはその対処に追われた（表V-17-1）。まず，1948年のイギリス国籍法（British Nationality Act）がイギリスに関わる人々をカテゴリー別に整理した。特に，新英連邦・パキスタン系移民は「イギリス臣民」（British subjects）の中の「英連邦独立諸国市民」（Citizens of independent Commonwealth countries）へとカテゴリー化された（表V-17-2）。しかしこの段階では，入国を規制されるのは英連邦に属さない「外国人」（alien）だけだった。

解体の第2段階は1962年の英連邦移民法（Commonwealth Immigrants Act）による。1950年代にカリブ系移民が急増し，1950年代後半に「人種暴動」（race riots）が頻発したことを受けて，イギリス史上初めての移民法が制定された。この移民法は，1948年国籍法のカテゴリー内の，「イギリス臣民」「イギリス保護領民」「アイルランド共和国市民」の中で(a)イギリス本土外で生まれた者，(b)イギリス政府発行のイギリス旅券を持たない者を主に出入国管理の対象とした。したがって事実上の対象は，英連邦独立諸国市民，すなわち新英連邦・パキスタン系移民であった。

旧帝国の枠組みを整理しきれない中でも，戦後復興のためには労働力が必要であったことから，移民管理と労働力調達を同時にもくろんだ雇用証明書（employment voucher）制度を利用して多くの新英連邦・パキスタン系移民がやってきた。特に，カテゴリーCは多くの非熟練労働者の入国を許したため，数々の議論の末1965年には労働党政権によって廃止された。

などがイギリスへ移民を輩出した。パキスタンが1972年いったん脱退したため，「新英連邦およびパキスタン」(the New Commonwealth and Pakistan, NCWP) とも言われた。

▷3 ポーランド人再定住法（Polish Resettlement Act）
イギリスが1947年制定した法律。イギリス軍の側で第2次大戦に参戦したポーランド系元兵士とその家族の約13万人をイギリスへ呼び寄せた。イギリスは戦後復興のため労働力を必要としており，ポーランド系移民はソ連による支配を恐れ移住を望んだ。

▷4 単にイギリスや英連邦に居住している人々だけではなく，イギリスや英連邦に入国しようとする人々や，法的に関係している人々すべてを指す。

▷5 移民がイギリス国内で労働するために必要とされるイギリス労働雇用省発行の証明書。必要な技能の高い方からカテゴリーA，B，Cに分けられていた。1962年英連邦移民法で旧植民地からの移民にも必要とされ，1965年の『英連邦からの移民白書』によってカテゴリーAとBが年間8500件のみ発行されることになった。

V グローバル社会の諸相

18 イギリス社会と移民(2)
1965年から1983年まで

1 国民国家への接近

　1960年代半ば，東アフリカのケニア，ウガンダ，マラウィでアフリカ民族主義運動が高揚し，非アフリカ系居住者が国外退去を余儀なくされた。そのうちイギリス旅券を持っている南アジア系居住者がイギリスへ流入し始めると，イギリス国内で反移民キャンペーンが生じ，1968年には英連邦移民法（Commonwealth Immigrants Act）が制定された。この移民法は，本人，父母，祖父母の少なくとも1人が，出生，養子縁組，帰化，登録でイギリス市民になっていなければ，出入国管理の対象とした。つまり，市民権保持者本人かその子ないし孫であることが自由な出入国の条件となった（Layton-Henry 1992：51-2）。

　さらに1968年「**血の河**」**演説**◁1を契機として，反移民キャンペーンは最高潮に達した。このいわゆるパウエリズムを受けて，1971年に移民法（Immigration Act）が制定され，「パトリアル」（patrial）という理念が法律に導入された。パトリアルとは，ラテン語の「父」や「祖国・故郷」に由来し，イギリスと「密接な関係を持つ者」を含意する。パトリアルだと認定された者は自由にイギリス国内で居住する権利（right of abode）を持ち，市民権の諸権利をも享受できた。「英連邦独立諸国市民」でパトリアルになれるのは，(a)父母，祖父母の少なくとも1人が出生によりイギリス市民になった者，または(b)パトリアルと婚姻関係にある女性に限られる。つまり，血縁または婚姻を媒介することが，居住権を得るための条件となった。同時に，雇用証明書制度は完全に廃止され，英連邦独立諸国市民も外国人と同じく労働許可制度に服することになった。

　1979年**マーガレット・サッチャー**◁2率いる保守党が「新英連邦・パキスタン系移民の脅威」と「イギリス文化の保持」を前面に打ち出して総選挙を戦い，労働党から政権を奪った。そして保守党政権は，1971年の移民法がいまだ不完全であり，イギリスと「密接な関係を持った者」に市民権付与を限定できていないとした。そこで，1981年にイギリス国籍法（British Nationality Act）を制定し，「連合王国および英領植民地市民」（citizens of the UK and Colonies, CUKCs）という既存のカテゴリーを，「イギリス市民」（British citizens），「イギリス属領市民」（British Dependent Territories citizens），「イギリス海外市民」（British Overseas citizens）に分けた。居住権を得られるのは「イギリス市民」だけになった。新英連邦・パキスタン系移民は，イギリス国内で出生した親を持っていても，あ

▷1 「血の河」（rivers of blood）演説
イノック・パウエル（Enoch Powell）保守党国会議員は，異なる文化的背景を持った移民を容認することは人種集団間の緊張を引き起こすので，強制送還を含む強い措置を移民に対してとるべきだなどと1968年の政治集会で演説した（Layton-Henry 1992：78-85；Solomos [1989] 1993：70-4）。

▷2 マーガレット・サッチャー（Margaret Thatcher, 1925-2013）
イギリス首相として国有産業を次々に民営化するなど，ネオ・リベラリズムに基づく政策を断行し，「鉄の女」と呼ばれた。

るいはイギリス市民と婚姻した女性だったとしても，イギリス国内に居住していても居住権の取得には帰化を要求されることになった。

　1948年の国籍法から1981年の国籍法までの過程は，帝国の解体を示す。ブリテン島およびその周辺と想定された「想像の共同体」と，「密接な関係を持つ者」に市民権付与を限定することで，戦後のイギリスは「イギリス文化を共有した者」だけで構成された国民国家を希求してきたのである。

❷ 多文化社会の模索

　しかし国民国家への移行は2つの理由で不完全となった。ひとつは1973年，ヨーロッパ共同体，EC（現在のヨーロッパ連合，EU）に加盟し，加盟国市民の入国・居住を認めざるをえなかったため。もうひとつは，1960年代までにはすでに新英連邦・パキスタン系移民がイギリスを多文化社会に変容させていたため。ロイ・ハタスリー（Roy Hattersley）労働党国会議員が「（入国）管理なき統合は不可能であり，統合なき（入国）管理は擁護できない」と述べたように，移民の統合政策が求められるようになった（Solomos [1989] 1993：183-4）。

　そこでイギリス政府は，地方公共団体を統合政策の責任主体にする一方，1965年には人種関係法（Race Relations Act）を制定し，ホテル，レストラン，娯楽施設，公共交通など公共の場での人種差別的な発言や印刷物を違法とした。さらに，**ワッツ暴動**など，アメリカ合衆国の諸都市で「暴動」が起きた1968年，新たな人種関係法が提出された。人種差別事件の調停機関である人種関係局（Race Relations Board）に人種差別事件の調査権を与えたのである。また，地域の啓蒙・連絡活動を奨励するため，全国レベルの調整機関としてコミュニティ関係委員会（Community Relations Commission）を設置した。さらに人種差別の禁止範囲を，公共の場だけでなく雇用や住宅などの社会領域にまで広げた。

　しかし，多文化化に伴う矛盾は期待されたほど解消されなかった。「人種関係と移民に関する特別委員会」（Select Commitee on Race Relations and Immigration）や1975年の白書『人種差別』は，差別の定義を制度的なものや意図しないものにまで広げ，人種関係局の権限を強化し，中央政府がより人種関係機関を支え，広範囲で一貫した政策を遂行すべきだと主張した（Solomos [1989] 1993：86）。

　そこで1976年人種関係法が改定された。第1に，直接的な差別だけではなく**間接的差別**をも禁止した。第2に，人種関係局とコミュニティ関係委員会に代わり人種平等委員会（Commission for Racial Equality）を設立し，人種差別の廃絶に向け，機会の平等と良好な人種関係の促進，人種関係法の実施状況の監視と改正への提案を行うことになった。第3に，人種関係局を通さず，個人が労働審判所や裁判所へ提訴することが可能になった（Solomos [1989] 1993：88-9）。

　こうした法改正にもかかわらず1980年代初頭は「人種暴動」が頻発し，人種関係法を軸とした移民統合政策の効力には疑問符が付けられた。

▷3　ワッツ暴動
（Watts riots）
1965年8月にアメリカ合衆国ロサンゼルス郊外のアフリカ系居住区ワッツで，パトロール中の白人系警官がアフリカ系家族を尋問後逮捕し，それを見ていたアフリカ系住民が怒り出して集団略奪や放火に発展した事件。経済的損害だけではなく多数の死者や負傷者も出て州兵も投入された。1992年に生じたロサンゼルス暴動と原因がよく似ていると言われる。

▷4　間接的差別
間接的な差別とは，例えば雇用においてある条件が適用されたとき，従うことのできない人々がマイノリティ集団と一致し，その人々に損害を与えるような場合である。Ⅰ-8参照。

V グローバル社会の諸相

イギリス社会と移民(3)
1983年以降

1 難民と非合法移民の顕在化

　国民国家化を目指した一連の移民政策によって，1983年前後には新英連邦・パキスタン系移民の大量移動は事実上終了した。1988年の移民法（Immigration Act）では1973年以前に入国した者の家族呼び寄せと第二婦人の入国が禁止された。最後に残った中国系（香港）の新英連邦移民に関しても法整備がなされた。1985年の香港法（Hong Kong Act）では，1997年の中国返還前に申請した者は「イギリス属領地市民」から「イギリス公民（海外）」（British National (Overseas)）に地位変更可能とされた。しかし，イギリスへの入国及び居住の自由は認められなくなった。続く1990年イギリス国籍（香港）法（British Nationality (Hong Kong) Act）でイギリス市民権取得のための登録制度が整備され，香港住民の受け入れは，5万世帯，最大22万5000人に制限され，専門職優先とされた。

　1993年以降の移民政策は，世界各地からの難民申請者および非合法移民から「国民国家を守る」という新たな課題を抱えた。イギリス政府はまず1985年スリランカに，1986年にはインド，パキスタン，ナイジェリア，ガーナ，バングラデシュに対して，新英連邦諸国にもかかわらずビザを課した。

　さらに本格的な法整備として，1987年には移民（旅客輸送会社責任）法（Immigration (Carriers Liability) Act）で，有効な旅券やビザを持たない乗客を運んだ航空会社および船舶会社に対して，1000ポンド（約20万円）の罰金を科すとした。また，1993年の庇護移民上訴法（Asylum and Immigration Appeals Act）では，難民申請の手続き，申請中の住居や経済支援，難民不認定者の上訴などについて定めた。一方政府は，「安全な第三国」（safe third country）経由の「根拠のない申請」（claim without foundation）は「迅速な手続き」（fast-track procedure）で却下し，上訴も許さないとした（柄谷 2003）。

　これによって難民数は一時減少したもののその後増加に転じ，異議申し立ての未処理件数も増大した。1996年には庇護・移民法（Asylum and Immigration Act）で，「一般に迫害の恐れのない安全な出身国」（"while-list" country）が設定され，「迅速な手続き」の適用範囲が拡大された。また，「安全な出身国」や「安全な第三国」からの庇護希望者の異議申し立て権が制限された。なおかつ，入国後に難民申請した者と，入国の申請が却下された者への社会保障給付が停止された。

▷1　イスラム教は一夫多妻制を許容することから，移民の中には複数の妻を持つ者がある。

▷2　難民申請者は1985年に5000人を超え，2000年には7万6000人となり，EU諸国で第1位となった。

▷3　難民申請者は，特別審判官（Special Adjudicator）と移民上訴審判所（Immigration Appeal Tribunal）の2段階で構成される移民上告局（Immigration Appellate Authorities）に異議申し立てできるようになった（柄谷 2003：188-9）。

▷4　この点に関連して，2002年2月，イギリス海外領土法（British Overseas Territories Act）が制定され，14の植民地の住民（現在の呼称は海外領土）にイギリス市民権を与えることが決まっている。

▷5　サンガット難民キャンプ（Sangatte refugee camp）
北フランス，カレーの近くに1999年に設けられた庇護申請者収容施設。ユーロスターの駅や港に近いため，非合法移民がイギリスに向かう拠点になっているとイギリス政府がフランス政府に抗議し，2002年12月に閉鎖された。

❷ 規制の強化

さらに1998年の白書『より公平に，より迅速に，より厳しく』(*Fairer, Faster and Firmer*) を受けて，経済移民と難民を包括的に規制するために，1999年には移民・庇護法（Immigration and Asylum Act）が制定された。有効な旅券やビザを持たない乗客を運んだトラックなどの陸上運搬会社にも罰金を科すとし，その額も2000ポンド（約40万円）へと倍増した。難民申請者に対する現金給付もクーポン制に換えられた。また，滞在地をロンドンなどイギリス南東部から他地域へと分散させる政策を採用するとともに，審査過程の迅速化のために難民申請者と経済移民は同じ異議申立制度を利用することとし，手続きを厳格にした。そして，指紋押捺制度を難民申請者だけでなく書類不備者や非合法滞在者にも適用し，婚姻登録係には偽装結婚の疑いを通報する義務を負わせ，不法滞在者を取り締まる権限を移民官に与えた。

この1999年移民庇護法は，それまでの法の集大成であると宣言されたにもかかわらず，2002年にはさらに国籍・移民・庇護法（Nationality, Immigration and Asylum Act）が制定された。◁4 **サンガット難民キャンプ**を経由してドーバー海峡を渡る非合法移民の増大，スティーブン・ローレンス事件◁6の余波，2000年の人種関係（改正）法（Race Relations (Amendment) Act）にもかかわらず2001年イングランド北部で生じた「人種暴動」◁7がこの難民政策に影響を与えていた。注目すべきは，帰化の条件に，英語の能力，イギリスの政治・社会事情に関する知識を加え，宣誓の儀式を実施するとしたことである。ところが，2005年7月7日ロンドンで「自国生まれ」が地下鉄やバスを爆破し，イスラム過激派の対策が急務となった。◁8

さらに，難民に住宅やバウチャーを支給している国家庇護援助サービス（the National Asylum Support Service, NASS）がうまく機能しない中，新庇護モデル（the New Asylum Model, NAM）が2006月12月から始まった。また，国境移民局（UKBA）とコミュニティ・地方政府省が新設され，人種平等委員会は平等人権委員会（the Commision for Equality and Human Rights, CEHR）に統合された。◁9 2008年には技能で労働移民を選別するポイントシステムが導入された。2009年国境・市民権・移民法（The Borders, Citizenship and Immigration Act）などで移民管理の強化が試みられる中，2016年6月の国民投票でEUからの離脱が決まるなど，イギリスは新たな局面を迎えている。

表V-19-1 イギリスにおける外国生まれ人口数（千人）

	1985	1990	1995	2000	2005	2010	2013
ポーランド	—	—	—	—	110.0	550.0	679.0
アイルランド	569.0	478.0	443.0	404.0	369.0	344.0	345.0
インド	138.0	156.0	114.0	153.0	190.0	354.0	336.0
パキスタン	49.0	56.0	81.0	94.0	95.0	137.0	194.0
ドイツ	36.0	41.0	51.0	64.0	100.0	129.0	153.0
リトアニア	—	—	—	—	—	99.0	153.0
アメリカ合衆国	86.0	102.0	110.0	114.0	106.0	133.0	149.0
ルーマニア	—	—	—	—	—	72.0	148.0
ポルトガル	—	21.0	30.0	29.0	85.0	104.0	138.0
イタリア	83.0	75.0	80.0	95.0	88.0	117.0	138.0
フランス	27.0	38.0	60.0	85.0	100.0	116.0	132.0
ナイジェリア	—	—	—	—	62.0	106.0	114.0
中国	—	—	—	—	—	107.0	93.0
南アフリカ	—	—	31.0	—	100.0	102.0	87.0
オランダ	—	—	—	—	45.0	62.0	83.0
オーストラリア	28.0	44.0	47.0	75.0	—	—	—
バングラデシュ	41.0	38.0	53.0	55.0	—	—	—
スペイン	28.0	25.0	31.0	47.0	—	—	—
中央・東ヨーロッパ・ソ連(1)	68.0	58.0	—	—	—	—	—
西アフリカ(1)	43.0	37.0	—	—	—	—	—
東アフリカ(1)	28.0	39.0	—	—	—	—	—
カリブ・ガイアナ(1)	135.0	82.0	—	—	—	—	—
その他	372.0	433.0	817.0	1,127.0	1,585.0	1,996.0	1,999.0
合計	1,731.0	1,723.0	1,948.0	2,342.0	3,035.0	4,524.0	4,941.0

注：(1) 1985年，1990年のみ用いられたカテゴリー。
出所：OECD（2000：345）；OECD（2006：286）；OECD（2015：346）より作成。

▷6 1993年4月にカリブ系男子学生スティーブン・ローレンスがロンドン南東部で白人系少年5人にナイフで刺され死亡した。警察は容疑者を逮捕したけれども，証拠不十分として不起訴にした。ブレア労働党政権下の調査委員会が報告書を発表し，警察の捜査過程で制度的人種差別があったことを指摘し，大きな影響をイギリス社会に与えた。制度的人種差別については，I-8 を参照。

▷7 「人種暴動」については，Ⅲ-12 を参照。

▷8 移民反対を唱える英国国民党（BNP）や英国独立党（UKIP）に支持が集まった。

▷9 1998年人権法（Human Rights Act）でヨーロッパ人権条約が原則的にイギリスの国内法として受け入れられたことが背景にある。

V　グローバル社会の諸相

20　フランス社会と移民(1)
第2次大戦以前から1973年まで

フランスは，人口減少および労働力不足のために，19世紀から比較的多くの移民を受け入れてきた。フランスの移民統合原理である共和主義は，国家と個人との間に中間集団を認めず，文化的，社会的，政治的にフランス市民に同化するよう移民に奨励する。しかし，1980年代以降アフリカ系移民に関わる問題が噴出し，1990年代になると極右勢力が台頭し2000年代以降選別的移民政策の実施やテロ事件が起こるなど，共和主義に疑問符が付けられている。

1　第2次大戦以前

フランス革命での「自由・平等・博愛」を国民統合の旗印とし，**共和主義**◁1を政治組織化原理として採用してきたフランスは，19世紀半ばから移民を受け入れていて，19世紀終わりには，市民権取得の原理を血縁から出生地に変えた。この結果，工業化に伴う労働力需要が大きかった20世紀初頭でさえ，移民たちは「労働力」としてではなく，「将来の市民」として受け入れられた。

第1次大戦中，アイデンティティカードを設けて移民の流入を制限しようとする動きがあったものの◁2，戦争が終わって再び労働力需要が高まるとイタリアとスペインから移民労働者および家族移民がやってきた◁3。人口増加が工業化と経済発展の鍵であり，同じカトリック文化圏の出身者ならば社会統合が容易だと考えられていたので受け入れていた。この移民政策は，ドゴール派で構成される共和主義右派と，原理主義者・社会主義者・共産主義者による共和主義左派の両者から支持を受けた。イデオロギー的には，実利的な経済計画，ナショナリズム的な人口増加促進論，そして共和主義的人権擁護の3つの考えの上に成立していた政策と言えよう（Hollifield 2004：185-6）。

移民の受け入れと統合が共和主義的伝統と両立したとはいえ，移民はフランスの建国神話をつくってはいない。このことは，1970年代の移民導入停止，1990年代以降の「ゼロ移民政策」を可能にする前提となっている。

2　戦後経済成長と移民労働力導入：1945年から1973年

1945年の「外国人労働者並びにフランスに居住する外国人に関する法令」が，エスニシティ別や出身国別には選抜をしない戦後フランスの移民政策と帰化政策の基本を定めた。1946年，移民受け入れに関しては国家移民局（Office national d'immigration, ONI）が，難民受け入れに関してはフランス難民および

▷1　**共和主義**
（republicanism）
君主に統治されるのではなく，市民ひとりひとりが道徳的義務感から公的な政治活動に積極的に従事し，まとまりのある社会をつくり運営していくべきだという考え方。

▷2　農業に従事するか，それとも商工業に従事するかで色の異なるカードが準備され，写真も貼付された。雇用先でカードと引き替えにカードの写しを受け取り警察に送ることになっていた。移民の転職や離職を規制しようという意図があった（Horne 1985）。

▷3　雇用主が結成した「一般移住協会」（Société générale d'immigration, SGI）と，出産奨励派が結成した「フランス人口増加のための国民同盟」（Alliance nationale pour l'accroissement de la population française）が1920年代初めから第2次大戦後まで積極的に活動した。

表V-20-1 フランス社会と移民

年	出来事
1945	「外国人労働者並びにフランスに居住する外国人に関する法令」
1946	国家移民局とフランス難民および無国籍者保護局の設立
1962	エヴィアン協定,アルジェリア独立
1968	チュニジアとモロッコが主要な移民送出国に(〜1973)
1973	石油危機,第4次中東戦争
1974	ジスカール・デスタン大統領就任,移民労働力受け入れ停止
1981	ミッテラン大統領就任,アムネスティ,リヨン郊外で「暴動」
1983	「平和に向けた行進」
1984	国民戦線が地方選で勝利
1986	国民戦線が国民議会で32議席獲得
1989	スカーフ事件,都市問題担当大臣,社会問題・統合担当大臣の就任
1990	リヨン郊外で「暴動」
1993	憲法議会,第2パスクワ法に違憲判決
1994	第2パスクワ法成立
1995	シラク大統領就任
1996	サンパピエによる教会占拠,アルジェリア市民戦争
1997	ドブレ法,ヴェイユ報告発表,ギグー法とシュベヌマン法成立
2002	シラク大統領再選
2005	パリ郊外のクリシ・ス・ボワから「暴動」勃発
2011	ブルカ禁止法
2015	シャルリエブド襲撃事件。パリ同時多発テロ

無国籍者保護局(Office française de protection des réfugiés et des apatrides, OFPRA)がつくられ,国境を越える人の流れが管理されることになった。労働組合は,戦前の企業による移民管理を嫌っていたのでこの機関を歓迎した。一方,雇用者団体は,政策に影響力を及ぼすほど組織化されていなかった。フランスはこの制度の下,経済計画と人口計画の観点から移民を受け入れた(Hollifield 2004:186-7)。

この時期移民労働力の主要送り出し国は,それまでのイタリアから,スペイン,ポルトガル,そしてフランス植民地へと徐々に変わり,移民の属性は,ヨーロッパ系キリスト教徒からアフリカ系イスラム教徒へと変わった。政府は移民局の出先機関を**マグレブ三国**に設置し,移民労働者を募集した。1962年のエヴィアン協定による独立戦争終結でフランスからの独立を果たしたアルジェリアからは,旧植民地市民の地位を利用して,1968年には53万人が流入した。さらに1968年から1973年にかけては,チュニジアとモロッコが主要な移民送出国となった。フランス政府は,労働力不足という経済的理由および旧植民地に対する支配維持という政治的理由により,移民の流入に制限を加えなかった。その結果,1956年から1967年には移民数は年間25万人を超えた。政府は移民規制政策を試みたものの,雇用者団体による圧力もあり,1973年の石油危機および第4次中東戦争まで移民に対する門戸は開かれたままであった(Castles and Miller 1993=1996:78-9)。

▷4 労働総同盟(Confédération générale du travail, CGT)やフランスキリスト教者労働同盟(Confédération française des travailleurs chrétiens, CFTC)など。

▷5 フランス経営者連盟(Conseil national du patronat française, CNPF)など。

▷6 **マグレブ三国**
北アフリカ諸国のモロッコ,チュニジア,アルジェリアの旧フランス領3か国を指す。

V グローバル社会の諸相

21 フランス社会と移民(2)
1973年から1990年まで

1 移民流入制限と統合問題の顕在化

　1973年から74年になると，世論が開放的な移民政策に反対し始め，移民を制限すれば失業率は下がり，反移民運動は弱まるだろうと主張された。そんな中，移民送り出し国のひとつアルジェリアは，自国民を暴力から保護するという名目で，1973年にフランスへの移動を制限し始めたものの，家族移民の移動を止められなかった。一方フランス政府は，家族移民に労働許可を出さないことで家族の呼び寄せを制限しようとしたけれども，裁判所が違法と判断した。

　また1974年から1987年の間，農業に従事するため毎年6万人近くの季節労働者が流入していた。しかしヨーロッパ共同体が拡大し，スペイン人とポルトガル人がローマ条約の自由移動の対象となると，季節労働者の問題は部分的に解決し，その後は，モロッコ人やポーランド人が中心となった。

　ジスカールデスタン（Valéry Giscard d'Estaing）政権は1974年以降，移民労働力の一時停止，帰国奨励政策，外国人労働者の雇用主への制裁を行った。しかし，意図せざる結果を生み出した。帰国したのは，想定していたマグレブ系移民ではなく，スペインおよびポルトガルからの移民だったのである。また，移民の定住や家族呼び寄せをかえって促進してしまった。

　移民管理問題が検討されていた頃，移民統合問題も国家的課題として浮上し始めていた。ミッテラン（François Mitterrand）社会党政権が1981年に誕生すると，非合法外国人労働者に10年以上の滞在許可や労働許可を与えるアムネスティを行った。加えて，外国人の政治活動禁止を緩和した。外国人は労働市場の規制強化の下で，迅速にフランス社会に同化し統合することが求められたけれども，国籍や帰化に関する法改正はなく，実効的な政策とは言い難かった。

　1980年代初め，いくつかの事件が公営適正家賃住宅（HLM）の立ち並ぶ郊外で起こった。1981年にリヨン郊外のヴェニシュー（Venissieux）などで移民の若者を巻き込んだ「暴動」が起き，1983年7月には，白人系の近隣住民によってマグレブ系の9歳の子どもが射殺される事件が起きた（Hargreaves 1996：612-3）。このような中，1983年にブールと呼ばれるアラブ系移民たちが移民擁護団体SOSラシスム（SOS-Racism）と共に「平等に向けた行進」を行った（稲葉 2003：97-8）。一方1984年，移民の完全停止とアフリカ系移民の完全追放を訴えた極右の国民戦線（Front National）がパリ西方の工業地域ドゥリュー

▷1　ローマ条約は，域内の「人の自由な移動」の原則を含んでいた。スペインとポルトガルは1986年にヨーロッパ共同体に加盟した。ローマ条約に関しては，Ⅳ-2 ▷2を参照。

▷2　1981年1月1日以前の入国者は一時的滞在許可（3か月有効）を受け，その期間に在留許可の申請ができた。申請者14万9300人のうち，88％が正規化を遂げた。アムネスティについては，Ⅱ-5を参照。

▷3　郊外
フランスの「郊外」（banlieue）には移民が集住し問題が多発する地域であるという意味合いがある。この点で，イギリスにおける「インナーシティ」（inner city）と類似している（Hargreaves 1996）。

▷4　ブール
「ブール」（beur）とは，フランス語の「アラブ」（arabe）を前後入れ替えて発音したもの。元々は蔑称であったけれども，その後，フランスと本国との間に生きる者であると積極的に当事者たちが使い始めた。

▷5　ペーパーフランス人
（des Français papiers）
帰化などによって書類上はフランス人になったにもかかわらず，アイデンティティや文化の点でフランス人になり切れていない人々を皮肉をこめて指す言葉。

(Dreux)の地方選で勝利する。極右政党が多くの有権者に支持されたのは戦後初であった。

また選挙制度の改正によって，1986年の総選挙で国民戦線が国政の場に32議席を獲得し，極右でない保守系議員もイスラム教徒移民のフランス社会への統合に疑問を呈し，国籍法改正をイシューに掲げた。社会党が外国籍住民への地方参政権付与を検討している中で実施された1986年統一地方選挙で保守系勢力が勝利を収めると，共和国連合（RPR）のジャック・シラク（Jacques Chirac）が首相に就任した。1987年には国籍についての賢人委員会が，「ペーパーフランス人」◁5をなくそうと宣誓による国籍取得を提案した（稲葉 2003：100-1）。

表V-21-1 フランスにおける外国人人口数（千人）

	1982	1990	1999	2005	2010
ポルトガル	767.3	649.7	555.0	490.6	501.8
アルジェリア	805.1	614.2	475.0	481.0	466.6
モロッコ	441.3	572.7	506.0	460.4	433.4
トルコ	122.3	197.7	205.0	223.6	219.8
イタリア	340.3	252.8	201.0	177.4	172.6
イギリス	—	—	75.0	136.5	157.0
チュニジア	190.8	206.3	153.0	145.9	150.4
スペイン	327.2	216.0	160.0	133.8	129.1
ベルギー	—	—	67.0	81.3	94.7
ドイツ	—	—	77.0	92.4	93.7
中国	—	—	28.0	66.2	90.1
マリ	—	—	35.0	56.7	64.9
ハイチ	—	—	—	40.4	62.7
ルーマニア	—	—	—	25.2	57.6
セネガル	32.3	43.7	39.0	49.5	52.6
コンゴ	—	—	36.0	—	—
ポーランド	64.8	47.1	—	—	—
カンボジア	37.9	47.4	—	—	—
ベトナム	33.8	33.7	—	—	—
ラオス	32.5	31.8	—	—	—
その他	518.6	683.4	646.5	880.9	1,145.8
合計	3,714.2	3,596.6	3,258.5	3,541.8	3,892.6

出所：OECD（2006：277）；OECD（2010：319）；OECD（2015：335）より作成。

2 統合問題と共和主義の動揺

このように極右が台頭し，パリでは移民排斥をもくろむテロ爆破事件が起こる中，シラク首相の下パスクワ（Charles Pasqua）内相は警察による国境管理と国内管理を強化した。また，18歳で市民権を自動的に得る出生地主義を弱め，国籍取得の際に宣誓を取り入れる第1パスクワ法を導入しようとした。結局，市民団体や移民団体からの反対で廃案となったけれども，この過程で市民権やナショナル・アイデンティティが盛んに論じられ，外国人の権利や共和主義を尊重する風潮が出てきた。この流れの中で右派は極右の影響を排除できず，1988年の選挙ではミッテラン率いる社会党に敗北した。

ミッテラン大統領とロカール（Michel Rocard）首相による社会党政権は，労働市場規制，不法移民反対キャンペーンといった移民管理を強化したけれども，エスニック・マイノリティの社会統合を直接対象とすることは共和主義に反するため拒絶していた。しかし，1989年12月につくられた**高等統合評議会**◁6などの議論は，移民とその家族の社会統合問題に事実上集中した。

そんな折1989年秋にスカーフ事件（l'affaire des foulards）◁7が起きた。この一件は公的領域における政教分離の原則（ライシテ，laïcité）およびナショナルな一体性を重視する共和主義への脅威であり，エスニックな分離主義の出現だと受け止められた。一方，「**相違への権利**」◁8を旗印として多文化主義や移民権利を擁護する声もあがった。しかし，1980年代末から移民・外国人に対する恐怖感が政治的アジェンダとなり，例えばミッテラン大統領は社会には移民に対する「寛大さの限界」があり，それを超えると外国人嫌いや人種主義が増えると発言し，パスクワ内相は「フランスは今まで移民国であったが，もはやそうあり続けたいとは願っていない」と明言した（Hollifield 2004：199）。

▷6 **高等統合評議会**（Haut conseil à l'intégration）
首相や統合閣僚間委員会にフランス国内の移民やエスニック・マイノリティなどの統合問題に関して助言を与える機関。1989年ロカール政権によって設立。

▷7 モロッコ系およびチュニジア系少女3人が公立中学校にイスラム教女性に着用が義務づけられたスカーフを巻いて登校した。退学という校長の決定を覆すよう，SOSラシスムが教育省に要求し，全国メディアに取り上げられた。ジョスパン教育相は，個別に学校長の判断に委ねる旨，通達を出した。しかしすぐ後の補欠選挙ではジョスパンを批判した極右の国民戦線が勝利した。

▷8 **相違への権利**（le droit à la différence）
他者とは異なる文化やアイデンティティを持つ権利。当初，移民が同化主義に対抗するために用いたものだけれども，後に極右がマジョリティを擁護するために利用し始めた。

V グローバル社会の諸相

22 フランス社会と移民(3)
1990年以降

1 諸権利の制限への転換：1990年から1997年

　失業と治安悪化の原因は移民だと強く論じられる中，1990年10月にリヨン郊外のヴォーザンヴラン（Vaulx-en-Velin）で，オートバイに2人乗りしていた移民の若者が警察の車に追突され死亡し，抗議の「暴動」が4日間続いた。政府は，都市問題担当大臣と社会問題・統合担当大臣を新設した。しかし，「暴動」は他の都市にも広がり，断続的に約1年間続いた。

　右派のバラデュール（Édouard Balladur）内閣は，移民政策の重点を国境管理および労働市場規制から外国人の諸権利の制限へと移行した。1994年の第2パスクワ法で，出生地原理の適用を制限し，本人の意思で選択した者のみ国籍を付与するとした。また，フランス国民と結婚した非合法移民の身分変更を禁止し，偽装と疑われる結婚を無効にする権限を市長に付与した。同法のいくつかの条項に対して，最高行政裁判所（Conseil d'État）や憲法議会（Conseil constitutionnel）が違憲の判断を下した。特に，国外追放された外国人とその家族が1年間入国を禁じられる条項，およびフランス国民と外国人の結婚の制限の条項が問題視され，結局これらを改正した法案が特別国会で承認された。

　1996年にはマリ共和国などアフリカ諸国出身で滞在許可証を持たない者，いわゆる**サンパピエ**が地位の合法化を求めてパリの教会を占拠した（稲葉 2003：105-6）。サンパピエたちのほとんどは，第2パスクワ法によって非合法化された人々である。こうした申し立てを受け，ドブレ（Jean-Louis Debré）内相は第2パスクワ法よりも厳しい移民権利制限および非合法移民の取り締まりを提案した。1997年制定のドブレ法案は，サンパピエなど非合法移民と，外国籍の配偶者およびその子どもの法的地位に言及した。また，非EU市民を自宅に泊める場合，地方公共団体への通知を要求したけれども，映画人たちが「市民的不服従」のデモを呼びかけた。ヨーロッパ議会も個人の自由の侵害だと批判し，最終案では，外国人自らが宿泊と帰国の通知を行うこととされた。一方，1997年に政権を奪取した社会党は，1981年に次ぐ大規模なアムネスティを1997年に行って，就労していない女性や子ども，そして西アフリカ出身者を多数，合法化した。

▷1　メディアは，「熱い郊外」（banlieues chaudes）とか「問題ある地域」（quartiers difficiles）と書き立てた（Hargreaves 1996）。

▷2　また EU 統合の影響で，旧植民地出身者の国籍取得を優遇する制度も廃止した（稲葉 2003：102-3）。さらに労働者と留学生は，2年以上滞在しないと家族を呼び寄せできなくなった。

▷3　サンパピエ（sans papiers）
身分証明書やパスポートなどの適切な書類を持たずにフランス国内に滞在している非合法移民のこと。語源は「書類（papiers）を持たない（sans）」である。

▷4　1年の滞在許可を得るために，16歳以下の外国籍の子どもはフランスで10年間継続的に居住していること，外国籍の配偶者はフランス国民と2年以上婚姻関係があることを条件とした。

▷5　映画人たちが「市民的不服従」のデモを呼びかけ，ヨーロッパ議会も個人の自由の侵害だと批判した。また，アフリカ系移民はフランス居住の際，住居と資金の用意があることを示さなければならなくなった（稲葉 2003：107-8）。

2 共和主義への回帰と懐疑：1997年以後

　1997年，シラク大統領は議会を解散した。選挙では国民戦線の影響で右派の票が分散し，左派が議会多数派となった。第3次保革共存政権の始まりである。1997年6月，社会党のジョスパン（Lionel Jospin）内閣が成立し，「フランスに外国人嫌いや人種主義は似合わない」と新しい「共和主義協定」をつくることを宣言し，移民送出国との協調，移民法・国籍法の再検討，そして一時的な居住許可を与えるなど非合法移民の状況見直しを目指した。1997年8月に提出されたヴェイユ（Weil）報告は共和主義的伝統を強調し，移民法・国籍法を緩和して帰化手続きを1993年の第2パスクワ法以前に戻し，制限付きの出生地主義と非合法移民の厳格な取り締まりを採用することを提唱した（Hollifield 2004：203-6）。

　ヴェイユ報告を元に1997年末2つの法案が議会に提出された。国籍に関するギグー（Guigou）法は，両親とも外国籍の子どもはフランスで出生しようと11歳以後5年以上フランスに居住していなければ国籍を取得できないこと，フランスで出生した者には18歳になるまで有効な「共和主義アイデンティティカード」が発行されること，外国籍配偶者が国籍取得するためには1年以上婚姻の後に帰化が求められることを定めた。移民管理に関するシュヴェヌマン（Chevenement）法は，家族合流する未成年者，10歳以前に入国し定住する外国人，15年以上フランスに居住する外国人，外国籍配偶者，外国籍の親に1年の滞在許可を発行するとした。しかし家族構成員以外へのビザ発行は，理由の有無を問わず拒否可能とした。

　これら2つの法は共和主義的伝統を強調し，移民政策の重点を権利制限による国内管理から，国境管理・労働市場規制へと再び変更したけれども，移民権利擁護団体や反国家主義団体からの反対に遭い，ドブレ元内相からも批判されるなど政治的混乱を伴った（Hollifield 2004：206-11）。

　2002年の大統領選で国民戦線のル・ペンに対してジャック・シラクが勝利し，移民政策はリベラルな方向性を堅持するかに見えたけれども，サルコジⅠ法，サルコジⅡ法，オルトフー法，ベソン法によって家族移民，難民，非合法移民を減らし高度技能移民を優遇する選別的移民政策が推進されていった。2005年10月27日，パリ郊外のクリシ・ス・ボワ（Clichy-sous-bois）で警察に追われたサッカー帰りの少年が，変電所に逃げ込み，2人が感電死し1人が重傷を負うという事件をきっかけに，フランス全土に「暴動」が広がった。この結果，移民統合に対するフランス共和主義の有効性を懐疑する声が高まった。にもかかわらず政府は，2011年4月に公の場で「ブルカ」など全身を覆うイスラム教のヴェール着用を禁止する法を施行した。その後2015年1月イスラム教を風刺した週刊誌「シャルリ・エブド」が襲撃され，さらに同年11月「難民危機」の最中，イスラム過激派組織「イスラム国」（IS）によってパリの複数箇所が襲撃された。

▷6　財政赤字を国民総生産（GDP）の3％以内におさえるという欧州通貨統合の条件達成が困難になったのである。

▷7　第1次保革共存政権は1986年から1988年のシラク内閣，第2次保革共存政権は1993年から1995年のバラデュール内閣であった。

▷8　移民に寛容な左翼の要求を満たす一方，反移民の右翼の沈静化をもねらった。しかし実際は両派ともに不満を抱くことになった。

▷9　また難民には「一時的保護」の地位を設けた。

▷10　この時期の非リベラルな動きのひとつは，イギリスへの不法入国の足掛かりとなっていたドーバー海峡チャネル・トンネル近くのサンガット難民キャンプを閉鎖したことである。V-19　5参照。

▷11　アルジェリア戦争時に制定された非常事態法が発動され，サルコジ（Nicolas Sarközy）内相の挑発的な言説も火に油を注ぎ，車両放火，公共建築物損傷が3週間以上にも及び，市民・警察関係者に多くの負傷者が出た。

V グローバル社会の諸相

23 ドイツ社会と移民(1)
第2次大戦以前から1973年まで

ドイツの自己規定は移民国ではなくエスニック国家であったため，ドイツ系移民のみが定住者として優先的に受け入れられていた。ところが，戦後復興のために一時的に導入されたトルコ系など外国人労働者が石油危機後も帰国せず定住し，さらに1990年代になって市民権取得に出生地原理が一部採用され，高技能労働者の永住を認めるいわゆるグリーンカード制度が導入されたため，ドイツはエスニック国家から移民国家へと事実上転換しつつある。

1 第2次大戦以前

1871年に国家として統一されたドイツは，1950年代まで移民送出国であった。例えば1820年から2000年の間にアメリカ合衆国へ渡った全移民のうち，11%（700万人以上）はドイツ出身であった。とはいえ，入移民が皆無だったわけではない。1900年代初め，農業国から工業国に転換すると，大西洋を横断する移動よりも東プロイセンから中央ドイツの主要都市や西ドイツのライン川・ルール川地域への国内移動の方が重要になった。この時期「ルールのポーランド人」と呼ばれたプロシア人が言語や宗教の違いのため統合問題に直面し，ルール地方の鉱山や工場に導入されたイタリア人の統合も問題となった。移民たちは定住し，1910年と20年の国勢調査において全人口の2%（120万人）を占めた（Martin 2004b : 223-5）。

しかし，このような定住は深刻には受けとめられなかった。また，ポーランド人とイタリア人の統合には成功したものの，「外国人労働力で豊かになる」という発想を雇用主が得たのは，工業や農業での労働力全体の3分の1を占領国の住民が占めた第2次大戦中であった（Castles and Miller 1993＝1996 : 68）。

2 戦後復興とゲストワーカー制度：1945年から1973年

1949年ドイツ連邦共和国（西ドイツ）が誕生し，その後の通貨改革，マーシャルプラン，社会的市場経済が西ドイツ戦後復興の道筋をつけた。1955年にイタリアと雇用協定が結ばれ，農業労働者約8万人がやってきて，自動車，機械部品，鉄鋼などの工業分野は多くの**エスニック・ドイツ人**◁1や東ドイツ人を吸収した。それでも国内労働力は不足し，1960年には雇用主たちが移民労働力の追加募集の許可を求めた。戦後すぐの欠乏を経験した政府と，国内労働者の利益を損なわないと考えた労働組合は，追加導入に反対しなかった（Martin

▷1 **エスニック・ドイツ人**（Aussiedler）
12世紀初めにルーマニアまたは18世紀以後ロシアへ移住したドイツ人子孫，および第2次大戦終結時ドイツ領に居住するドイツ人子孫を指す。

表V-23-1 ドイツ社会と移民

1949	東ドイツと西ドイツに分裂，西ドイツ基本法制定
1955	イタリアと雇用協定
1961	ベルリンの壁構築
1963	外国人法
1973	ゲストワーカー募集停止
1979	CDU/CSUによる選挙戦での「外国人問題」
1983-1984	移民帰国促進政策
1989	ベルリンの壁崩壊
1990	外国人法
1992	庇護申請者，約43万8000人に
1990年代後半	IT技術者など労働力不足
1998	SPD＝緑の党連立政権誕生
2000	「グリーンカード」発給
2001	21人移民委員会報告書
2002	「移民管理法」発効，しかし施行されず
2005	新移民法施行
2007	EU指令法
2009	労働移民管理法
2011	職業資格認定法
2012	EUブルーカード法
2013	就労法令改正
2015	ヨーロッパ難民危機

2004b：225-6)。

雇用協定に基づいて募集された移民労働者は「ゲストワーカー」(Gastarbeiter) と呼ばれ，その多くがトルコからやってきた (Castles and Miller 1993＝1996：75)。雇用主が雇用希望を出し，連邦労働局トルコ連絡事務所と現地の公安職業安定所が協力して移民労働者の募集と選考をし，1年間の労働・滞在許可証を与える仕組みである。ドイツ国内に滞在している友人や親戚を通じて職を得る者もいた。また旅行者として入国し職を得た後，居住を許可される者もいた。

ゲストワーカーは予想を上回る早さで求められたため，1961年のベルリンの壁構築前に西ドイツは非ヨーロッパ共同体 (EC) 諸国と雇用協定を結び始めた。ゲストワーカーは，1960年に約33万人，1964年に約100万人，1973年に約260万人にのぼり，ドイツの賃金労働者の12%を占めて主要製造業の流れ作業に不可欠となった。1960年代の南欧系から，1970年代初めにはトルコ系にかわっていったことを背景に，1965年には滞在許可申請を外国人行政庁に行うよう定めるなど国内管理を重視した外国人法が設けられた（長野 1966）。

もともとゲストワーカー制度は，移民労働者が1～2年で帰国し，新たな移民労働者に置き換わることを前提としていた。しかし，ゲストワーカーは滞在を長期化させ，家族を呼び寄せた。雇用主は，労働者育成のコストをかけず労働力を確保できるため，家族合流に反対しなかった。1960年代から70年代に移民の3割程度が定住したと言われる。ところが，ゲストワーカーの定住化は機械化など工業の省力化を遅らせ，政治の右傾化をも招くことになる。

▷2 ギリシア，モロッコ，ポルトガル，スペイン，チュニジア，トルコ，ユーゴスラヴィアの7か国であった。

▷3 2000年時点の外国人人口730万人のうち，その4割がすでに15年以上滞在していた。

V　グローバル社会の諸相

24　ドイツ社会と移民(2)
1973年から1990年代半ばまで

 ゲストワーカーから定住者へ：1973年から1989年

1973年春，雇用主が政府に支払う募集料は300マルクから1000マルクに引き上げられた。夏にはトルコ人労働者らによる山猫ストがフォード社の工場など各地で起きた（佐藤忍 1994：59-85）。石油危機が起き，11月には政府はゲストワーカーの募集を停止した。早期に再開されるという期待もできなかった。移民の失業問題など社会的コストが増大したからである（Martin 2004b：229）。

外国人労働者は帰国しなかった。帰国すればドイツへの再入国許可が出ない可能性があり，出自社会への再統合も容易ではなかった。◁1

家族合流は人権の観点から原則的に保証されていた。しかし政府は，新しく合流した妻の労働を1年から4年の間禁止し，外国人労働者が人口の12％以上を占める都市へ移動することを禁じた（Martin 2004b：230）。

1970年代後半から，極右団体による外国人排斥キャンペーンや人種差別事件が頻発するようになり，1979年頃からCDU/CSUは選挙戦で「外国人問題」を◁2 掲げ「ボートはもういっぱい」などのキャッチフレーズを連呼していた。1982年選挙で勝利したCDU，CSU，FDPの連立政権は，1983年から84年にかけて，帰国する移民世帯に1万5000マルクまでの報奨金を与え，社会保障の拠出金も払い戻す帰国促進政策を行った。この結果，外国人人口は30万人減少したけれども，1986年には再び増加に転じた。事前に帰国を決めていた移民だけが政策を利用して帰国したためだと言われる。

ドイツ国内の外国人数は1981年に460万人，1991年には580万人になった。なかでも社会統合が最も懸念されたのはトルコ系移民である。まとまった数でやってきたこと，身体的にも文化的にも違いが目に見えやすいこと，男女間に不平等があること，イスラム教徒であること，トルコ社会内のトルコ系とクルド系の亀◁3 裂がドイツに持ち込まれることなどが懸念されたのである。◁4

▷1　1973年の外国人人口約400万人のうち外国人労働者は約260万人に達していた。1970年代の失業の増加によって外国人労働者は約190万人に減少したものの，外国人人口全体は減少しなかった。1980年代には家族合流が進み，外国人人口は約450万人に増加した。

▷2　ドイツの主な政党には，中道右派のキリスト教民主同盟（CDU），右派でバイエルン州を地盤とするキリスト教社会同盟（CSU），中道右派の自由民主党（FDP），中道左派の社会民主党（SPD），環境イシューに特化した緑の党がある。

▷3　イラン，イラク，トルコにまたがるクルデスタ

表V-24-1　ドイツにおける外国人人口数（千人）

	1985	1990	1995	2000	2005	2010	2013
トルコ	1,401.9	1,694.6	2,014.3	1,998.5	1,764.5	1,629.5	1,549.8
ポーランド	104.8	242.0	276.7	301.4	326.6	419.4	609.9
イタリア	531.3	552.4	586.1	619.1	540.8	517.5	552.9
ギリシア	280.6	320.2	359.5	365.4	309.8	276.7	316.3
ルーマニア	13.7	60.3	—	—	73.0	126.5	267.4
セルビア(・モンテネグロ)	591.0	662.7	797.7	662.5	297.0	285.0	258.5
クロアチア	—	—	185.1	216.8	228.9	220.2	240.5
ロシア連邦	6.7	18.2	—	115.9	185.9	191.3	216.3
オーストリア	172.5	183.2	184.5	187.7	174.8	175.2	178.8
ボスニア・ヘルツェゴビナ	—	—	316.0	156.3	156.9	152.4	157.5
ブルガリア	4.3	14.7	—	—	39.2	74.9	146.8
オランダ	108.4	111.7	113.1	110.8	118.9	136.3	142.4
ハンガリー	21.4	36.7	—	—	49.5	68.9	135.6
スペイン	152.8	135.5	132.3	129.4	107.8	105.4	135.5
ポルトガル	77.0	85.5	125.1	133.7	115.6	113.2	127.4
その他	912.5	1,224.9	2,083.5	2,299.3	2,267.4	2,261.1	2,597.9
合計	4,378.9	5,342.5	7,173.9	7,296.8	6,755.8	6,753.6	7,633.6

注：セルビアとモンテネグロは2000年まで同一カテゴリ。1993年以前の正式名称は旧ユーゴスラビア。1992年までの旧ユーゴスラビアのデータはセルビアに編入。
出所：OECD（1997：227）；OECD（2006：278）；OECD（2015：336）より作成。

以上のように，移民労働者の滞在を延ばし労働力を確保しようという雇用主の思惑と，家族を呼び寄せ定住しようという移民の思惑から，ゲストワーカー制度はその目的とは異なる「意図せざる結果」を引き起こしたのである。

② 冷戦の終結と3つの移民集団：1989年から1990年代半ば

1989年にベルリンの壁が崩壊し，東西ドイツは統一した。統一時のコール（Helmut Kohl）政権は，ナチ時代の外国人警察法令を受け継いだ1963年の外国人法にかえ1990年に新しい外国人法を制定した。外国人管理の権限を地方から中央へ委譲し，EU市民，ゲストワーカー，一時滞在のニューカマー，国外退去を免れている外国人という4つのカテゴリーに分け，後二者の権利を制限したのである（久保山 2003：132-8）。

しかしゲストワーカー以外にも3種類の移民集団が旧西ドイツに流入していた（Martin 2004b：233-9）。第1に旧東ドイツ住民である。1940年代終わり，4か国統治のうちソ連統治地域から他の統治地域へ73万人が移動した。その後，東ドイツ地域から西ドイツ地域へ移動した人は，1949年からベルリンの壁ができる1961年8月までに380万人，ベルリンの壁があった1961年から1988年の間でさえ60万人，1989年ベルリンの壁崩壊から1997年には100万人を数えた。

2つめの集団はエスニック・ドイツ人である。国の憲法にあたる1949年のドイツ基本法は，ドイツ人の親から出生した者がドイツ人であるという理由で迫害を受けたならばドイツの市民権を得られると規定した。移住には2つの局面がある。第1に，1950年から1988年のドイツ語を話す140万人のポーランドやルーマニアからの流入。第2に，1990年代終わりのドイツ語をほとんど話せない260万人の旧ソ連からの流入。経済目的の移動が増えたため，1990年7月1日以降，長い質問票への回答とドイツ語の試験が課されることになり，1990年代半ばには毎年22万2000人，1990年代後半には毎年10万人が認められた。

第3に難民である。ドイツ基本法には，「政治的理由で迫害された者は庇護の権利を享受できる」という寛容な規定がある。1980年にトルコで軍事クーデターが起こり，庇護申請者がやってきた（Castles and Miller 1993＝1996：114）。また旧ユーゴスラヴィア内戦などによっても1980年代終わりから庇護申請者は増え，1992年には約43万8000人となった。極右団体による反対運動が起き，1992年には外国人への暴力沙汰が約600件に及んだ。CDU＝CSU＝FDP連立政権はドイツ基本法を改正して申請者を減らそうとしたけれども，SPDと緑の党は反対した。EUとの政策協調の中，1992年妥協案として，最初に到達した「安全な国」で庇護申請しなければならないと基本法を改正した。この結果，庇護申請者，申請許可数とも減少した。1995年まで続いた旧ユーゴスラヴィア内戦に対しては，一時的保護地位（temporary protected status）を設けることで正規の難民認定は減少した。

ンを出自とする民族で，世界各地に離散してしまい抑圧に対して様々な社会運動を起こしている（加納 2002）。

▷4　2000年現在，トルコ国外に住むトルコ人は約350万人おり，ヨーロッパに約300万人，その約70がドイツ国内に居住する。トルコ政府はEU加盟を重要な政治目標に掲げているけれども，多くのヨーロッパ諸国は，EU加盟がトルコからEU他国へのさらなる移民を引き起こしかねないと恐れている。

▷5　1945年に米・英・ソ3か国が結んだヤルタ協定によって，第2次大戦後のドイツはフランスを含めた4か国によって分割統治されることになった。

▷6　移民を減らすために旧東ドイツ地域に投資を続けるのか，それとも旧東ドイツ住民が旧西ドイツへ働きに来るのを許すのかといった議論が生じた。

▷7　エスニック・ドイツ人は他の移民よりも優遇される一方，必ずしも，自らをドイツ人とは考えていない。また，旧ソ連出身のエスニック・ドイツ人はドイツ語の能力不足と勤労態度の問題から，失業率が高い。

▷8　ドイツは「庇護センター」（asylum centre）と呼ばれた。

▷9　例えば，ポーランドやハンガリー経由でドイツにやってきた外国人は，その経由国でしか庇護申請できないことになった。航空機でドイツに到着する場合は，航空会社への罰則で対処した。

V　グローバル社会の諸相

25 ドイツ社会と移民(3)
1990年代半ば以降

1 労働力の新たな希求：1990年代後半

　労働力不足のため、ドイツは1990年代後半に新たな外国人労働者導入プログラムを始めた（久保山 2003：151-7；Martin 2004b：239-45）。第1に、季節労働者に対して上限90日間の労働許可を出し、連邦雇用庁が賃金、住居、旅程に関する契約を2か国語で準備するゲストワーカー的なプログラムが設けられた。◁1
　第2に、グリーンカードプログラムである。1990年代後半、IT業界はSPD＝緑の党連立政権にIT技術者の優先入国を認めるよう迫ったため、シュレーダー（Gerhard Schröder）首相などSPD＝緑の党連立政権は経済的利益を強調し、EU外からのIT技術者に最低4万5000ドルの年収と5年の滞在許可を与えることを提案した。しかし2000年5月ノルトライン・ヴェストファーレン州の選挙戦で、CDUは「インド人募集より子どもたちを教育し高技能の仕事を与えるべきだ」と反対した。結局、2000年8月にIT技術者に永住権への切り替え可能な最長5年の滞在許可、いわゆるグリーンカードが初めて発給され、2002年3月までの間に、約1万4000件が発行された。◁2
　1990年代には非合法移民も増大した。観光客を装って東ヨーロッパから来る者も多数を占めた。1972年以降は非合法労働者やその雇用主に刑罰を科し始めていたものの、十分実施されたとは言い難かった。外国人登録は州政府と連邦内務省、労働許可は州政府と連邦労働省の管轄でありながら、通常は両方とも外国人警察と労働調査官が対処しており、コンピュータシステムの力を借りても人数的に実効性を欠いた。また地政学上および観光・経済上の理由から国内管理を優先していたドイツも、他のEU諸国と歩調を合わせ、共通国境政策をつくりあげた。

2 帰化と二重国籍：1998年以後

　先進民主主義国としては珍しく、長い間ドイツには公式な移民政策がなかった。1982年から1998年までの連立政権で多数派だったCDU＝CSUは「ドイツは移民国ではない」と主張していたくらいだ。移民のさらなる受け入れと帰化の簡素化のため、FDP、SDP、緑の党は1990年代、移民政策を政府に求めた。その時は帰化と二重国籍がゲストワーカーとその子どもたちの社会統合を促進するかが焦点となった◁3（Martin 2004b：245-8）。1998年9月に誕生したSPD＝緑の党連立政権が1913年の国籍法を見直して、出生地主義と二重国籍

▷1　チェコとポーランドからの「越境労働者」には、ドイツ国境から50 km以内を通勤圏と定め、週2回までドイツ国内で宿泊できるとした。東ヨーロッパ在住の18歳から40歳までの人に技能研修者として18か月までドイツで滞在・労働することを許可した。越境労働者5900人中1500人がポーランド人であった。また「請負労働者」がドイツ企業から外国企業への委託業務のため派遣され、看護師1000人を旧ユーゴスラヴィアから受け入れた。

▷2　アメリカ合衆国のH-1Bビザは、国内どこでも働いて暮らすことができ、5年後には帰化ができ、さらに家族を呼び寄せることができる点で、ドイツの制度と異なる。V-10を参照。

▷3　帰化には2つあった。第1に、国家裁量によるもの。15年間ドイツに居住し、重犯罪歴がなく、経済的に自立し、原国籍を放棄し、ドイツ社会に統合されているという条件を満たせば許された。第2に、権利として認められる帰化であり、主にエスニック・ドイツ人が対象だった。

を導入しようとした。しかし，二重の給付付与などの懸念からCDUとCSUが反対し，500万人の署名が集められ，ヘッセン州議会選挙ではSPDと緑の党は敗北し，2000年1月，親のどちらかがドイツ生まれの外国人三世への出生による国籍付与◁4，8年以上の滞在者の請求権による帰化制度という妥協の産物が始まった（久保山 2003：139-41）。政党，雇用主，労働組合，教会の代表で構成される21人移民委員会は2001年7月4日に報告書『移民の組織化，統合の促進』で「ドイツは移民国であり，またそうあるべきである」と宣言し，包括的な移民法を提案した◁5（Martin 2004b：221-2）。

2001年8月，シリー（Otto Schily）内相が21人移民委員会の勧告を取り入れ，移民法案をつくり◁6，2002年9月の国政選挙戦で移民問題を争点としないようにSPD＝緑の党連立政権はこのシリー法案を修正して，CDU，CSUと妥協しようとした。しかしCDUとCSUは「400万人もの失業者がいる。これ以上移民を抱え込むのは無理だ」とし，妥協は成立しなかった。2002年3月，与党案のままシリー法案が両院を通過し，6月にはラウ（Johannes Rau）大統領が署名して「移民管理法」として発効した。ところが，同法の内容ではなく，同法の裁決を巡る上院の紛糾に対して12月に最高裁で違憲判決が出されたため同法は施行されなかった。

結局，2002年選挙では移民と失業が焦点となった。SPDのシュレーダー党首が近代的な移民法の必要性を訴え，CSUのシュトイバー（Edmund Stoiber）党首は失業率の高さを理由に移民受け入れにつながる移民法制定に難色を示し，CDUとCSUは「ドイツがトルコ人の海に沈んでしまう」とキャンペーンを張った。2002年5月の世論調査によると，国民の46％が移民のさらなる受け入れに反対し，36％が国内に滞在する移民を多すぎると思っていた（Martin 2004b：222，248-9）。

2002年の移民管理法を基礎に，2004年7月には新移民法が可決され，2005年1月から施行された。専門技術者を優遇するなど選別的な移民の受け入れと移民のドイツ語習得が奨励され，単純労働者の受け入れも可能となったけれども，一方では合法移民の中で永住権を持つ者とそれ以外の者との権利格差を助長するものとなった。この傾向は，2007年EU指令法，2009年労働移民管理法，2011年職業資格認定法，2012年EUブルーカード法，2013年就労法令の改正へと受け継がれていく。

以上に加えて2014年国籍法で二重国籍を一部容認するなど，非移民国というナショナル・アイデンティティには揺らぎが生じているものの，2015年にはいわゆるヨーロッパ難民危機により移民・庇護申請者が中東やアフリカから殺到するなど現実に進行しているエスニックな多様性への対応は，今後の課題としてドイツに残されている。

▷4 出生でドイツ国籍を付与された三世は，18歳から23歳未満で原国籍との間で選択を迫られた。

▷5 年間家族合流者7万5000人，難民とエスニック・ドイツ人をそれぞれ10万人，専門職労働者など外国人を5万人受け入れること，難民認定局を移民難民局に改編することを提言した。

▷6 主な内容は以下の通り。熟練・専門職労働者への永住許可。学生や未熟練労働者にはまず一時滞在を許可し，ポイントを上げれば永住許可。EU市民は登録だけで居住許可。労働市場への適応のため，呼び寄せ可能な子どもの年齢を16歳から12歳に引き下げ。難民認定の厳格化と3年までの「一時保護」設定。ユーゴ難民などへの「寛容される」地位の廃止。教会や人道主義団体による自己負担での難民の一時的保護。

V グローバル社会の諸相

26 イタリア社会と移民(1)
第2次大戦以前から1980年まで

　イタリアは長らく出移民の国であった。第2次大戦後すぐの時期でさえも，北ヨーロッパ諸国などに多くの移民労働力を輩出し続けた。しかし1980年代に入ると，移民送出国イタリアは急速に移民受け入れ国になっていく。まずは他のヨーロッパ諸国へ入国するための玄関口となり，後には移民たちの最終目的地となった。1980年代半ばから始まった移民規制の制度化は，政治の右傾化と大衆の反移民的風潮を背景に，2000年代に入ると急速に厳格かつ制限的な方向に向かっていく。その傾向は，2010年代に難民・非合法移民が殺到しさらに強まっている。

1 第2次大戦以前

　1861年にイタリア王国が建国されると，経済機会を求めて何百万人もの人々がイタリアに移住した。イタリアは入ってくる移民にさほど関心がなかったとともに，カトリックの伝統もあって外国人や難民に対して寛容な態度をとっていた。**イタリア統一運動**◁1の勇者たちはある時期亡命していた。また，人々の言説のレベルでも，ネーション◁2は民族や人種で区別された人々ではなく，文化やライフスタイルを共有している人々であるとされていた。1865年にイタリア人と外国人との法的な区別が導入されたけれども，外国人はイタリア人と同じ公民的諸権利を享受できることになった。現在まで続く移民管理制度は1919年からのファシスト政権時代に導入されたもので，1929年の外国人局の設置，1930年の外国人居住者の統計収集，同じく1930年の政治的に破壊的で「非道徳的な」人々の入国を阻むためのビザ政策，1931年の内務省による居住許可導入といった施策は，主に内務省の各県事務所と警察によって執行されることになっていた (Sciortino 1999 : 234-5)。とはいえ，基本的にこの時期のイタリアは移民送出国だったのである。1876年から1920年にかけてイタリアから移民として移住した者は，1500万人だったと言われる (Castles and Miller 1993＝1996 : 59)。

2 出移民の継続：1945年から1980年

　第2次大戦後にイタリア共和国が誕生してからも，亡命者への政治的道徳的まなざしが移民政策に影響を与え続けていた。1948年の新憲法の第10条は，いかなる外国人も行政の裁量権から守られることを規定していた。さらに憲法はいかなる外国人にも庇護を与えることを規定していた。ただし実際には社会主

▷1　**イタリア統一運動**
（Risorgimento）
中世以来分裂状態にあったイタリアを統一しようと19世紀に現れた運動。オーストリアのハプスブルク家からイタリア各地を奪還しようと，まずカルロ・アルベルトがサルディニア王国などを率いて戦ったが挫折した。次に，サルディニア王国のヴィットーリオ・エマヌエーレ2世がフランスと手を結びオーストリアと戦い，またガリバルティが義勇軍を率いて南部からイタリアを統一しようとし，両者が手を結んで1861年イタリア王国が成立し，その後ヴェネツィアの併合にも成功した。

▷2　ネーションについては，Ⅲ-11 を参照。

表V-26-1 イタリア社会と移民

1946	イタリア共和国成立
1948	憲法制定
1961	労働許可制度
1982	労働省回状
1986	法律943号
1986-1987	正規化（アムネスティ）実施
1990	法律39号（マルテッリ法）
1990-1991	正規化（アムネスティ）実施
1994-1995	タンジェントポリ
1994	第1次ベルルスコーニ内閣
1996	第1次プローディ内閣。正規化（アムネスティ）実施
1998	法律40号（トゥルコ・ナポリターノ法）。正規化（アムネスティ）実施
2001	第2次ベルルスコーニ内閣
2002	法律189号（ボッシ・フィーニ法）
2005	第3次ベルルスコーニ内閣
2006	第2次プローディ内閣、首相令
2008	第4次ベルルスコーニ内閣
2018	「五つ星運動」と「同盟」によるコンテ内閣

義陣営からの難民を制限するなど庇護の付与は額面通りには実施されなかった。1961年には労働移民を国内管理するため，労働市場に参入する条件として居住許可の他に労働許可（autorizzazione al lavoro）を得なければならないと定めた（Sciortino 1999：234-5）。

しかし基本的に1980年代以前，イタリアは入ってくる移民にはあまり関心がなく，移民管理政策もほとんど発達していなかったと言ってよい。北ヨーロッパ諸国などが大量の移民労働者を受け入れていたこの時期でさえ，イタリアはまだ移民送出国だったのである。第2次大戦後もしばらく，出移民は止まらなかった。大戦後30年で，700万人がイタリアを離れたと言われる（Calavita 2004：345）。イタリアは旧西ドイツと二国間協定を結ぶなどして，国民をゲストワーカーとして北ヨーロッパ諸国などへ輩出した。さらに人々は1950年代から60年代にかけてアメリカ合衆国，カナダ，オーストラリアなどへ永住移民として流出していったのである。

▷3 ゲストワーカーと永住移民については，Ⅱ-2 を参照。

1970年代まで，移民の規制は様々な省庁による行政命令によって実施されてきた。「メモによる政府」と呼ばれるイタリア政治の習慣に根ざしたやり方である（Calavita 2004：366-7）。しかし，イギリス，フランス，ドイツなどが移民の入国規制を強化し，イタリア国内でも人口減少および労働力不足が高まった結果，1970年代後半以降にはイタリアを最終目的地とする移民が急増した。滞在許可発給数は，1970年に約15万件だったものが，1980年には約30万件と2倍になっている（労働政策研究・研修機構 2006a：155）。

このように1970年代終わりから1980年代初めになると，移民送出国イタリアは急速に移民受け入れ国になっていく。

V　グローバル社会の諸相

27　イタリア社会と移民(2)
1980年から2002年まで

1　入移民という新たな経験と法制度整備

　移民受け入れ国になった結果，イタリアでは移民管理のための法制度を整備する必要性が高まった。

　まずは1982年，労働省はヨーロッパ共同体 (EC) 外からの外国人労働者を認可しないよう命じ，さらに非合法労働者の正規化を行おうとした。しかし正規化のためには，雇用主が税金および社会保障費を返還し，労働者が帰国する旅費と同額の保証金を支払わなくてはならなかったため，正規化されたのは1万6000人に満たなかった。逆に，非合法移民の数は急激に増加した（Calavita 2004：367）。

　イタリア史上初の包括的な移民法は，1986年の「域外移民労働者の職業紹介と待遇ならびに不法移民の抑制に関する規定」法律943号である。急増する非合法移民を問題と見なした労働組合や左派野党からの圧力と，ヨーロッパへの裏口入国を防ぎたいヨーロッパ共同体からの圧力の産物であった。同法は外国人労働者の諸権利，外国人雇用のルール，正規化プログラムという3つの要素を持っていた。しかし雇用主への罰則に見られるように，条項が設けられても実際に実施されるとは限らなかった。◁1

　1990年にはマルテッリ法（法律39号）が制定された。当時の副総理の名前を取ったこの法は，移民労働者の数量割り当ての導入を決めたものである。ところが，複数の省庁および関係団体間での協議過程が複雑すぎて，ビザの年間発行件数が確定しなかったり，確定しても少なすぎたりした。同法は正規化プログラムも含んでいたけれども，法律943号との大きな違いは，移民自身が申請することができ，雇用主は社会保障費を返還する必要がなくなったことである。◁2
居住許可は2年間有効で，仕事を続けており十分な収入があれば4年間に更新可能だった。その結果，約23万4000人が正規化を申告し，そのうち更新を申請した者は約17万1000人と以前よりもずっと多くなった。建設業やサービス業などのうち，政府統計に現れないような地下経済で労働する移民たちは，雇用主の名前を明かせば収入が「自動的に証明される」ことになったけれども，職を失うことを心配して，1万5000人しか正規化を申請しなかった。前回よりも成功した正規化ではあったけれども，このプログラムも実効性に限界を持ってしまっていた。1990年当時，多くの移民は地下経済のサービス業に従事しており，表に出にくい上，周辺化され立場が弱かったため，プログラムを利用しにく

▷1　結果的に，60万人から120万人と推定される非合法移民のうち，正規化プログラムに申請したのはわずか10万7000人だけだった（Calavita 2004：368）。

▷2　非合法移民の在留資格の合法化する「正規化」についてはを参照。

かったからである（Calavita 2004：368-9）。

　だが数年のうちに，移民労働力は製造業など公式経済においても不可欠の存在となり，イタリア社会での定住の傾向も明らかになった。この状況に対応するため，1998年にトゥルコ・ナポリターノ法が制定された。

　この法律では移民労働者の数量割り当て制度を合理化するため，すでに国内で働いている外国人労働者数，雇用主のニーズ，失業率などを勘案して，関係省庁，州，地方政府で構成されるテクニカル・グループが出身国と職種別に割り当て数を決め，必要な労働者の数を雇用主が労働省に申請することとした（労働政策研究・研修機構 2006a：160-1）。雇用主は，移民の労働条件をイタリア人労働者と同等にし，住宅補助を出さなければならなかった。移民はいったん帰国して書類を整え，イタリアへ再入国する必要があったものの，居住許可は2年間有効で，更新も可能だった。注目すべきは，移民は失業しても，すぐに居住許可を失わなくなったことである。次の仕事を探すために1年間の猶予を与えられ，労働組合，移民支持団体，NGOなどの団体も移民を雇用できるようになった。季節労働者も20日から6か月（最大9か月まで更新可能）滞在できるようになった。

2 移民の権利への着目

　移民の諸権利もイタリア人労働者と平等に扱われる権利，医療サービスの利用，非合法移民が緊急医療と教育を受ける権利などが整備された。また，緊急の食料や滞在場所，言語指導やその他の文化的・社会的サービスを移民に提供するための「移民受け入れセンター」をイタリア各地に設けることになり，5年間合法的に労働していると申請できる資格が得られる永住カード（carta di soggiorno）が設けられてイタリアで初めて永住外国人の法的地位がつくられた。他方では，雇用主への罰則が強化され，非合法移民を雇った雇用主は，1人当たり1000ドルから3000ドルの罰金もしくは3か月から1年の懲役が科せられることになった。しかし，雇用主への罰則はもとより，いったん決められた割り当ての人数が変更されたり，「受け入れセンター」が事実上非合法移民の収容所となったり，また永住カードの手続きの厳格さが州によってまちまちになるなど，このトゥルコ・ナポリターノ法もその実施の面で大きな問題を抱えていた（Calavita 2004：370-2）。さらに，同法は外国人政策を取り扱う「社会問題省」と，統合政策を取り扱う外国人統合政策委員会を設立し，「外国人政策基金」を創設するなど，イタリア初の統合政策の実質化を行おうとした（労働政策研究・研修機構 2006a：167-8）。1999年には省庁改編の法律が制定され，外務省は海外イタリア人政策課をつくり，内務省は公民的自由移民課が移民関係の事案を一括して扱うこととするなど再編が進んだ。しかし政治家は移民の統合に深入りすることに懸念を持ち続けていた。

▷3　中道左派のプローディ政権下で，トゥルコ社会問題担当相とナポリターノ内務相が中心となって成立させた。正式名称は，1998年3月6日法律40号「移民の規制と外国人の地位の規定」である（秦泉寺 2007）。

▷4　ただ，もし季節労働者がイタリア国内で通年雇用を得たときは，いったん国外に出て，数量割り当てに従って再入国しなければならなかった。

V グローバル社会の諸相

28 イタリア社会と移民(3)
2002年以降

1 移民規制の強化

2002年以降，イタリア経済にとって移民労働力は不可欠になっていた。元々地下経済において非合法に労働していた移民がしだいに公式経済にも進出した。農業の広がる南部では農業労働者や家事労働者として，北西部や中部では中小企業，特に単純労働者として製造業に従事するようになったのである (Calavita 2004：354-61)。

この移民の広がりに政治は反発を強めていく。1994年，95年のミラノ地検による汚職摘発，いわゆるタンジェントポリ (Tangentopoli) によってキリスト教民主党 (DC) やイタリア社会党 (PSI) など旧勢力が失墜して以後，イタリア政治は右傾化していった。1994年には政党フォルツァ・イタリア (Forza Italia) を率いるシルヴィオ・ベルルスコーニ (Silvio Berlusconi) が，ファシスト党の流れをくむ国民同盟 (Alleanza Nazionale) および北部同盟 (Lega Nord) と連立政権をつくり，さらに2001年にベルルスコーニは再選されて中道左派から政権を奪い，「ポロ」(Polo) と呼ばれる中道右派連立政権をつくると，安全保障，法と秩序，移民との闘い，地方の財政的自立を強調した。2001年時点で合法移民の数は1981年当時と比べ5倍の170万人になっていた上 (Calavita 2004：347)，国境管理を厳しくするようEUからの強い要請もあったため，連立政権は2002年ボッシ・フィーニ法を提案した。2002年1月には同法に対する大規模な反対運動が起きたものの，同年3月にシチリア沖に928名のクルド人系イラク人難民が漂着したことを背景に与党は移民に対する厳しい態度をとることができるようになった (Calavita 2004：361-2)。

北部同盟とファシスト党の党首2人の名前を冠した同法の最も大きな特徴は，滞在許可に関する規則を厳格化したことである。第1に，労働目的の滞在要件が厳格になった。労働目的の滞在許可を得るためには，入国前に職を確保しなけれ

▷1 政権を奪取する前に，家族再結合のために3年間の合法的居住を要求したり，非EU市民の帰化に10年の居住を求めるボッシ・ベルルマコーニ法案が提案されていた。また北部同盟は即時逮捕を含む非合法移民の処罰を提案していた。

▷2 移民排斥を主張する地域主義政党，北部同盟のボッシ代表と，ファシスタ党を継承する右派政党，国民同盟のフィーニ総裁が中心となって成立させた。正式名称は，2002年7月30日法律189号「移民と庇護に関する法改正」である (秦泉寺 2007)。

▷3 例えば18歳以上であれば，親がイタリア国内で働いていても自ら職を得な

表V-28-1 イタリアにおける外国人人口数（千人）

	1985	1990	1995	2000	2005	2010	2013
ルーマニア	—	7.5	14.2	70.0	297.6	968.6	1,081.4
モロッコ	2.6	78.0	81.2	162.3	319.5	452.4	524.8
アルバニア	—	—	30.2	146.3	348.8	482.6	502.5
中 国	1.6	18.7	16.2	60.1	127.8	209.9	320.8
ウクライナ	—	—	0.9	9.1	107.1	200.7	233.7
フィリピン	7.6	34.3	36.0	65.1	89.7	134.2	165.8
インド	—	—	12.0	30.0	61.8	121.0	160.3
モルドバ	—	—	—	—	47.6	130.9	150.0
エジプト	7.0	19.8	15.5	32.4	58.9	90.4	135.3
バングラデシュ	—	—	—	—	41.6	82.5	127.9
チュニジア	4.4	41.2	30.7	46.0	83.6	106.3	122.4
ペルー	—	—	8.0	30.1	59.3	98.6	110.6
セルビア(・モンテネグロ)	—	—	33.9	40.2	64.1	57.5	109.9
パキスタン	—	—	—	—	41.8	75.7	106.5
スリランカ	2.5	11.5	—	—	50.5	81.1	104.4
その他	397.2	570.2	450.4	688.3	870.8	1,277.6	965.9
合 計	423.0	781.1	729.2	1,379.7	2,670.5	4,570.3	4,922.1

注：セルビアとモンテネグロは2000年まで同一カテゴリ。
出所：OECD (2000：340)；OECD (2006：280)；OECD (2015：338) より作成。

ばならなくなったのである。すなわち滞在許可と労働許可が一体のもの (contratto di soggiorno) となった。また失業した場合，出国することなく新たな職をイタリア国内で探せる猶予期間は1年から6か月に短縮された。第2に，滞在許可を取得する際，指紋押捺が義務となった。第3に，家族呼び寄せも厳しくなった。第4に，滞在許可を持たない外国人を不法に雇用した場合，雇用主は3か月から1年の懲役刑だけでなく，5000ユーロ以下の罰金が科されることになった。最後に，不法滞在者収容施設 (CPC) が設置されることになった。以上の結果，ヨーロッパ経済地域 (EEA) 外からの外国人のイタリア移民は困難になったと言われる（労働政策研究・研修機構 2006a：155-6）。統合政策に関しては，トゥルコ・ナポリターノ法で設立された社会問題省および外国人統合政策委員会を廃止することになり，外国人政策基金は「社会基金」と名称を変え，高齢者，障害者など社会的弱者一般を対象とするようになった。

2　移民規制の現実

　イタリアは，大衆の反移民感情とEUからの圧力にさらされて，甘いとされてきた国境管理や国内管理を厳格にし，非合法移民にとっての「天国」，他のヨーロッパ諸国への正面玄関といった評判を返上しようとしている。しかし，移民に対する態度は，工業化が進み移民が集中するイタリア北部と，農業中心で比較的移民が少ないイタリア南部では温度差がある。カトリック，共産主義，左翼労働組合が強いという伝統から，**カリタス**など宗教系慈善団体，イタリア総同盟 (CGIL)，イタリア労働連合 (UIL)，イタリア労働組合同盟 (CISL) など労働組合，そして雇用者団体とNGOなどが労働力需要と文化的多様性の観点から移民擁護の活動を行う一方，1995年の**バルセロナ・プロセス**，2005年11月の**EU・地中海諸国首脳会議**で環地中海諸国の連携の必要性が認識されたことが示すように，海を隔ててアフリカ大陸やバルカン半島と接しているイタリアは，ランペドゥーサ島などを経由した移民の流入圧力に常にさらされている。主要な移民送出国と二国間協定を結び，不法に入国した移民を引き取ることなど再受け入れ合意を取り決めてはいる（労働政策研究・研修機構 2006a：161-4）。2008年に返り咲いたベルルスコーニ中道右派政権は安全保障の観点で非合法移民やロマに厳しく対処しようとした。しかし，ほぼ5年ごとに行われている正規化プログラムは，政府が非合法移民の存在を追認せざるをえないことを示している。2006年2月の首相令は，17万人の非EU労働者と同じく17万人のEU新加盟国労働者を受け入れることにつながった (Zincone 2011：271)。高い失業率と地下経済および製造業など公式経済の労働力不足という二重の経済的特徴，および少子高齢化と急激な人口減少は，移民への厳格な対処を難しいものにし続けている。2018年5月に「五つ星運動」と「同盟」によるポピュリスト連立政権が成立した。

▷3　い限り滞在許可は出ないことになった。

▷4　一方，ボッシ・フィーニ法は非合法の家事労働者およびケア労働者に対するアムネスティ条項も含んでいた。すぐ後にはすべての移民労働者を対象としたアムネスティが実施され，63万4728人が正規化された (Zincone 2011：271)。

▷5　カリタス (Caritas)　19世紀終わりから始まった慈善活動を行うカトリック系の団体。イタリアだけではなく世界各国で活動し，国際的なNGOの様相を示している。

▷6　バルセロナ・プロセス　ヨーロッパ連合 (EU) がアフリカ・アラブの地中海沿岸国との関係を強化するために1995年の欧州・地中海会議で取り決められた枠組み。政治・安全保障，経済・財政，社会・文化・人などに関わるパートナーシップを発展させるという目的を持つ。

▷7　EU・地中海諸国首脳会議　ヨーロッパ連合諸国および地中海沿岸諸国などの首脳が集まり，21世紀の問題に対処するため，平和・安全保障・安定・良好な統治・民主主義，持続可能な経済発展と改革，教育・文化交流，司法・治安・移民・社会的統合の4つの分野に関するアクション・プランをつくることを提唱した。

▷8　正規化は，1986年，1990年，1996年，1998年，2002年に行われた（秦泉寺 2007）。

V グローバル社会の諸相

29 オランダ社会と移民(1)
第2次大戦以前から1973年まで

柱状化社会オランダは，多極共存型デモクラシーによって運営されてきた。この伝統から移民も比較的人道主義的見地から扱われた。ところがイスラム教徒の移民，難民，非合法移民の増大から「エスニック・マイノリティ政策」は「統合政策」にとってかわり，寛容性が揺るぎ始めた。さらに極右勢力の台頭など反移民傾向と経済需要が強まる中，人道主義的寛容の保持が課題となっている。

1 第2次大戦以前

古くからオランダは移民受け入れ国である。16，17世紀にはすでにカルヴァン派の**ユグノー**▷1やユダヤ人といった難民の重要な避難場所となっていた。2000年代に右翼政治家ピム・フォルタイン（Pim Fortuyn）が「オランダは（移民で）もういっぱい」と言明したものの，早くも20世紀初めには，移民により「多くの人口を抱えた小さな国」というイメージが形成されていたため，第1次大戦と第2次大戦の間の時期，干拓などにより居住地を増やす試みがなされた。

移民を多く受け入れてきた伝統は，「柱状化」（verzuiling）という独特の社会秩序を生み出した。カトリック教徒，カルヴァン主義者，無宗教者たちはそれぞれ柱をつくるように，宗派ごとに学校など諸団体を運営し，高度な権力分立を伴う柔軟性に富んだ多極共存型デモクラシー（consociational democracy）を発展させたのである。1917年頃に形成されたこの柱状化社会は，戦後やってきた移民にも大きな影響を与えた。例えば，基本的な教育水準を遵守する限りマイノリティによる学校の設立も容認された。その結果，イスラム教やヒンドゥー教など非キリスト教の学校がニューカマーによって設立されてきた（Lijphart 2004）。

2 旧植民地移民とゲストワーカー：1945年から1973年

1940年代終わりから60年代にかけて，オランダでは他国への出移民が盛んで，1946年から1969年までの間に約50万人がオランダを離れたと言われる。しかしそんなオランダにも，徐々に移民が流入するようになった。第2次大戦終結から1960年代にかけて，旧植民地であったインドネシアから約30万人のオランダ人引き揚げ者が流入し，また次のような経緯でインドネシア系オランダ人が流入した。▷2

1949年のインドネシア独立時，南モルッカ諸島がインドネシアから独立宣言し，軍人たちが武装解除に抵抗した。そこで1951年にオランダ政府は旧オランダ東インド会社に雇われていた軍人およびその家族1万2500人をオランダ本国

▷1 **ユグノー**（Huguenot） 16，17世紀のフランスでカルヴァンの教えを信仰したプロテスタント信者。ユグノー戦争により虐殺や迫害を受けたものの，1598年のナントの勅令でカトリックと同等の権利を認められる。しかし，1685年にナントの勅令が廃止されると多くがフランス国外に亡命した。商工業に従事するものが多かったため，フランスは経済力を落としたと言われる。

▷2 オランダ政府はインドネシア系オランダ人が多数移住することを心配した。しかし，比較的容易にオランダ社会に同化し，社会問題とはならなかった。

表V-29-1 オランダ社会と移民

1951	南モルッカ諸島から軍人の移住
1960年代	ゲストワーカーの流入
1966	インドネシア大使館焼き討ち事件
1970	『外国人労働者に関する政府メモランダム』
1973	非熟練労働力の募集を非公式に停止
1974	『政府回答』
1976	『外国人労働者雇用法』
1979	政策科学審議会の報告書『エスニック・マイノリティ』
1981	『マイノリティ問題メモランダム草案』
1983	『マイノリティ問題メモランダム』
1989	政策科学審議会の報告書『移民政策』
1992	二重国籍認める
1994	『エスニック・マイノリティ統合政策に関する一般的メモランダム』，外国人法
1995	外国人労働者雇用法
1997	二重国籍の厳格化
1998	関連法
2002	ピム・フォルタイン党の躍進
2004	テオ・ファン・ゴッホ殺害
2006	アリ自由党議員，国籍剥奪，オランダ語文化，社会の試験と市民統合コースの授業の受講が在留資格の要件になる。

へ移送し，キャンプに住まわせて武装解除しようとした。一時的滞在のはずが，オランダ政府が南モルッカ諸島の独立を認めなかったため，永住する結果となったのである。1959年にオランダ政府は南モルッカ諸島系移民の定住権を認め，職業再訓練などを実施した。しかし，1966年のインドネシア大使館焼き討ち事件など，しばしば暴力による異議申し立てが繰り返された（自治体国際化協会 1997）。

また，戦前から留学生として滞在していた旧オランダ領スリナムの住民と，石油採掘業のために滞在していたが解雇され大量の余剰人員を出したオランダ領アンティル諸島の住民には，1954年オランダの市民権が与えられた。その結果，1950年代終わりから60年代にかけて，両地域から移民が流入してきた（自治体国際化協会 1997）。

1960年代になると，戦後復興のための労働力不足が顕著となり，またオランダ人がいわゆる3K労働を避けるようになったため，地中海沿岸諸国から労働移民を受け入れた。この時期の労働移民は，一時的に滞在して母国へ帰るゲストワーカーであった。1960年代前半にやってきたイタリア系やスペイン系は，母国の経済状態が上向くと帰国していったけれども，1960年代後半にやってきたトルコ系やモロッコ系は，母国の不況およびオランダにおける社会保障の確保のため，オランダに居残ることになった。また1967年には，「1年以上の継続雇用」「家族用住宅の確保」「犯罪歴のないこと」という条件の下，家族の呼び寄せが認められることになった。ところが造船業や鉄鋼業など重工業部門でリストラが進むと，移民たちはオランダ語能力の不足などの理由で転職できず，失業手当や生活保護など社会保障を利用するようになった。

▷3 Ⅱ-8 ▷3参照。

▷4 1960年から70年の間に，イタリア，スペイン，ポルトガル，トルコ，ギリシア，モロッコ，旧ユーゴスラヴィア，チュニジアと，雇用・社会保障協定が結ばれた。

▷5 出移民傾向の強かったオランダは，ゲストワーカーの受け入れが他の西ヨーロッパ諸国よりも遅れて1960年代となった。

V グローバル社会の諸相

30 オランダ社会と移民(2)
1973年から1989年まで

1 家族移民の流入と定住化：1973年から1978年

　1973年の石油危機に伴う経済不況で失業率が上昇し，非熟練労働者が職にあぶれると，オランダ政府は非公式に労働移民の募集を停止した。ところが移民流入は止まらなかった。特にスリナムからの移民流入を恐れたオランダ政府は，1975年スリナムの独立を認めた。しかし独立から1年後にはスリナム全人口の3分の1がオランダへ移民してしまった。インド系，ジャワ系，中国系の住民たちが，独立によって原住民のクレオ人により生活が脅かされること，オランダ市民権を剥奪されることを恐れたためであった（自治体国際化協会 1997）。

▷1　スリナム系は教育水準が高くなく，不況の時期にも重なったため，移民後すぐ職を得ることは難しかった。

　1973年以前，労働移民は圧倒的に単身男性で，かなりの割合が短期滞在の後帰国した。政府は，労働移民をゲストワーカーとして，すなわち産業構造転換と景気循環の緩衝材として利用しようとしていた。しかし1973年の労働移民の募集停止後，ヨーロッパ共同体（EC）外移民はオランダ国内に定住した。また，1967年に労働移民の家族呼び寄せを認めたため，1970年代にかけてトルコ，モロッコなどからの家族移民が急増し，移民は緩衝材としての役割を果たさなくなってきた。

▷2　移民家族たちはまた，アムステルダム，ハーグ，ユトレヒト，ロッテルダムといった大都市で安価な住宅を求め，オランダ人低所得者や旧植民地からの移民と競合するようになった。

　1970年の『外国人労働者に関する政府メモランダム』（Nota Buitenlandse Werknemers）は，オランダ経済のためゲストワーカー政策を維持すると明言し

表V-30-1　オランダにおける外国人人口数（千人）

	1985	1990	1995	2000	2005	2010	2013
ポーランド	—	—	5.9	5.9	15.2	52.5	85.8
トルコ	156.4	203.5	154.3	100.8	98.9	88.0	80.1
ドイツ	41.0	44.3	53.9	54.8	58.5	71.4	72.2
モロッコ	116.4	156.9	149.8	111.4	86.2	61.9	48.1
イギリス	38.5	39.0	41.1	41.4	41.5	41.4	42.3
ベルギー	22.8	23.6	24.1	25.9	—	27.2	28.8
中　国	—	—	7.9	8.0	15.0	21.4	27.2
イタリア	17.8	16.9	17.4	18.2	18.5	21.9	25.0
スペイン	19.0	17.2	16.7	17.2	16.9	19.2	23.9
フランス	—	—	10.5	13.3	14.7	17.8	18.7
ポルトガル	7.5	8.3	9.1	9.8	12.1	15.7	18.1
ブルガリア	—	—	—	—	2.1	14.1	17.8
アメリカ合衆国	10.5	11.4	12.8	14.8	14.6	14.8	15.6
インド	—	—	—	—	4.3	9.6	13.1
ギリシア	3.8	4.9	5.4	5.7	6.5	8.6	12.7
インドネシア	—	—	8.2	9.3	—	—	—
スリナム	—	—	15.2	8.5	—	—	—
その他	118.8	166.4	193.1	222.9	286.3	275.0	286.6
合　　計	552.5	692.4	725.4	667.8	691.4	760.4	816.0

出所：OECD（2000：342）；OECD（2006：282）；OECD（2015：341）より作成。

た。自治体は，住宅，福祉，教育などの社会問題からの責任回避だとこれを批判し，外国人労働者支援団体や民間ボランタリー団体は，帰国促進政策でなく統合政策をとるべきだと非難した。政府は1974年『政府回答』(*Nota naar aanleiding van het Eindverslag op de Nota Buitenlandse Werknemers*) で，緩衝材としての外国人労働者という考えを改めるとしつつも，「オランダは移民国ではなく，外国人労働者の滞在は一時的なものだ」という従来の主張は変えなかった。

1976年に就労許可証の新規発行が中止され，「外国人労働者雇用法」(Wet Arbeid Buitenlandse Werknemers, WABW) が国会に提出された。これは雇用主を対象とした雇用許可制度を創設し，各企業の外国人従業員数に上限を課し，非合法就労者を摘発しようとしたもので，様々な修正の末，1978年に成立した。あわせて家族移民が就業を制限されないよう申し立てができることになり，トルコ系とモロッコ系から年間1万件の申し立てがなされた (Muus 2004：269)。

❷ エスニック・マイノリティ政策の模索：1979年から1989年

1970年代終わりから80年代にかけて，オランダは入国管理を徐々に規制する一方，社会統合政策を寛容にしていった（自治体国際化協会 1997）。

1979年，政府の諮問機関，政策科学審議会 (WRR) は報告書『エスニック・マイノリティ』(*Etnische minderheden*) を政府に提出し，民族ごとの階層分化と対立を防ぐために，移民の一時的滞在ではなく定住を前提として，社会統合政策，移民アイデンティティ保持のための文化政策，統合の条件となる厳しい出入国管理，一定範囲の選挙権の付与を提言した。この報告書によって，旧植民地からの移民と外国人労働者が「エスニック・マイノリティ」として一括され，定住権とオランダ人並みの社会参加が保障される方向となった。

1981年に政府は同報告書への回答として『マイノリティ問題メモランダム草案』(*Ontwerp-Minderhedennota*) を発表して世論の動向を確認すると1983年『マイノリティ問題メモランダム』(*Minderhedennota*) を公表し，エスニック・マイノリティの社会経済的および法的地位の改善，社会参加促進，人種差別の撤廃を目指した。このエスニック・マイノリティ政策の鍵は，移民の文化的アイデンティティを損なわず社会統合を実現することである。つまり政府は事実上，オランダを移民国だと認めたのであった。1983年に地中海諸国からのゲストワーカーに，さらに1985年以降には5年以上国内に滞在する外国人にも地方選挙権が与えられた (Entzinger 2003：62-9；Muus 2004：281-3)。

エスニック・マイノリティ政策は，移民研究の先駆者たちがイギリスやアメリカ合衆国をモデルに，国内でのエスニック・コミュニティの拡大を阻止しようとして誕生した。ところが逆に，エスニック・コミュニティの拡大を促進した面もあったのである。

▷3 雇用主団体は，外国人労働者の人数制限はオランダ人で代替できる職種に限るべきだと主張した。他方，外国人労働者支援団体や外国人労働者団体は，外国人労働者への差別を懸念した。

▷4 「エスニック・マイノリティ」と規定されたのは，南モルッカ系，スリナム・アンティル系，外国人労働者とその家族，「ジプシー」（現在は「ロマ」と呼ばれることが多い），難民である。

V グローバル社会の諸相

オランダ社会と移民(3)
1989年以降

1　統合政策への変容：1989年から2000年

　多文化主義への批判が大きくなってきた1989年，政策科学審議会は報告書『移民政策』(*Allochtonenbeleid*) で過去10年間の移民政策を振り返り，政治的権利などエスニック・マイノリティの法的地位は向上し，住宅や教育などの公共サービスへの接近機会も拡大した一方で，失業者が増大し福祉給付に依存するようになったとまとめた。大量の難民も押し寄せており，政府は1987年に庇護申請者受け入れ規制（ROA）を導入した (Muus 2004：274)。そこでエスニック集団を単位とした文化的アプローチをやめ，新たに移民を個人として扱う「統合政策」が提案された。雇用に関しては，1990年10月の中央団体交渉で今後5年以内にエスニック・マイノリティのため6万人分の雇用機会を創出するという協約を労使双方が取り交わした。教育に関しては，移民の子どもたちの教育格差を是正し失業者を救済するため，学校教育と成人教育を重視すべきだとされた。

　1992年に移民の二重国籍を認めた後，1994年5月，政府は『エスニック・マイノリティ統合政策に関する一般的メモランダム』(Contourennota integratiebeleid etnische minhderheden) を発表した。同年に成立した，労働党 (Partij van de Arbeid, PVDA)，自由民主国民党 (Volkspartij voor Vrijheid en Democratic, VVD)，民主66党 (Democrraten 66, D66) による「紫」連立政権が新たな外国人法を制定し，エスニック・マイノリティ政策を統合政策に変えた。移民の公的サービス依存に厳しい目が向けられるようになっていたけれども，1990年代には年間11万3000人の移民がやってきた (Entzinger 2003：72-80)。

　1995年に新たな外国人労働者雇用法 (WAV) で求人数が公表され，オランダ人，定住外国人，EU市民の労働者が見つけられない場合，EU外の短期滞在労働者の入国を認めることにした (Muus 2004：269)。1996年にはニューカマー政策を導入し，新規移民にオランダ語授業が必須となり，オランダ社会に関する授業も推奨された (Muus 2004：281-2)。1998年，EU外の新規移民には，社会統合のための600時間の研修（そのうち500時間はオランダ語研修）を無料だが義務として課した。政策の前提が，人々の必要性を強調する社会民主主義的な平等主義から，個人の責任と自助努力を強調するネオリベラリズムに変わったのである (Entzinger 2004：290-1)。

　1997年には二重国籍認定が厳しくなり，難民を含む国外退去者の数が，1986

▷1　エスニック・マイノリティの失業率をオランダの平均失業率にまで引き下げようとした。

▷2　1983年の『マイノリティ問題メモランダム』の後継である。

▷3　自由主義政党の色である青と社会民主主義政党の色である赤を混ぜると紫になることが呼び名の由来である。

▷4　オランダ王国の一部，アンティル諸島とアルバ諸島から移民が新たに増えて帰国しなくなっていた (Muus 2004：268)。

▷5　1993年法で雇用主に従業員に占めるエスニック・マイノリティの割合を公表することになり，同法は1997年に改正された (Entzinger 2003：68-9)。

▷6　もし，授業を履修せず社会保障給付を受けていると，給付額を減額される可能性もあった。

年の7000人から6万2000人になっていた。1997年の年末に6年以上居住していた非合法滞在者を対象に、アムネスティが実施された（Muus 2004：278-9）。一方、1998年7月には関連法（Koppelingswet）が施行され、居住許可を持っていることが社会的諸権利を享受できることに関連づけられた。

2　寛容さへの挑戦：2001年以降

2000年代になって、高度技能労働力の需要が高まると、2001年と2002年に雇用主団体と外国人住民たちが、EU外の高度技能移民の迅速な入国手続きを国会議員に働きかけた。その結果、2002年4月に社会問題相が年収5万ユーロ以上稼ぐことなどの条件で優先的に雇用できるよう提案したけれども、他方2001年の外国人法は、難民申請期間を6か月に短縮するなど、高度技能以外の移民に厳しい態度をとった（Muus 2004：271, 277）。

すでに居住している移民たち、特に第二世代は、多様性、民主制、平等主義といった公共的価値を認め、統合を進行させている。しかし、移民たちの統合は進んでいないという政治的言説や大衆の思いこみは強い。オランダの寛容な多文化主義をあざ笑うかのように、いくつかの出来事が起こっている。

オランダは、他の西欧諸国と異なり有力な反移民政党が存在しなかった。しかし、2001年の9.11テロ以降、イスラム排斥の感情が広まり、大衆迎合的なピム・フォルタイン党（List Pim Fortuyn）が登場した。2002年5月の国政選挙で下院150議席中、26議席を獲得し、「紫」連合に代わって、キリスト教民主党（CDA）、ピム・フォルタイン党、自由民主国民党が連立政権を組むことになった。3政党は、より厳しい入国管理とより同化主義的な移民の社会統合が必要だとし、オランダ史上初めて、選挙で移民とその統合がイシューとなった。リベラルな寛容さがナショナリズム的なネオ保守主義に圧倒されたのだ（Entzinger 2004：291-2；Muus 2004：264-5）。

オランダの寛容な国民感情を揺り動かす事件が、2004年11月2日に起こった。映画監督・著述家テオ・ファン・ゴッホが、女性の裸体を映しつつイスラム社会における女性への暴力を批判し、オランダ生まれのイスラム急進派モロッコ人に殺された。また、2006年にソマリア出身のアヤーン・ヒルシ・アリ（Ayaan Hirsi Ali）自民党（VVD）議員が難民申請の際、名前、生年月日、父による結婚の強制について虚偽を語ったとテレビ番組でスクープされた。

オランダは、経済的必要性と人道的考慮のバランスの上に移民管理政策を発展させてきた。しかし反移民傾向が高まる中、2006年から在留資格の要件として、オランダ語およびオランダ文化・社会に関する試験に通り、入国後市民統合コースの授業を受講することが義務づけられた。ヘルト・ウィルダース率いる極右の自由党が伸張する中、人道主義と寛容さをいかに維持するかが課題となっている。

▷7　非合法滞在者として、トルコ系は1974年の5万3500人から2000年の30万8000人、モロッコ系は1974年の2万9600人から2000年の26万2000人に増えた。家族合流を制限し帰国政策をとったドイツと比べると、オランダではトルコ系はより急速に増加した。

▷8　一部、イスラム教徒移民は宗教や家族に関して保守的であるけれども、それでさえ居住年数が長くなり教育レベルが高くなるとマジョリティに近くなっていく。

▷9　統合政策の担当は、内務省から新設の外国人問題統合省になった。

▷10　2002年3月ロッテルダムの地方選で第3位の得票数を獲得し、その勢いで2002年5月15日の国政選挙を迎えたけれども、選挙の9日前、ピム・フォルタイン党党首は暗殺された。

▷11　画家ヴィンセント・ファン・ゴッホの親戚にあたる。

▷12　事件をうけてリタ・フェルドンク（Rita Verdonk）移民統合相は、「あまりにも単純に人々が共存できると思いこんでいた」と語り、イスラム過激派の取り締まりを求める社説が主要新聞に掲載されるようになった。

▷13　同議員は番組放映の48時間後、国籍取り消しを通告された。

コラム 4

移民と映画(3)
　　在日コリアンの苦悩と力強さ

　「日本は単一民族国家だ」などと誰が言ったのだろう。日本にだってたくさんのエスニック・マイノリティが住んでいる。ふつうに生活をしている。そんな当たり前の事実を教えてくれる映画がいろいろある。中でも在日コリアンの生き方は映画の大きなテーマとなってきた。最近の映画からいくつかを取り上げてみよう。

在日コリアンたちのふつうの生活

　『月はどっちに出ている』(1993年)の主人公は，在日コリアンの姜忠男。「チューさん」と呼ばれ，同級生が2代目社長をしているタクシー会社で運転手をしている。会社の従業員は，元自衛隊員，強欲な老人，出稼ぎイラン人など一癖も二癖もある。周りに政治的な在日コリアンがいる中で，姜は祖国統一など政治運動に関わることなく日常をなんとなく過ごしている。乗客は「姜」という名前を見て在日に関する議論をふっかけてきたりするけれども，姜にとってはたいしたことではない。月を見て方角を判断し，客を目的地へと運ぶことに徹する。何より大事なことは，母が勤めるスナックのチーママ，フィリピン人のコニーと仲良くなることなのだ。しかし恋愛はうまくいかず，関西弁を巧みに操るコニーは別の店へと移ってしまう。その後を追う姜。タクシー運転手の日常を通して多文化社会東京で

発売元：株式会社
ショウゲート
税込価格：3874円

日常をごく平凡に生きている外国人と日本人の悲喜こもごもが生き生きと描かれている。2代目社長が，「チューさんは好きだけど朝鮮人は嫌いだ」と語る言葉が，あまりにも切ない。

在日コリアンのたくましさ

　在日コリアンのたくましさを描いた映画という点で欠かせないのは『血と骨』(2004年)。1920年代に済州島から大阪へと渡ってきた金俊平は，自分勝手な無法者。暴力は日常茶飯事。そんな彼に家族は戦々恐々とする毎日。家を出て何年も帰って来ず，帰ってきたと思ったら唐突にかまぼこ工場をつくると言い出す。強引なやり方を使いつつ商売は軌道に乗り，貯めた資金を元手に高利貸しを始めるものの，俊平の自分勝手さはかわらない。家庭をいくつもつくり，家族にも従業員にも暴力をふるう。金に執着し家族を顧みない。周りは俊平の身勝手さと異常な暴力に翻弄される。そんな俊平に対して妻・英姫と子どもの花子と正雄はなすすべもない。そして家族を襲う数々の不条理な出来事。冷酷な俊平を演じきる北野武の姿は圧巻。

　第2次大戦後の1960年代，70年代になっても，日本には今よりずっと差別があった。在日コリアンと日本人は別世界に住んでいるかのようだった。高度経済成長が進み学園紛争が吹き荒れた1968年の京都を舞台にしたのが，『パッチギ！』(2004年)。朝鮮高校生たちにはエネルギーがあり余っている。修学旅行に来ていた別の高校生たちとけんかになり，バスを横転させたりする。その朝鮮高校生たちと日頃からけんかが絶え

ないのは，地元の府立高校生たち。親善のため，松山康介たち2人は担任の先生に促され朝鮮高校へサッカーの試合を申し込みに行く。そこで康介はフルートを吹く朝鮮高校生キョンジャに恋をし，彼女が吹く曲「イムジン河」に心を奪われる。サッカーの親善試合は乱闘によって中止になるが，康介のキョンジャへの恋心には変わりがない。キョンジャが朝鮮高校の番長アンソンの妹だと知ったものの，仲良くなろうと辞書を買って朝鮮語を勉強し，ギターを手に入れ「イムジン河」の練習に励む。さあ，恋はエスニックな境界を越えられるか。

『パッチギ！』の続編『パッチギ！LOVE & PEACE』（2007年）では1970年代に舞台を移し，キョンジャの兄で番長だったアンソンの一家は京都から東京の下町に移り住んでいる。幼い息子が難病にかかってしまっている中で，なんとか息子の病気を治したいとサンダル工場で一所懸命働くアンソン。しかし医者の診療で，難病の治療にはさらに多額の費用がかかることがわかった。治療費を稼ぎ出すことは，そんなに容易ではない。乱闘騒ぎで仲のよくなった友達，佐藤と危ない仕事に手を出してしまう。一方，妹のキョンジャは病気のおいっ子を救うため，芸能界で働くことを決意する。仕事でも恋でも，「在日だから」という理由で受けるつらい仕打ち。しかしとにかく耐えて，お金を稼ぐのだ。なぜこのような厳しい現実に直面しなければ

ならないのか。どうしたらこのように耐えられるのか。つらさの中で力強く生きる在日コリアンの人々が描かれている。

今どきの在日コリアン

最後に，今どきの若者のマイノリティ気質をうまく捉えているのが『GO』（2001年）。在日3世の杉原は中学まで民族学校に通っていたけれども，高校は日本の学校に進学する。父親は元ボクサー。ちょっとしたことで杉原に手を出す無骨者だが，ハワイ旅行をしたいがために国籍を「朝鮮」から「韓国」にかえたりもする。その父親に幼い頃から仕込まれたボクシングの技で，杉原はけんかに明け暮れ，連戦連勝。ある日友人のバースデー・パーティで桜井という少女と出会い，2人は恋に落ちてしまった。ぎこちないデートを重ねる中，お互いに気持ちをはぐくんでいく。恋は国籍や民族の「国境」を超えるのではと期待したのも束の間，杉原の親友が民族にまつわる誤解で命を落としてしまう。果たして2人の恋はどうなっていくのだろうか。コリアン・ジャパニーズというアイデンティティの誕生か。国籍や民族にとらわれない新たなアイデンティティを求める若い世代の様子を生き生きと伝えてくれる。原作小説も，映画に劣らずテンポがよい。

発売・販売元：ハピネット
税込価格：2079円
©2004「パッチギ！」製作委員会

発売・販売元：ハピネット
税込価格：3990円
©2007「パッチギ！LOVE & PEACE」パートナーズ

発売：東映ビデオ
販売：東映
税込価格：5460円

さあ，移民を描いた映画を見てみよう。何かを学ぼうと構えず，まずは映画自体のおもしろさに引き込まれてみよう。気がつくと何かしら映画から学んでしまっていることだろう。

VI 国際社会学の新たな展開へ

人の流れをめぐる問い
自由化か，規制か

21世紀における国際社会学は，どのようなトピックを探究していくことになるのだろうか。第1に考えられるのは，人の流れをめぐる問いである。人の流れを自由化するべきか，規制すべきか。すべての社会はこの2つの選択肢の間で揺れ動いている。

1 受け入れ国による相違

人の流れを自由化するか，規制するか。移民受け入れ国は，そのタイプによってどちらかに傾斜してきた（Castles and Miller 1993＝1996：292）。 ◁1

第1のタイプはアメリカ合衆国，カナダ，オーストラリアといった「移民国」である。移民国では，移民が建国神話を形成しており，そのナショナル・アイデンティティと社会的・経済的要請ゆえに，移民受け入れを継続してきた。これらの国では経済移民，家族合流，難民といったカテゴリーごとに人数を政治的に決定する割当制を採用しており，規制を実施しつつも，自由化が望ましいという考えに傾いている。

第2に，「旧労働移民受け入れ国」である。戦後ゲストワーカー制度によって多くの移民労働力を受け入れながらも，石油危機で受け入れを停止し，定住化を経験した西欧諸国が典型例である。現在では労働移民の受け入れをしていないこれらの諸国も，情報産業などに従事する高度技術労働者の短期滞在ならば歓迎している。また，家族合流や難民などは人道的理由に基づいて最小限の受け入れを行ってきた。自由化から規制へと大きく舵取りをした国々である。

第3に，「短期労働雇用国」である。アラブの石油産出国やシンガポールなどでは，大きな労働力不足のために外国人労働力の利用は不可欠である。そこで，実際に外国人労働力を導入しながら，厳しく管理をしていく方法をとっている。しばしば外国人の人権を蹂躙していると言われるほどの厳しさである。これら諸国では国家による厳しい規制を前提とした上で，人の流れを容認している。

最後のカテゴリーは「移民受け入れ後進国」である。他の先進諸国より遅れて移民を受け入れ始めたイタリア，日本，韓国などの諸国は，公式には移民を厳格に規制しながらも，サイドドアやバックドアと呼ばれるような非公式なやり方で非合法移民が労働に従事することを黙認する政策をとってきた。したがって，基本的な公式的スタンスは規制でありながらも，非公式には人の流れ

▷1 答えはもちろん二者択一ではない。両者の中間または両者の組み合わせに求められることであろうし，時代や社会によって変わってくることであろう。

の自由化を事実上容認してきたと言える。

2　選択的規制への収斂

　確かに受け入れ国の人の流れへの対処は，その国ごとに異なってきた。しかし，国ごとの相違は近年収斂の傾向を見せている。その収斂の行き先は「選択的規制」(selective regulation) と呼ぶことができる。すなわち，どの国も移民カテゴリーごとに自由化と規制の度合いを決めていくという方法を採用しつつあるのだ。いわば国家の移民に対する選好の収斂である。国家は，移民を少なくとも3つのカテゴリーで把握し始めている。

　第1に，「望まれない」移民。難民や家族合流は人権擁護の観点から一定程度受け入れざるをえないものの，国家としてはできれば受け入れを避けたい移民である。また，非合法移民も受け入れを拒みたい存在である。もちろん，非合法移民は労働需要を満たすため経済界が「望んでいる」面もある。しかし国家主権の観点では，法に反した人々が入国し滞在することは望ましくない。したがって，国家は「望まれない」移民に対して規制を強めていくことになる。

　第2に，「望まれつつ拒否される」移民もいる。非熟練労働移民は労働需要という経済の論理では必要とされ，合法であれば国家は一定量の流入を許可しうる。しかし，治安，社会保障，子どもの教育など流入した後の社会的コストの問題を考えると，国家としては規制をかけざるをえない。また，異文化を持った非熟練労働移民が大量に流入することは，ナショナル・アイデンティティへの脅威ともなりかねない。したがって，「望まれつつ拒否される」わけである。

　最後のタイプは，「望まれる」移民である。典型例は近年先進諸国が「奪い合って」いる高度技能移民である。経済的にも有用であるし，社会秩序を乱す可能性も低いという判断がそこにはある。また，同一エスニック移民も「望まれる」傾向が強い。公式にはナショナル・アイデンティティに合致するという理由であるが，非公式には少なくとも単純労働力需要を結果として満たしてくれるためでもある。「望まれる」移民に対しては，国家はできるだけ規制をゆるめて自由化し，ときには優遇措置をとってまで受け入れを促進する。

3　問いの設定

　このような選択的規制の中で，様々な国において，どのタイプの移民がどの程度受け入れられているのか，そしてどの程度拒否されているのか。そしてさらに，その受け入れと拒否の度合いを，様々な要因，例えば，経済状況，人口減少，人権規範，安全保障，大衆感情，国家主権などの要因によってどのように説明できるのだろうか。

▷2　非合法移民には，偽装難民や資格外家族合流をも含む。さらにイスラム教徒が「望まれない」移民とされることはよくあるし，テロリストは最も「望まれない」移民である。

▷3　日本における日系人や，スペインとポルトガルにとってのラテン系移民がその例である。

Ⅵ　国際社会学の新たな展開へ

2　格差をめぐる問い
競争か，平等か

21世紀の国際社会学が探究すべきテーマの2つめは，格差である。国際移民はグローバル化とそれに伴う国際的競争に基づいてホスト社会に流入していく。この意味では競争が移民の必要性を生み出しているのである。しかし，過度の競争は移民の周辺化を促進する可能性がある。このとき，格差を緩和し移民に関する平等を確保する手だてをとらなくてはならない。

1　グローバル化と二極分化

　グローバル化は多くの領域で国境を超えた激しい競争を随伴する。国際移民はその競争の中で必要とされ，同時に自らの欲求を満たしている。この意味では，移民は競争によって生み出されているのである。政治難民という競争とは縁遠く見える移民でさえ，戦争や難民認定に関わる国家間のせめぎ合いによって存在を規定されている。

▷1　世界都市については，Ⅳ-4を参照。

　競争が最も激しく集積する場が世界都市（world city, global city）である。世界都市には多国籍企業を初めとした様々な企業の管理統括部門が集まってくる。そして必然的にそこで働く多国籍エリートが集まる。エリートたちは高度な管理職についたり，情報技術（IT）のような高度な技術を駆使してグローバル化における厳しい競争に打ち勝とうとしている。しかしこのような管理統括部門の集積は，同時にそうした部門を下支えするサービス部門を必要とする。オフィスの清掃，食事の供給，事務用品の供給といった仕事が必要となるのである。そのため，そのような下支えのサービス部門で働く単純労働者の大規模な需要が生ずる。その結果，世界都市には一部のエリート移民と大量の下層単純労働移民という二極分化が形成される（Sassen 1991）。

　世界都市の周辺を見渡しても，やはり単純労働者の莫大な需要が存在する。都市周辺部や過疎地域でも製造業や農漁業など様々な産業が外国人労働者抜きではやっていけなくなっている。公式には海外からの単純労働者の導入を認めてこなかった日本においても，外国人研修生や技能実習生がこの需要を埋めてきた。このように，二極分化のうち下層の部分が厚みを増す動きが進んでいる。

▷2　日本における外国人研修生および技能実習生については，Ⅴ-4を参照。また日本は2019年4月に在留資格「特定技能」を設けて事実上単純労働者の導入に踏み切った。Ⅴ-4を参照。

2　多様な格差とジレンマ

　このような移民過程を通じて，移民は様々な格差にさらされていく。経済的，

政治的，社会・文化的，教育的な，様々な格差。格差が顕著になるのは，それがどこかに集中した場合である。地理的に集中すると格差は，ゲットーやスラムという現れ方で，われわれの目に映る。フランスの「郊外」やイギリスの「インナーシティ」はその典型である。また，集団的に集中すると，第2世代また第3世代といった世代を経ても下層から抜け出せない貧困の再生産という現れ方をする。いずれにしてもある程度平等かつ均質であるべき社会の中に，異質で不平等な部分が集中すると，移民による格差が問題化するのである。そして，その問題は移民の人種的性質や文化ゆえに生じたのであると理解されがちである。

このように格差問題が顕著になると，われわれは移民に関するジレンマに気づかされる。移民は競争の中で必要とされる存在である。したがってホスト社会も移民自身も競争を必要とし，その中で必要とされ，相互に欲求を満たすのである。しかし同時に，競争が過度になると移民は下層を形成し「敗者」となる。このとき移民個人にとっても，また秩序が脅かされるという意味で社会にとっても望ましくない社会状況が現出する。そこで，人権，秩序といった観点から，移民たちを救済し，平等を確保しなければならないという要請が生じる。すなわち，競争と平等とのジレンマが移民を取り巻いているのである。

▷3 国家によるネオリベラルな改革はこの競争を過度に正当化する傾向にある。

３ 問いの設定と対処

そこで，21世紀の国際社会学は次の2つの問いを探究するよう迫られる。第1に，グローバル化に伴う競争をいかに，どの程度緩和するか。そのためには移民のためのセーフティネットをつくらなくてはならない。社会福祉給付制度，教育制度といったマジョリティとも共通のセーフティネットを整備するだけではない。NGO／NPOの活動に対する支援や，移民自身のネットワークまたはエスニック・エンクレイヴの創出・維持の支援も有効かつ必要とされるであろう。

▷4 エスニック・エンクレイヴについては，Ⅲ-6 を参照。

第2の問いは，移民に関する平等をいかにして実現するかである。アメリカ合衆国のようなアファーマティヴ・アクション政策をどのような領域にどの程度実施すればよいのかという問題や，どのような領域に関して差別禁止法をつくるかといった問題が具体的に問われるべきである。しかしさらには，移民に関するどのような社会状態が「平等」なのかといった，古くて新しい問題も問われなければならない。例えば「機会の平等」と「結果の平等」をどの程度混合するとよりよい平等が実現されるのか，また平等政策を推し進めたとき，それはマジョリティに対する「逆差別」になるのではないかなどを考えていかなければならない。

21世紀の国際社会学は，以上のような問いを通して移民に関する格差の問題に切り込んでいかなくてはならないのである。

Ⅵ 国際社会学の新たな展開へ

統合をめぐる問い
多文化か，ナショナルか

　グローバル化の下で人の流れが加速し，ホスト社会内で大きな格差が形成されるようになると，国際移民の社会統合がこれまで以上に緊要な課題となってくる。これが21世紀の国際社会学が対象とすべき3つめの問題である。同化に基づくナショナルな統合モデルが当然だった時代は過ぎ，多文化を許容する統合モデルが提唱された。しかし多文化モデルにも疑問が呈されている。ナショナルな要素と多文化の要素をどの程度取り入れて，社会統合のモデルをつくりあげればよいのであろうか。

1　ナショナルモデルと多文化モデル

　移民の社会統合のモデルは，大きく分けるとナショナルモデルと多文化モデルの2つとなる。ナショナルモデルはホスト社会の文化や習慣を統合のための最も重要な要素と考え，移民たちがそこに「同化」することが社会統合への有効な近道であるとする。もうひとつの極に多文化モデルが位置する。移民たちが自分たちの文化を保持し，ホスト社会内が多文化の様相を示すことこそ望ましいし，移民の統合にも有効であるのだと。

　今日では純粋なナショナルモデルの実現は不可能である。同化はもはや強制できない。移民は自分たちの言語，文化，習慣などを一定程度保持することが望ましいという考えが普遍化しているのである。そこでどの程度，多文化的要素を取り入れたらよいのかが問題となる。現在のところ移民たちが身につけるべき最小の要素としていくつかの国で想定されているのは，公共の場で受け入れ国の言語，特に公用語を使用すること，そして受け入れ国の社会運営原理である民主主義を遵守することである。すなわち，公的領域におけるホスト言語と民主主義が移民も共有すべき最小要素となる。それ以外の部分は移民たちが多文化的な趣向を自由に発揮してよいのではないかと考えられている。

　この多文化モデルの最小要素論を原点として，各国は社会統合の様々なバリエーションを理想として考え，数々の実践を行っている。例えばイギリスで移民の市民権取得の際に行われているのは，英語とイギリス事情に関する試験を課し，イギリスと民主主義への忠誠の儀式に参加することである。この例は，イギリス事情の知識を要件として求めることで，多文化モデルよりも若干ナショナルモデルに寄った社会統合モデルを目指していると言える。また，近年アメリカ合衆国の統合原理としてよく言われるのは，私的領域においては家族，

近隣，エスニック組織の多文化的結束に委ね，公的領域に関しては互いの相違を「慈悲深く無視する」というものである（Castles and Miller 1993＝1996：295）。これも多文化モデルを一定程度修正したものと言える。このような各国における違いは，その国の歴史や社会状況などによって決まっているのであり，唯一の解答はありえない。ただし社会統合の実現のためには何らかの多文化モデルしか採用できないことも事実である。

2 多文化モデルの課題

純粋なナショナルモデルは否定され，多文化モデルしか事実上許容されないとしても，いまだいくつかの問題が解決されず残っている。

第1に，多文化は移民の権利として，または人権として確保されなくてはならないと考えられるようになってきた。しかしどのような「多文化」がどの程度であれば許容されるのだろうか。例えば，学校における母語教育や職場における宗教的な祈りの時間の確保，議会におけるエスニック集団の代表の是非など，争点には事欠かない。ヨーロッパにおいては近年，イスラム文化がどの程度許容されるかが特に問題になっている。

第2に，多文化モデル自体が矛盾をはらんでいる可能性がある。例えば，母語を使用する権利をマイノリティに認めたとして，実際に母語を使用していると，ホスト社会の労働市場で不利になることが多々ある。また，ホスト社会から見ると制限の緩い文化規範を所持することで，ホスト社会の文化規範を身につけない若者や女性が差別や不利益を受ける可能性もある。さらに，エスニック集団のリーダーが制度的に政治参加を行うことで政府との間に**温情主義**的関係を形成してしまい，マイノリティの意見反映にマイナスではないかという考えもある（Castles and Miller 1993＝1996：292）。

第3に，そもそも多文化モデルでは社会統合は達成・維持されないのではないかという根本的な懸念もある。そのような懸念を引き起こす事例は，2001年のイギリスや2005年のフランスで見られたような「人種暴動」である。「暴動」に参加した当事者たちの多くは自分たちの文化を保持しつつホスト社会の言語などをも身につけているという点で多文化モデルから育まれた人々である。

3 問いの設定

以上のように21世紀の国際社会学は，まずはどのような多文化的要素をどの程度取り入れて社会統合モデルをつくりあげるかを課題にしなくてはならない。もちろんその試みの中には，マイノリティの周辺化や孤立化を防止するような様々な施策，例えば差別禁止法，社会政策，教育機会などの配慮をも含むことであろう。そしてさらに，ナショナルモデルと多文化モデルに回収されないような，新たな社会統合モデルの探究にも向かわなくてはならないのである。

▷1 　温情主義
（paternalism）
優位な者が，劣位な者に対してその劣位な者の利益になるからという理由で干渉すること。

VI 国際社会学の新たな展開へ

4 統治をめぐる問い
グローバルか, ローカルか, ナショナルか

人の流れ, 格差, 社会統合などグローバル化に伴って噴出する様々な問題は容易に解決しそうにない。このような問題をどのように解決し, 統治したらよいのだろうか。国家によるナショナル・ガバナンスに代わり, トランスナショナル・ガバナンスに期待が集まるけれども, トランスナショナル・ガバナンスでさえも, ローカル・ガバナンスおよびナショナル・ガバナンスとの協働がないとグローバルな問題に対処できない。どのようなバランスをつくりあげたらよいのだろうか。これが21世紀における国際社会学の課題の4つめである。

1 グローバル化問題と統治形態

非合法移民, 難民, 地域紛争, アンダークラス, 移民統合などなど, グローバル化に伴う様々な問題は枚挙にいとまがない。次々に現れてきて, 解決は非常に難しいように見える。解決の担い手として期待されてきたのは, 主たる統治主体である国家である。しかしグローバル化に伴う諸問題は国家の手に余り, 国家の能力は衰退したとさえ言われる。典型的なのは人の移動の管理である。移民自身がつくりあげたトランスナショナル・コミュニティは, 国家による移動の規制を難しくしているとも言われる。このような中で, グローバル化問題に対してどの主体やどの組織が統治を行うとよいのだろうか。

2 3つのガバナンス

これまでの古典的な統治は国家によるものである。これは「ナショナル・ガバナンス」(national governance) と呼ぶことができる。グローバル化によってこのナショナル・ガバナンスの能力に疑問符が付けられて以来期待されているのは, 複数の国家の協働による統治形態である。これを「トランスナショナル・ガバナンス」(transnational governance) または「グローバル・ガバナンス」(global governance) と呼ぶ。国際連合 (United Nations, UN), ヨーロッパ連合 (EU), 東南アジア諸国連合 (ASEAN) といった「クラブモデル」と呼ばれるような国際的・超国家的組織は, トランスナショナル・ガバナンスの典型である。しかしそれ以外にも, 様々な政府間組織が存在するし, 二国間協定は数限りなく結ばれている。国際連合の条約を批准することによって規範的に成立する国際レジームも例に加えてよいであろう。このような政府間の協働に対して多くの非政府組織 (NGO) が関与することで, トランスナショナル・ガバナン

スは実効性を帯びていくのである。

　トランスナショナル・ガバナンスが脚光を浴びる中，地道に効力を発揮しているのが，「ローカル・ガバナンス」(local governance) である。そもそも移民たちへの直接の政策実施は，地方自治体の手になることが多い。例えばイギリスでは移民に対する平等政策は1960年代から地方自治体に責任があるとされている。近年の難民分散政策も，地方自治体ごとに難民を割り当てるものである。中央政府が移民統合政策にほとんど関与しない日本においても，地方自治体が具体的に様々な施策の担い手になっているのである。もちろん地方自治体に対して，非政府組織（NGO）や非営利組織（NPO），さらに移民自身の組織が関与していく。このようなローカル・ガバナンスがグローバル化問題を現場で実践的に解決するため，有効であり続けているのである。

3　ナショナル・ガバナンスへの回帰・強化

　トランスナショナル・ガバナンスとローカル・ガバナンスが展開する中，ナショナル・ガバナンスは衰退していくのであろうか。国家は能力をどんどん失っていくのであろうか。いや，むしろナショナル・ガバナンスは能力を取り戻し，さらに強化していく傾向もある。それは次の2つの理由からである。

　第1に，トランスナショナル・ガバナンスは国家と無関係に実施されるのではない。逆に国家は主たる意思決定アクターとして積極的に関与していく。すなわち，国家はトランスナショナル・ガバナンスを通じて自らの能力を増強し発揮しようとしているのである。

　第2に，ローカル・ガバナンスに国家は積極的に関与しうる。特に，グローバル化問題を解決するための政策を，地方自治体へと「下請け」に出す。さらに移民たち自身に任せる動きもある。このローカルへの「政策下請け」(policy subcontract) は国家のイニシアティヴの強さを示すのである。

4　問いの設定

　そこで21世紀の国際社会学が課題にすべき4つめのトピックは，次の問いとなる。すなわち，ナショナル，トランスナショナル，ローカルという3つの側面からなされる統治は，どのような三者の関係性の下で最適なものになるのであろうか。ここで最適というのは，グローバル化問題を解決できるという意味での「実効性」と人々や様々な組織から調達される「正統性」の2つの基準から計られることになろう。

本書でとりあげた文献

阿部浩己 1998『人権の国際化』現代人文社.
明石紀雄・飯野正子・田中真砂子 1984『エスニック・アメリカ——多民族国家における同化の現実』有斐閣.
Alba, Richard and Victor Nee 1997 Rethinking Assimilation Theory for a New Era of Immigration, *International Migration Review* 31(4): 826-74.
Aldrich, Howard, Jones Cater, Trevor Jones, and David McEvoy 1983 From Periphery to Peripheral: The South Asian Petite Bourgeoisie in England, Ida Harper Simpson and Richard L. Simpson (eds.) *Research in the Sociology of Work Vol. 2*, Greenwich, Conn: JAI Press: 1-32.
Aldrich, Howard E. and Roger Waldinger 1990 Ethnicity and Entrepreneurship, *Annual Review of Sociology* 16: 111-35.
Anderson, Benedict 1991 *Imagined Communities: Reflections on the Origin and Spread of Nationalism* (2nd ed.), London; New York: Verso.＝1997 白石さや・白石隆訳『想像の共同体——ナショナリズムの起源と流行』NTT出版.
Anderson, Benedict 1992 The New World Disorder, *New Left Review* 193: 3-13.＝1993 関根政美訳「〈遠隔地ナショナリズム〉の出現」『世界』586: 179-90.
Anwar, Muhammad 1986 *Race and Politics: Ethnic Minorities and British Political System*, London: Tavistock.
Appadurai, Arjun 1996 *Modernity at Large: Cultural Dimensions of Globalization*, Minnesota: The University of Minnesota.＝2004 門田健一訳『さまよえる近代——グローバル化の文化研究』平凡社.
Appleyard, Reginald T. 1989 International Migration and Developing Countries, Reginald Thomas Appleyard (ed.) *Impact of International Migration on Developing Countries*, Paris: OECD: 19-36.
Appleyard, Reginald T. 1992 Migration and Development: A Critical Relationship, *Asian and Pacific Migration Journal*, 1(1): 1-18.
蘭信三編 2000『「中国帰国者」の生活世界』行路社.
Bailey, Thomas and Roger Waldinger 1991 Primary, Secondary, and Enclave Labor Markets: A Training Systems Approach, *American Sociological Review* 59: 432-45.
Baldwin-Edwards, Martin 1991 Immigration after 1992, *Policy and Politics* 19(3): 199-211.
馬場伸也 1980『アイデンティティの国際政治学』東京大学出版会.
馬場伸也 1993「国際社会学」森岡清美・塩原勉・本間康平編『新社会学辞典』有斐閣: 450.
Barry, Brian 2001 *Culture and Equality: An Egalitarian Critique of Multiculturalism*, Cambridge: Polity Press.
Bartram, David 2000 Japan and Labor Migration: Theoretical and Methodological Implications of Negative Cases, *International Migration Review* 34(1): 5-32.
Basch, Linda, N. Glick-Schiller and C. Blanc-Szanton 1994 *Nations Unbound: Transnational Projects, Postcolonial Predicaments, and Deterritorialized Nation-States*, Langhorne, Pa: Gordon and Breach.
Beck, Ulrich 1997 *Was ist Globalisierung?: Irrtumer des Globalismus - Antworten auf Globalisierung*, Frankfurt am Main: Suhrkamp Verlag.＝2005 木前利秋・中村健吾監訳『グローバル化の社会学——グローバリズムの誤謬—グローバル化への応答』国文社.
Van den Berghe, Pierre L. 1967 *Race and Racism: A Comparative Perspective*, New York: John Wiley & Sons.
Bernstein, Basil B. 1971 *Class, Codes and Control Volume 1, Theoretical Studies towards a Sociology of Language*, London: Routledge & Kegan Paul.＝1981 萩原元昭編訳『言語社会化論』明治図書出版.
Bolaffi, Guido, Raffaele Bracalenti, Peter Braham and Sandro Gindro (eds.) 2003 *Dictionary of Race, Ethnicity and Culture*, London: Sage.
Bonacich, Edna 1973 A Theory of Middleman Minorities, *American Sociological Review* 38: 583-94.
Bonacich, Edna 1976 Advanced Capitalism and Black/White Race Relations in the United States: A Split

Labor Market Interpretation, *American Sociological Review* 41 : 34-51.

Bottomore, Tom 1992 Citizenship and Social Class, Forty Years on, T. H. Marshall and Tom Bottomore *Citizenship and Social Class*, Pluto Press.＝1994 岩崎信彦・中村健吾訳「シティズンシップと社会的階級」『シティズンシップと社会的階級——近現代を総括するマニフェスト』法律文化社 : 131-219.

Brubaker, William Rogers 1989 *Immigration and the Politics of Citizenship in Europe and North America*, Lanham, MD : University Press of America.

Bunyan, Tony 1991 Towards an Authoritarian European State, *Race and Class* 32(3) : 19-27.

Burg, Steven L. 1983 *Conflict and Cohesion in Socialist Yugoslavia : Political Decision Making Since 1966*, Princeton, N. J. : Princeton University Press.

Burnley Task Force 2001 *Burnley Task Force Report*, 11 December 2001.

Calavita, Kitty 2004 Italy : Economic Realities, Political Fictions, and Policy Failures, Wayne A. Cornelius, Takeyuki Tsuda, Philip L. Martin and James F. Hollifield (eds.) *Controlling Immigration : A Global Perspective*, Stanford : Stanford University Press. (2nd edition) : 344-80.

Cantle, Ted 2005 *Community Cohesion : A New Framework for Race and Diversity*, Basingstoke : Palgrave Macmillan.

Cashmore, Ellis [1984] 1996 *Dictionary of Race and Ethnic Relations* (4th edition), London and New York : Routledge.

Castles, Stephen and Alastair Davidson 2000 *Citizenship and Migration : Globalization and the politics of belonging*, London : Macmilla.

Castles, Stephen and Mark J. Miller 1993 *The Age of Migration : International Population Movements in the Modern World*, London : Machmillan Press.＝1996 関根政美・関根薫訳『国際移民の時代』名古屋大学出版会.

Castles, Stephen and Mark J. Miller 2009 The Age of Migration : International Population Movements in the Modern World (4th.), Basingstoke : Palgrave Macmillan.＝2011 関根政美・関根薫監訳『国際移民の時代』（第4版）名古屋大学出版会.

Castles, Stephen, and Ellie Vasta 2004 Australia : New Conflicts around Old Dilemmas, Wayne A. Cornelius, Takeyuki Tsuda, Philip L. Martin and James F. Hollifield (eds.) 2004 *Controlling Immigration : A Global Perspective*, Stanford : Stanford University Press. (2nd. edition) : 141-73.

Chan, Joseph, Ho-Pong To and Elaine Chan 2006 Reconsideging Social Cohesion : Developing a Definition and Analytical Framework for Empirical Research, *Social Indicators Research* 75 : 273-302.

Cheong, Pauline Hope, Rosalind Edwards, Harry Goulbourne, and John Solomos 2007 Immigration, Social Cohesion and Social Capital : A Critical Review, *Critical Social Policy* 27(1) : 24-49.

朝鮮日報 2006年5月29日 (http://japanese.chosun.com/site/data/html_dir/2006/05/29/20060529000000.html ; 2006年12月7日閲覧).

駐日欧州連合代表部 2014「EU拡大」(http://www.euinjapan.jp/union/enlargement/ ; 2015年10月17日閲覧)。

中力えり 2002「トランスナショナル空間の成立と文化の分節化——アルザスを事例に」梶田孝道・小倉充夫編『国際社会3 国民国家はどう変わるか』東京大学出版会 : 111-32.

CIC (Citizenship and Immigration Canada) 2007 (http://www.cic.gc.ca/english/index.html ; 2007年1月30日閲覧).

Clifford, James 1994 Diasporas, *Current Anthropology* 9(3) : 302-38.

Cohen, Robin 1997 *Global Diasporas*, London : University College of London (USL) Press.＝2001 駒井洋監訳, 角谷多佳子訳『グローバル・ディアスポラ』明石書店.

Cohen, Robin and Paul Kennedy 2000 *Global Sociology*, Basingstoke : Palgrave.＝2003a 山之内靖・伊藤茂訳『グローバル・ソシオロジー——Ⅰ 格差と亀裂』平凡社 ; 2003b 山之内靖・伊藤茂訳『グローバル・ソシオロジー——Ⅱ ダイナミクスと挑戦』平凡社.

Commission on the Future of Multi-Ethnic Britain 2000 *The Future of Multi-Ethnic Britain : The Parekh Report*, London : Profile Books.

Community Cohesion 2002 (http://www.renewal.net/ ; 2007年4月30日閲覧).

De Haas, Hein 2010 Migration and Development: A Theoretical Perspective, *International Migration Review*, 44(1): 227-64.
DeVoretz Don J. 2004 Commentary, Wayne A. Cornelius, Takeyuki Tsuda, Philip L. Martin and James F. Hollifield (eds.) *Controlling Immigration: A Global Perspective*, Stanford: Stanford University Press. (2nd edition): 134-6.
Durand, Jorge, Emilio A. Parrado and Douglas S. Massey 1996 Migradollars and Development: A Reconsideration of the Mexican Case, *International Migration Review*, 30(2): 423-44.
江成幸 2002「『定住化』と『共生』をめぐる課題——ラテンアメリカ出身日系人」駒井洋編『講座グローバル化する日本と移民問題1 国際化のなかの移民政策の課題』明石書店：131-59.
遠藤貢 2002「NGOのグローバルな展開と国際社会の変動」小倉充夫・梶田孝道編『国際社会5 グローバル化と社会変動』東京大学出版会：151-78.
遠藤貢 2005「NGOとグローバル市民社会」梶田孝道編『新・国際社会学』名古屋大学出版会：199-217.
Entzinger, Hans 2003 The Rise and Fall of Multiculturalism: The Case of the Netherlands, Christian Joppke and Eva Morawska (eds.) *Toward Assimilation and Citizenship: Immigrants in Liberal Nation-States*, Basingstoke, Hampshire: Palgrave Macmillan: 59-86.
Entzinger, Hans 2004 Commentary, Wayne A. Cornelius, Takeyuki Tsuda, Philip L. Martin and James F. Hollifield (eds.) *Controlling Immigration: A Global Perspective*, Stanford: Stanford University Press. (2nd edition): 289-92.
Faist, Thomas 1998 Transnational Social Spaces out of International Migration: Evolution, Significance and Future Prospects, *Archive Européenne Sociologique* 39: 213-47.
Flynn, Dennis O. and Arturo Giraldez 2006 Globalization Began in 1571 平山篤子訳「グローバリゼーションは1571年に始まった」『パブリック・ヒストリー』（大阪大学文学部西洋史学研究室）3：19-33 (http://www.let.osaka-u.ac.jp/seiyousi/vol_3/pdf/vol_3_article02.pdf；2008年10月9日閲覧).
Freeman, Gary P. 2002 Toward a Theory of Migration Politics, (the Council of European Studies, Conference for Europeanists, Chicago, 14-17 March 2002).
Freeman, Gary P. 2004 Commentary, Wayne A. Cornelius, Takeyuki Tsuda, Philip L. Martin and James F. Hollifield (eds.) *Controlling Immigration: A Global Perspective*, Stanford: Stanford University Press. (2nd edition): 174-7.
Friedmann, John 1986 The World City Hypothesis, *Development and Change* 17(1): 69-83.
福井憲彦 1996「国民国家の形成」『岩波講座現代社会学24 民族・国家・エスニシティ』岩波書店：87-102.
福岡安則 1993『在日韓国・朝鮮人』中央公論社.
福岡安則・金明秀 1997『在日韓国人青年の生活と意識』東京大学出版会.
外務省 2007「人権・人道 人権外交」(http://www.mofa.go.jp/mofaj/gaiko/jinken.html；2007年8月12日閲覧).
Gans, Herbert J. 1992 The Second Generation Decline: Scenarios for the Economic and Ethnic Futures of Post-1965 American Immigrants, *Ethnic and Racial Studies* 15: 173-92.
Gellner, Ernest 1983 *Nations and Nationalism*, Oxford: Basil Blackwell.＝2000 加藤節監訳『民族とナショナリズム』岩波書店.
『現代思想』2006「フランス暴動——階級社会の行方」2006年2月臨時増刊.
Giddens, Anthony 1993 *Sociology* (2nd ed.), Cambridge: Polity Press.＝1993 松尾精文他訳『社会学』而立書房.
Glazer, Nathan and Daniel Peter Moynihan 1963 *Beyond the Melting Pot: The Negroes, Puerto Ricans, Jews, Italians, and Irish of New York City*, Boston: The M.I.T. Press.＝1986 阿部斉・飯野正子訳『人種のるつぼを越えて——多民族社会アメリカ』南雲堂.
Gordon, Milton 1964 *Assimilation in American Life*, New York: Oxford University Press.＝2000 倉田和四生・山本剛郎訳編『アメリカンライフにおける同化理論の諸相——人種・宗教および出身国の役割』晃洋書房.
Guarnizo, Luis Eduardo 2003 The Economics of Transnational Living, *The International Migration Review* 37(3): 666-99.
Habermas, Jürgen 1994 Struggles for Recognition in the Democratic Constitutional State, Amy Gutmann (ed.)

Multiculturalism : Examining the Politics of Recognition, Princeton : Princeton University Press : 107-48.

Hammar, Tomas 1990 *Democracy and the Nation State : Aliens, Denizens and Citizens in a World International Migration*, Aldershot : Avebury.＝1999　近藤敦監訳『永住市民と国民国家——定住外国人の政治参加』明石書店.

Hanson, Gordon H. 2004 Commentary, Wayne A. Cornelius, Takeyuki Tsuda, Philip L. Martin and James F. Hollifield (eds.) *Controlling Immigration : A Global Perspective*, Stanford : Stanford University Press. (2nd edition) : 86-90.

Hargreaves, Alec G. 1996 A Deviant Construction : the French Media and the 'Banlieues', *New Community* 22(4) : 607-18.

初瀬龍平 [1985] 1988『内なる国際化』(増補改訂版) 三嶺書房.

林瑞枝 2002「人の自由移動と国家を越える市民権——ヨーロッパ統合のなかで」梶田孝道・小倉充夫編『国際社会3　国民国家はどう変わるか』東京大学出版会：57-83.

Hayes, Carleton [1931] 1955 *The Historical Evolution of Modern Nationalism*, 5th edn., New York : Macmillan.

Hechter, Michael 1975 *Internal Colonialism : The Celtic Fringe in British National Development 1536-1966*, Berkeley : University of California Press.

Held, David and Anthony G. McGrew 2002 *Globalization/Anti-Globalization*, London : Polity Press.＝2003　中谷義和・柳原克行訳『グローバル化と反グローバル化』日本経済評論社.

平野 (小原) 裕子 2003「定住外国人の健康問題と保健・医療・福祉」石井由香編『講座グローバル化する日本と移民問題4　移民の居住と生活』明石書店：89-132.

広田康生 1997『エスニシティと都市』有信堂.

広田康生 2001「『エスニック・ネットワーク』の展開と地域社会変容——『共存』の新たな位相と提起される課題」梶田孝道編『講座・社会変動7　国際化とアイデンティティ』ミネルヴァ書房.

広渡清吾 2002「外国人・移民政策と国民国家の論理——日本の場合」梶田孝道・小倉充夫編『国際社会3　国民国家はどう変わるか』東京大学出版会：225-56.

Hobsbawm, Eric and Terence Ranger (eds.) 1984 *The Invention of Tradition*, Cambridge : Cambridge University Press.＝1992　前川啓治・梶原景昭他訳『創られた伝統』紀伊國屋書店.

Hollifield, James F. 1992 *Immigrants, Markets, and States : The Political Economy of Postwar Europe*, Cambridge, Massachusetts : Harvard University Press.

Hollifield, James F. 2000 The Politics of International Migration : How Can We "Bring the State Back In"?, Caroline Brettell and James Frank Hollifield (eds.) *Migration Theory : Talking Across Disciplines*, London and New York : Routledge : 137-85.

Hollifield, James F. 2004 France : Republicanism and the Limits of Immigration Control, Wayne A. Cornelius, Takeyuki Tsuda, Philip L. Martin and James F. Hollifield (eds.) *Controlling Immigration : A Global Perspective*, Stanford : Stanford University Press. (2nd edition) : 182-214.

Home Office 2001 *Building Cohesive Communities : A Report of the Ministerial Group on Public Order and Community Cohesion*.

Horne, John 1985 Immigrant Workers in France During World War I, *French Historical Studies* 14(1) : 57-88.

法務省 2006a (http://www.moj.go.jp/NYUKAN/nyukan21.html；2007年4月2日閲覧).

法務省 2006b (http://www.immi-moj.go.jp/keiziban/happyou/seido01.html；2008年8月6日閲覧).

五十嵐泰正 2005「グローバル化の諸力と都市空間の再編——グローバル都市・東京の『下町』から」梶田孝道編『新・国際社会学』名古屋大学出版会：137-54.

飯笹佐代子 2001「論争の中の『多文化主義』——オーストラリアの国家政策のゆくえ」梶田孝道編『国際移民の新動向と外国人政策の課題——各国における現状と取り組み』(法務省入国管理局報告書).

池上重弘 2002「地域社会の変容とエスニシティ——外国人集住都市・浜松の事例」梶田孝道・宮島喬編『国際社会1　国際化する日本社会』東京大学出版会：155-77.

稲葉奈々子 2003「『共和主義的統合』の終わりと『多文化主義』のはじまり——フランスの移民政策」小井土彰宏編『講座グローバル化する日本と移民問題3　移民政策の国際比較』明石書店：83-116.

Inglis, Christine 1996 *Multiculturalism : New Policy Responses to Diversity : MOST Policy Papers 4*, Paris :

UNESCO.

イシ,アンジェロ 2002「エスニック・メディアとその役割――在日ブラジル人向けポルトガル語のメディアの事例から」宮島喬・加納弘勝編『国際社会2 変容する日本社会と文化』東京大学出版会:169-99.

石南国 1972『韓国の人口増加の分析』勁草書房.

石井由香 2003「移民の居住と生活――現状と展望」石井由香編『講座グローバル化する日本と移民問題4 移民の居住と生活』明石書店:19-55.

石川えり 2002「日本の難民受け入れ――その経緯と展望」駒井洋編『講座グローバル化する日本と移民問題1 国際化のなかの移民政策の課題』明石書店:207-51.

イシカワ・エウニセ・アケミ 2003「ブラジル出移民の現状と移民政策の形成過程――多様な海外コミュニティーとその支援への取り組み」小井土彰宏編『講座グローバル化する日本と移民問題3 移民政策の国際比較』明石書店:247-82.

伊藤守 2007「グローバル化とメディア空間の再編制――メディア文化のトランスナショナルな移動と消費の諸問題」『社会学評論』57(4):727-47.

伊藤るり 1995「ジェンダー・階級・民族の相互関係――移住女性の状況を一つの手がかりとして」井上俊・上野千鶴子・大澤真幸・見田宗介・吉見俊哉編『岩波講座現代社会学11 ジェンダーの社会学』岩波書店:209-26.

伊藤るり [1992]1996「エスニシティと西欧国民国家――領域政治とマイノリティ政治の展開」梶田孝道編『国際社会学』(第2版)90-111.

伊藤るり 1997「フランスのマグレブ系移民とその娘たち」栗原彬編『講座・差別の社会学3 現代世界の差別構造』弘文堂:203-20.

伊藤るり 1998「国際移動とジェンダーの再編――フランスのマグレブ出身移民とその家族をめぐって」『思想』886:60-88.

伊藤るり 1999「フランスの移民統合と〈仲介する女性たち〉――社会=文化的仲介に関する予備的考察」『立教大学大学院社会学研究科論集』6:7-16.

岩渕功一 2005「トランスナショナル・メディアの可能性――越境するメディアと東アジアのつながり方」梶田孝道編『新・国際社会学』名古屋大学出版会:155-78.

岩城完之 1993「開発」森岡清美・塩原勉・本間康平編『新社会学辞典』有斐閣:145.

岩村沢也・西村秀人 2002「音楽と国際化」小倉充夫・加納弘勝編『講座社会学16 国際社会』東京大学出版会:189-241.

Iwasawa, Yuji 1998 *International Law, Human Rights and Japanese Law: The Impact of International Law on Japanese Law*, Oxford: Clarendon Press.

伊豫谷登士翁 2002『グローバリゼーションとは何か――液状化する世界を読み解く』平凡社.

Jacobson, David 1996 *Rights across Borders: Immigration and the Decline of Citizenship*, Baltimore: The Johns Hopkins University Press.

Jensen, Jeif and Alejandro Portes 1992 Disproving the Enclave Hypothesis, *American Sociological Review* 57: 418-20.

自治体国際化協会 1997『オランダにおける移民労働者等統合化政策』(http://www.clair.or.jp/j/forum/c_report/html/cr133/index.html;2006年6月28日閲覧).

Joly, Danièle 1988 Les musulmans à Birmingham, R. Leveau and G. Kepel (eds.) *Les Musulmans dans la Société Française*, Paris: Presse de la Fondation Nationale des Sciences Politiques.

Joly, Danièle 1996 *Heaven or Hell?: Asylum Policies and Refugees in Europe*, London: Macmillan.

Joly, Danièle 2002 Temporary Protection and the Bosnian Crisis: A Cornerstone of the New Regime, Danièle Joly (ed.) *Global Changes in Asylum Regimes: Closing Doors*, Basingstoke: Palgrave Macmillan.

Joppke, Christian 2004 Commentary, Wayne A. Cornelius, Takeyuki Tsuda, Philip L. Martin and James F. Hollifield (eds.) *Controlling Immigration: A Global Perspective*, Stanford: Stanford University Press. (2nd ed.): 381-5.

Joppke, Christian 2005 *Selecting by Origin: Ethnic Migration in the Liberal State*, Cambridge, Mass.: Harvard University Press.

梶田孝道 1988『エスニシティと社会変動』有信堂高文社.
梶田孝道 1992「同化・統合・編入――フランスの移民への対応をめぐる論争」梶田孝道・伊豫谷登士翁編『外国人労働者――現状から理論へ』弘文堂：205-54.
梶田孝道編 1996『国際社会学』（第2版）名古屋大学出版会.
梶田孝道 1999「乖離するナショナリズムとエスニシティ――『日系人』における法的資格と社会学的現実との間」青井和夫・高橋徹・庄司興吉編『市民性の変容と地域・社会問題――21世紀の市民社会と共同性：国際化と内面化』梓出版社：139-65.
梶田孝道 2005「EUにおける人の国際移動――移民とイスラームを中心にして」梶田孝道編『新・国際社会学』名古屋大学出版会：114-36.
梶田孝道・小倉充夫 2002「序 国民国家――その変化の現状と多様なゆくえ」梶田孝道・小倉充夫編『国際社会3 国民国家はどう変わるか』東京大学出版会：1-21.
梶田孝道・丹野清人・樋口直人 2005『顔の見えない定住化――日系ブラジル人と国家・市場・移民ネットワーク』名古屋大学出版会.
梶田孝道・吉田民人 1980「社会問題群と社会学的パラダイム」『経済評論』1980年1月号：42-65.
上林千恵子 2002a「日本の企業と外国人労働者・研修生」梶田孝道・宮島喬編『国際社会1 国際化する日本社会』東京大学出版会：69-96.
上林千恵子 2002b「外国人IT労働者の受け入れと情報産業」駒井洋編『講座グローバル化する日本と移民問題1 国際化のための移民政策の課題』明石書店：51-90.
加納弘勝 2002「『国民国家』の矛盾とマイノリティの挑戦――三カ国におけるクルド運動の比較から」加納弘勝・小倉充夫『国際社会7 変貌する「第三世界」と国際社会』東京大学出版会：49-80.
柄谷利恵子 2003「英国の移民政策と庇護政策の交錯」小井土彰宏編『講座グローバル化する日本と移民問題3 移民政策の国際比較』明石書店：179-218.
柄谷利恵子 2005「国境を越える人と市民権――グローバル時代の市民権を考える新しい視座を求めて」『社会学評論』56(2)：309-28.
笠間千浪 1990「〈反人種主義〉言説における差異と普遍の相克――タギエフの差異主義的新人種主義をめぐって」『社会学年誌』31：47-62.
笠間千浪 2002「ジェンダーからみた移民マイノリティの現在――ニューカマー外国人女性のカテゴリー化と象徴的支配」宮島喬・梶田孝道編『国際社会4 マイノリティと社会構造』東京大学出版会：121-48.
Kashiwazaki, Chikako 1998 Jus sanguinis in Japan: the Origin of Ctizenship in a Cmparative Prspective, S. Ishwaran (ed.) *International Journal of Comparative Sociology* 39：278-300.
柏崎千佳子 2002「国籍のあり方――文化的多様性の承認に向けて」近藤敦編『講座グローバル化する日本と移民問題2 外国人の法的地位と人権擁護』明石書店：193-223.
加藤普章 2005「多文化主義政策の現在――多元国家カナダの変貌」梶田孝道編『新・国際社会学』名古屋大学出版会：238-56.
川上郁雄 2002「日本の国際化とインドシナ難民――ベトナム系住民の視点を中心に」梶田孝道・宮島喬編『国際社会1 国際化する日本社会』東京大学出版会：179-203.
河村則行・川崎泰資・須藤春夫・黒田由彦・小川寿夫・高橋陽子 2002『グローバリゼーションと日本の社会5 グローバリゼーションと情報・コミュニケーション』文化書房博文社.
川崎賢一 1994『情報社会と現代日本社会』東京大学出版会.
川崎賢一 2002「情報のグローバル化と国民文化・サブカルチャー」小倉充夫・梶田孝道編『国際社会5 グローバル化と社会変動』東京大学出版会：63-85.
香山リカ 2002『ぷちナショナリズム症候群――若者たちのニッポン主義』中央公論新社.
金東勲 2002「国際人権法と在日外国人の人権」近藤敦編『講座グローバル化する日本と移民問題2 外国人の法的地位と人権擁護』明石書店：253-96.
Kohn, Hans [1944] 1967 *The Idea of Nationalism*, 2nd ed., New York: Collier-Macmillan.
小井土彰宏 1997「国際移民システムの形成と送り出し社会への影響――越境的なネットワークとメキシコの地域発展」小倉充夫編『国際移動論――移民・移動の国際社会学』三嶺書房：33-65.
小井土彰宏 2000「アメリカの移民規制とアムネスティ」駒井洋・渡戸一郎・山脇敬造編『超過滞在外国人と在

留特別許可」』明石書店：44-50.
小井土彰宏 2002「NAFTA 圏と国民国家のバウンダリー——経済統合の中での境界の再編成」梶田孝道・小倉充夫編『国際社会3 国民国家はどう変わるか』東京大学出版会：167-94.
小井土彰宏 2003a「岐路に立つアメリカ合衆国の移民政策——増大する移民と規制レジームの多重的再編過程」小井土彰宏編『講座グローバル化する日本と移民問題3 移民政策の国際比較』明石書店：29-81.
小井土彰宏 2003b「移民受け入れ国の政策比較——重層的管理構造の形成の傾向と多様性」小井土彰宏編『講座グローバル化する日本と移民問題3 移民政策の国際比較』明石書店：357-408.
小井土彰宏 2005a「国際移民の社会学」梶田孝道編『新・国際社会学』名古屋大学出版会：2-23.
小井土彰宏 2005b「グローバル化と越境的社会空間の編成——移民研究におけるトランスナショナル視角の諸問題」『社会学評論』56(2)：381-99.
国際経済交流財団 2005『「外国人労働者問題に係る各国の政策・実態調査研究事業」報告書』（http://www.meti.go.jp/report/downloadfiles/g50924a01j.pdf；2006年12月8日閲覧）.
駒井洋・石井由香・下平好博・平石正美・若林チヒロ編 1997『新来・定住外国人がわかる事典』明石書店.
Komai, Hiroshi 2000 Immigrants in Japan, *Asian and Pacific Migration Journal* 9(3)：311-26.
駒井洋・渡戸一郎・山脇敬造編 2000『超過滞在外国人と在留特別許可』明石書店.
近藤敦 1996『「外国人」の参政権——デニズンシップの比較研究』明石書店.
Kondo, Atsushi (ed.) 2001 *Citizenship in a Global World: Comparing Citizenship Rights for Aliens*, Basingsstoke, Hampshire：Palgrave.
近藤敦 2001「コラム 隣接領域との対話：法学 国際人権レジームと外国人の権利」梶田孝道編『講座・社会変動7 国際化とアイデンティティ』ミネルヴァ書房：148-52.
Koslowski, Ray 1998 European Union Migration Regimes, Established and Emergent, Christian Joppke (ed.) 1998 *Challenge to the Nation-State: Immigration in Western Europe and the United States*, Oxford：Oxford University Press：169-71.
Krasner, Stephen D. 1982 Structural Causes and Regime Consequences: Regimes ans Intervening Variables, *International Organization* 36(2)：185-205.
Krasner, Stephen D. 1988 Sovereignty: An Institutional Perspective, *Comparative Political Studies* 21(1)：66-94.
クラズナー，スティーブン・D 2001 河野勝訳「グローバリゼーション論批判——主権国家概念，再検討」渡辺昭夫・土山實男編『グローバル・ガヴァナンス』東京大学出版会：45-68.
久保山亮 2003「ドイツの移民政策——移民国型政策へのシフト？」小井土彰宏編『講座グローバル化する日本と移民問題3 移民政策の国際比較』明石書店：117-78.
Kymlicka, Will 1995 *Multicultural Citizenship: A Liberal Theory of Minority Rights*, Oxford：Oxford University Press.＝1998 角田猛之・石山文彦・山崎康仕監訳『多文化時代の市民権——マイノリティの権利と自由主義』晃洋書房.
Kymlicka, Will 1999 Misundertanding Nationalism, Ronald Beiner (ed.) *Theorizing Nationalism*, Albany, NY：State University of New York Press：131-40.
Layton-Henry, Zig 1992 *The Politics of Immigration: Immigration, 'Race' and 'Race' Relations in Post-war Britain*, Oxford：Blackwell.
Levitt, Peggy 1998 Social Remittances: Migration Driven Local-Level Forms of Cultural Diffusion, *International Migration Review*, 32(4)：926-48.
李里花 2002「コリアン・アメリカンをめぐる韓国の移民政策——移民送出国の移民政策史とその展開」『移民研究年報』8：81-102.
Levitt, Peggy, Josh DeWind and Steven Vertovec 2003 International Perspectives on Transnational Migration: An Introduction, *International Migration Review* 37(3)：565-75.
Lewis, Oscar 1959 *Five Families: Mexican Case Studies in the Culture of Poverty*, New York：Basic Books Inc.＝1970 高山智博訳『貧困の文化——五つの家族』新潮社.
Light, Ivan 1984 Immigrant and Ethnic Enterprise in North America, *Ethnic and Racial Studies* 7(2)：195-216.
Lijphart, Arend 2004 Commentary, Wayne A. Cornelius, Takeyuki Tsuda, Philip L. Martin and James F.

Hollifield (eds.) *Controlling Immigration : A Global Perspective*, Stanford : Stanford University Press. (2nd ed.) : 293-95.

馬渕仁 2002『「異文化理解」のディスコース──文化本質主義の落とし穴』京都大学学術出版会.

町村敬志 1992「「世界都市」化する東京──構造転換のメカニズム」倉沢進・町村敬志編『都市社会学のフロンティア1 構造・空間・方法』日本評論社:3-52.

町村敬志 1993a「エスニック・メディア研究序説」『一橋論叢』109(2):191-209.

町村敬志 1993b「越境するメディアと日本社会」『一橋論叢』110(2):255-73.

町村敬志 1994a「エスニック・メディアの歴史的変容」『社会学評論』176:52-65.

町村敬志 1994b『「世界都市」東京の構造転換──都市リストラクチュアリングの社会学』東京大学出版会.

町村敬志 1996「グローバリゼーションと世界都市形成」梶田孝道編『国際社会学』(第2版) 名古屋大学出版会:162-81.

Marshall, Thomas Humphrey [1950] 1992, Citizenship and Social Class, in T. H. Marshall and Tom Bottomore, *Citizenship and Social Class*, London : Pluto Press.＝1994,岩崎信彦・中村健吾訳「シティズンシップと社会的階級」『シティズンシップと社会的階級──近現代を総括するマニフェスト』法律文化社.; in Thomas Humphrey Marshall, 1963, *Sociology at the Crossroads and Other Essays*, London : Heineman. ＝1998,岡田藤太郎・森定玲子訳『社会学・社会福祉論集──『市民資格と社会的階級』他』相川書房.

Martin, Philip L. 2004a The United States : The Continuing Immigration Debate, Wayne A. Cornelius, Takeyuki Tsuda, Philip L. Martin and James F. Hollifield (eds.) *Controlling Immigration : A Global Perspective*, Stanford : Stanford University Press. (2nd ed.) : 51-85.

Martin, Philip L. 2004b Germany : Managing Migration in the Twenty-First Century, Wayne A. Cornelius, Takeyuki Tsuda, Philip L. Martin and James F. Hollifield (eds.) *Controlling Immigration : A Global Perspective*, Stanford : Stanford University Press. (2nd ed.) : 221-53.

Martiniello, Marco 1994 Citizenship of the European Union : A Critical View, Rainer Bauböck (ed.) *From Aliens to Citizens : Redefining the Status of Immigrants in Europe*, Adlershot : Avebury : 29-47.

丸山眞男 1961『日本の思想』岩波書店.

Mason, David 1995 *Race and Ethnicity in Modern Britain*, Oxford : Oxford University Press. (2nd edition, 2000).

Massey, Douglas et al. 1987 *Return to Aztlan : The Social Process of International Migration from Mexico*, Berkeley and Los Angeles : University of California Press.

目加田説子 2003『国境を超える市民ネットワーク』東洋経済新報社.

Miller, Mark J. 1989 Political Participation and Representation of Noncitizens, William Rogers Brubaker (ed.) *Immigration and the Politics of Citizenship in Europe and North America*, Lanham, MD : University of America : 129-43.

南川文里 2002「アメリカの人種エスニック編成とアジア系移民──『エスニック・ビジネス』再考」宮島喬・梶田孝道編『国際社会4 マイノリティと社会構造』東京大学出版会:45-66.

南川文里 2007『「日系アメリカ人」の歴史社会学──エスニシティ,人種,ナショナリズム』彩流社.

宮島喬 1991「『国境なきヨーロッパ』と移民労働者──EC統合下の問題のゆくえ」宮島喬・梶田孝道編『統合と分化のなかのヨーロッパ』有信堂高文社.

宮島喬編 2000『外国人市民と政治参加』有信堂高文社.

宮島喬 2002「就学とその挫折における文化資本と動機づけの問題」宮島喬・加納弘勝編『講座国際社会2 変容する日本社会と文化』東京大学出版会:119-44.

宮島喬 2003『共に生きられる日本へ──外国人施策とその課題』有斐閣.

宮島喬・太田晴雄編 2005『外国人の子どもと日本の教育──不就学問題と多文化共生の課題』東京大学出版会.

Money, Jeannette 2004 Commentary, Wayne A. Cornelius, Takeyuki Tsuda, Philip L. Martin and James F. Hollifield (eds.) *Controlling Immigration : A Global Perspective*, Stanford : Stanford University Press. (2nd ed.) : 178-9.

Morley, David and Kevin Robins 1995 *Spaces of Identity : Global Media, Electronic Landscapes and Cultural*

Boundaries, London : Routledge.

村井忠政 2001「カナダ移民政策の歴史（上）——移民政策策定のプロセスとメカニズム」『人文社会学部研究紀要』（名古屋市立大学）10：1-11.

村井忠政 2002「カナダ移民政策の歴史（下）——移民政策策定のプロセスとメカニズム」『人文社会学部研究紀要』（名古屋市立大学）12：1-19.

Muus, Philip 2004 The Netherlands : A Pragmatic Approach to Economic Needs and Humanitarian Considerations, Wayne A. Cornelius, Takeyuki Tsuda, Philip L. Martin and James F. Hollifield (eds.) *Controlling Immigration : A Global Perspective*, Stanford : Stanford University Press. (2nd ed.) : 263-88.

長野実 1966「西ドイツ外国人法」『外国の立法』（国立国会図書館調査立法考査局）21号：1-14.

中野秀一郎 1992「インドシナ難民」中野秀一郎・今津孝次郎編『エスニシティの社会学——日本社会の民族構成』世界思想社.

Nyberg-Sørenson, Ninna, Nicholas Van Hear and Paul Engberg-Pedersen, 2002 *International Migration*, 40(5) : 49-71.

OECD 2006 *International Migration Outlook 2006*, OECD Publishing (http://dx.doi.org/10.1787/migr_outlook-2006-en)

OECD 2010 *International Migration Outlook 2010*, OECD Publishing (http://dx.doi.org/10.1787/migr_outlook-2010-en)

OECD 2012 *International Migration Outlook 2012*, OECD Publishing. (http://dx.doi.org/10.1787/migr_outlook-2012-en)

OECD 2014 *International Migration Outlook 2014*, OECD Publishing. (http://dx.doi.org/10.1787/migr_outlook-2014-en)

OECD 2015 *International Migration Outlook 2015*, OECD Publishing(http://dx.doi.org/10.1787/migr_outlook-2015-en).

OECD SOPEMI 1995 *Trends in International Migration : Annual Report 1994*, Paris : OECD.

OECD SOPEMI 1997 *Trends in International Migration : Annual Report 1996*, Paris : OECD.

OECD SOPEMI 2001 *Trends in International Migration : Annual Report 2001*, Paris : OECD.

OECD SOPEMI 2003 *Trends in International Migration : Annual Report 2002*, Paris : OECD.

OECD SOPEMI 2004 *Trends in International Migration : Annual Report 2003*, Paris : OECD.

小川昌代 2002「外国人労働者対策」『外国の立法』214：196-200（www.ndl.go.jp/jp/data/publication/legis/214/21409.pdf；2006年12月8日閲覧）.

小ヶ谷千穂 2001「国際労働移動とジェンダー——アジアにおける移住家事労働者の組織活動をめぐって」梶田孝道編『講座・社会変動7　国際化とアイデンティティ』ミネルヴァ書房：121-47.

小ヶ谷千穂 2002「ジェンダー化された海外出稼ぎと『矛盾した移動』経験——フィリピンの事例から」『年報社会学論集』15：189-200.

小倉充夫 ［1992］1996「移民・移動の国際社会学」梶田孝道編『国際社会学』（第2版）名古屋大学出版会：68-89.

小倉充夫 2002「総論　国際社会学序説——現代世界と社会学の課題」小倉充夫・加納弘勝編『講座社会学16　国際社会』東京大学出版会：1-30.

小黒一正 2014「国の予算は95兆円ではない」（http://agora-web.jp/archives/1587298.html；2015年11月16日閲覧）.

呉泰成 2007「変貌する韓国の移民政策——その背景と移民の処遇を中心に」渡戸一郎・鈴木江理子・A.P.F.S.編『在留特別許可と日本の移民政策——「移民選別」時代の到来』明石書店：102-19.

奥田道大・田嶋淳子編 1991『池袋のアジア系外国人』めこん.

奥田道大・田嶋淳子編 1993『新宿のアジア系外国人』めこん.

Oldham Independent Review 2001 *Report 2001*.

Olzak, Suzan 1992 *The Dynamics of Ethnic Competition and Conflict*, Stanford : Stanford University Press.

小内透 1999「共生概念の再検討と新たな視点——システム共生と生活共生」『北海道大学教育学部紀要』79：123-44.

小内透 2003『在日ブラジル人の教育と保育――群馬県太田・大泉地区を事例として』明石書店.
小内透・酒井恵真 2001『日系ブラジル人の定住化と地域社会――群馬県太田・大泉地区を事例として』御茶の水書房.
大沼保昭 1993『新版 単一民族社会の神話を超えて――在日韓国・朝鮮人と出入国管理体制』東信堂.
大岡栄美 2012「カナダにおける移民政策の再構築――『選ばれる移民先』を目指すコスト削減とリスク管理」『移民政策研究』4：2-13.
太田晴雄 2002「教育達成における日本語と母語――日本語至上主義の批判的検討」宮島喬・加納弘勝編『国際社会2 変容する日本社会と文化』東京大学出版会：93-118.
O'Rourke, Kevin and Jeffrey G. Williamson 2002a When Did Globalization Begin?, *European Review of Economic History* 6：23-50.
O'Rourke, Kevin and Jeffrey G. Williamson 2002b After Columbus: Explaining Europe's Overseas Trade Boom, 1550-1800, *The Journal of Economic History* 62(2)：417-55.
Park, Robert E. 1950 *Race and Culture*, New York：Free Press.
Park, Robert E. and Ernest W. Burgess 1969 *Introduction to the Science of Sociology* (3rd ed.), Chicago：University of Chicago Press.
Parreñas, Rhacel Salazar 2001 *Servants of Globalization*, Stanford, Calif.：Stanford University Press.
Portes, Alejandro 2001 Introduction: the Debates and Significance of Immigrant Transnationalism, *Global Network* 1(3)：181-93.
Portes, Alejandro 2003 Conclusion: Theoretical Convergencies and Empirical Evidence in the Study of Immigrant Transnationalism, *International Migration Review* 37(3)：874-92.
Portes, Alejandro and Robert L. Bach 1985 *Latin Journey: Cuban and Mexican Immigrants in the United States*, Berkeley：University of California.
Portes, Alejandro and József Böröcz 1989 Contemporary Immigration: Theoretical Perspectives on its Determinants and Modes of Incorporation, *International Migration Review* 23(3)：606-30.
Portes, Alejandro, Luis E. Guarnizo and Patricia Landolt 1999 The Study of Transnationalism: Pitfalls and Promise of an Emergent Research Field, *Ethnic and Racial Studies* 22(2)：217-37.
Portes, Alejandro and Jeif Jensen 1987 What's an Ethnic Enclave?: The Case for Conceptual Clarity, *American Sociological Review* 52：768-73.
Portes, Alejandro and Jeif Jensen 1989 The Enclave and the Entrants: Patterns of Ethnic Enterprise in Miami before and After Mariel, *American Sociological Review* 54：929-49.
Portes, Alejandro and Jeif Jensen 1992 Comments and Replies: The Enclave and the Entrants: Patterns of Ethnic Enterprise in Miami before and After Mariel, *American Sociological Review* 57：411-14.
Portes, Alejandro and Ruben G. Rumbaut 1990 *Immigrant America: A Portrait*, Berkeley：University of California Press.
Portes, Alejandro and Ruben G. Rumbaut 1996 *Immigrant America: A Portrait* (2nd ed.), Berkeley, Calif.：University of California Press.
Portes, Alejandro and Min Zhou 1992 Gaining the Upper hand: Economic Mobility among Immigrant and Domestic Minorities, *Ethnic and Racial Studies* 15(4)：491-522.
Rawls, John 1993 *Political Liberalism*, New York：Columbia University Press.
Reitz, Jeffrey G. 2004 Canada: Immigration and Nation-Building in the Transition to a Knowledge Economy, Wayne A. Cornelius, Takeyuki Tsuda, Philip L. Martin and James F. Hollifield (eds.) *Controlling Immigration: A Global Perspective*, Stanford：Stanford University Press. (2nd ed.)：97-133.
Rex, John 1983 *Race Relations in Sociological Theory* (2nd ed.), London：Routledge & Kegan Paul.＝1987 鶴木眞・櫻内篤子訳『人種問題の社会学』三嶺書房.
Rex, John 1997 The Concept of a Multicultural Society, Montserrat Guibernau and John Rex (eds.) *The Ethnicity Reader: Nationalism, Multiculturalism and Migration*, Cambridge：Polity Press. (Reprinted from：1985 *The Concept of a Multi-Cultural Society, Occasional Papers, No. 2*, Centre for Research in Ethnic Relations, University of Warwick, Coventry, UK.)

Rokkan, Sfein and Derek W. Urwin (eds.) 1982 *The Politics of Territorial Identity: Studies in European Regionalism*, London: Sage.

労働政策研究・研修機構 2000「海外労働情報 韓国2000年11月」(http://www.jil.go.jp/jil/kaigaitopic/2000_11/kankokuP01.htm；2006年12月6日閲覧).

労働政策研究・研修機構 2005「海外労働情報 ベトナム2005年1月」(http://www.jil.go.jp/foreign/jihou/2005_1/vietnam_01.htm；2006年12月6日閲覧).

労働政策研究・研修機構 2006a『欧州における外国人労働者受入れ制度と社会統合――独・仏・英・伊・蘭5ヵ国比較調査』(http://www.jil.go.jp/institute/reports/2006/documents/059.pdf；2006年6月28日閲覧).

労働政策研究・研修機構 2006b「最近の海外労働情報 オーストラリア」(http://www.jil.go.jp/foreign/jihou/2006_1/australia_01.htm；2007年2月12日閲覧).

定松文 2002「国際結婚にみえる家族の問題――フィリピン人女性と日本人男性の結婚・離婚をめぐって」宮島喬・加納弘勝編『国際社会2 変容する日本社会と文化』東京大学出版会：41-68.

Safran, William 1991 Diasporas in Modern Societies: Myths of Homeland and Return, *Diaspora* 1(1): 83-93.

佐久間孝正 2002「多文化,反差別の教育とその争点――イギリスの事例を中心に」宮島喬・梶田孝道編『国際社会4 マイノリティと社会構造』東京大学出版会：67-93.

桜井裕子 1993「共生」『新社会学辞典』有斐閣：292.

Sanders, Jimy M. and Victor Nee 1987 Limits of Ethnic Solidarity in the Enclave Economy, *American Sociological Review* 52: 745-73.

Sanders, Jimy M. and Victor Nee 1992 Problems in Resolving the Enclave Economy Debate, *American Sociological Review* 57: 415-8.

佐野哲 2002「外国人研修・技能実習制度の構造と機能」駒井洋編『講座グローバル化する日本と移民問題1 国際化のための移民政策の課題』明石書店：91-129.

猿谷弘江 2001「ナショナリズム理論の批判的検討――国際的要因を組み込むアプローチの構築に向けて」『ソシオロジ』46(2)：3-19.

佐々木てる 2006『日本の国籍制度とコリア系日本人』明石書店.

Sassen, Saskia 1988 *The Mobility of Labor and Capital: A Study in International Investment and Labor Flow*, Cambridge: Cambridge University Press.＝1992 森田桐郎他訳『労働と資本の国際移動――世界都市と移民労働者』岩波書店.

Sassen, Saskia 1991 *The Global City: New York, London, Tokyo*, Princeton, N. J.: Princeton University Press.

佐藤成基 1995「ネーション・ナショナリズム・エスニシティ――歴史社会学的考察」『思想』854：110-27.

佐藤忍 1994『国際労働力移動研究序説――ガストアルバイター時代の動態』信山社.

Schmitter Heisler, Barbara 2000 The Sociology of Immigration: From Assimilation to Segmented Integration, from the American Experience to the Global Arena, Caroline Brettell and James Frank Hollifield (eds.) *Migration Theory: Talking Across Disciplines*, London and New York: Routledge: 77-96.

Sciortino, Giuseppe 1999 Planning in the Dark: The Evolution of Italian Immigration Control, Grete Brochmann and Tomas Hammar (eds.) *Mechanisms of Immigration Control: A Comparative Analysis of European Regulation Policies*, Oxford: Berg: 233-59.

盛山和夫 2006『リベラリズムとは何か――ロールズと正義の論理』勁草書房.

関根政美 1989『マルチカルチュラル・オーストラリア――多文化社会オーストラリアの社会変動』成文堂.

関根政美 1994『エスニシティの政治社会学』名古屋大学出版会.

関根政美 2000『多文化主義社会の到来』朝日新聞社.

関根政美 2005「多文化国家における移民政策のジレンマ――新自由主義・民主主義・多文化主義」『社会学評論』56(2)：329-46.

Semyonov, Moshe 1988 Bi-ethnic Labor Markets, Mono-ethnic Labor Markets, and Socioeconomic Inequality, *American Sociological Review* 53: 256-66.

Seol, Dong-Hoon and John D. Skrentny 2004 South Korea: Importing Undocumented Workers, Wayne A. Cornelius, Takeyuki Tsuda, Philip L. Martin and James F. Hollifield (eds.) *Controlling Immigration: A Global Perspective*, Stanford: Stanford University Press. (2nd ed.): 480-513.

Shibutani, Tamotsu and Kian M. Kwan 1965 *Ethnic Stratification*, New York : Macmillan.
志水宏吉 2002「学校世界の多文化化──日本の学校はどう変わるか」宮島喬・加納弘勝編『国際社会2　変容する日本社会と文化』東京大学出版会：69-92.
下平好博 1991「オランダの移民労働者と社会的統合政策」社会保障研究所編『外国人労働者と社会保障』東京大学出版会：217-55.
秦泉寺友紀 2007「移民受入れ議論の本格化──非正規滞在者の『正規化』は続くのか？」渡戸一郎・鈴木江理子・A.P.F.S.編『在留特別許可と日本の移民政策──「移民選別」時代の到来』明石書店：80-1.
塩原良和 2005『ネオ・リベラリズムの時代の多文化主義』三元社.
白水繁彦 1998『エスニック文化の社会学──コミュニティ・リーダー・メディア』日本評論社.
白水繁彦 2003「グローバル化する日本とエスニック・メディア」駒井洋編『講座グローバル化する日本と移民問題6　多文化社会への道』明石書店：201-27.
Simon, Jeffrey 1983 *Cohesion and Dissension in Eastern Europe : Six Crises*, New York : Praeger.
Smith, Anthony 1981 *The Ethnic Revival*, Cambridge : Cambridge University Press.
Smith, Anthony 1986 *The Ethnic Origins of Nations*, Oxford, New York : B. Blackwell.＝1999 巣山靖司・高城和義他訳『ネイションとエスニシティ──歴史社会学的考察』名古屋大学出版会.
Smith, Michael Peter and Luis Eduardo Guarnizo (eds.) 1998 *Transnationalism from Below*, New Jersey : Transaction Press.
Solomos, John [1989] 1993 *Race and Racism in Britain* (2nd ed.), London : Macmillan.
園部雅久 2001『現代大都市社会論──分極化する都市？』東信堂.
園田恭一 1993「開発」森岡清美・塩原勉・本間康平編『新社会学辞典』有斐閣：597.
園田茂人 2001『日本企業アジアへ──国際社会学の冒険』有斐閣.
苑原俊明 1996「NGO──その機能と現実」梶田孝道編『国際社会学』（第2版）名古屋大学出版会：229-43.
Soysal, Yasemin Nuhoğlu 1994 *Limits of Citizenship : Migrants and Postnational Membership in Europe*, Chicago : University of Chicago Press.
Stalker, Peter 1994 *The Work of Strangers : A Survey of International Labour Migration*, Geneva : International Labour Organization.＝1998 大石奈々・石井由香訳『ILOリポート　世界の労働力移動』築地書館.
鈴木規之 2006「グローバル化の中での都市と農村──開発と市民社会化，文化変容との交差」北川隆吉監修　山口博一・小倉充夫・田巻松雄編『地域研究の課題と方法──アジア・アフリカ社会研究入門　理論編』文化書房博文社.
Swann, Micheal 1985 *Education for All : A Brief Guide to the Main Issues of the Report*, London : HMSO.
Taguieff, Pierre-André 1987 *La force du préjugé : Essai sur le racisme et ses doubles*, Paris : La Découverte.
高橋勇悦 1993「共生」森岡清美・塩原勉・本間康平編集代表『新社会学辞典』有斐閣：292.
高畑幸 2003「国際結婚と家族──在日フィリピン人による出産と子育ての相互扶助」石井由香編『講座グローバル化する日本と移民問題4　移民の居住と生活』明石書店：255-91.
竹田いさみ 1991『移民・難民・援助の政治学──オーストラリアと国際社会』勁草書房.
武川正吾 2002「グローバル化と福祉国家──コスモポリタニズムの社会政策のために」小倉充夫・梶田孝道編『国際社会5　グローバル化と社会変動』東京大学出版会：121-50.
竹沢泰子 1994『日系アメリカ人のエスニシティ──強制収容と補償運動による変遷』東京大学出版会.
竹沢泰子編 2005a『人種概念の普遍性を問う──西洋的パラダイムを超えて』人文書院.
竹沢泰子 2005b「アイデンティティ・ポリティクスのジレンマ──アメリカ合衆国の現在」梶田孝道編『新・国際社会学』名古屋大学出版会.
田村知子 [1992] 1996「多文化主義社会におけるアイデンティティと統合──21世紀国家を目指すカナダの実験」梶田孝道編『国際社会学』（第2版）名古屋大学出版会：270-90.
谷富夫編 2002a『民族関係における結合と分離──社会的メカニズムを解明する』ミネルヴァ書房.
谷富夫 2002b「定住外国人における文化変容と文化生成」宮島喬・加納弘勝編『国際社会2　変容する日本社会と文化』東京大学出版会：201-28.
樽本英樹 1994「エスニック階層論の展開と課題」『年報社会学論集』（関東社会学会）7：61-72.

樽本英樹 1995「デュアリズムからの脱却の可能性——エスニック階層論の展開」『ソシオロゴス』19：51-63.
樽本英樹 1997「英国におけるエスニック・デュアリズムと市民権」『北海道大学文学部紀要』45(3)：273-96.
樽本英樹 2000「社会学的市民権論の性能と課題——比較移民政策論と戦後英国の経験から」『年報社会学論集』13：1-13.
樽本英樹 2001「国際移民時代における市民権の問題」『社会学評論』51(4)：4-19.
樽本英樹 2002「『人種暴動』の国際社会学・序説」『現代社会学研究』15：83-96.
樽本英樹 2007「国際移民と市民権の社会理論——ナショナルな枠と国際環境の視角から」『社会学評論』57(4)：708-26.
Tarumoto, Hideki 2003 The Japanese Model of Immigration and Citizenship?: The "Challenge to the Citizenship" Debate Reconsidered,『北海道大学文学研究科紀要』110：129-58.
Tarumoto, Hideki 2004a Is State Sovereignty Declining? An Exploration of Asylum Policy in Japan, *International Journal on Multicultural Societies* 6(2)：133-51.
Tarumoto, Hideki 2004b Towards a Theory of Multicultural Societies, 北海道大学大学院文学研究科社会システム科学講座編『現代社会の社会学的地平——小林甫教授退官記念論文集』：84-96.
Tarumoto, Hideki 2005 Un nouveau modèle de politique d'immigration et de citoyenneté?: Approche comparative à partir de l'expérience japonaise, *Migration Société* Vol. 17, no. 102：305-37. (Traduit de l'anglais par Catherine Wihtol de Wenden)
Taylor, Charles 1994 The Politics of Recognition, Amy Gutmann (ed.) *Multiculturalism: Examining the Politics of Recognition*, Princeton：Princeton University Press：25-73.
Tichenor, Daniel J. 2004 Commentary, Wayne A. Cornelius, Takeyuki Tsuda, Philip L. Martin and James F. Hollifield (eds.) *Controlling Immigration: A Global Perspective*, Stanford：Stanford University Press. (2nd ed.)：91-4.
Tomlinson, John 1991 *Cultural Imperialism: A Critical Introduction*, London：Pinter.＝1993 片岡信訳『文化帝国主義』青土社.
Tomlinson, John 1999 *Globalization and Culture*, Cambridge：Polity Press.＝2000 片岡信訳『グローバリゼーション——文化帝国主義を超えて』青土社.
Troper, Harold 2004 Commentary, Wayne A. Cornelius, Takeyuki Tsuda, Philip L. Martin and James F. Hollifield (eds.) *Controlling Immigration: A Global Perspective*, Stanford：Stanford University Press. (2nd ed.)：137-9.
恒吉僚子 2001「教育の国際化と多様な『多文化教育』——日米の教室から」梶田孝道編『講座・社会変動7 国際化とアイデンティティ』ミネルヴァ書房：61-89.
堤要 1993「アメリカにおけるエスニシティ理論——エスニシティと階層構造の関連を中心に」『社会学評論』44(2)：77-87.
都築くるみ 1997「共生」駒井洋他編『新来・定住外国人がわかる事典』明石書店：154-7.
都築くるみ 1998「エスニック・コミュニティの形成と『共生』——豊田市H団地の近年の展開から」『日本都市社会学会年報』16：89-102.
内山秀夫 1988「人種」見田宗介・栗原彬・田中義久編『社会学事典』弘文堂：487-8.
上野千鶴子 1996「複合差別論」井上俊・上野千鶴子・大澤真幸・見田宗介・吉見俊哉編 1996『岩波講座現代社会学15 差別と共生の社会学』岩波書店：203-32.
UNHCR 1987 本間浩監修『難民に関する国際条約集』UNHCR駐日事務所.
United Nations 2003 *The Trends in Total Migrant Stock: The 2003 Revision*.
United Nations 2005 *The Trends in Total Migrant Stock: The 2005 Revision*.
U. S. Census Bureau 2008 *Historical Income Inequality Tables* (http://www.census.gov/hhes/www/income/histinc/ineqtoc.html；2008年12月28日閲覧).
宇都宮京子編 2006『よくわかる社会学』ミネルヴァ書房.
Vertovec, Steven 1999 Introduction, Steven Vertovec (ed.) *Migration and Social Cohesion*, Cheltenham：Edward Elgar：xi-xxxvii.
Waldinger, Roger 1989 Structural Opportunity or Ethnic Advantage?: Immigrant Business Development in

New York, *International Migration Review* 23(1): 48-72.

Waldinger, Roger and David Fitzgerald 2004 Transnationalism in Question, *American Journal of Sociology* 109(5): 1177-95.

Walzer, Michael 1983 *Spheres of Justice: A Defence of Pluralism and Equality*, New York: Basic Books. ＝1999 山口晃訳『正義の領分――多元性と平等の擁護』而立書房.

若松邦宏 2003「欧州連合による移民政策」小井土彰宏編『講座グローバル化する日本と移民問題3 移民政策の国際比較』明石書店: 219-43.

Ward, Robin 1987 Small Retailers in Inner Urban Areas, Gerry Johnson (ed.) *Business Strategy and Retailing*, New York: Wiley: 275-87.

渡戸一郎・鈴木江理子・A.P.F.S.編 2007『在留特別許可と日本の移民政策――「移民選別」時代の到来』明石書店.

渡辺雅子 2002「ニューカマー外国人の増大と日本社会の文化変容――農村の外国人妻と地域社会の変容を中心に」宮島喬・加納弘勝編『国際社会2 変容する日本社会と文化』東京大学出版会: 15-39.

Weber, Max 1976 *Wirtschaft und Gesellschaft*, Tübingen: Mohr.

Weiner, Michael 2000 Japan in the Age of Migration, Mike Douglass and Glenda S. Roberts (eds.) *Japan and Global Migration: Foreign Workers and the Advent of a Multicultural Society*, London: Routledge: 52-69.

Wieviorka, Michel 1994 Racism in Europe: Unity and Diversity, Montserrat Guibernau and John Rex (eds.) 1997 *The Ethnicity Reader: Nationalism, Multiculturalism and Migration*, Cambridge: Polity Press. (Reprinted from: Ali Rattansi and Sallie Westwood (eds.) 1994 *Racism, Modernity and Identity: On the Western Front*, Cambridge: Polity Press: 173-88.)

Willis, Katie and Brenda Yeoh 2000 Introduction, Katie Willis and Brenda Yeoh (eds.) 2000 *Gender and Migration* (The International Library of Studies on Migration 10), Cheltenham: Edward Elgar: xi-xxii.

Wilson, Kenneth L. and W. Allen Martin 1982 Ethnic Enclaves: A Comparison of the Cuban and Black Economies in Miami, *American Journal of Sociology* 88: 135-60.

Wilson, Kenneth L. and Alejandro Portes 1980 Immigrant Enclaves: An Analysis of the Labor Market Experience of Cuban in Miami, *American Journal of Sociology* 86: 295-319.

World Bank 2010 Remittances to Developing Countries Resilient in the Recent Crisis（http://web.worldbank.org/WBSITE/EXTERNAL/NEWS/0,,contentMDK:22757744 pagePK:64257043 piPK:437376 the SitePK:4607,00.html；2015年10月6日閲覧）.

Wright, Erik Olin 1985 *Classes*, London: Verso.

山田信行 2005「分野別研究動向（国際）――『国際化』から『グローバル化』へ：『国際社会学』に求められるもの」『社会学評論』56(2): 500-17.

Yamanaka, Keiko 1993 New Immigration Policy and Unskilled Foreign Workers in Japan, *Pacific Affairs* 66(1): 72-90.

Yamawaki, Keizo 2000 Foreign Workers in Japan: A Historical Perspective, Mike Douglass and Glenda S. Roberts (eds.) *Japan and Global Migration: Foreign Workers and the Advent of a Multicultural Society*, London: Routledge: 38-51.

厳善平（Yan Shan-ping）2000「労働移動の理論と実証研究：展望――都市・農村間の労働移動を中心に」『桃山学院大学経済経営論集』41(3): 7-46.

柳吉相 2004「大韓民国における外国人雇用許可制」『日本労働研究雑誌』531: 48-54.

吉野耕作 1987「民族理論の展開と課題――『民族の復活』に直面して」『社会学評論』37(4): 2-17.

吉野耕作 1997『文化ナショナリズムの社会学――現代日本のアイデンティティの行方』名古屋大学出版会.

吉野耕作 2005「ネーションとナショナリズムの社会学」梶田孝道編『新・国際社会学』名古屋大学出版会: 43-64.

Young, Iris Marion 1990 *Justice and the Politics of Difference*, Princeton, N. J.: Princeton University Press.

Zincone, Giovanna, 2011 The Case of Italy, Giovanna Zincone, Rinus Penninx and Maren Borkert (eds.) *Migration Policymaking in Europe: The Dynamics of Actors and Contexts in Past and Present*, Amsterdam: Amsterdam University Press: 247-90.

さくいん
（＊は人名）

あ

IMF　*17, 157*
ILO憲章　*131*
アイデンティティ
　——政治　*98*
　エスニック・——　*169*
　ナショナル・——　*143, 164*
アジア移民論争　*174-176*
アジア太平洋経済協力会議（APEC）　*17, 126*
アジア通貨危機　*157*
アドボカシー　*125*
アパルトヘイト　*30*
アファーマティブ・アクション　*77, 105, 213*
アボリジニ　*172, 176*
アムステルダム条約　*128*
アムネスティ　*53, 153, 163, 186, 189, 207*
　一般——　*52, 53*
　選択的——　*53*
アメリカ合衆国同時多発テロ事件　*53, 160, 165*
アングロ文化への同一化（Anglo conformity）　*69*
安全な第三国　*182*
アンダークラス　*96*
＊アンダーソン, B.　*12, 116*
EU・地中海諸国首脳会議　*201*
EUオンブズマン　*127*
「域外移民労働者の職業紹介と待遇ならびに不法移民の抑制に関する規定」法律943号　*198*
イギリス国籍（香港）法　*182*
イギリス国籍法　*179, 180*
イスラム原理主義　*18*
イタリア統一運動（Risorgimento）　*196*
一般に迫害の恐れのない安全な出身国（"while-list" country）　*182*
遺伝子決定論　*9, 88*
移民（旅客輸送会社責任）法　*182*

移民・エスニック問題省（DIEA）　*173*
移民・多文化問題省（DIMA）　*176, 177*
移民・地方自治体・エスニック問題省（DILGEA）　*175*
移民および国籍法　*38, 161, 162*
移民庇護法　*183*
移民改革統制法　*129, 152, 163*
移民帰化局　*165*
移民国　*160, 195, 210*
移民国家　*190*
移民システム　*20, 62*
　——論　*20, 62, 63*
移民省　*172*
移民制限法　*172*
『移民政策』　*206*
移民政治　*98*
移民取締・関税執行局　*165*
移民難民保護法　*171*
移民に関するアドホックグループ　*127*
移民の権利保護条約　*131*
『移民白書』　*42, 168*
移民プレス　*137*
移民法　*163, 165, 167, 168, 170, 171, 173, 180, 182, 195*
移民メンバーシップモデル　*100*
移民割当法　*38*
＊イリッチ, I.　*86*
＊インガー, M.　*12*
インターナショナル・ミドル・カルチャー　*140*
インドネシア大使館焼き討ち事件　*203*
インナーシティ　*186*
インフォミドル　*17, 141*
ウイク論争　*176*
＊ウィットラム, G.　*174*
ヴェイユ報告　*189*
＊ウェーバー, M.　*10*
ウェストファリア条約　*14*
ウェストミンスター憲章　*172*
＊ウォーラスティン, I.　*4*

＊ウォールマン, S.　*11*
＊ウォルツァー, M.　*110*
失われた10年　*152*
永住
　——移民　*42, 197*
　一般——　*150*
　特別——　*153*
H1-Bビザ　*55, 93, 165, 194*
英連邦（the Commonwealth）　*178, 179*
英連邦移民法　*179, 180*
SOSラシスム　*186, 187*
エスニー　*12, 116*
エスニシティ　*10, 12*
　——の逆説　*137*
　でこぼこ線——　*69*
エスニック
　——・コミュニティ　*71, 174, 205*
　——・ドイツ人（Aussieler）　*190, 193, 194*
　——・ネットワーク　*89, 93*
　——・ビジネス　*72, 90*
　——・ペナルティ　*105*
　——・リバイバル　*11, 12*
　——階層　*68, 88*
　——学校　*97*
　——研究　*4*
　——国家　*190*
　——集団　*10, 11*
　——戦略　*91*
　——な逆説　*139*
　——モデル　*81*
エスニック・エンクレイヴ　*91, 213*
　——経済　*72*
　——論　*20*
『エスニック・マイノリティ統合政策に関する一般的メモランダム』　*206*
エスノ・シンボリック・アプローチ　*116*
NGO／NPO　*213*
エンクロージャー（囲い込み）

さくいん

　　　　38
＊エンゲルス，F.　11
エンターテイナー　26, 27
エンパワーメント　77
応化　67
オーストラリア・エスニック・
　コミュニティ評議会連合
　174
オーストラリア・シティズン
　シップ諮問評議会　177
オーストラリア市民権法　174
オールドカマー　146-150
オカ事件　171
オタワ・プロセス　124
オリンピック
　シドニー——　177
　ソウル——　155
温情主義（paternalism）　215

か

海外直轄地　41
（改革）移民法　162
外国人学校　97
外国人規定　178
外国人居留地　146
外国人嫌い　187, 189
外国人研修生　156, 212
外国人研修制度　156
外国人雇用特別許可制度　154
外国人産業研修生制度　154, 156, 158
外国人諮問会議　101
外国人制限（改正）法　178
外国人制限法　178
外国人政策会議　159
外国人政策基金　199
外国人地方参政権法案　153
外国人統合政策委員会　201
外国人登録証　148
外国人登録法　148-150
外国人地方参政権　159, 205
外国人排斥　192
　——運動　135
外国人花嫁　27
外国人法　178
外国人労働者雇用許可制度　158
外国人労働者雇用法　205, 206
外国人労働者支援センター　158
『外国人労働者に関する政府メモ
　ランダム』　204

階層　71
　——的二極化　134
外地人　147
開発　32, 34, 35
華僑　58
学業不達成　95
格差　212, 213
家事労働職　26
家族移民　184, 204
家族形成　45
家族合流　24, 43-45, 174, 177, 191, 192, 195, 210
家族再結合　45
家族手当　150
家族呼び寄せ　45, 201, 204
カナダ憲章　170
カナダ憲章（旧英領北アメリカ
　法）　166
カナダ市民権法　167
カナダ人権法　170
家父長制（patriarchy）　25, 79
カリタス　201
カルチュラル・スタディーズ
　142, 143
ガルバリ報告　174
韓国国際研修協力機構
　（KITCO）　156, 157
韓国併合　146, 147, 154
寛容　121
韓流ブーム　140
関連法　207
＊ギアーツ，C.　11
帰化　159, 194, 195
機械的連邦制　95
企業家移民　71
企業家的政治　99
ギグー法　189
気候行動ネットワーク　124
気候変動枠組み条約　124
帰国奨励政策　44
＊キムリッカ，W.　79, 109, 114
＊キャントル，T.　85
旧移民　38
旧英連邦（the Old
　Commonwealth）　178
旧植民地移民　41, 43, 202
旧ユーゴ国際刑事裁判所　124
教育問題の個人化　97
境界主義　11-13

競合　66
共生　86
強制移動　36
強制労働制度　39
業績主義　102
　——の属性化　104
　属性に支えられた——　104
競争力および労働力向上法　165
京都議定書　124
共和主義（republicanism）　184, 187, 189
共和政モデル　81
極右政党　53
居住隔離　173
居住原理（jus domicili）　109
＊キング，M.　167
近代化　32, 35
近代主義　12, 13
＊金大中　155, 157
＊グアルニソ，L.　21, 23
空間的な二極分化　134
クーリー　37
グリーン・ペーパー　170
グリーンカード　55, 93, 190, 194
　——交換プログラム　165
＊クリントン，B.　165, 176
グローカル化　19
グローバリズム　17
　反——　17
グローバリゼーション　16
グローバル
　——・ガバナンス　216
　——・ソシオロジー　4
　——・ポピュラーカルチャー
　　141
　——市民社会　125
　——社会運動　125
　——な文化　140
グローバル化　16, 133, 216, 217
　上からの——　20, 126
　下からの——　20, 126
　文化的——　140, 141
＊クワン，K.　68
経済協力開発機構（OECD）　83
経済社会理事会　122
ゲストワーカー（Gastarbeiter）
　40, 43, 100, 191-194, 197, 202-205, 210
　——システム　158

──制度　39, 190
ゲゼルシャフト　82
血縁原理（jus sanguinis）　108
血縁主義　151, 159
結婚
　　異人種間──　9
　　お見合い──　78, 145
　　偽装──　50, 158, 183
　　国際──　24, 27, 153, 154, 159
ゲットー　162, 213
＊ゲデス，P.　132
ケベック党　170
ケベック独立運動　168
ケベック法　166
ゲマインシャフト　82
＊ゲルナー，A.　12
研修生　152
原初主義　11, 13
限定コード　95
原理主義的宗教運動　18
公営住宅　150
公営適正家賃住宅（HLM）　186
郊外（banlieue）　118, 186, 188
高度技能移民　54, 93, 164, 211
高技能労働者　165, 166, 190
「工業化と国民文化」論　116
構造機能主義　11
公的領域　75, 76, 78
高等統合評議会　187
公民権運動　160, 162, 168
公民権法　162
公民的権利　106
拷問等禁止条約　131
公用語法　169, 171
高麗人　154
＊コーエン，A.　12
＊コーエン，R.　57
＊ゴードン，M.　67
＊コール，H.　193
＊コーン，H.　114
顧客政治　99
国際移民の女性化　24
国際NGO　17, 122
国際化　5, 19, 135
　　内なる──　153
国際金融市場　134
国際刑事裁判所設立規定　124
国際刑事裁判所を求めるNGO連
　　合　125

国際司法裁判所　124
国際人権規範　100
国際人権規約　94, 130
国際人権レジーム　130, 150
国際組織年鑑　123
国際組織連合　123
国際レジーム　130, 216
国際連合（United Nations, UN）
　　17, 46, 74, 122, 216
国際労働機関（ILO）　131
国籍（nationality）　107
　　──・市民権法　172
　　──法　131, 148, 149, 159, 181,
　　194
　　二重──　111, 129, 165, 174,
　　194, 195, 207
国内植民地　89
国内避難民　48
国民（nation）　15
　　──基礎生活保障法改正　159
　　──健康保険　150
　　──国家（nation-state）　14,
　　15, 108, 148, 178, 182
　　──戦線　119
　　──年金　150
国連インドシナ難民対策会議
　　49
国連開発計画（UNDP）　123
国連環境開発会議（UNCED）
　　123
国連憲章　74, 122
国連社会開発会議　123
国連女性会議　123
国連人権会議　123
国連人口基金（UNFPA）　123
国連難民高等弁務官事務所
　　（UNHCR）　47, 123
個人責任と雇用機会の和解法
　　164
コスモポリタニズム　59
国家移民局　184
国家衛生学　7
国家過剰負担金　15
国家主権　15, 47, 211
国家庇護援助サービス　183
国境警備強化・ビザ入国改正法
　　165
＊ゴッホ，T.V.　207
子どもの権利条約　94, 131

＊ゴビノー，J. A. de　6
コミュニティ結合　82, 121
雇用機会均等法　171
雇用均等法　170
雇用証明書　179, 180
＊ゴルドン，F.　7

さ

在外同胞法　159
祭祀（チェサ）　13
再生産費用　45
再生産労働　24
サイドドア　152
在日コリアン　208
差異の政治　98, 110
在留資格　152
在留特別許可　52, 53, 153
鎖国政策　146
＊サッチャー，M.　180
差別　208, 213
　　間接的──　29, 181
　　逆──　213
　　制度的──　97
　　直接的──　29, 181
　　複合──　25
サラダボール　137, 162
＊サルコジ，N.　189
三角貿易　36
サンガット難民キャンプ　182,
　　183, 189
3K労働　60, 203
三国人　153
三年一時保護ビザ　177
サンパピエ　188
サンフランシスコ平和条約　148
残留孤児　151
残留婦人　151
シェンゲン協定　127, 128
ジェンダー　24, 25, 27, 93, 105
ジェントリフィケーション　134
資格外活動　51, 52
シカゴ学派　66, 86, 161
私化の戦略　76
資源動員　90
＊ジスカールデスタン，V.　186
静かなる革命　168
システム共生　87
シチュー　137
私的領域　75, 78
児童手当　150

ジプシー　74
＊シブタニ，T.　68
＊シフトン，C.　166
市民権（citizenship）　106, 121, 174, 177, 180, 190, 193, 203, 204
　新しい――　108
　形式的――　111
　差異化した――　109
　実質的――　111
　多文化――　110
　二重――　111
　ヨーロッパ連合――　109, 127
市民権・移民局　165
市民権・移民省　167, 171
市民権法改正　177
市民的および政治的権利に関する国際規約　74
指紋押捺　148, 150, 201
社会階級　89
社会階層　89
社会関係資本（social capital）　22, 33, 83, 85
社会基金　201
社会構成的文化　79
社会進化論　7
社会的結合　82
社会的権利　106, 150
社会的コスト　45, 192
社会統合　70, 184, 195, 214, 215
じゃがいも大飢饉　38, 56
社会問題省　199, 201
『ジャップ報告』　175
じゃぱゆきさん　151
シュヴェヌマン法　189
就学生　152
宗教改革　14
従属理論　20, 35, 61
住宅金融公庫　150
集団的権利　109
集団特性　90
手段主義　12, 13
出国命令制度　53
出生地原理（jus soli）　108, 190
出生地主義　194
出入国管理および難民認定法　150, 152
出入国管理法　154, 159
出入国管理令　148, 149

＊シュトイバー，E.　195
ジュビリー2000　124
＊シュレーダー，G.　194, 195
循環移動　26, 62
準拠共同社会　107
承認の政治　98
＊ジョスパン，L.　189
女性差別　79
　――撤廃条約　131
＊シラー，N.G.　21
地雷禁止国際キャンペーン　124
＊シラク，J.　187, 189
＊シリー，O.　195
＊シルズ，E.　11
新移民　38, 137, 160
新英連邦（the New Commonwealth）　41, 178
　――移民　41
人権（human rights）　130, 192
　――規範　211
　――法　183
人口増加か，減亡か　42
新古典派経済学　35
人材斡旋業者　62
人材開発省　171
人種概念　6
人種関係論　4, 9
人種関係（改正）法　183
人種関係局　170
人種関係循環モデル　66, 68
人種関係と移民に関する特別委員会　181
人種関係法　29, 181
人種差別　8, 28, 36, 135, 145, 162, 181, 192
　――禁止法　174, 175
　――撤廃条約　28, 131
　間接的――　29, 30
　現代的――　31
　古典的――　28, 31
　差異主義的――　30
　差異主義的反――　31
　制度的――　29, 30
　普遍主義的――　30
　普遍主義的反――　31
人種集団　8
人種主義　187, 189
　――説　88
　新――　8

人種なき――　79
人種騒動　118
人種のるつぼ（melting pot）　69, 137, 162, 169
人種ハラスメント　28
人種平等委員会　181
人種無秩序　118
人身売買　52
『新世紀のためのオーストラリアの多文化主義――包摂に向けて』　177
人的資本（human capital）　60, 71, 93
新庇護モデル　183
シンボリック相互作用論　68
臣民　147
　――権　148
信頼　83
スカーフ事件　187
スカーマン報告書　29
スティーブン・ローレンス事件　29, 183
頭脳循環　34
頭脳流出　34, 35, 54, 71
頭脳流入　34
＊スミス，A.　12, 114, 116
＊スミス，M.P.　23
スラム　213
スワン・レポート　95
西欧化　18
生活共生　87
正規化　52, 198, 201
政教分離の原則（ライシテ，Laïcité）　187
政治的権利　106
生態学的モデル　66, 68
正統性の危機　15
『政府回答』　205
精密コード　95, 96
セーフティネット　213
世界銀行　17, 83
世界システム　132, 141
　――論　4, 20, 61
世界人権宣言　74, 130
世界都市（world city, global city）　17, 132, 212
　――化　135
赤十字国際委員会　122
石油危機　44

セグリゲーション　*121*
1952年体制　*148, 149*
1982年体制　*151*
選挙　*101*
　　──権　*101*
全国多文化諮問評議会　*177*
先住権原法　*175*
先住民　*166, 172, 176*
戦争
　　英西──　*112*
　　朝鮮──　*49*
　　トルステンソン──　*112*
　　フレンチ・インディアン──　*166*
　　ベトナム──　*49*
　　湾岸──　*154*
専門・管理職階層　*71*
専門職流浪人　*54*
＊ソイサル，Y.　*100, 109*
相違への権利　*30, 81, 109, 187*
送金
　　経済的──　*33*
　　社会的──　*33*
想像の共同体　*59, 115, 116*
属性主義　*102*

た

大英帝国　*178*
対人地雷全面禁止条約　*124*
台湾併合　*146*
＊タギエフ，P-A.　*34*
多極共存型デモクラシー　*202*
多元社会　*75, 81*
多国籍企業　*133, 134*
多国籍金融企業　*134*
多数派政治　*99*
タスマン横断旅行協定　*174*
WTO　*17*
多文化
　　──オーストラリアのための新しいアジェンダ　*177*
　　──規範　*120*
　　──教育　*96*
　　──共生　*87*
　　──社会　*17, 74, 76, 80, 81, 144, 146, 177, 208*
　　──モデル　*81, 214, 215*
　　──問題局　*175*
多文化主義　*74, 166, 169, 172, 174, 176, 177, 187, 206*

──諮問委員会　*169*
──のパラドクス　*79*
──のバリエーション　*76*
──法　*170*
規範的──　*75*
公定──　*168, 169*
政治プログラムとしての──　*77*
『多文化主義オーストラリアのためのナショナル・アジェンダ』　*175*
『多文化主義オーストラリアへの連邦全国政策』　*175*
多様化プログラム　*163*
単一欧州議定書　*126*
単一国家　*98*
単一民族国家　*146, 208*
男女雇用機会均等法　*131*
タンパ事件　*177*
＊チェンバレン，H.S.　*6*
「血の河」演説　*180*
中国帰国者　*151*
柱状化　*202*
中小企業協同組合中央会（KFSB）　*156, 158*
中心 - 周辺構造　*132*
超過滞在　*51, 151*
　　──者　*50, 153*
超国家地域統合　*126*
朝鮮族　*154, 155, 158, 159*
勅令第352号　*146, 147*
＊全斗煥　*155*
ディアスポラ　*43, 56, 143*
　　──公共圏　*143*
　　交易──　*58*
　　帝国──　*58*
　　被害者──　*57*
　　文化──　*59*
　　労働──　*57*
提案187　*53, 129, 164*
帝国　*147, 148*
　　──モデル　*81*
＊テイラー，C.　*110*
出稼ぎ　*26*
　　──還流型　*44*
デニズン（denizen）　*108*
デニズンシップ（denizenship）　*108*
デュアリズム　*88*

＊デュルケーム，E.　*82*
伝統の創造　*115, 116*
＊テンニース，F.　*82*
同化（assimilation）　*66, 67, 85, 177, 214*
　　──圧力　*95*
　　──過程モデル　*66-68*
　　──教育　*96*
　　──社会　*75, 81*
　　──主義　*74*
　　──理論　*69*
　　アイデンティティ的──　*67*
　　居住的──　*69*
　　構造的──　*67*
　　行動受容的──　*67*
　　婚姻的──　*67*
　　市民的──　*67*
　　社会経済的──　*69*
　　態度受容的──　*67*
　　直線的──　*69, 70*
　　分割的──　*69*
　　文化的・行動的──　*67*
統合（integration）　*66*
　　市民的──　*83*
　　地域──　*126*
　　規範的──　*83*
東南アジア諸国連合（ASEAN）　*2, 126, 216*
同盟国家　*98*
逗留　*89*
トゥルコ・ナポリターノ法　*199*
徳川時代　*146*
特定通常兵器使用禁止・制限条約　*124*
都市
　　──構造再編連合　*135*
　　──再開発　*135*
　　──動揺　*118*
　　──リストラクチュアリング　*135*
途上国累積債務問題　*124*
＊ドブレ，J-L.　*188, 189*
トランスナショナリズム　*141*
　下からの──　*21*
トランスナショナル
　　・アドボカシー・ネットワーク　*125*
　　・ガバナンス　*216, 217*
　　・コミュニティ　*22, 73,*

　　　　216
　　　──市民社会　125
　　　──な育児　26
　　　──な空間　21, 128, 129
　　　──な視角　20, 21, 23, 62
　　　──な社会運動組織　125
　　　──文化　141
＊トルドー, P.E.　169
奴隷貿易　36, 56
　　　──廃止運動　122
トレビグループ　127

な

内外人平等　150
内地雑居　147
内地人　147
内務省令第一号「外国人ニ関スル件」　146
ナショナリスト　115
ナショナリズム　12, 112, 143, 153, 207
　　意識としての──　115
　　遠距離──　17, 117, 143
　　クレオール・──　112
　　ケベック・──　171
　　行為としての──　115
　　公定──　117
　　ぷち──　117
ナショナル・ガバナンス　216, 217
ナショナルな規範　120
ナショナルモデル　214, 215
南部アメリカ型社会　76, 81
南北問題　33
難民　46, 64, 65, 159, 163, 177-179, 182, 183, 189, 193, 195, 202, 206, 210, 212, 216, 217
　　──危機　35
　　──議定書　131
　　──条約　46, 131, 150
　　──の地位に関する議定書　46, 49, 150
　　──の地位に関する条約　46, 49, 150
　　──法　163
　　インドシナ──　150, 151
　　偽装──　48, 50
　　マンデイト──　49
NIES　133

ニース条約　128
二言語二文化主義王立委員会　168
日韓条約　149
NICS　133
日系アメリカ人　12
日系人　94, 152, 211
日系ブラジル人　87
ニューカマー　19, 96, 151
入植移民　37
ニューディール体制　161
ニューリッチ　141
人間関係循環モデル　66
「盗まれた子どもたち」問題　176
ネイティヴィズム　161
ネーション (nation)　112, 113, 196
　　政治的・市民的──　113, 114
　　文化的・民族的──　113
熱帯プランテーション　57
＊盧泰愚　155, 158
ノン・ルフールマン原則　47

は

＊パーク, R.E.　66, 86, 137
＊パーソンズ, T.　83, 103
＊ハーバーマス, J.　110
＊バーンスタイン, B.　95
ハイブリッド化　59
バイリンガル教育　97
＊パウエル, E.　180
白豪主義　42, 80, 172-174
白書『より公平に，より迅速に，より厳しく』　183
＊バシュ, L.G.　21
＊パスクワ, C.　187
パスクワ法
　　第1──　187
　　第2──　188, 189
バックドア　152
発展　32, 34, 35
パトリアル　180
バビロン捕囚　56
バブル経済　151, 152
＊ハマー, T.　108
＊バラデュール, É.　188
＊バリー, A. de　86
パリ条約　166
バルセロナ・プロセス　201

＊バルト, F.　11
＊パレーニャス, R.　26
＊ハワード, J.　175, 176
反移民運動　129
半強制契約労働　37
半強制契約労働者　57
反人種差別教育　97
＊ハンソン, P.　176, 177
非移民国　195
非営利組織（NPO）　217
庇護あさり　48
庇護移民上訴法　182
非公認の移民　50
非合法移民　50, 64, 65, 151, 154, 156, 157, 159, 163, 164, 178, 182, 194, 198, 202, 210, 211, 216
　　──化　158
　　──改革責任法　164
　　──改革法　129
非合法労働者　151, 152, 157, 198
庇護および移民法　182
ビザ詐称問題　158
ビジネス移民プログラム　170
非正規移民　50
非政府組織（NGO）　122, 216, 217
人であること (personhood)　109
表出主義 (expressivism, affectivism)　12
平等
　　機会の──　77, 213
　　結果の──　77, 213
平等人権委員会　183
貧困　83, 88
フィラデルフィア宣言　131
＊フェルドンク, R.　207
＊フォックス, V.　165
＊フォルタイン, P.　202
福祉改革法　129, 164
不就学　94, 95, 97
＊ブッシュ, G.（子）　165
プッシュ＝プル理論　20, 38, 55, 60, 63, 111
プッシュ要因　60
不登校　94, 95
不平等条約　146
普遍的人権概念　53

237

不法入国　51, 52
不法移民　50, 187
不法就労　52
不法滞在者　201
プラザ合意　149
ブラセロ計画　50, 162, 163
フランスキリスト教者労働同盟　185
フランス経営者連盟　185
フランス難民および無国籍者保護局　184
プランテーション農場　36
＊フリードマン, J.　132
＊フリーマン, G.　99
＊ブルーベイカー, W. R.　108
＊ブルデュー, P.　97, 105
プル要因　60
＊ブレイニー, G.　174
文化資本　97, 105
文化多元主義　30
分割統治　37
文化帝国主義　18, 141
　——論　142
文化的分業　89
文化発展計画　169
文化変容　67
文書を持たない移民　50
文脈依存言語　96
文脈縮減言語　96
分離主義　85
＊ヘイズ, C.　114
ペーパーフランス人　186, 187
＊ベック, U.　16
ベル曲線　7
ベルリンの壁　47, 193
＊ベルルスコーニ, S.　200
偏見　28
編入（incorporation）　22, 70
　——様式　70
ポイントシステム　42, 168, 170, 174
報告書『エスニック・マイノリティ』　205
包摂　83
暴動　186, 188
　人種——　29, 84, 101, 118, 120, 121, 145, 179, 181, 183, 215
　ロサンゼルス——　164
　ワッツ——　181

訪問就労制度　159
法律126号　148
ボーダレス化　18
ボートピープル　49, 146, 150, 151, 174, 177
ポーランド人再定住法　178, 179
＊ホール, P.　132
北米自由貿易協定（NAFTA）　2, 17, 51, 58, 126, 128
ポストコロニアル時代　59
ポストナショナル・メンバーシップ　100, 108, 109
ボストン茶会事件　58
ボッシ・フィーニ法　200
＊ホブズボウム, E.　115
＊ホリフィールド, J.　111
＊ポルテス, A.　21, 22, 70
ホワイトネス研究　9
香港法　182
本質主義　79, 85
　反——　79
本土安全保障省　165
本土安全保障法　165

ま

マーシャル, T. H.　106
マーシャル判決　171
マーストリヒト条約　109, 127, 128
＊マイネッケ, F.　114
マイノリティ
　——政治　98
　ヴィジブル・——　166, 170
　エスニック・——　202, 205, 206, 208
　教育——　96
　中間者——　89
　モデル——　162
『マイノリティ問題メモランダム』　205
『マイノリティ問題メモランダム草案』　205
マクファーソン報告書　29
＊マクルーハン, M.　16
マグレブ三国　185
マクロレベル　20, 62
マッカラン＝ウォルター移民国籍法　162
＊マッシー, D.　20
マボ判決　175

＊マルクス, K.　11
マルクス主義　11
＊マルサス, T. R.　39
マルテッリ法（法律39号）　198
ミクロレベル　20, 62
＊ミッテラン, F.　186, 187
密入国斡旋業者　50-52, 64, 129, 157, 177
民族遺産省　171
民族衛生学　7
矛盾した階級移動　24, 26
メゾレベル　20, 60, 62
メディア
　移民——　137
　印刷——　136
　エスニック・——　136
　越境者——　138
　通信——　136
　グローバル——　140
　放送——　136
　マイノリティ・——　137
「メディア・ランドスケープ」論　143
モザイク社会　169
モノリンガル教育　97

##

＊ヤコブソン, D.　109
＊ヤング, M.　109
有機的連邦制　98
融合　67
友好通商条約　146
優生学（Eugenics）　7
ユグノー　202
ユニバーサル・ラーニング　97
ユネスコ（UNESCO）憲章　74
ヨーロッパ議会　127
ヨーロッパ共同体（EC）　181, 191, 198, 204
ヨーロッパ経済共同体（EEC）　58, 126
ヨーロッパ経済地域（EEA）　201
ヨーロッパ原子力共同体　126
ヨーロッパ志願労働者計画　46, 179
ヨーロッパ市民権　2
ヨーロッパ社会憲章　45
ヨーロッパ人権規約　131
ヨーロッパ人権裁判所　131

ヨーロッパ人権条約 　183
ヨーロッパ統合 　126, 127
ヨーロッパ連合（EU） 　2, 17, 49, 65, 83, 109, 126, 131, 181, 182, 188, 193-195, 201, 206, 207, 216
＊吉野耕作 　11
四・三事件 　49

ら・わ

＊ラウ，J. 　195
＊ラドクリフ・ブラウン，A 　11
＊ラドック，P. 　177
＊ラプラージュ，G. V. de 　6
＊ラル，B. 　137
ランドスケープ論 　142, 143
利益集団政治 　99
理念型 　77

リベラル国家命題 　111
領域政治 　98
＊リントン，R. 　103
＊ル・ペン，J-M. 　189
ルイス＝トダロモデル 　60
累積的因果関係論 　35
＊ルナン，E. 　113
ルワンダ国際刑事裁判所 　125
歴史構造論 　20, 60, 61, 63
歴史主義 　12, 13
連鎖移民 　62
連帯（solidarity） 　83
　機械的―― 　82
　有機的―― 　82
労働移民 　40, 44, 54
　単純―― 　71
労働移動の新経済学 　35

労働市場
　第1次―― 　72
　第2次―― 　72
　分割―― 　88, 173
労働者インターナショナル 　122
労働総同盟 　185
労働ブローカー 　62
ローカル・ガバナンス 　216, 217
ローカルな異質化 　135
ローマ条約 　126, 186
＊ロールズ，J. 　110
＊ロカール，M. 　187
60日ルール 　49
6.29民主化宣言 　155
ロマ 　74
ワン・ネーション党 　176, 177

著者紹介

撮影：樽本萌子

樽本英樹（たるもと・ひでき）
　　　　　名古屋生まれ
1999年　東京大学大学院社会学研究科博士課程修了
現　在　早稲田大学文学学術院教授
著　書　『国際移民と市民権ガバナンス』（単著，ミネルヴァ書房，2012年）
　　　　The New Asias（共著，Seoul National University，2010年）
　　　　『ナショナリズムとトランスナショナリズム』（共著，法政大学出版局，2009年）
　　　　Globalization, Minorities and Civil Society（共著，Trans Pacific Press，2008年）
　　　　Governance in Multicultural Societies（共著，Avebury，2004年）
　　　　『講座・社会変動　国際化とアイデンティティ』（共著，ミネルヴァ書房，2001年）

●あとがき

　「よくわかる」ように書くことがこんなに難しいとは。本書を書き上げるまでに3年の月日が流れました。これまで学んできたことのすべてを総動員し，やっとのことで完成させることができました。さらにこのたびは第2版を出すこともできました。この意味で，東京大学文学部・大学院社会学研究科在学中にお世話になった先生方にはお礼を表現できる言葉を思いつきません。特に，指導教官を長らく引き受けてくださった盛山和夫先生には本書を出版したことで，少しは学恩に報いることができたかなとホッとしています。また，多くの優秀な先輩・同輩・後輩のみなさんに恵まれたことはとても幸せでした。勤務校である北海道大学大学院文学研究科の先生方には，刺激ある研究環境を与えていただきました。授業に参加してくれた院生・学部生諸君も本書を書く活力を与えてくれました。事務の方々はいつも穏やかな笑顔で面倒な仕事をこなしてくださいました。

　本書は，国内外の学会や研究会で出会った研究者たちとの議論なくしてはこの世に誕生しませんでした。海外では特に，英国ウォーリック大学に集まってきた先生方・友人たちに見せていただく研究の最前線が誕生を促してくれました。とても惜しいことに，紙幅の関係で引用できなかった国内外の優れた先行研究がたくさん残ってしまいました。お詫びしつつ，研究者仲間に感謝いたします。

　面倒な編集作業をしていただいた涌井格さん（ミネルヴァ書房），そして本書執筆に私を誘ってくださった佐藤貴博さん（元ミネルヴァ書房）には，プロフェッショナルの仕事を見せていただきました。写真の撮影に関して，中島正人さん（愛知県国際交流協会）にお手伝いいただきました。

　本書の執筆過程で，科学研究費補助金・基盤研究(C)（2005-2007年度，2008-2010年度，いずれも研究代表者　樽本英樹）および三菱財団人文社会科学助成金（2005年度，研究代表者　樽本英樹）をいただいて研究を進めることができ，その成果をかみ砕いて本書に取り入れることができました。

　つらいときに支えになってくれる名古屋の両親と家族，世界中の友人たち，そして難産だった本書の分娩に寄り添ってくれた人に，ありったけの感謝をこめて，ありがとう。最後に，国際社会学などまったく興味のない無邪気な子供たちにもありがとう。

　　　　2016年1月　札幌の研究室から雪のテニスコートを眺めながら

　　　　　　　　　　　　　　　　　　　　　　　　　　　　樽 本 英 樹

やわらかアカデミズム・〈わかる〉シリーズ
よくわかる国際社会学［第2版］

2009年7月5日	初　版第1刷発行	〈検印省略〉
2012年2月20日	初　版第3刷発行	
2016年4月30日	第2版第1刷発行	定価はカバーに
2019年6月20日	第2版第3刷発行	表示しています

著　者　　樽　本　英　樹
発行者　　杉　田　啓　三
印刷者　　坂　本　喜　杏

発行所　株式会社　ミネルヴァ書房
〒607-8494 京都市山科区日ノ岡堤谷町1
電話代表 (075) 581-5191
振替口座 01020-0-8076

Ⓒ樽本英樹, 2016　　冨山房インターナショナル・新生製本
ISBN 978-4-623-07591-1
Printed in Japan

―――――――――――――――――――――――――――
　　　　やわらかアカデミズム・〈わかる〉シリーズ
―――――――――――――――――――――――――――

よくわかる社会学　　　　　　　　　　宇都宮京子編　　本　体　2500円
よくわかる都市社会学　　　　　中筋直哉・五十嵐泰正編著　本　体　2800円
よくわかる教育社会学　　　　酒井朗・多賀太・中村高康編著　本　体　2600円
よくわかる環境社会学　　　　　　鳥越皓之・帯谷博明編著　本　体　2600円
よくわかる国際社会学　　　　　　　　　　樽本英樹著　本　体　2800円
よくわかる宗教社会学　　　　　　櫻井義秀・三木英編著　本　体　2400円
よくわかる医療社会学　　　　　　中川輝彦・黒田浩一郎編著　本　体　2500円
よくわかる産業社会学　　　　　　　　　上林千恵子編著　本　体　2600円
よくわかる観光社会学　安村克己・堀野正人・遠藤英樹・寺岡伸悟編著　本　体　2600円
よくわかる社会学史　　　　　　　　　　早川洋行編著　本　体　2800円
よくわかるスポーツ文化論　　　　　井上俊・菊幸一編著　本　体　2500円
よくわかるメディア・スタディーズ　　　　伊藤守編著　本　体　2500円
よくわかる社会情報学　　　　　　　西垣通・伊藤守編著　本　体　2500円
よくわかる宗教学　　　　　　　　櫻井義秀・平藤喜久子編著　本　体　2400円
よくわかる質的社会調査　技法編　　　谷富夫・芦田徹郎編　本　体　2500円
よくわかる質的社会調査　プロセス編　　谷富夫・山本努編著　本　体　2500円
よくわかる統計学Ⅰ　基礎編　　　　金子治平・上藤一郎編　本　体　2600円
よくわかる統計学Ⅱ　経済統計編　　御園謙吉・良永康平編　本　体　2600円
よくわかる社会心理学　　山田一成・北村英哉・結城雅樹編著　本　体　2500円
よくわかる学びの技法　　　　　　　　　　田中共子編　本　体　2200円
よくわかる卒論の書き方　　　　　　白井利明・高橋一郎著　本　体　2500円

――――――――――――― ミネルヴァ書房 ―――――――――――――

http://www.minervashobo.co.jp/